ALGÉRIE

GOUVERNEMENT — ADMINISTRATION. — LÉGISLATION.

EXTRAIT DU RÉPERTOIRE DU DROIT ADMINISTRATIF

PUBLIÉ SOUS LA DIRECTION DE

M. LÉON BÉQUET, maître des requêtes au Conseil d'État
avec le concours de M. PAUL DUPRÉ, Conseiller d'État.

Paris. — Soc. d'imp. PAUL DUPONT, 41, rue J.-J.-Rousseau Cl.) 118.6.83

RÉPERTOIRE DU DROIT ADMINISTRATIF

ALGÉRIE

GOUVERNEMENT — ADMINISTRATION — LÉGISLATION

PAR

Léon BÉQUET

Maître des requêtes au Conseil d'État

ET

Marcel SIMON

Auditeur au Conseil d'État

TOME SECOND

PARIS

SOCIÉTÉ D'IMPRIMERIE ET LIBRAIRIE ADMINISTRATIVES

ET DES CHEMINS DE FER

PAUL DUPONT

41, RUE JEAN-JACQUES-ROUSSEAU (HOTEL DES FERMES)

1883

RÉPERTOIRE DU DROIT ADMINISTRATIF

ALGÉRIE

GOUVERNEMENT — ADMINISTRATION — LÉGISLATION

PAR

Léon BÉQUET

Maître des requêtes au Conseil d'État

ET

Marcel SIMON

Auditeur au Conseil d'État

TOME SECOND

PARIS

SOCIÉTÉ D'IMPRIMERIE ET LIBRAIRIE ADMINISTRATIVES ET DES CHEMINS DE FER

PAUL DUPONT

41, RUE JEAN-JACQUES-ROUSSEAU (HOTEL DES FERMES)

1883

ALGÉRIE

TITRE III

Administration des indigènes.

626. L'administration des indigènes a été depuis le premier jour de la conquête une grave préoccupation du gouvernement français. Hardi cavalier, fantassin intrépide, aimant la guerre par tradition et par éducation, détestant par religion tout ce qui n'est pas musulman, sans crainte de la mort, sans souci de la fatigue, l'Arabe de l'Algérie est toujours à redouter; il doit donc être tout à la fois et contenu par une discipline rigoureuse, et ménagé et respecté dans ses besoins, dans ses mœurs et dans ses croyances. D'un autre côté, les nécessités de la colonisation et de l'extension européenne le mettent en relations journalières avec des immigrants dont les idées morales et religieuses, les usages et les lois diffèrent profondément des siennes et dont les besoins et les appétits menacent sans cesse son propre patrimoine. On comprend donc quelles difficultés exceptionnelles présentent la direction et la sauvegarde de tant d'intérêts différents et contradictoires, et à quels tâtonnements leur conciliation a pu donner lieu jusqu'à ce que l'expérience ait permis d'adopter un système approprié à la constitution des deux populations qui doivent vivre côte à côte, ainsi que d'apporter l'unité des vues et la sagesse de conduite qui doivent préparer l'avenir (1).

(1) Nous croyons qu'il est utile de reproduire la circulaire adressée le 10 avril 1847 à tous les généraux de l'armée d'Afrique, dans laquelle l'illustre maréchal Bugeaud exprimait en quelques mots et avec cette remarquable netteté qui lui était particulière, les principes généraux qui devaient guider l'administration française. Les règles posées par cette circulaire ont été suivies par tous ses successeurs jusqu'au moment ou la malheureuse lettre de l'Empereur au maréchal Pélissier et le sénatus-consulte qui en a été la suite sont venus créer un ordre de choses nou-

627. La haute administration des indigènes est, en principe, réservée au gouverneur général et à l'administration centrale

---

veau et élever des conflits journaliers entre les aspirations de la colonisation et la revendication des indigènes.

Général,

Je crois vous avoir dit plusieurs fois que ma doctrine politique vis-à-vis des Arabes était, non pas de les refouler, mais de les mêler à notre colonisation : non pas de les déposséder de toutes leurs terres pour les porter ailleurs, mais de les resserrer sur le territoire qu'ils possèdent et dont ils jouissent depuis longtemps, lorsque ce territoire est disproportionné avec la population de la tribu.

Je considère la longue possession comme équivalente aux titres écrits et devant donner lieu aux mêmes ménagements, avec cette différence cependant, que lorsque les circonstances permettent de resserrer une tribu qui n'a d'autres titres qu'une longue jouissance, on peut se dispenser de lui donner des indemnités pour ce territoire qu'on lui prend ; mais, même dans ce cas, il est convenable et politique de lui accorder quelques dédommagements pour l'espace qu'on lui enlève. Ces dédommagements peuvent être un pont, un barrage pour les irrigations, une route, une mosquée; quelques secours en bois, en fer, en ouvriers pour aider les indigènes à construire des villages, des distributions d'arbres utiles pour planter les environs de leurs habitations, un fondouck reconnu nécessaire, enfin, un objet quelconque d'utilité publique désiré par la tribu.

Ces compensations doivent d'autant moins être négligées qu'en même temps qu'elles satisferont à la politique, vis-à-vis de chaque tribu, elles concourront puissamment à la prospérité générale du pays. Ces maximes d'administration des Arabes, sont déjà toutes, ou à peu près, adoptées par le gouvernement, et certains vœux émanés des Chambres semblent devoir les consacrer ; elles ont même reçu un commencement d'application dans la plaine de la Mitidja par la concession définitive faite aux Arabes d'une partie des terres de la Rassauta. Cette mesure va être étendue à plusieurs autres fractions de tribus.

La commission des crédits extraordinaires d'Afrique de 1846 disait, dans son rapport que, dans son opinion, la longue possession par les Arabes devait équivaloir à des titres.

Cet ordre d'idées, Général, doit vous diriger dans tous vos projets de colonisation européenne; il n'est point à craindre que cela puisse entraver la marche de cette œuvre. Les terres domaniales dans l'intérieur sont d'une étendue considérable dans certaines subdivisions; dans celles d'Oran, par exemple, elles ne vont pas à moins de 150,000 hectares. Enfin, nous avons les moyens de resserrement dont j'ai parlé plus haut.

Tout projet de colonisation européenne doit donc, d'après les principes énoncés ci-dessus, se concilier, se combiner, avec les intérêts arabes. c'est la meilleure des garanties à donner à la colonisation européenne. Le mécontentement des indigènes serait pour elle un danger permanent qui ne manquerait pas d'éclater à la première occasion favorable.

Le meilleur moyen d'atténuer et peut-être de faire disparaître ce danger, c'est de fixer les Arabes au sol par l'attrait de la propriété bâtie et des cultures sédentaires soignées. Il faut partout encourager la culture des arbres fruitiers autour des villages que construiront les Indigènes. Rien n'attache tant au sol que l'arboriculture. On fait facilement

algérienne (1). Les nécessités de la politique musulmane, les besoins des tribus soumises, les conditions de leur gouvernement ne peuvent être bien appréciées que par une autorité locale, et tous les décrets qui ont successivement rattaché des services publics à leurs ministères métropolitains corrélatifs ont toujours eu soin de laisser cependant un droit spécial de contrôle et d'initiative à l'administration centrale algérienne (2).

628. Un arrêté du 21 mars 1867 avait créé auprès du sous-gouverneur de l'Algérie un bureau arabe, dit bureau politique, qui était chargé de la préparation de la correspondance et de la réunion des documents concernant la politique générale du pays; — le personnel des affaires arabes; — l'organisation politique des commandements indigènes ; — le personnel des chefs indigènes ; — la carte politique et administrative de l'Algérie ; — les notions biographiques et les renseignements sur les chefs et sur les familles influentes indigènes ; — l'histoire et la géographie des tribus ; — la statistique ; — la délimitation des frontières ; — l'exécution des lois sur la propriété indigène ; — l'établissement des bases de l'impôt ; — le budget des centimes additionnels à l'impôt arabe ; — les prestations en nature applicables aux ouvertures ou réparations de chemins dans les tribus ; — la police générale des indigènes ; —

---

le sacrifice des récoltes annuelles pour se livrer à la révolte ; on se résout avec peine à sacrifier de belles plantations d'arbres.

Evitez avec soin, Général, de donner aux tribus des inquiétudes anticipées sur la dépossession de leur territoire, en le faisant arpenter et cadastrer. Cela ne doit se faire que pour des projets d'une prochaine exécution. Que, si l'on veut cependant, dans les prévisions d'un avenir qui ne serait pas très éloigné, avoir des données approximatives sur certains territoires dont on voudrait disposer plus tard, il faut le faire sans apparat, en envoyant, sous un prétexte plausible, des officiers d'Etat-Major visiter les tribus avec un détachement, et chargés de faire en même temps des levés à vue sur une grande échelle et par grosse masse.

Cette précaution est d'autant plus essentielle que déjà l'inquiétude et le mécontentement des Arabes ont été excités sur plusieurs points par les opérations topographiques, et même cadastrales, qui ont été faites par les officiers.

J'appelle, Général, toute votre attention sur ce point comme sur toutes les autres questions qui sont traitées dans cette circulaire.

Maréchal duc d'Isly.

(1) Arrêté 1er septembre 1834, art. 3; — Ord. 15 avril 1845, art. 28 et 120; — Déc. 10 décembre 1860, art. 1 ; — Déc. 24 octobre 1870, art. 6 ; — Déc. 10 juin 1873, art. 1.

(2) Déc. 10 décembre 1860 art. 5 — Déc. 26 août 1881, art. 1, 31, 32, 33 et 34.

la surveillance des corporations indigènes et des zaouïas ; — les commissions disciplinaires ; — les pénitenciers indigènes ; — le contrôle des prisonniers arabes détenus en France ou en Algérie pour motifs politiques ou par mesure administrative — l'instruction publique dans les tribus ; — les écoles arabes françaises en territoire militaire ; — les collèges arabes-français ; — la justice musulmane ; — la justice en pays kabyles ; — la correspondance avec les consuls de France à Tunis, Tripoli et Tanger en ce qui concerne les indigènes ; — les explorations dans l'Afrique centrale ; — la rédaction du journal arabe officiel.

Par un décret du 24 décembre 1870, ce bureau central a été supprimé et ses attributions réparties, au moins en principe, entre le gouverneur général civil et le chef d'état-major général (1). Mais, étant donné la constitution même de la société arabe, il ne pouvait pas ne pas exister au siège même du gouvernement de l'Algérie, et bien qu'il n'ait jamais été rétabli sous le nom sous lequel il avait été créé par l'arrêté de 1867, il n'a pas cessé un seul jour de fonctionner, sous le nom de cabinet civil, ou de cabinet militaire, ou de service des affaires indigènes, tantôt placé sous la direction immédiate du chef d'état-major, tantôt sous celle du général en chef commandant le 19e corps d'armée, tantôt sous celle du gouverneur général, mais, en réalité, toujours sous l'autorité directe de ce dernier (2).

(1) Déc. 24 décembre 1870, art. 3.
(2) Arr. 25 octobre 1871 ; — Arr. 12 mai 1879.

CHAPITRE PREMIER. — TERRITOIRE MILITAIRE.

629. Le territoire de l'Algérie est divisé, ainsi qu'on l'a vu, en territoire civil et en territoire militaire; le premier administré par des préfets, des sous-préfets, des administrateurs et des maires; le second par des commandants de divisions, de subdivisions, de cercles et d'annexes (1) (V. n° 115.)

630. Les divisions militaires constituent des circonscriptions de commandement (V. n° 208) et des circonscriptions administratives. Chacune d'elles comprend plusieurs subdivisions, chaque subdivision un ou plusieurs cercles; toute circonscription de cercles peut, en outre, avoir une ou plusieurs annexes (2).

631. Des généraux de division sont placés à la tête de chaque division et chargés d'administrer les populations des territoires militaires.

Comme administrateurs, ils ont dans leurs territoires les mêmes attributions que possèdent les préfets sur un territoire civil (3), et sont assistés de bureaux civils (4),

---

(1) Ord. 15 avril 1845, art. 11 et s.; — Déc. 9 décembre 1848, art. 1, 17 et s., 43 et s.; — Déc. 27 octobre 1858, art. 5, 13 et s.

(2) Déc. 21 mars 1867.

(3) Déc. 27 octobre 1858, art. 13: — Déc. 31 mai 1870; — Arr. 31 décembre 1873,

(4) Déc. 9 décembre 1848, art. 17. Les territoires militaires de chaque province seront administrés, sous les ordres du gouverneur général, et par les généraux commandant les provinces, conformément aux dispositions qui seront ultérieurement arrêtées.

Arrête 16 juin 1870. — Art. 1. — Il est institué, auprès de chaque général commandant de province un bureau administratif, pour l'expédition des affaires civiles; ce bureau est composé; — d'un chef de bureau et de deux employés titulaires.

Art. 2. — Le personnel des bureaux administratifs des généraux sera recruté, pour sa première formation, dans les cadres actuels de l'administration provinciale. — Les employés continueront d'être rétribués conformément au tarif des traitements adopté pour les préfectures; ils restent soumis aux mêmes règlements, quant à l'admission dans les cadres, à l'avancement et à la discipline.

Art. 4 — En vertu de l'article 26, paragraphe 2 du décret du 7 juillet 1864, qui étend à tout le territoire de chaque province la juridiction

de bureaux arabes et en même temps des chefs indigènes (1).

Les bureaux civils sont exclusivement chargés, comme leur nom l'indique, de l'expédition des affaires civiles. Ces bureaux sont composés d'un chef de bureau et d'employés titulaires. Le personnel recruté, à l'origine, parmi les employés de l'administration provinciale, est rétribué conformément au tarif des traitements adopté pour les préfectures ; il est soumis aux mêmes règlements quant à l'admission dans les cadres, à la discipline et à l'avancement (2).

632. Il avait été créé par le décret du 27 octobre 1878, article 14, un conseil des affaires civiles en territoire militaire, qui faisait fonctions de conseil de préfecture; ce conseil a été sup-

---

du conseil de préfecture, le général prendra l'avis de ce conseil dans toutes les matières où le préfet doit statuer en conseil de préfecture. — Il saisira directement le conseil, soit en matière contentieuse, soit en matière purement consultative. — Pour les affaires du territoire militaire, le conseil de préfecture sera toujours présidé par son vice-président.

Art. 5. — Les préfets adressent périodiquement au gouverneur général des rapports d'ensemble sur la situation de leurs départements respectifs. — Des rapports semblables sont fournis par les généraux commandant les provinces pour ce qui concerne l'administration des territoires militaires.

Art. 6. — Le budget provincial comprend les deux territoires. Il est préparé de concert entre le préfet et le général. Il est présenté au conseil général par le préfet.

Art. 7. — A partir du 1er août 1870, les dépenses provinciales seront ordonnancées : — en territoire civil, par le préfet ; en territoire militaire par l'intendant militaire pour les dépenses administratives, et pour les travaux par le directeur des fortifications ou le directeur de l'artillerie suivant les cas.

(1) Arrêté ministériel, 1er février 1844.

TITRE Ier.

Organisation et hiérarchie.

Art. 1er. — Il y aura dans chaque division militaire de l'Algérie, auprès et sous l'autorité immédiate de l'officier général commandant, une *Direction des affaires arabes.*

Des bureaux désignés sous le nom de *Bureaux arabes,* seront en outre nstitués :

Dans chaque subdivision, auprès et sous les ordres directs de l'offi cier général commandant ;

Subsidiairement, sur chacun des autres points occupés par l'armée où le besoin en sera reconnu, et sous des conditions semblables de subordination à l'égard des officiers investis du commandement.

(2) Arrêté 16 juin 1870, art. 1 et 2.

primé par un décret du 7 juillet 1864, et la compétence du conseil étendue à tout le territoire de la province (V. n° 124). Pour lui soumettre la connaissance de certaines affaires judiciaires, ou des affaires sur lesquelles il doit être consulté, le général a une action directe et personnelle qui lui permet de la saisir directement. En ce cas, le conseil doit toujours être présidé par son vice-président (1).

633. En vertu du principe de l'assimilation des pouvoirs du commandant de la division à ceux du préfet, les relations administratives du premier avec les autorités métropolitaines, les conseils généraux et le gouverneur général doivent avoir lieu de la même manière. En conséquence, ils doivent adresser périodiquement au gouverneur général des rapports sur tout ce qui concerne l'administration de leurs territoires et préparer de concert avec les préfets le budget provincial (2).

L'ordonnancement des dépenses a lieu par l'intendant militaire pour les dépenses administratives et par la direction des fortifications ou de l'artillerie, pour les travaux suivant les cas (3).

634. Les subdivisions militaires sont placées sous le commandement d'un général de brigade ou d'un officier supérieur; elles sont actuellement au nombre de douze. Comme les commandants de division, les commandants de subdivision ont le double commandement militaire et administratif. Pour les aider dans leur tâche administrative civile, des adjoints civils peuvent être placés auprès d'eux par arrêté du gouverneur général. Ils leur sont directement subordonnés (4). Leurs attributions spé-

---

(1) Arrêté 16 juin 1870, art. 4. (V. *supra*, n° 631).
(2) Arrêté 11 juin 1870, art. 5 et 6.
(3) Arrêté 11 juin 1870, art. 7.
(4) Arrêté 10 mars 1876, art. 1 et 2.

Art. 1. — Il est institué dans les subdivisions de l'Algérie, qui seront successivement désignées par le gouverneur général, suivant les besoins du service, des adjoints civils aux généraux commandant ces subdivisions.

Art. 2. — L'adjoint civil est placé sous l'autorité directe du commandant de la subdivision, qui devra l'employer à l'étude de toutes les questions qui sont du ressort de l'administration civile, et notamment de celles concernant : 1° l'assiette des impôts et la statistique ; 2° la reconnaissance des biens du domaine; 3° la comptabilité des domaines indigènes ; 4° les prestations pour l'ouverture et l'entretien des chemins vicinaux; 5° l'exploitation des forêts et des mines; 6° les règlements d'usage des eaux et les concessions de chutes d'eau; 6° les projets de

ciales consistent dans l'étude des questions qui sont du ressort de l'administration civile, et notamment de celles concernant : 1° l'assiette des impôts et la statistique ; la connaissance des biens du domaine ; la comptabilité des communes indigènes ; les prestations pour l'ouverture et l'entretien des chemins vicinaux ; l'exploitation des forêts et des rivières ; les règlements d'usage des eaux et des concessions des chutes d'eau ; les projets de colonisation et de travaux publics, l'installation des colons dans les villages ; la constitution de la propriété et de l'état civil chez les indigènes (1).

635. Les adjoints civils sont ou stagiaires ou titulaires. Ils sont nommés par le gouverneur général, sur la proposition du général commandant la division et le rapport du secrétaire général du gouvernement. Choisis parmi les licenciés en droit, sachant l'arabe, ils appartiennent à une administration régulière dont les conditions d'avancement et de hiérarchie sont identiques à celles qui ont été déterminées pour les employés et fonctionnaires de l'administration des préfectures (2).

---

colonisation et de travaux publics, l'installation des colons dans les villages ; 8° la constitution de la propriété et de l'état civil chez les indigènes.

Art. 3. — Les adjoints civils sont divisés en adjoints stagiaires et en adjoints titulaires.

Ils sont nommés par le gouverneur général sur la proposition du général commandant la division et le rapport du directeur général des affaires civiles et financières.

Art. 4. — Nul ne peut être nommé adjoint civil stagiaire :

1° S'il n'est français et âgé de plus de vingt-deux ans et de moins de trente ans ;

2° S'il n'est licencié en droit.

Art. 5. — Nul ne peut être adjoint civil titulaire s'il ne compte deux années de service comme adjoint stagiaire et s'il ne possède une connaissance de la langue arabe suffisante pour les besoins du service.

Toutefois, peuvent être nommés adjoints titulaires, sans condition d'âge, les anciens élèves des écoles spéciales du gouvernement et les employés de l'administration algérienne, ayant au moins cinq années de services administratifs directement rétribués par l'Etat, et parlant l'arabe.

Art. 6. — Les adjoints civils stagiaires jouissent d'un traitement annuel de 2,400 francs.

Art. 7. — Les adjoints civils titulaires sont soumis, pour l'avancement et la discipline aux règles édictées par l'arrêté du 16 avril 1862.

Ils sont assimilés pour le traitement aux commis principaux et aux sous-chefs de bureau de l'administration provinciale.

(1) Arrêté 10 mars 1876, art. 2.

(2) Arrêté 10 mars 1876, art. 3 à 7; — Arrêté 16 avril 1862 (V. n° 120).

636. Les cercles ont pour chefs, en général, des officiers supérieurs ; les annexes des officiers de bureau arabe.

637. A côté de la hiérarchie administrative française existe une hiérarchie administrative indigène, établie par une ordonnance du 15 avril 1845 ; le grade le plus élevé de cette hiérarchie consiste dans le *khalifat ;* puis viennent l'*aghalick ;* le *bachaghalick ;* le *kaidat* et enfin le *cheikat*. L'ordre et la discipline, établis par l'ordonnance de 1845, ne sont pas absolus en ces deux sens que les chefs inférieurs ne doivent déférence qu'à leurs chefs immédiats et non à tous ceux qui sont investis d'un titre supérieur au leur, et que si dans certaines tribus indigènes puissantes, il existe une échelle complète allant du khalife au cheik, certaines autres tribus ne comptent comme intermédiaires de l'autorité française que des cheiks, des aghas ou des bachaghas.

638. Cette organisation du commandement est déterminée d'après la fixation des circonscriptions militaires.

Le douar, réunion de tentes rangées en cercle, est considéré comme la base de la constitution sociale des Arabes. Un certain nombre de douars réunis forme une ferka (fraction), obéissant à un cheik. L'assemblage de plusieurs ferkas compose une tribu (la tribu ne renferme quelquefois qu'une ferka qui est alors plus considérable), elle est commandée par un kaïd. Plusieurs tribus groupées constituent soit un grand kaïdat, soit un aghalick, sous les ordres d'un kaïd el kied (kaïd des kaïds) ou d'un agha. Des aghalicks peuvent former une circonscription relevant d'un bach-agha ou d'un khalifa.

Le cercle comprend ordinairement plusieurs kaidats.

639. A tous les degrés, les bureaux arabes ont pour mission de diriger et de surveiller les chefs indigènes, sous l'impulsion immédiate de l'autorité militaire.

640. Le douar ne constitue pas, à proprement parler, une division administrative, mais seulement une réunion de familles formée par la communauté d'origine ou d'après des intérêts particuliers. On pourrait comparer le douar au hameau.

641. Les attributions des chefs arabes n'ont été déterminées avec netteté par aucun texte législatif. Les usages anciens qui, on le sait, ont sur tous les peuples mahométans, une grande autorité, servent à les délimiter, plutôt que les dispositions du

pouvoir souverain (1). D'une manière générale, on peut dire que les chefs arabes sont chargés sous la direction des autorités françaises, de la police politique et judiciaire (2), de la perception des impôts (3) et de l'exécution des ordres émanés du commandement (4).

642. Le cheik reçoit l'investiture de l'autorité politique ; à ce titre, il est un véritable fonctionnaire. Il agit sous la direction du chef de la tribu, règle dans sa ferka les contestations relatives aux labours, concourt aux opérations pour l'assiette, la répartition et la rentrée des amendes et des impôts ; il rassemble les bêtes de somme requises pour le service des convois militaires ; il exerce, enfin, sur ses administrés une surveillance de simple police et des fonctions qui lui donnent une position analogue à celle du maire dans la commune française. La réunion des principaux notables des douars sous ses ordres forme un conseil (djemaa) qui l'assiste dans toutes les opérations importantes.

643. Le kaid est choisi parmi les hommes les plus marquants de la tribu ; il est nommé par le commandant de la division. Ses attributions sont très variées ; il est directement responsable des ordres du commandant français qui lui sont transmis soit par les bureaux arabes, soit par les grands chefs indigènes ; il perçoit l'impôt dans toute sa tribu, accompagné du cheik de chaque ferka. Il est chargé de la police intérieure ; il préside le marché et juge les actes de désobéissance, les rixes et les contestations de minime importance dans lesquelles les intérêts soumis au règlement de la loi civile ou religieuse ne sont pas engagés. Enfin il réunit les contingents de cavaliers demandés pour suivre nos expéditions. Les kaids ne reçoivent pas de traitement fixe ; ils touchent des frais de perception sur le produit des impôts et des amendes.

644. Les aghas sont nommés par le gouverneur général. Ils surveillent les kaids et reçoivent, en général, des ordres du

---

(1) Ord. 15 avril 1845, art. 3.

(2) Reg. gouverneur général, 12 février 1844, art. 2, 4 et 8 ; (V. n° 650 arrêté 14 novembre 1874, art. 27, V. n° 651).

(3) Ord. 17 janvier 1845, art. 3.

(4) Ord. 15 avril 1845, art. 12 et 100 ; dec. 9 décembre 1848, art. 46. — Sautayra, p. 227.

bach-aghas ou du khalifa ; cependant, dans beaucoup de cas, ces ordres leur sont donnés directement par l'autorité française. Ils jugent, avec les mêmes attributions que les kaids, mais dans les causes plus graves, les individus appartenant à des tribus différentes. Ils contrôlent pour les tribus placées sous leurs ordres, les opérations relatives à l'impôt, et commandent les contingents armés convoqués par l'autorité militaire.

645. Les khalifas, bachaghas et aghas indépendants sont aussi nommés par le gouverneur général. Ces chefs exercent sur leur territoire une autorité politique et administrative. La plupart disposent d'une troupe armée et soldée par la France pour maintenir la tranquillité. Ces forces ne peuvent faire aucune opération sans l'assentiment du commandant du cercle (1).

646. Les chefs indigènes sont-ils de simples agents de l'autorité ou des fonctionnaires publics? La question a été controversée, la cour d'Alger prétendant qu'ils n'avaient que la qualité de simples agents de l'autorité; mais la qualité de fonctionnaires leur a été définitivement reconnue par la Cour de cassation (2).

---

(1) Tableau des établissements français, 1846-1849.

(2) Alger, 22 octobre 1864. — Attendu que dans les divers documents législatifs où il est question des chefs indigènes, il n'existe aucune disposition de nature à leur conférer, soit par leur titre ou leur organisation, soit par leurs attributions, la qualité d'autorité ou d'administration publique dans le sens de la loi du 25 mars 1822; qu'ils ne peuvent être considérés que comme de simples agents chargés par délégation et sous la surveillance des autorités françaises, de l'exécution des mesures concernant l'administration des indigènes; que dans tous les cas, ce n'est pas l'autorité publique considérée d'une manière générale qui a été attaquée en eux, mais bien la personne même des agents qui en seraient revêtus et pour des faits individuels; que sous ce rapport encore, l'article 5 de la loi du 22 mars 1822, ne serait pas applicable à l'espèce; que les chefs indigènes étant seulement agents de l'autorité, le fait dont s'agit au procès tombe sous l'application de l'article 5 de la loi du 26 mai 1819 ; qu'aux termes de cet article, la plainte de la partie lésée est indispensable pour que des poursuites soient exercées ; qu'il n'en existe aucune, dans la cause, de la part d'aucun des chefs indigènes ; qu'il est produit, il est vrai, devant la Cour une lettre du gouverneur général appelant l'attention du ministère public sur les articles incriminés, mais qu'en pareil cas, c'est de la partie qui se reconnaît personellement offensée que doit émaner la plainte et non d'un chef politique ou administratif, alors surtout, comme dans l'espèce, qu'il ne s'agit pas d'un chef de service spécial, — Declare non recevable l'action du ministère public. — Pourvoi.

Arrêt, Cass. Crim., 10 mars 1865. — Attendu que les indigènes, bien

647. Les règles générales d'administration des tribus indigènes n'ont jamais été établies par la législation ; les mœurs, les coutumes, les traditions diffèrent, en effet, profondément entre les diverses tribus indigènes, et entre elles ces dissidences sont souvent amenées par l'interprétation que les unes et les autres donnent, selon la secte à laquelle elles appartiennent, des passages controversés du Coran, qui fait leur loi civile et religieuse.

Les kabyles, tribus berbères où la propriété individuelle est constituée et où la polygamie, tolérée, est cependant presqu'inconnue, ne sauraient être gouvernés comme le pourraient être les tribus des provinces d'Oran ou d'Alger qui descendent des conquérants islamites ; de même, les Saharis, tribus nomades, ne sauraient être commandées comme le pourraient être les tribus sédentaires des plaines du Chélif ou de la Seybouse ; enfin comment assimiler les indigènes des oasis du M'Zab à

---

qu'appartenant à la race arabe, sont sujets français et ont pu, dans la mesure et sous les conditions déterminées par les lois particulières à la colonie, être délégués par les autorités militaires ou civiles de l'Algérie, pour exercer sur les populations indigènes une portion des attributions attachées à certaines fonctions publiques ; — Attendu notamment que les chefs arabes : aghas, caïds et autres, sont chargés de percevoir au nom de la France et de remettre dans les caisses de l'Etat les impôts que les lois françaises font peser sur les différentes tribus arabes ; que l'auteur de l'article incriminé le reconnaît implicitement en protestant contre un état de choses qu'il dit contraire aux intérêts de notre domination, et qu'enfin l'arrêt attaqué lui-même déclare que les chefs arabes sont des agents chargés par délégation et sous la surveillance des autorités françaises de l'exécution des mesures concernant l'administration des indigènes ; — attendu qu'il résulte de cet ensemble que les chefs arabes sont bien des *autorités publiques* dans le sens de l'article 5 de la loi du 25 mars 1822, et qu'à ce titre ils sont protégés par les lois qui punissent la diffamation ; — Attendu d'ailleurs, que les imputations dirigées contre eux l'ont été en cette qualité d'autorités publiques, puisqu'elles consistent dans le reproche d'abuser de leurs fonctions, pour voler à la fois les arabes et le gouvernement français à l'occasion de la perception de l'impôt arabe ; — Attendu que, ces imputations s'adressaient à tous les chefs arabes sans distinction spéciale et individuelle ; qu'elles étaient de nature à inculper même les autorités françaises qui avaient délégué à ces chefs une partie de leurs fonctions et sous l'autorité desquelles ils exerçaient ; qu'à ce double titre il appartenait au gouverneur général, dont l'autorité suprême s'étend à tous les services, de porter plainte à raison de ces imputations diffamatoires ; qu'une plainte préalable était, en effet, nécessaire et que la lettre écrite par le gouverneur général en a tous les caractères puisqu'elle provoque des poursuites et qu'elle est antérieure à la première citation ; — Attendu au fond, etc. — Cassation.

ceux des hammas (jardins) de Constantine ou de Tlemcen? Des principes déterminés par les lois n'ont pas été fixés. Toutefois l'expérience en a dû faire établir dont on ne saurait s'écarter impunément. Une circulaire célèbre du maréchal Bugeaud, en date du 17 septembre 1844, a entrepris à cet égard de poser des règles de conduite auxquelles le temps et le progrès de la colonisation n'ont jamais enlevé l'actualité (1).

---

(1) Après la conquête, disait le maréchal Bugeaud, le premier devoir comme le premier intérêt du conquérant, est de bien gouverner le peuple vaincu, la politique et l'humanité le lui commandent également.

A cet égard la conquête de l'Algérie se distingue des conquêtes que l'on a faites quelquefois en Europe. Là, quand on gardait une province conquise on n'avait pas la prétention d'introduire dans son sein, un peuple nouveau, on ne voulait pas prendre une partie de terres pour la donner à des familles étrangères differant de mœurs et de religion.

En Afrique, au contraire, tous ces obstacles se présentent devant nous et rendent la tâche infiniment difficile. Nous devons donc porter la plus grande sollicitude, la plus constante activité, et une patience inébranlable dans l'administration des Arabes.

Nous nous sommes toujours présentés à eux comme plus justes et plus capables de gouverner que leurs anciens maitres, nous leurs avons promis de les traiter comme s'ils étaient enfants de la France, nous leur avons donné l'assurance formelle que nous leur conserverions leurs lois, leurs propriétés, leur religion, leurs coutumes, etc., etc., nous leur devons et nous nous devons à nous-mêmes de tenir en tout point notre parole.

Nous avons fait sentir notre force et notre puissance aux tribus de l'Algérie; il faut leur faire connaître notre bonté et notre justice, et leur faire préférer notre gouvernement à celui des Turcs et à celui d'Abd-el-Kader; ainsi, nous pourrons espérer de leur faire supporter d'abord notre domination, de les y accoutumer plus tard et, à la longue, de les identifier avec nous, de manière à ne former qu'un seul et même peuple sous le gouvernement paternel du roi des Français.

La bonne administration ne doit pas nous dispenser de rester forts et vigilants, mais il est permis de croire qu'elle nous donnera l'avantage de n'employer la force que rarement. L'uniformité de principes en administration n'est pas moins nécessaire qu'en guerre. C'est au système de guerre adopté et suivi dans toute l'Algérie que nous devons la conquête, nous la couserverons par un bon système d'administration suivi dans toutes les localités aussi uniformément que possible.

Il faut partout la même police, la même pénalité, les mêmes impôts, en un mot, le même régime en toutes choses.

L'objet de cette circulaire est donc d'appeler l'attention de MM. les généraux commandants et officiers de tous grades chargés des affaires arabes, sur les principaux points de cette grande administration.

Des fonctionnaires arabes.

La bonne politique exigera peut-être toujours que dans les emplois secondaires nous fassions administrer les Arabes par des Arabes, en laissant la haute direction aux commandants français des provinces et des subdivisions; mais, quant à présent, c'est une nécessité car le nombre des offi-

648. Mais l'exposé de ces règles générales d'administration qui pouvait suffire pour déterminer la conduite et l'attitude politique des fonctionnaires algériens était inefficace pour fixer leurs pouvoirs et divers arrêtés spéciaux ont dû intervenir. Les uns, ont déterminé les pouvoirs des chefs français, les autres ceux des chefs indigènes, d'autres enfin soit la res-

---

ciers connaissant la langue, les mœurs, les affaires des Arabes, sera longtemps trop restreint, pour que nous puissions songer à donner généralement aux Arabes des aghas et des caïds français.

Il faut donc nous servir des hommes qui sont en possession de l'influence sur les tribus, soit par leur naissance, soit par leur courage, soit par leur aptitude à la guerre ou à l'administration.

La naissance exerce encore un grand empire chez les indigènes; si elle ne doit pas être l'unique cause de notre préférence, elle doit toujours être prise en grande considération. Eloigner du pouvoir les familles influentes, serait s'en faire des ennemis dangereux; il vaut beaucoup mieux les avoir dans le camp qu'en dehors. La noblesse arabe a beaucoup de fierté et de prétentions. Si on l'éloignait des emplois, elle ne manquerait pas de s'en faire honneur aux yeux des fanatiques de religion et de nationalité. Le meilleur moyen de l'annuler, de diminuer son prestige, c'est de la faire servir à nos desseins. Le choix des fonctionnaires doit donc être politique autant qu'administratif. MM. les commandants des provinces et des subdivisions comprendront aisément toute l'importance de ces choix : ils ne sauraient trop consulter à cet égard l'opinion publique des tribus.

Il peut se rencontrer des localités où il ne se trouverait aucun Arabe ayant assez d'influence, assez de talent pour remplir les fonctions d'agha ou de caïd : dans ce cas, et si la localité est voisine d'un de nos grands centres d'occupation, il sera convenable d'y placer un officier français réunissant les qualités nécessaires pour diriger les Arabes.

Cette expérience a déjà été faite avec avantage sur un petit nombre de points. C'est même par ce moyen que nous pourrons donner aux chefs arabes l'exemple de la régularité et de l'honnêteté en administration. Les Arabes voyant que les officiers français administrent avec justice, qu'ils ne spolient personne, demanderont des Français pour les administrer, et les chefs arabes, sentant le danger d'être supplantés, modifieront leurs habitudes de concussions.

Il ne suffit pas de faire un bon choix des fonctionnaires arabes, il faut encore les surveiller, les diriger, s'occuper de leur éducation de manière à les modifier graduellement; il faut en même temps les entourer de considération, afin de maintenir leur dignité et de les faire respecter de leurs administrés.

Quand on aura des leçons à leur donner, des reproches à leur faire, ce ne doit jamais être devant des Arabes, il faut éviter avec eux les emportements, surtout en public.

On ne doit pas admettre légèrement les accusations portées contre les fonctionnaires; l'ambition et la jalousie du pouvoir portent souvent les Arabes à dénoncer l'homme qui est aux emplois. On ne doit donner suite à une dénonciation qu'après en avoir parfaitement constaté la vérité.

Les chefs qui se conduisent bien doivent toujours être accueillis avec

ponsabilité collective des tribus indigènes, soit la responsabilité individuelle des arabes.

649. Les pouvoirs des chefs français ainsi que ceux des chefs indigènes ont varié souvent. De 1830 à 1834, les arabes ont été placés sous la direction exclusive d'un chef indigène, auquel des pleins pouvoirs avaient été abandonnés. En 1834,

---

honneur et bienveillance par les officiers français, quel que soit leur grade.

L'Arabe est très sensible aux bons procédés, et je n'ai eu jusqu'ici qu'à me louer de les avoir employés avec eux. C'est à peine si on pourrait citer deux ou trois Arabes ayant répondu aux bons traitements par l'ingratitude.

Des Arabes non fonctionnaires.

Les simples Arabes doivent être traités avec bonté, justice, humanité Il faut écouter leurs plaintes, leurs réclamations, les examiner avec soin, afin de leur faire rendre justice s'ils ont raison, et les punir si ils se sont plaints à tort. C'est par ces moyens qu Abd-el-Kader s'était acquis un très grand ascendant moral et une très grande popularité; il était toujours prêt à écouter le dernier des Arabes.

Les marabouts méritent des ménagements particuliers, ils peuvent être quelquefois appelés au pouvoir, mais toujours ils doivent être traités avec considération, et de manière à nous en faire des amis.

Des impôts et des amendes.

Les impôts principaux sont : l'achour (dîme sur les grains) et le zekkat (impôt sur les bestiaux) et quelques autres petits produits appartenant plus spécialement à telle ou telle localité.

MM. les commandants supérieurs des provinces et des subdivisions dirigeront les officiers chargés des affaires arabes de manière à perfectionner graduellement la statistique sur laquelle doivent être basés les impôts, ils accoutumeront graduellement les Arabes et leurs chefs à porter l'impôt au chef-lieu, sans qu'il soit besoin d'aller le requérir avec la force armée Il leur sera facile de faire sentir aux Arabes que cette mesure est tout à fait dans leurs intérêts, puisque la présence de la force armée, par la consommation qu'elle fait en fourrages ou autrement, accroît nécessairement l'impôt. Plusieurs exemples prouvent que l'habitude de payer sans contrainte peut aisément être donnée. MM. les commandants supérieurs s'attacheront à faire tourner au profit du Trésor les droits de marché qu'il est d'usage de percevoir et qui ont été perçus jusqu'ici au profit des caïds ou des aghas. Ceux-ci ne doivent avoir que la part qui a été réglée dans ma circulaire du 5 avril 1844.

Sur un petit nombre de points, on a perçu un droit sur le mariage ; ce droit sera supprimé partout.

Aucun impôt que ceux dont il vient d'être parlé, ne pourra être établi ou maintenu sans l'autorisation expresse du gouverneur général, qui, lui-même consultera le ministre sur l'établissement d'un impôt nouveau.

Les tribus du Désert payeront la Eussa (impôt sur les achats de grains), et l'impôt du commerce, conformément à l'usage.

l'agha des arabes fut placé sous les ordres d'un officier supérieur français, et en 1837, il fut supprimé. En même temps, on créait une direction des affaires arabes qui en 1839, formait une des attributions de l'état-major général, et, en 1841, on rétablissait une nouvelle direction indépendante (1). Enfin en 1844 (2), on créait les bureaux arabes.

650. Les bureaux arabes ont eu, à l'origine, des pouvoirs considérables et fort arbitraires. Un règlement du 12 février 1844 autorisait les commandants français à imposer des amendes de 100 à 500 francs et même au delà, sous l'approbation du général commandant la division, sur tous individus qui se rendaient coupables, de certains crimes ou délits déterminés (3), moyennant cette amende arbitraire, les coupables

---

La législation des amendes a été réglée par ma circulaire du 5 avril 1844 Il ne me reste ici qu'à recommander à MM. les commandants militaires et à MM. les officiers chargés des affaires arabes, d'être très modérés dans l'emploi de ce moyen de répression, en le proportionnant toujours au délit et à l'esprit plus ou moins récalcitrant de la tribu ; mais, dans aucun cas, ils ne pourront dépasser les limites que j'ai fixées dans ma circulaire précitée, excepté le cas de révolte ouverte, qui y est, du reste, prévu.

De la solidarité des tribus pour les crimes et délits.

Nous avons traité au long ce chapitre dans notre circulaire du 5 avril, nous n'en parlons ici que pour bien faire sentir à MM. les commandants militaires que si nous avons dû maintenir la terrible législation de la responsabilité des tribus, comme le seul moyen de maintenir une bonne police dans un pays qui n'a pas toutes les combinaisons multipliées de notre administration civile et judiciaire, ils ne doivent en user qu'avec une extrême modération et lorsque les nécessités politiques ou de sûreté publique sont parfaitement démontrées.

J'invite MM. les commandants supérieurs et MM. les officiers chargés des affaires arabes à se bien pénétrer de l'esprit de cette circulaire, ainsi que de toutes celles qui l'ont précédée, lesquelles ils ne sauraient trop revoir et trop étudier.

Maréchal Bugeaud.

(1) Arrêté, 16 août 1841.
(2) 1er février 1844, (V. *supra*, n° 28).
(3) Reg. 12 février 1844.

Alger, le 12 février 1844.

Jusqu'ici les grandes occupations de la guerre nous ont empêché d'entrer dans les détails de l'administration des Arabes, mais le moment est venu de nous en occuper sérieusement. Nous ne pouvons pas les livrer plus longtemps à l'arbitraire de chefs avides, qui semblent ne tenir au pouvoir que pour avoir la faculté de spolier leurs administrés. La politique, l'humanité, les sentiments paternels qui doivent nous animer, tout nous commande de réglementer toutes choses de manière à supprimer, autant qu'il est en

pouvaient être exempts de toutes poursuites criminelles ; l'assassinat même quand il était commis par un indigène sur un

---

nous, les abus et principalement ceux qui touchent aux perceptions de toute nature.

Les amendes, plus que tout autre prétexte, donnent lieu aux exactions; le payement des courriers arabes fournit aussi de nombreuses occasions de fouler les populations. C'étaient donc les premières choses à établir. Je le fais par le règlement qui accompagne cette circulaire et que vous lirez et expliquerez aux chefs arabes, au fur et à mesure que vous pourrez les réunir.

Recevez, etc.

Maréchal BUGEAUD.

RÈGLEMENT SUR L'APPLICATION ET LA RÉPARTITION DES AMENDES EN PAYS ARABES.

Les amendes, ayant été imposées de temps immémorial d'après la législation musulmane, nous en maintenons le principe et l'application pour la conservation de l'ordre et de la justice et nous fixons les règles ci-après à observer fidèlement, pour que chacun ne paye que ce qui est dû et reçoive ce qui lui revient.

TITRE 1er. — *Causes et quotités des amendes; autorités qui peuvent les imposer; modes de les prescrire et de les percevoir.*

Art. 1er. — Les cheiks ne peuvent imposer aucune amende de leur propre autorité; s'ils ont connaissance d'une faute ils en instruiront le Caïd qui prononce ou fait prononcer la punition, suivant les règles.

§ 1er — *Amendes imposées par les caïds.*

Art. 2. — Les caïds peuvent imposer des amendes jusqu'à concurrence de cinq douros (25 francs), pour les fautes ci-après :

Refus de comparaître devant la justice, soit comme accusé, soit comme témoin;

Refus d'obéissance aux ordres donnés pour les corvées, transports et convois;

Refus d'obéissance aux ordres des cheiks;

Insulte ou injure contre les agents du pouvoir, tels que : mekhasnias, chaouchs, etc.;

Atteintes à la morale publique;

Querelles et rixes entre les particuliers;

Discours séditieux et termes de mépris tendant à déconsidérer les agents du pouvoir;

Désordre dans les marchés;

Refus du payement des courriers;

Infractions aux coutumes établies relativement à l'hospitalité à accorder aux voyageurs et notamment aux agents du gouvernement;

Refus d'accepter la monnaie française;

Empiètements de propriété relatifs soit aux limites des terres, soit au droit de pâturage;

Atteintes portées à la propriété commune, telles que la destruction des arbres fruitiers, la dégradation des puits, etc.

indigène pouvait ainsi se racheté. L'amende, en ce cas, était seulement augmentée de l'indemnité arbitrée pour la *dia* ou prix du sang.

Art. 2. — Quand le caïd jugera qu'il y aura lieu d'imposer une amende pour les faits ci-dessus, il écrira une lettre, revêtue de son cachet, indiquant la cause de l'amende, sa quotité et la personne qui doit la payer.

Elle sera envoyée au cheik qui la montrera à celui qui doit payer l'amende, recevra l'argent et le remettra au caïd sans en rien garder.

Le caïd inscrira sa lettre et l'argent reçu sur le registre qu'il aura à tenir, conformément à l'article 21, et il en rendra compte à la fin du mois, a commandant français, comme il sera dit dans l'article 22.

§ 2. — *Amendes imposées par l'agha.*

Art. 4. — L'agha pourra imposer des amendes jusqu'à concurrence de dix douros (50 francs), pour les fautes et délits ci-après :

Refus de contributions ou lenteur à les payer ;

Emplois de termes injurieux pour désigner les autorités françaises ou les Français.

Refus d'exécution des sentences du caïd.

Absences non justifiées aux rassemblements de guerre ;

Voies de faits contre les mekhaznias, chaouchs ou autres agents subalternes ;

Vols autres que ceux dont il est question aux articles 8 et 9 ;

Recel des objets quelconques provenant de vols;

Désordre commis par un Arabe sur le territoire d'une tribu à laquelle il n'appartient pas;

Art. 5. — Les sentences du caïd, dans les causes qui, par leur nature, rentrent dans la nomenclature des crimes et délits entrainant les amendes, seront portées sans retard par ceux-ci à la connaissance de l'agha qui en rendra compte immédiatement au commandant supérieur français, lequel, selon qu'il y aura lieu, imposera l'amende encourue.

Art. 6. — Si l'agha juge que l'amende imposée par le caïd n'est pas suffisante en raison de la gravite de la faute, il peut augmenter l'amende, mais sans que le total puisse dépasser dix douros (50 francs) ;

Si l'agha vient à connaître directement une faute entraînant une amende imposable par les caïds, il peut lui-même infliger l'amende.

Art. 7. — Quand l'agha juge qu'il y a lieu d'imposer une amende, il envoie au caïd une lettre portant son cachet indiquant la cause de l'amende, sa quotité et la personne qui doit la payer.

Le caïd envoie cette lettre au cheik qui la montre à celui qui doit la payer, reçoit l'argent et l'apporte, sans en rien retenir, au caïd, qui en rendra compte comme pour les autres amendes qu'il aura imposées.

§ 3. — *Amendes imposées par les khalifas ou bach-agas.*

Art. 8. — Les khalifas ou bach-agas peuvent imposer des amendes jusqu'à concurrence de vingt douros (100 fr.) pour les fautes, crimes ou délits ci-après :

Hospitalité accordée aux espions ou agents de l'ennemi ;

Hébergement des déserteurs, des criminels ou généralement de tous les individus poursuivis en justice pour motif quelconque;

651. Ce caractère arbitraire de l'autorité des bureaux arabes s'est maintenu, sans contrôle effectif, jusqu'en 1858. A cette

---

Vente ou achat d'armes à feu, de *poudre de chasse* ou de guerre, ou d'autres munitions de guerre sans autorisation spéciale ;

Detentions illégales de biens meubles ou immeubles du gouvernement ;

Vols de chevaux, armes et effets appartenant à des corps indigènes irréguliers ;

Vols de grains ou de bestiaux appartenant au gouvenement ;

Seront passibles d'amendes infligées par le khalifa ou le bach-agha, ceux qui ayant connaissance de faits coupables du genre de ceux énoncés ci-dessus, n'en auront pas fait immédiatement la déclaration aux caïds.

Art. 9. — Si les khalifas ou les bach-agas jugent que l'amende imposée soit par les caïds, soit par les Aghas, n'est pas suffisante en raison de la gravité de la faute, ils peuvent augmenter cette amende, mais sans que le total puisse dépasser vingt douros.

Si les khalifas ou bach-agas viennent à connaitre directement une faute entraînant une amende imposable par les aghas ou par les caïds, ils peuvent eux-mêmes infliger l'amende.

Art. 10. — Quand les khalifas ou bach-agas jugent qu'il y a lieu d'imposer une amende, ils envoient à l'agha une lettre, revêtue de leur cachet, celui-ci la remet au caïd qui agit comme il a été dit à l'article 3.

§ 4. — *Amendes imposées par les commandants français sur les individus.*

Art. 11. — Les commandants supérieurs français peuvent imposer aux individus établis sur le territoire soumis à leur commandement des amendes depuis cent un francs jusqu'à 300 francs.

Ils pourront même élever les amendes au-dessus de ce chiffre, mais dans ce cas leur décision devra être approuvée par le général commandant leur division.

Art. 12. — Sont passibles des amendes ci-dessus, sans préjudice de peines plus graves, s'il y a lieu de traduire les coupables devant les conseils de guerre.

La révolte ou la provocation à la révolte ;

La fabrication des poudres à feu ;

Les vols de bestiaux, chevaux, armes et effets appartenant à des corps réguliers ;

La contrefaçon ou soustraction de cachets appartenant aux autorités ;

Les faux ;

La soustraction des dépêches ;

La fabrication ou mise en circulation de la fausse monnaie.

Art. 13. — Seront passibles d'une amende imposée par les commandants français, ceux qui, ayant connaissance de faits tels que trahisons, correspondance avec des chefs ennemis, assassinats, attaque de voyageurs ou de caravanes, fabrication de fausse monnaie ou de poudres à feu, vols sur les grandes routes, vols à main armée ou avec violation de domicile, n'auront pas dénoncé ces crimes, dans le plus bref délai, soit au caïd, soit à l'autorité française.

Art. 14. — Dans le cas d'assassinat, le commandant français doit être immédiatement averti ; il fait aussitôt constater aussi complètement que possible le lieu et les circonstances du crime.

époque, et en présence des abus sérieux constatés, on dut substituer à l'action individuelle des chefs français ou indigènes,

---

Les assassinats commis sur les indigènes donnent lieu à deux espèces d'amende :

1° La dia ou prix du sang dont le taux sera toujours fixé par le caïd;

2° L'amende en punition du crime qui sera prononcé par le commandant français et ne pourra excéder le triple de la dia.

Les assassinats commis sur des Européens sont toujours déférés au conseil de guerre.

Art. 15. — Les commandants supérieurs français ont le droit d'augmenter ou de réduire les amendes imposées par les autorités indigènes quand ils le croient convenable.

Dans les cas de fautes graves de la nature de celles qui sont mentionnées ci-dessus aux articles 12 et 13, les commandants supérieurs en référeront au général commandant la division qui décidera, s'il y a lieu, de traduire les coupables devant les conseils de guerre.

Art. 16. — Quand les commandants français jugent qu'il y a lieu d'imposer à un individu une amende de la nature de celles qui viennent d'être mentionnées, ils écrivent à l'agha une lettre revêtue de leur cachet; l'agha remet cette lettre à l'un de ses cavaliers qui reçoit l'argent et l'apporte à l'agha qui le fait passer immédiatement au commandant français.

Le commandant français opère, pour l'inscription de sa lettre, le versement et la répartition des fonds, comme il sera dit aux articles 23 et 25.

§ 4. — *Amendes imposées par les commandants français sur les tribus.*

Art. 17. — Les tribus ou fractions de tribus sont passibles d'amendes pour les crimes ou délits mentionnés plus haut, soit quand elles les ont commis en commun, soit quand elles n'ont pas fait connaître et remis les coupables à l'autorité française.

Quand le crime ou le délit aura été commis sur les limites de deux tribus, ces deux tribus seront passibles chacune ou de la moitié ou de la totalite de la peine, suivant la gravité des circonstances.

Il est accordé un délai de deux mois aux tribus avant le prélèvement des amendes imposées pour crimes ou délits commis sur leur territoire et dont les auteurs seraient restés inconnus, afin qu'elles aient le temps de découvrir et de remettre les coupables à l'autorité française.

Art. 18. — Les amendes collectives sur les tribus ou fraction de tribus ne peuvent être imposées que par les autorités françaises.

Le prélèvement n'en peut être effectué que sur l'autorisation du commandant de la division.

Toutefois, en cas d'urgence, le commandant de la subdivision ou du cercle, ou même le commandant d'une colonne, pourront frapper et faire percevoir immédiatement les amendes collectives.

Dans ce cas, les fonds perçus seront déposés à la caisse du receveur des contributions diverses; mais ils ne seront portés en recette définitive que sur l'autorisation du commandant de la division qui pourra, s'il y a lieu, prescrire le remboursement de tout ou partie de la somme reçue.

Art. 19. — L'amende imposée à une tribu ou fraction de tribu se percevra de la manière suivante :

L'ordre écrit, après avoir été inscrit sur le registre n° 2 du commandant

celle des commissions disciplinaires qui constituèrent de véritables tribunaux de répression des délits indigènes. Une

---

français est transmis par lui au khalifa, bach-aga ou agha, qui transmet la lettre reçue au caïd.

Celui-ci réunit immédiatement en djemâa (assemblée), les chefs de fraction qui ont à supporter l'amende et leur donne connaissance de la lettre reçue.

Les chefs convoqués procèdent de suite et avec justice à la répartition de l'amende entre les fractions qui doivent la supporter et entre les tentes de chaque fraction.

Cette opération terminée, l'agha remet une lettre revêtue de son cachet à ses cavaliers chargés de la perception; ceux-ci perçoivent l'argent et le remettent à l'agha qui le porte immédiatement au commandant français.

Art. 20. — Toutes les amendes au-dessus de cent francs devant être perçues par les cavaliers de l'agha, ces cavaliers sont payés par lui sur la partie qu'il aura touchée, conformément à ce qui sera dit ci-après.

TITRE II. — *Des registres, de la répartition des amendes et du versement à la caisse coloniale.*

§ 1er. — *Des registres.*

Art. 21. — Les caïds tiendront un registre conforme au modèle n° 1, sur lequel ils inscriront, par ordre de numéro, le nom du chef qui a impose l'amende, ses causes, le nom du délinquant et les sommes perçues.

Art. 22. — A la fin de chaque mois, les caïds se rendront avec leur registre et la totalité des sommes reçues chez le commandant supérieur.

Celui-ci, en présence de l'agha et en commission administrative, vérifiera les causes des amendes et leur quotité; il examinera si elles ont été imposées avec justice, arrêtera le registre et en portera les résultats sur le registre n° 3, après avoir procédé à la répartition et au versement des amendes.

Art. 23. — Les commandants français tiendront deux registres :

Le premier (modèle n° 2), présentera l'indication des amendes imposées par l'autorité française.

Le deuxième (modèle n° 3), destiné à présenter par mois, en une seule ligne par tribu, les résultats consignés sur les registres n° 1, tenus par les caïds, et n° 2 tenus par les commandants français, ainsi que la répartition des sommes entre les chefs arabes et la caisse coloniale.

§ 2. — *Répartition des sommes.*

Art. 24. — Les autorités et agents français ne prennent jamais aucune part dans la répartition des amendes.

Les amendes sont partagées, ainsi qu'il suit, entre les chefs arabes et le trésor colonial.

Amendes de 20 douros (100 fr.) et au-dessous.	Trésor colonial	2/10
	Khalifa ou bach-agha	2/10
	Agha	2/10
	Caïd	3/10
	Cheikh investi	1/10

première organisation de ces commissions eut lieu par un arrêté ministériel du 21 septembre 1858; un second arrêté modifia ce premier arrêté, le 5 avril 1860, et fut à son tour modifié par des arrêtés des 26 juin 1872, 9 juillet et 21 septembre 1873. Toute cette législation est aujourd'hui abrogée et remplacée par un arrêté rendu le 14 novembre 1874 (1).

Amendes au-dessus de 20 douros (100 fr.)		
	Trésor colonial	7/10
	Khalifa ou bach-aga	1/10
	Agha	1/10
	Caïd	1/10

Lorsque les chefs dénommés ci-dessus n'existeront pas, leur part ne sera pas comptée, et la somme qui leur serait revenue augmentera d'autant la part du trésor colonial.

Le produit entier de la dia, fixé par le caïd, appartiendra toujours à la famille de la victime.

§ 3. — *Versement à la caisse coloniale.*

Art. 25. — Les sommes revenant, d'après l'article ci-dessus au trésor colonial seront toujours versées à la caisse du receveur des contributions diverses établi près du commandant supérieur, soit à la fin du mois pour les sommes apportées par les caïds, soit au moment du versement effectué par les Aghas.

Art. 26. — A cet effet, les commandants supérieurs feront dresser par le secrétaire de la commission administrative, après l'arrêté des registres numéros 1, 2 et 3 un état de mois dressé d'après ce dernier registre et présentant le décompte des sommes perçues et réparties entre les ayants droit.

Art. 27. — Cet état, conforme au modèle ci-joint, n° 4, sera formé en double expédition, dont l'une sera remise au receveur, avec les fonds pour lui servir de titre de perception, l'autre sera transmise, dans l'ordre hiérarchique, au commandant de la division qui les reunira et les enverra avec un état récapitulatif au gouverneur général.

L'etat récapitulatif restera dans les archives du gouvernement; les bordereaux seront envoyés par le gouverneur au directeur des finances pour lui servir au contrôle des opérations du comptable.

TITRE III. — *Du payement des courriers arabes.*

Celui qui recevra une lettre du caïd concernant les affaires du beylick, payera deux francs au cavalier.

Celui qui recevra une lettre de l'agha, concernant les affaires du beylick, payera quatre francs au cavalier.

Celui qui recevra une lettre du bach-aga, du khalifa ou du commandant français concernant les affaires du beylick, payera huit francs au cavalier.

(1) Arrêté du 14 novembre 1874. — Art. 1er. Une commission disciplinaire est instituée à Alger, près du gouverneur général et dans chaque chef-lieu de subdivision, de cercle ou d'annexe.

652. Aux termes de l'arrêté du 26 novembre 1874 (art. 26) les chefs militaires chargés de l'administration des territoires militaires, peuvent déléguer aux officiers des bureaux arabes et aux chefs des postes avancés le droit de prononcer des puni-

---

Art. 2. La commission siégeant à Alger prend le nom de commission disciplinaire supérieure des indigènes non naturalisés citoyens français.

Elle est présidée par le gouverneur général et composée des membres suivants :

1° Le directeur général des affaires civiles et financières, vice-président;

2° Le chef du parquet de la Cour d'appel ;

3° Le chef d'état-major général ;

4° L'amiral commandant de la marine;

5° Le général commandant du génie.

Art. 3. — En cas d'absence ou d'empêchement du directeur général des affaires civiles et financières, le gouverneur général empêché, désigne celui des membres titulaires qui doit exercer la présidence.

Art. 4. — Les membres absents sont suppléés par les fonctionnaires ou officiers qui, par leur position, sont appelés à exercer l'intérim de leurs fonctions normales.

Art. 5. — Les membres suppléants prendront rang après les membres titulaires ; les membres civils dans l'ordre de préséance des titulaires qu'ils suppléent; les membres militaires, dans l'ordre que leur assigne leur grade et leur ancienneté.

Art. 6. — Les commissions disciplinaires de subdivision sont composées : du commandant de la subdivision président, d'un membre du parquet ou du juge de paix et de deux officiers supérieurs de la garnison, désignés par le commandant de la subdivision.

Art. 7. — Les commissions disciplinaires de cercle ou d'annexe sont composées du commandant du cercle ou chef d'annexe, président, du juge de paix ou de son suppléant, d'un officier de la garnison, autant que possible du grade de capitaine, ou, au moins, commandant de compagnie ou de détachement.

Un second officier est désigné d'avance comme membre suppléant pour siéger, soit en cas d'absence du commandant supérieur ou du chef d'annexe.

Art. 8. — Dans les chefs-lieux de cercle qui sont à la fois chefs-lieux de subdivisions, la commission disciplinaire est présidée par un officier supérieur, délégué par le commandant de la subdivision.

Art. 9. — Un officier titulaire des affaires indigènes du cercle ou de l'annexe où le délit a été commis, instruit l'affaire et adresse son rapport au commandant supérieur ou au chef d'annexe qui, si le fait n'exige pas une répression supérieure à celle que peut proposer la commission disciplinaire locale, soumet directement l'affaire à cette commission.

Si le fait exige une punition plus forte, le rapport est adressé au commandant de la subdivision qui, selon le cas, saisit la commission subdivisionnaire ou envoie les pièces de l'instruction au général commandant la division.

Art. 10. — Le rapport est fait :

Devant la commission disciplinaire supérieure, par un fonctionnaire civil ou un officier désigné par le gouverneur général ;

Devant les commissions de subdivision, de cercle ou d'annexe, par un

tions dans la limite de huit jours de prison à 30 francs d'amende. Ce droit d'amende et d'emprisonnement est le dernier reste des pouvoirs arbitraires autrefois conférés. Peut-être pourrait-on les considérer comme réellement insuffisants

---

officier du service des affaires indigènes, et, de préférence, par celui qui a fait le rapport.

Art. 11. — Les fonctions de greffier sont remplies dans chaque commission, sur la désignation du président :

A Alger, par un employé civil ou un officier ; dans les chefs-lieux de subdivision, par un officier ; dans les chefs-lieux de cercles ou d'annexe, par un sous-officier ou par un des secrétaires civils ou militaires des mairies des communes mixtes ou indigènes.

Art. 12. — Un interprète est désigné par le président pour faire le service près de chaque commission.

Art. 13. — Les commissions disciplinaires connaissent des actes d'hostilité, crimes et délits commis en territoire militaire par des indigènes de ces mêmes territoires non naturalisés citoyens français, et qu'il est impossible de déférer aux tribunaux civils ou militaires.

Toutefois, ces commissions ne peuvent connaître des affaires où un citoyen français, un Européen, un israélite ou un indigène résidant en territoire civil, se trouvera partie intéressée.

Art. 14. — La commission disciplinaire supérieure propose l'éloignement de l'Algérie ou l'internement des indigènes signalés comme dangereux pour le maintien de la domination française ou de l'ordre public, et les peines supérieures à celles spécifiées à l'article 16 ci-après.

Art. 15. — Les commissions disciplinaires de subdivision, de cercle ou d'annexe prononcent :

1° La détention dans un pénitencier indigène ;

2° L'amende.

Elles formulent, le cas échéant, des propositions relatives aux dommages-intérêts à allouer à leur répartition,

Les peines de prison datent du jour de la décision et reçoivent une exécution provisoire immédiate ; mais elles ne sont définitives qu'après approbation du gouverneur général.

Art. 16. — Le maximum de peines à infliger est :

Pour les commissions de subdivision :

Un an de prison et 1,000 francs d'amende.

Pour les commissions de cercle et d'annexe :

Deux mois de prison et 200 francs d'amende.

Art. 17. — Les commissions disciplinaires siégeant dans les chefs-lieux d'annexe, de cercle et de subdivision, tiennent audience à des jours déterminés à l'avance.

La commission supérieure est convoquée par le président, toutes les fois qu'il est nécessaire.

Art. 18. — Les délibérations des commissions disciplinaires sont valables, pourvu que trois membres soient présents.

En cas d'absence ou d'empêchement, le président d'une commission autre que la commission supérieure désigne pour le remplacer un des membres titulaires présents.

Les officiers ne peuvent être désignés que d'après leur ordre de grade et d'ancienneté.

quand on songe aux services multiples que les bureaux arabes militaires, dans les lieux où ils ont été conservés, sont appelés à rendre aux administrations civiles et militaires. Quelques mots à cet égard sont indispensables.

653. Les bureaux arabes ont été institués, ainsi qu'on l'a

Art. 19. — Le prévenu doit comparaître en personne devant les commissions disciplinaires.

Il a le droit de se faire assister d'un défenseur, et, sur sa demande, la commission peut l'autoriser à faire entendre des témoins.

Pour les affaires renvoyées, après une première décision, devant les commissions subdivisionnaires ou devant la commission supérieure, le président décide s'il sera statué sur le rapport et la production des pièces, sans comparution du prévenu.

Art. 20. — Les décisions sont prises à la majorité des voix, le président exprimant son avis le dernier.

En cas de partage des voix, la décision de la commission est interprétée dans le sens le plus favorable au prévenu.

Art. 21. — Si la commission reconnaît que le crime ou délit qui lui est déféré entraîne une peine excédant ses pouvoirs, elle consigne au procès-verbal son avis motivé sur les causes qui l'empêchent de se prononcer et sur la suite qui lui paraît devoir être donnée à l'affaire.

Art. 22. — Le procès-verbal contient :

1° Les noms et qualités des membres de la commission présente ;

2° Les noms, l'âge, la profession du prévenu ; sa position au point de vue du statut personnel ; l'indication de sa tribu et la mention que cette tribu est en territoire militaire ;

3° L'indication sommaire des motifs de sa comparution ;

4° Le libellé de la décision avec l'avis motivé ou non de chaque membre sur la culpabilité, ou la peine prononcée ou sur la suite à donner à l'affaire ;

5° Les propositions relatives aux dommages-intérêts.

Art. 23. — Le procès-verbal signé par les membres présents, le rapport et les pièces à l'appui, sont dans tous les cas, transmis par la voie hiérarchique au gouverneur général, après que le général commandant la subdivision et le général commandant la division ont émis leur avis sur la suite à donner à la décision rendue et aux propositions faites.

Art. 24. — Le procès-verbal revêtu du visa approbatif ou des observations du gouverneur général est renvoyé, par la voie hiérarchique, aux commandants de subdivision, de cercle ou d'annexe, pour servir à qui de droit et être conservé aux archives locales.

Art. 25. En dehors de la juridiction des tribunaux ordinaires, des conseils de guerre et en dehors des commissions disciplinaires, les indigènes musulmans non naturalisés français et résidant sur les territoires militaires, peuvent être punis directement par les commandants militaires ou leurs délégués :

1° Pour contravention de police, conformément aux règlements existants.

2° Pour fautes commises dans le service militaire ou administratif.

3° Pour des méfaits et des délits dont l'importance ne dépasse pas une valeur de 50 francs.

Art. 27. — Dans les cas prévus à l'article précédent, les chefs militaires

vu plus haut par un arrêté du 1er février 1844. Leur personnel se compose aux termes de la loi du 13 mars 1875 (1), d'officiers hors cadre et d'officiers détachés des corps de troupes. Ils ne constituent pas un service à part. Les officiers qui y sont employés sont les agents immédiats du commandant de subdivision ou de cercle de qui émanent tous les ordres (2).

Comme agents du commandement, ils réunissent les éléments de décision que ce commandement est appelé à prendre, transmettent aux chefs indigènes les décisions prises et en assurent l'exécution.

---

chargés de l'administration des territoires militaires peuvent infliger aux indigènes musulmans non naturalisés de ces territoires :

Le commandant de la division, deux mois de prison et 300 francs d'amende.

Le commandant de la subdivision, un mois de prison et 100 francs d'amende.

Les commandants de cercle ou d'annexe, quinze jours de prison et 50 francs d'amende.

Le commandant supérieur ou chef d'annexe peut déléguer aux officiers de son bureau arabe et aux chefs de postes avancés le droit de prononcer des punitions dans la limite de huit jours de prison et 30 francs d'amende.

Ces délégations sont toutefois réservées pour le cas où ces officiers sont envoyés en mission, hors du chef-lieu du cercle ou de l'annexe.

Art. 27. — A quelque degré de la hiérarchie qu'ils appartiennent, les chefs indigènes ne pourront infliger la peine de l'emprisonnement.

Quand ils auront à procéder de leur propre initiative à une arrestation, en cas de flagrant délit ou pour des causes intéressant immédiatement l'ordre public, ils devront en rendre compte sans délai à l'autorité française dont ils relèvent et lui faire immédiatement conduire les prévenus.

Les chefs indigènes relevant directement de l'autorité française, pourront frapper des amendes jusqu'à concurrence de 20 francs, pour les contraventions de police et les manquements de minime importance.

Les amendes infligées par les chefs indigènes ne sont perçues qu'après visa approbatif de l'autorité française dont ils relèvent.

Art. 28. — En cas de troubles ou d'insurrection, les attributions des commissions disciplinaires peuvent être exercées dans leur entier par les commandants de subdivision, de cercle ou d'annexe, après décision du général commandant la division qui rend compte au gouverneur général, avec pièces à l'appui.

Art. 29. — Toutes les dispositions contraires au présent arrêté sont abrogées.

(1). L. du 13 mars 1875, art. 31. Déc. 5 mars 1866, art. 1 et 2.

(2) Déc. ministérielle 5 janv. 1858. — Les bureaux arabes ne constituent pas un service à part. Les officiers qui y sont employés sont les agents immédiats du commandant militaire, de qui émanent tous les ordres. En conséquence, un seul cachet, celui du commandant, doit être en usage dans les cercles, les subdivisions et les divisions, pour les affaires arabes et les affaires militaires.

654. Mais les officiers des bureaux arabes ne sont pas seulement, dans les territoires militaires, les agents de commandements. Aux termes d'une ordonnance du 1er septembre 1847(1), complété par des décrets des 15 mars 1860 et 1er février 1874(2), ils sont de véritables officiers de police judiciaire et de véritables officiers publics chargés à ce titre, de notifier les citations, mandats, droits de justice concernant les indigènes et, en outre de rechercher et constater les crimes, délits et contraventions de la compétence des tribunaux ordinaires.

Les attributions multiples des bureaux arabes, leur fonction-

---

(1) Ord. 1er sept. 1847, art. 14, § 3.

(2) Déc. 15 mars 1860, art. 5; Déc. 1er février 1874, art. 1 et 2. — Arrêté 24 février 1879.

Art. 1er. — Il sera tenu, par chaque huissier, un registre conforme au modèle ci-joint, et destiné à recevoir l'inscription de tous les actes qui seront notifiés, par l'intermédiaire des agents indigènes des territoires de commandement, aux indigènes domiciliés sur lesdits territoires.

Art. 2. — Ce registre et l'original de la citation seront visés par l'officier qui recevra la copie et sera chargé de la faire parvenir à l'intéressé.

Art. 3. — Le commandant supérieur ou le chef d'annexe sera tenu d'adresser à l'huissier, sans délai et aussitôt le retour de l'agent, le certificat constatant la remise de la copie de l'acte, soit à la personne de l'intéressé, soit à son domicile, soit à l'un de ses parents ou serviteurs, soit, enfin, à l'un de ses voisins, ou le certificat constatant l'impossibilité de cette remise.

Art. 4. — Il sera alloué aux agents indigènes chargés de la remise de la copie de l'exploit pour les affaires à la requête des administrations publiques ou des particuliers, un franc par myriamètre parcouru, en allant et en revenant.

Il ne sera rien alloué pour les affaires à la requête du ministère public.

Art. 5. — Il ne sera alloué qu'un seul droit de transport pour la totalité des notifications faites dans une même course et dans le même lieu. Ce droit sera partagé en autant de portions égales qu'il y aura d'originaux d'actes, et à chacun des actes, l'huissier appliquera l'une desdites portions, lors de la notification au bureau arabe.

Art. 6. — Lors de la remise de l'exploit, qui sera accompagné d'une formule en blanc de certificat de notification fournie par l'huissier, et conforme au modèle ci-annexé, les frais de transport seront mentionnés, par l'officier du bureau arabe, sur le registre prescrit à l'art. 1er, sur l'original et sur le certificat.

Art. 7. — Les frais de transport seront toujours payés directement par l'huissier à l'agent indigène employé, lors du retour de cet agent et contre la remise qui sera faite, par celui-ci, audit huissier, du certificat de notification rempli et signé par l'officier du bureau arabe.

nements ont été déterminés par une circulaire du gouverneur général en date du 21 mars 1867 (1).

---

(1) 21 mars 1867. *Circulaire du gouverneur sur les attributions des bureaux arabes.*

L'organisation donnée en 1844 aux bureaux arabes a subi, depuis cette époque, diverses modifications dont l'expérience a démontré l'utilité, et qui ont été l'objet de divers arrêtés et circulaires. — Il m'a paru nécessaire de résumer ces modifications, de réglementer avec précision les différentes parties du service des affaires arabes, et de faire concorder les instructions qui régissent la matière avec les principes posés par la lettre impériale du 20 juin 1865 sur la politique de la France en Algérie.

DISPOSITIONS GÉNÉRALES.

Partout et à tous les degrés, les affaires arabes dépendent du commandant militaire qui, seul, a qualité pour signer les ordres et correspondre avec son chef immédiat, ses subordonnés et les différents services suivant les règles de la hiérarchie. — Toutefois, le commandant militaire peut déléguer le chef de son bureau arabe pour signer, en son nom et avec la mention, *par son ordre*, la correspondance ordinaire avec les chefs indigènes et les ordres de détail. Il est interdit au chef du bureau arabe de faire usage d'un cachet particulier.

Les officiers des bureaux arabes sont sous les ordres directs des commandants militaires, et dans des conditions analogues à celles des officiers de l'état-major général par rapport aux commandants des corps d'armée et de division. — C'est par eux que les ordres des commandants militaires sont donnés aux chefs indigènes; c'est par eux que l'exécution en est assurée. Mais c'est toujours au commandant militaire que les chefs indigènes adressent leurs rapports ou leurs lettres ayant trait au service. — Les officiers des affaires arabes ne doivent pas perdre de vue que les chefs indigènes, investis par nous de commandements importants, et ayant parfois des grades élevés dans l'ordre impérial de la Légion d'honneur, ont droit à des égards que commandent ces grandes positions. Les bureaux arabes n'ont entre eux aucun rapport officiel.

ORGANISATION DES BUREAUX ARABES.

L'organisation des bureaux arabes comprend :

1° Un bureau politique ; — 2° des directions provinciales ; — 3° des bureaux arabes de 1re et 2e classe, des bureaux-annexes de cercle.

Lorsque le ressort administratif d'un cercle est trop étendu, il peut être créé des annexes de ce cercle. — L'officier chef d'annexe relève directement du commandant du cercle.

Des officiers des affaires arabes peuvent également être détachés sur des points d'un cercle où leur présence est jugée nécessaire. — Si la mission confiée à ces officiers n'est que provisoire et ne concerne que des affaires courantes, ils dépendent du chef du bureau arabe et correspondent avec lui. Mais, lorsque cette mission a un caractère spécial et présente un certain degré d'importance, le commandant supérieur peut se réserver de correspondre directement avec eux. — Si ces offi-

655. Les chefs indigènes sont les adjoints principaux du commandement dans les territoires militaires. Leurs pouvoirs, depuis la conquête, n'ont pas été constants, mais d'une façon

---

ciers sont détachés d'une manière permanente, ils correspondent avec le commandant supérieur.

PERSONNEL.

Le personnel des affaires arabes comprend :

Des officiers titulaires; — Des officiers stagiaires; — Des archivistes (civils ou militaires); — Des agents inférieurs (khodjas, secrétaires, chaouchs, khiélas). — Des interprètes de l'armée et des spahis sont détachés près des bureaux arabes, d'après les besoins du service. — Dans chaque localité, un médecin est désigné pour être chargé du service de santé du bureau arabe. — Les officiers employés dans les affaires arabes se recrutent dans les corps d'armée, conformément au décret du 5 mars 1866.

Officiers titulaires. — Les officiers titulaires sont ceux qui, après avoir accompli le temps d'épreuve déterminé par le présent règlement, ont été reconnus aptes au service spécial des affaires arabes et attachés définivement à ce service.

Officiers stagiaires. — Avant d'être pourvus d'un emploi dans les affaires arabes, les officiers subissent, dans une direction provinciale, un stage dont la durée varie suivant l'aptitude dont ils font preuve, et pendant lequel ils sont initiés aux connaissances nécessaires pour être en mesure de rendre des services immédiats lorsqu'ils seront admis définitivement dans ce service. — Les officiers stagiaires sont nommés par le gouverneur général, sur les propositions faites par les inspecteurs généraux des différentes armes et les généraux commandant les provinces. Le nombre des stagiaires à admettre varie suivant les besoins probables du service.

Les officiers stagiaires sont placés sous les ordres du directeur provincial. Ils suivent un cours de langue arabe. Ils sont aussi initiés aux différentes branches du service des affaires arabes et peuvent être appelés à concourir au travail des bureaux de la direction. Ils sont, à tour de rôle, mis à la disposition du rapporteur près le conseil de guerre et employés à l'instruction des affaires concernant les indigènes. Tous les ans, à l'époque de l'inspection générale des bureaux arabes, il est établi une liste, par ordre de mérite, des officiers stagiaires. Les positions d'adjoints de 2e classe sont attribuées à ceux-ci, au fur et à mesure des vacances, d'après leur rang d'inscription au dernier classement. — Des officiers stagiaires peuvent être placés dans les bureaux de subdivision et de cercle, lorsque le besoin du service l'exige.

Hiérarchie. — La hiérarchie des officiers titulaires des affaires arabes comprend les positions suivantes : — Chef de bureau de 1re classe; — Chef de bureau de 2e classe; — Adjoint de 1re classe; — Adjoint de 2e classe — Les officiers titulaires des affaires arabes, sur la proposition des généraux commandant les provinces, sont nommés par le gouverneur général, qui désigne les fonctions auxquelles ils sont appelés.

Composition des bureaux. — En principe, la composition du personnel de chaque bureau arabe est fixée ainsi qu'il suit : — Bureau subdivi-

générale, ils ont été, sans cesse diminuant. Ils ont été mal déterminés par la législation. Lorsque la France a substitué en Algérie son autorité à celle des Turcs, elle a trouvé l'influence

---

sionnaire : 1 chef de bureau de 1re classe, 1 adjoint de 1re classe. 1 adjoint de 2e classe, 1 interprète, 2 secrétaires, 1 khodja, 1 chaouch. — Bureau de 2e classe et annexe : 1 chef de bureau de 2e classe, 3 adjoints de 2e classe, 1 interprète, 1 secrétaire, 1 khodja, 1 chaouch.

Avancement sur place. — Comme il peut y avoir avantage, dans certains cas, à maintenir dans son emploi un chef de bureau de 2e classe, ou un adjoint de 2e classe appelé par son ancienneté et ses bons services à occuper un degré plus élevé dans la hiérarchie, les officiers de ces deux catégories peuvent être élevés sur place à la classe supérieure. — Lorsque cette circonstance se présentera, un chef de bureau de 2e classe ou un adjoint de 2e classe, suivant le cas, sera appelé à remplir, dans un bureau subdivisionnaire ou une direction provinciale, les fonctions attribuées ordinairement à un officier de classe supérieure à la sienne.

Mutations. — Les généraux commandant les provinces s'attacheront à ne proposer que le plus rarement possible des mutations concernant les chefs de bureaux. Ces officiers étant chargés, sous l'autorité du commandant supérieur, de la direction politique et administrative des affaires arabes, il importe au bien du service qu'ils soient maintenus le plus longtemps possible dans le même poste, afin d'y acquérir une connaissance complète du pays, des hommes et des affaires. — Il en sera de même pour les adjoints de 1re classe.

Cette règle, bien que générale, n'est pas absolue. Les convenances du service et les avantages particuliers des officiers devront, les uns et les autres, être pris en considératton. — Les adjoints de 2e classe, au contraire, seront l'objet de mutations fréquentes, principalement au moment où ils viendront de terminer leur stage. Ces changements seront calculés de manière que ces officiers se forment peu à peu aux affaires spéciales à chacune des régions principales de l'Algérie. — Toutes les mutations relatives aux officiers des affaires arabes sont ordonnées par le gouverneur général.

Interprètes. — Les interprètes de l'armée attachés aux affaires arabes sont subordonnés au chef du bureau ou à l'officier qui le remplace en cas d'absence. En règle générale, ils ne doivent pas être chargés de fonctions autres que celles qui ont rapport aux traductions et aux interprétations, sauf les cas exceptionnels, tels que l'absence ou l'empêchement de tous les officiers du bureau. Les interprètes ne peuvent remplacer les adjoints pour aucun détail de service. — Les interprètes attachés au bureau arabe prennent rang après les adjoints.

Médecins. — Les médecins chargés du service de santé d'un bureau arabe reçoivent, pour les détails de ce service, des instructions du chef du bureau arabe.

Archivistes. — Les archivistes attachés au bureau politique et aux trois directions provinciales peuvent être choisis dans l'ordre civil. Ils sont chargés de la conservation et du classement des archives, ainsi que des détails relatifs à la comptabilité des centimes additionnels.

Secrétaires français. — Les sous-officiers, caporaux et soldats employés comme secrétaires dans les bureaux arabes, sont divisés en deux

politique, militaire et religieuse aux mains de certaines familles qui constituaient une véritable aristocratie. Très attachés à

---

classes. Ils sont nommés par le commandant de la province, sur les propositions des commandants des subdivisions et des cercles.

Khodjas et Chaouchs. — Les khodjas et les chaouchs sont nommés et révoqués par les généraux commandant les provinces, sur les propositions des commandants de subdivision et de cercle.

Khiélas, Askars. — Les khiélas et les askars sont choisis par le commandant du cercle, dans la limite de l'effectif déterminé pour chaque bureau arabe. — Le choix des cavaliers soldés attachés aux chefs indigènes est laissé à la disposition de ceux-ci, sauf approbation du commandant du cercle. — Les khiélas sont tenus de présenter, lorsqu'ils sont admis, un cheval propre au service.

Spahis. — L'effectif et la composition du détachement de spahis attaché à chaque bureau arabe sont réglés par les articles 12 et 13 du règlement sur les smalas, du 1er mai 1862. — Les spahis attachés aux bureaux arabes sont sous les ordres des chefs de ces bureaux pour tout ce qui concerne le service spécial qu'ils sont appelés à faire pour la discipline. — Le chef du détachement reste chargé de tous les détails relatifs à l'administration, à la solde des cavaliers et à la surveillance des chevaux. — Il rend compte, chaque jour, au chef du bureau arabe, de la situation morale et matérielle du détachement. — Les spahis détachés dans les bureaux arabes n'ont droit à aucune indemnité en argent quand ils sont envoyés en mission dans l'intérieur des tribus : ils sont, dans ce cas, logés et nourris ainsi que leurs montures. — Les spahis permanents sont choisis avec soin parmi les cavaliers les plus sûrs des régiments sous tous les rapports. Ils doivent connaître parfaitement le pays et les routes qui le traversent. Tout écart de moralité de leur part doit être réprimé énergiquement. Les commandants de cercle provoqueraient sans retard le changement de ceux en qui ils n'auraient pas confiance.

ATTRIBUTIONS.

BUREAUX ARABES. — Leurs attributions comprennent : — La préparation de la correspondance et la réunion des documents concernant la politique, — Le personnel des affaires arabes, — L'organisation politique des commandements indigènes. — Le personnel des chefs indigènes, — Les notices biographiques et les renseignements sur les chefs et les familles influentes indigènes, — Les documents historiques sur les tribus de la province, — Les renseignements géographiques et topographiques, — La statistique, — L'établissement des bases de l'impôt et la constatation des matières imposables, — L'exécution du sénatus-consulte relatif à la constitution de la propriété dans les tribus, — Les questions diverses se rapportant à l'impôt arabe et au domaine de l'Etat en pays arabe, — La maison des hôtes, — Le budget des centimes additionnels à l'impôt arabe, — Les prestations en nature applicables à l'ouverture ou aux réparations des chemins dans les tribus, — La police des routes et des marchés, — La constatation des crimes et délits commis en territoire militaire par les indigènes et les recherches des auteurs, — La surveillance des corporations religieuses et des zaouïas, — Les commissions disciplinaires, — Les pénitenciers indigènes, — Les prisonniers arabes détenus par mesure politique ou administrative,

leurs coutumes et à leurs traditions, les Arabes n'ont jamais rompu les liens qui les reliaient à ces chefs, et nous avons

---

— L'instruction publique dans les tribus, — La justice musulmane,— La justice en pays kabyle.

BUREAUX DE CERCLES. Dans chaque cercle, le bureau arabe est l'intermédiaire entre le commandant supérieur et la population indigène pour tous les détails du service. — Le chef du bureau arabe rend compte au commandant du cercle de tous les faits qui sont parvenus à sa connaissance, il assure l'exécution des décisions qui lui sont notifiées et des ordres qui lui sont donnés. Les attributions du bureau arabe du cercle sont :

1° *Correspondance.* — La préparation et le classement de la correspondance officielle du commandant supérieur en ce qui touche aux affaires arabes. Le commandant supérieur remet au chef de bureau, pour être transcrites sur les registres de correspondance, les dépêches qu'il aurait rédigées lui-même. Les registres sont conservés dans les archives du bureau arabe. Cette disposition est indispensable pour assurer la conservation de tous les documents.

2° *Réclamations* — Les officiers du bureau les reçoivent du commandant supérieur auquel il est rendu un compte journalier des affaires examinées. Le commandant fait connaître au chef du bureau arabe sa décision sur chacune d'elles. Il peut aussi charger cet officier de leur donner, dans certains cas, une solution, mais cela en son nom.

Il est tenu dans chaque bureau arabe un registre des réclamations et demandes portées par les indigènes. La solution donnée à chaque affaire est indiquée en marge. — Les indigènes peuvent s'adresser directement au commandant supérieur, qui les écoute lui-même ou les fait entendre par les officiers du bureau arabe. — Le commandant supérieur est seul responsable des décisions qui sont prises tant par lui-même que par les officiers du bureau arabe, ses délégués.

3° *Statistiques, Impôt.* — L'établissement des statistiques et la constatation des matières soumises à l'impôt. — Après avoir dressé, avec l'assistance de la djemâa de chaque douar ou fraction, les états constatant les matières imposables, en indiquant en regard de chaque groupe le nom du contribuable, les chefs indigènes les remettent au chef du bureau arabe qui, avec l'aide de ses adjoints, les contrôle et les vérifie. — Le commandant supérieur fixe la période de temps pendant laquelle les indigènes sont admis à prendre communication de ces états et à porter les réclamations qu'ils se croient en droit d'élever. Ces réclamations sont écoutées au bureau arabe ou par le commandant supérieur lui-même.

Les états sont traduits pour servir à l'établissement des états de base de l'impôt. — Après avoir été vérifiés et signés par le commandant supérieur, ils sont adressés par la voie hiérarchique au commandant de la province, qui fait établir les rôles par le service des contributions diverses.

Lorsque les rôles ont été rendus exécutoires, le chef du bureau arabe fait connaître, d'après les ordres du commandant supérieur, le lieu et l'époque du versement. L'ordre de payement écrit, en langue arabe et en langue française en regard, est établi par douar ou fraction de tribu et remis au chef collecteur, après qu'il en a été fait lecture à la djemâa assemblée. Cet ordre indique la cote afférente à chaque contribuable et la somme à payer par le douar ou la fraction; il est signé par le com-

dû souvent les respecter, alors même qu'administrativement nous les brisions. Or, l'état de dépendance dans laquelle se

---

mandant supérieur. — Un ordre collectif est publié sur les marchés et affiché à la porte du bureau arabe. — L'impôt est versé entre les mains du receveur des contributions diverses par les chefs indigènes. Le bureau arabe n'a à intervenir dans cette opération que pour hâter les recouvrements, si la demande en est faite au commandant par le service des contributions diverses.

4° *Police du territoire.* — Sous l'autorité du commandant supérieur, le chef du bureau arabe veille à la tranquillité générale, assure la sûreté des routes, délivre les permis de voyage et surveille les marchés et les caravansérails. Il se tient au courant de tout ce qui se passe dans les tribus et en informe le commandant supérieur.

Aux termes du décret du 15 mars 1860, les officiers titulaires des affaires arabes exercent les attributions d'officiers de police judiciaire — Lorsqu'il apprend qu'un crime ou un délit a été commis par un indigène, le chef du bureau arabe en rend compte au commandant supérieur et se transporte sur les lieux ou y envoie un de ses adjoints pour faire une première instruction, entendre les témoins et assurer l'arrestation des coupables. — Le commandant supérieur adresse par la voie hiérarchique, au général commandant la province, les pièces de l'instruction et le rapport de l'officier de police judiciaire; il y ajoute ses observations, s'il y a lieu.

Le chef du bureau arabe rend compte au commandant supérieur des délits politiques et des infractions de toute nature qui restent en dehors de l'action des tribunaux. — Si le commandant supérieur apprécie que la répression de ces faits n'entraîne pas une punition excédant ses pouvoirs, il prononce lui-même la peine. — Dans le cas contraire, il fait établir, par le chef du bureau arabe ou par un adjoint titulaire, un rapport détaillé qu'il adresse au commandant de la subdivision avec ses observations. — Lorsque la commission disciplinaire du cercle ou de la subdivision se réunit, un officier du bureau arabe remplit les fonctions de rapporteur.

Aux termes de l'arrêté ministériel du 5 avril 1860, le commandant supérieur peut déléguer aux officiers de son bureau arabe le droit de prononcer des punitions dans la limite de 8 jours de prison et 25 francs d'amende. — Cette délégation devra, en règle générale, être réservée pour le cas où ces officiers sont envoyés en mission hors du chef-lieu du cercle.

Le chef du bureau arabe tient un registre d'écrou pour les indigènes détenus préventivement ou administrativement. Ce registre porte l'indication du nom du détenu, de la tribu à laquelle il appartient, du jour de l'entrée et de celui de la sortie et du motif de l'incarcération. La détention ne peut être subie par les indigènes que dans la prison militaire de la place, sauf le cas d'insuffisance des locaux. Les indigènes détenus par mesure administrative sont employés, chaque jour, pendant un certain nombre d'heures, à des travaux d'utilité publique, d'après les ordres du commandant supérieur.

Le chef du bureau arabe tient également un registre dans lequel sont inscrites les amendes prononcées par le commandant supérieur ou ses délégués, par les commissions disciplinaires et par les autorités supé-

trouvaient les administrés vis-à-vis de leurs administrateurs, sous la domination turque, variait de tribu à tribu selon les

---

rieures. En matière d'amende, les attributions des chefs indigènes sont réglées par l'article 19 de l'arrêté ministériel du 5 avril 1860.

Le versement des amendes est effectué par les chefs indigènes chez le receveur des contributions diverses, qui fait la répartition entre l'État et les collecteurs. Le bureau arabe reste en dehors de cette opération.

. . . .

6° *Instruction publique.* — Instruction publique dans les tribus et écoles arabes-françaises.

7° *Corporations religieuses et zaouïas.* — Surveillance des corporations religieuses et des zaouias.

8° *Personnel des chefs indigènes.* — Personnel des chefs indigènes. Notices biographiques et des renseignements sur les personnages et les familles influentes du pays. — Les officiers des bureaux arabes s'attacheront à connaître parfaitement le personnel des chefs indigènes. Ils doivent être à même de renseigner le commandant supérieur sur la valeur, les qualités, les défauts de chacun de ces agents. Il est nécessaire qu'ils se mettent à l'avance en mesure de lui adresser sans retard, s'il en était besoin, des propositions pour pourvoir aux remplacements. Ils recherchent, dans ce but, quels sont les hommes remplissant les conditions voulues pour chaque commandement, et quels services on peut attendre d'eux.

9° *Topographie*, etc. — Renseignements topographiques, historiques, documents concernant les tribus du cercle.

10° *Maison des hôtes.* — Surveillance de la maison des hôtes, conservation du mobilier, de la bibliothèque et des archives du bureau arabe, établissement des inventaires de ce matériel.

11° *Service des spahis et khiélas.* — Direction du service des spahis, des khiélas et askars attachés au bureau arabe.

12° *Constitution de la propriété.* — Travaux relatifs à la constitution de la propriété dans les tribus.

13° *Travaux exécutés par prestations en nature.* — Surveillance et direction, dans les conditions déterminées par l'arrêté du 29 avril 1865, des travaux exécutés au moyen des prestations en nature.

14° *Rapports mensuels et trimestriels.* — Préparation des rapports mensuels et trimestriels. Les rapports mensuels fournis dans les cercles sont établis d'après les modèles arrêtés par le gouverneur général. — Les éléments de ces rapports, les renseignements de toute nature qui doivent y trouver place, sont réunis par le chef du bureau arabe, lequel, après avoir pris les instructions du commandant supérieur, prépare ces rapports et les soumet à la signature de ce dernier, comme toutes les autres pièces de la correspondance. — Les chefs d'annexes envoient en temps opportun, au chef-lieu du cercle, les documents relatifs à l'annexe, qui sont nécessaires pour l'établissement de ces rapports. — Les rapports parviennent au gouverneur général par la voie hiérarchique.

15° *Rapports de diverses natures.* — Ces rapports sont préparés dans les mêmes formes que les rapports mensuels et trimestriels.

16° *Commandement des goums dans des cas exceptionnels.* — Le commandement des goums doit, en principe, être laissé aux chefs indigènes. Si des raisons sérieuses font déroger à ce principe, en cas d'opérations de guerre seulement, on ne devra choisir pour marcher à la tête des goums que des

circonstances locales. Les attributions des chefs arabes ne sont pas partout les mêmes, ce que l'article 100 de l'ordonnance du

---

officiers très habitués aux affaires, connaissant très bien le pays, les hommes, la situation politique et ayant acquis par leurs services une influence réelle sur les chefs indigènes qu'ils peuvent avoir sous leurs ordres.

17° *Réquisitions, convois.* — La réunion et la conduite des convois de réquisition; service des renseignements, des guides et des espions en campagne.

18° *Constatation de l'état civil.* — Essais de constatation de l'état civil dans les tribus.

19° *Comptabilité des centimes additionnels.*

FONCTIONNEMENT DU SERVICE.

Officiers. — Le chef du bureau arabe va, au moins une fois par jour, au rapport chez le commandant supérieur; il lui rend compte des faits survenus dans les vingt-quatre heures, lui soumet les propositions qu'il juge convenables. Il prend note des décisions et des instructions du commandant.

Le chef du bureau arabe répartit le service entre les officiers et les employés du bureau; il leur transmet les ordres qu'il a reçus et veille à leur exécution, dont il reste responsable vis-à-vis du commandant supérieur. — Il assure le service en employant chacun suivant les besoins; il s'efforce de mettre les officiers adjoints en mesure de se suppléer mutuellement et de le remplacer lui-même en cas d'absence ou d'empêchement. — Pour cela, il les fait souvent alterner pour les divers détails du service.

Le commandant supérieur prescrit au chef du bureau arabe et à ses adjoints de fréquentes tournées dans les tribus. Il se fait, s'il le juge à propos, accompagner par l'un d'eux, lorsqu'il visite le cercle. — Cet officier prend note des affaires réglées sur place par le commandant. Le bureau arabe, par la nature de ses attributions, est étranger à tout maniement de fonds.

Interprètes. — Les interprètes sont employés à la traduction et à la rédaction des lettres et pièces arabes, à la traduction par extrait des registres du cadi et de l'état civil. Ils touchent pour la traduction des registres de cadis le droit fixe spécifié par l'article 1 de l'arrêté ministériel du 16 octobre 1860. Ils assistent les officiers chargés d'une instruction judiciaire et, en cas de besoin, celui qui écoute les réclamations. Ils accompagnent, quand cela est nécessaire, le commandant supérieur et les officiers du bureau dans leurs tournées.

Médecins. — Le médecin chargé du service de santé fait, chaque jour, dans le local désigné à cet effet, la visite des employés du bureau et des indigènes qui réclament ses soins. — Il est tenu de traiter à domicile les officiers, l'interprète et les employés mariés du bureau, ainsi que leurs familles, si elles sont domiciliées au chef-lieu du cercle. Il visite souvent les indigènes admis à l'hôpital militaire. Une fois par semaine et plus souvent, s'il est nécessaire, il passe la visite des detenus; il désigne d'office, pour entrer à l'hôpital, ceux qui sont dans des conditions telles qu'ils ont besoin de soins qui ne sauraient leur être donnés dans la prison.

15 avril 1845 exprimait en disant que les caïds ou cheiks exercent les fonctions qui leur sont attribuées, *soit par les*

Le médecin assiste les officiers du bureau arabe quand ils agissent en qualité d'officiers de police judiciaire. — Lorsque son service le lui permet, il fait des tournées dans les tribus. — Le médecin rend compte journellement au chef du bureau arabe des événements survenus dans son service pendant les vingt-quatre heures; il l'avertit, en outre, immédiatement des faits importants. Il lui fait connaître les besoins du service et lui propose les mesures qu'il croit utiles. Le chef du bureau arabe en réfère au commandant supérieur qui prononce.

Secrétaires. — Les secrétaires français exécutent, sous les ordres des officiers, tous les travaux d'écriture relatifs au service des affaires arabes, tels que mise au net de la correspondance, transcription sur les registres, établissement d'états divers, etc. — Ils peuvent remplir les fonctions de greffier dans les instructions judiciaires faites par les officiers du bureau arabe, conformément aux articles 102 et 104 du Code de justice militaire.

Khodjas. — Les khodjas sont spécialement chargés de tous les détails de la correspondance arabe.

Chaouchs. — Les chaouchs sont employés dans les bureaux et à l'extérieur, à exécuter des ordres de détails, à porter et à recevoir des dépêches, et à entretenir les différents locaux du bureau dans un état de propreté convenable.

BUREAUX ARABES ANNEXES. — Les attributions des bureaux arabes annexes sont les mêmes que celles des bureaux arabes. Le fonctionnement du service y est assuré d'après les mêmes principes, avec les différences suivantes : — Le chef du bureau annexe rend compte par écrit au commandant du cercle, aux époques fixées par celui-ci, des événements survenus, et lui fait parvenir les documents qui doivent prendre place dans les divers rapports. Il l'informe sans retard de tous les faits importants qui peuvent se produire. — Il règle, par délégation du commandant supérieur, les affaires que celui-ci ne s'est pas spécialement réservées et qui demandent une prompte solution.

En matière de punitions à prononcer, les pouvoirs du commandant supérieur peuvent être délégués au chef du bureau annexe par le général commandant la province. Le commandant du cercle peut déléguer au chef de son bureau annexe le droit d'infliger des punitions dans les limites de 8 jours de prison et 25 francs d'amende.

Si le chef du bureau annexe n'est pas en même temps commandant militaire du poste, il relève de l'officier chargé de ces fonctions pour tout ce qui touche à la discipline et au service intérieur de la place. — Il ne relève que du commandant du cercle pour tout ce qui a rapport à l'administration et au commandement des indigènes.

OFFICIERS, MÉDECINS EN TOURNÉE. — TRANSPORTS, DIFFA, ALFA.

Les officiers, médecins et interprètes attachés aux bureaux arabes ont droit à l'alfa et à la diffa, lorsqu'ils sont en service dans le cercle.— Il est accordé à chacun d'eux, pour le transport de sa tente et de ses bagages, deux mulets ou chevaux de bât qui seront fournis par les tribus. Ces bêtes de somme seront changées, autant que possible, après chaque journée de marche. — Les journées de travail, de conducteur et de bête

usages musulmans, soit par les instructions du gouverneur général.

656. L'arrêté du 12 février 1844, en ce qui concerne les amendes, avait fixé les limites dans lesquelles le pouvoir des chefs indigènes pouvait se mouvoir (1). Mais les dispositions de cet arrêté n'ont jamais été observées dans la pratique. Les arrêtés des 5 avril 1860, 26 juin 1872, 9 juillet et 21 septembre 1873 (V. *supra* nº 651), ont successivement diminué le chiffre des amendes facultatives, enfin le règlement ci-dessus visé du 14 novembre 1874, a décidé en principe que les chefs indigènes ne pourront à l'avenir frapper des amendes que jusqu'à concurrence de la somme de 20 francs pour les contraventions de police et les manquements de minime importance. Encore ces amendes infligées ne peuvent-elles être perçues qu'après visa approbatif de l'autorité française dont ils relèvent (2).

Les chefs indigènes avaient aussi autrefois le droit d'infliger arbitrairement l'emprisonnement à leurs administrés. Ce droit leur a été enlevé par l'arrêté précité : à quelque décret de la hiérarchie qu'ils appartiennent, ils ne peuvent plus aujourd'hui ordonner aucun emprisonnement. Quand ils ont à procéder de leur propre initiative à une arrestation, en cas de flagrant délit ou pour des causes intéressant immédiatement l'ordre public, ils en doivent référer, sans délai, à l'administration française et lui faire conduire les prévenus (3).

657. Sous l'administration turque, les chefs indigènes qui tiraient, la plupart du temps, leur droit de commandement de

---

de somme fournies pour ce service, seront comptées aux propriétaires des animaux, en déduction de leur quote-part dans les prestations en nature pour ouverture et entretien des routes.

Les spahis et khiélas envoyés en mission dans le cercle ont droit à l'alfa et à la diffa. — La diffa comprend le gîte et la nourriture, qui sont fournis l'un et l'autre d'après les habitudes du pays. — Les denrées qui entrent dans la composition des repas sont celles que produit la localité ou dont les habitant eux-mêmes font usage. Il est formellement interdit à tout agent de l'autorité ayant droit à l'hospitalité d'exiger qu'il lui en soit fourni d'une nature différente. — L'alfa comprend les moyens d'attache pour les animaux, l'orge et le fourrage. Cette dernière denrée d'après les ressources de la localité et la saison.

(1) Circ. 12 février 1844, an 1, 2, 4 et 8 (V. nº 650).

(2) Arr. 14 nov. 1874, art. 27.

(3) Arr. 14 nov. 1874, art. 27.

leur naissance, ne recevaient du dey ou du bey, selon la circonscription où ils exerçaient, qu'une investiture nominale qui ne pouvait leur être refusée. Il n'en est plus de même, aujourd'hui. Le gouverneur général possède le droit absolu de nommer et celui de les révoquer. L'insertion de l'arrêté de nomination dans les journaux officiels français ou arabes ne saurait suffire aux yeux de populations qui, en immense majorité, illétrées, ne prennent jamais connaissance des actes officiels. On a donc dû, dans la pratique, choisir un autre mode de publicité, et, à cet effet, on est dans l'usage de porter les arrêtés de nomination à la connaissance des intéressés par la voie de la proclamation à haute voix dans les marchés publics.

658. Les chefs indigènes entrent en possession de leurs attributions par une cérémonie d'un caractère spécial et qui consiste dans la remise d'un burnous d'investiture et d'un cachet (1).

---

(1) Arr. 12 janv. 1844.

Voulant rendre uniforme la marche à suivre pour la nomination et la révocation des chefs indigènes, j'ai arrêté les dispositions suivantes :

Les caïds seront nommés par les commandants de province sur la présentation du commandant de la subdivision qui lui-même aura été éclairé sur le choix à faire par une proposition de l'agha dans le ressort duquel se trouve le caïdat vacant.

Quant à la révocation des caïds, elle aura lieu sur la proposition du commandant de la subdivision au commandant de la division qui prononcera et me rendra compte immédiatement.

Dans un cas d'urgence bien déterminée comme trahison, correspondance avec l'ennemi, le commandant de la subdivision pourra opérer immédiatement l'arrestation du caïd coupable. Il pourra faire exercer ses fonctions provisoirement. Il sera tenu d'en référer immédiatement au commandant de la province, qui prononcera définitivement et me fera connaître les motifs de sa décision.

Le burnous d'investiture est pour les arabes le signe de la nomination et de l'entrée en fonctions. C'est donc au commandant de la division qu'appartient le droit de le donner. Lorsque les circonstances s'y opposeront, il peut déléguer le commandant de la subdivision pour le remplacer.

Le cachet chez un peuple qui ne possède que peu de gens doués de quelque instruction, forme un complément de l'investiture. La confection ne pourra donc en être ordonnée que d'après une autorisation écrite et émanée du commandant de la division. Nous avons eu tant d'exemples d'abus coupables faits de ces cachets, qui tantôt avaient été dérobés, tantôt imités par d'adroits faussaires, qu'on ne saurait apporter trop d'attention dans le choix des orfèvres chargés de le graver. Dans chaque division il y aura donc lieu à désigner un homme de confiance qui seul en sera chargé. On fera prévenir les autres orfèvres qu'ils seraient passibles

659. Les indigènes non naturalisés, sont soumis ainsi qu'on l'a déjà vu (V. n° 69 et suiv.) et ainsi qu'on le verra plus loin (V. n° 702), pour les lois de police à celles qui obligent tous les regnicoles, et pour les lois civiles à celles qui résultent de l'interprétation du Koran et de ses commentateurs autorisés. Mais ils sont, en outre, soumis à une législation pénale particulière, qui forme ce qu'on est convenu d'appeler le *Code de l'indigénat.*

En territoire militaire, le régime répressif appliqué aux indigènes est d'une extrême simplicité. Le système fut inauguré par l'arrêté du maréchal Bugeaud en date du 12 février 1844. (V. n° 650). Partant de cette donnée que les amendes ont été imposées de temps immémorial à la presque universalité des crimes et délits, cet arrêté appliquait ce mode de répression et en armait à la fois les commandants militaires et les autorités

---

de peines sévères s'ils venaient à confectionner des cachets. Le prix en sera payé par le fonctionnaire investi.

En cas de destitution, le cachet sera immédiatement retiré au fonctionnaire révoqué. Quant à ceux d'un ordre supérieur à celui que nous avons énuméré, tels que agha, bach-agha et kalifa, lorsqu'un emploi sera vacant, MM. les commandants de province me feront la proposition d'un candidat. J'en référerai au Ministre qui en proposera la nomination à S. M. (La nomination a lieu aujourd'hui par le gouverneur général. — Déc. du 10 décembre 1860).

Tout en laissant l'initiative de proposition à MM. les commandants de division, ils ne devront point négliger de se faire donner par les commandants de subdivision tous les renseignements qui pourraient éclairer leur choix.

L'importance des fonctions de kalifa, d'agha et de bach-agha appelés à administrer un grand nombre de tribus exige que leur révocation définitive ne puisse avoir lieu que par décision royale.

Dans les circonstances ordinaires celui de ces fonctionnaires qui aurait encouru une destitution serait l'objet d'une proposition motivée de la part du commandant de la province au gouverneur général qui en réfère au Ministre.

Dans un cas d'urgence telle que tout retard serait funeste, MM. les commandants de division pourront prendre sur eux d'ordonner l'arrestation immédiate du chef devenu dangereux, mais ils seront tenus d'en rendre compte dans le plus bref délai.

L'investiture des kalifa, bach-agha ou agha appartient en principe au gouverneur général ; mais les circonstances d'éloignement s'opposant souvent à ce qu'il puisse y présider, cette fonction pourra être déléguée aux commandants de province.

Les mêmes précautions et règles indiquées pour les cachets des kaids seront suivies pour ceux des fonctionnaires d'un ordre plus élevé.

Recevez, etc.

Maréchal BUGEAUD.

indigènes instituées sur le modèle de l'organisation d'Abd-el Kader. Il réservait à peu près uniquement tous les crimes commis sur les Européens à la juridiction des conseils de guerre. Cette première réglementation devait subir avec le temps certains changements dans la forme. Le principe n'a pas été atteint. Elle est tout entière dans la nomenclature ci-après.

1° Amendes frappées jusqu'à concurrence,
de 25 francs par les Caïds;
de 50 francs par les Agas;
de 100 francs par les Bach Aghas ou Khalifats.

Délits militaires ou politiques.

Refus d'obéissance aux ordres donnés pour les corvées, transports ou convois.

Refus d'obéissance aux ordres des Cheiks.

Insultes ou injures contre les agents du pouvoir, tels que mekhaznias, Chaouchs, etc.

Discours séditieux et termes de mépris tendant à déconsidérer les agents du pouvoir.

Refus de payement des courriers.

Infraction aux coutumes établies relativement à l'hospitalité à accorder aux voyageurs et notamment aux agents du gouvernement.

Refus d'accepter la monnaie française.

Désordre dans les marchés.

Refus de contributions ou lenteur à les payer.

Emploi de termes injurieux pour désigner les autorités françaises.

Absences non justifiées aux rassemblements de guerre.

Voies de fait contre les mekhaznias, chaouchs et autres agents subalternes.

Désordres commis par un Arabe dans une tribu à laquelle il n'appartient pas.

Hébergement des déserteurs, des criminels ou généralement de tous les individus poursuivis en justice.

Hospitalité accordée aux espions ou agents de l'ennemi.

Relations avec les membres des tribus ennemies ou hostiles.

Vente ou achat d'armes à feu, de poudre de chasse ou de guerre, ou d'autres munitions de guerre sans autorisation spéciale.

Détentions illégales de biens meubles ou immeubles du gouvernement.

Vols de chevaux, armes et effets.

Délits communs.

Refus de comparaître devant la justice, soit comme accusé, soit comme témoin.

Atteintes à la morale publique.

Querelles et rixes entre particuliers.

Empiètements de propriété relatifs soit aux limites des terres soit au droit de pâturage.

Atteintes portées à la propriété commune, telles que la destruction des arbres fruitiers, la dégradation des puits, etc.

Refus d'exécution des sentences du cadi.

Vols et recels entre indigènes.

Amendes de 100 francs et au-dessus prononcées par les commandants français.

Crimes et délits politiques ou militaires.

La révolte et provocation à la révolte.

La fabrication des poudres à feu.

Les vols de bestiaux, chevaux, armes et effets appartenant à des corps irréguliers.

La contrefaçon ou soustraction des cachets appartenant aux autorités.

La soustraction des dépêches.

Les faux.

Crimes et délits communs.

Les faux.

La fabrication ou mise en circulation de la fausse monnaie.

L'assassinat d'indigènes par des indigènes.

661. Dès que notre domination a été consolidée, l'amende a cessé d'être le mode unique de répression. L'autorité militaire avait adopté concurremment l'usage de condamner administrativement à la peine de la détention. En 1858, ce régime pri-

militif et discrétionnaire a cessé d'être en vigueur, en ce qu concerne la procédure de la répression, par la formation des commissions dites disciplinaires (Voy. n° 651), mais on doit dire cependant qu'il n'a pas discontinué d'être appliqué en ce qui concerne la répression pénale elle-même, qui a toujours lieu en vertu des dispositions de l'ordonnance du 12 février 1844.

662. Les peines que les commissions disciplinaires infligent ont, en effet, été fixées par le règlement du 14 novembre 1874 de la manière suivante :

Pour les commissions de cercles et d'annexes, deux mois de prison et 200 francs d'amende ;

Pour les commissions de subdivision : un an de prison et 1,000 francs d'amende ;

Et enfin pour les commissions disciplinaires supérieures, les peines supérieures à celles spécifiées ci-dessus (1).

663. Outre les peines ci-dessus établies qui peuvent être prononcées pour des faits déterminés, les indigènes algériens peuvent être frappés disciplinairement, et au simple cas où ils sont signalés comme dangereux pour l'exécution de l'ordre public ou de la domination française, de deux mesures fort graves : l'éloignement de l'Algérie et l'internement. Ces deux mesures, qui ont été pendant longtemps prononcées par simple décision des commandants militaires, ne peuvent l'être actuellement que par le gouverneur général ou par la commission disciplinaire siégeant à Alger (2).

664. Les indigènes expulsés ne peuvent, à moins qu'ils ne justifient d'une autorisation écrite et spéciale accordée par le gouverneur général, reparaître durant le temps fixé par l'arrêté d'expulsion, dans aucun des lieux dont l'approche et le séjour leur ont été interdits. En cas de désobéissance, l'individu expulsé est puni d'un emprisonnement de trois mois à deux ans, qui en cas de récidive peut être élevé au double. Les circonstances atténuantes ne sont pas admises (3).

---

(1) Arrêté du 14 novembre 1874, art. 13 et 24. (V. n. 651).

(2) Arrêté du 14 novembre 1874, art. 14. Décision ministérielle, 27 déc. 1858.

(3) Arrêté 14 juin 1841. Art. 1er. — Toute personne exclue à toujours ou pour un temps déterminé, soit du territoire entier de l'Algérie, soit de quelqu'un des points occupés, ne pourra, à moins qu'elle ne justifie d'une

665. Les indigènes contre lesquels 'internement a été prononcé sont placés dans les localités où il existe des pénitenciers indigènes ; ils sont nourris par ces établissements. Les frais de nourriture des indigènes internés sont imputables au budget des centimes additionnels des subdivisions auxquelles appartiennent les internés (1).

666. La quotité et la nature arbitraires des pénalités édictées par le code de l'indigenat, ne forment pas le seul caractère distinctif de cette législation spéciale, il en est un autre, tout aussi digne d'attention, qui consiste dans le principe de la responsabilité collective des tribus sur le territoire desquelles un crime ou un délit ont été commis.

667. Cette responsabilité collective a été instituée par une circulaire du maréchal Bugeaud en date du 2 janvier 1844. La

---

autorisation écrite et spéciale accordée par le gouverneur général, reparaître, durant le temps fixé par l'arrêté d'exclusion, dans aucun des lieux dont l'approche et le séjour lui auront été interdits.

Art. 2. — En cas de désobéissance aux dispositions prescrites par l'article précédent, l'individu expulsé sera puni d'un emprisonnement de trois mois à deux ans ; la peine, en cas de récidive, sera toujours portée au maximum, et pourra même être élevée jusqu'au double.

L'article 463 du Code pénal n'est point applicable au délit prévu par le présent arrêté.

(1) Arrêté, 25 février 1861.

Art. 1. — Les indigènes contre lesquels la peine de l'internement en Algérie aura été prononcée seront placés dans les localités ou il existe des pénitenciers indigènes et nourris par ces établissements.

Art. 2. — Lorsque, par exception à l'article 1, un indigène devra être interné sur un point où il n'existe pas de pénitencier indigène, il sera placé dans un chef-lieu de subdivision ou de cercle, et, dans ce cas, il sera hébergé par la maison des hôtes du bureau arabe.

Art. 3. — L'allocation pour la nourriture des indigènes internés est fixée à 0 fr. 50 par jour et par individu.

Art. 4. — Les frais de nourriture des indigènes internés en Algérie seront imputables au budget des centimes additionnels des subdivisions auxquelles appartiennent ces internés. — A cet effet il sera ajouté au chapitre 1er, section 5, un nouvel article portant : *entretien des indigènes internés en Algérie*.

Art. 5. — A l'époque de l'établissement du budget de chaque subdivision, le chiffre de la dépense présumée à inscrire à l'article *entretien des indigènes internés en Algérie* sera calculé sur la moyenne des internés des années précédentes, à raison de 0 fr. 50 par jour et par individu.

Art. 6. — Tous les trois mois, les frais d'entretien des internés indigènes seront acquittés par les caisses des subdivisions auxquelles ils appartiennent, sur l'envoi de feuilles de dépenses établies par les soins des autorités chargées de l'administration des pénitenciers indigènes et des maisons des hôtes.

raison d'être, le mode d'application de cette mesure étaient justifiés et établis en ces termes par l'illustre maréchal :

Alger, le 2 janvier 1844.

« Déjà plusieurs meurtres et plusieurs vols ont été commis dans les provinces, sans que nous ayons pu en découvrir les véritables auteurs. Nous avons eu des soupçons, mais pas de certitude, et nous avons dû imposer des amendes à toute la tribu sur le territoire de laquelle le méfait avait été commis. Comme il est essentiel de mettre fin à ces actes et de procéder uniformément pour arriver à leur répression, je vais vous indiquer la marche générale à suivre en pareille circonstance.

« Après avoir commis un vol ou un assassinat, le premier soin du coupable est de se cacher ; il prend d'autant plus de précautions qu'il aperçoit qu'on fait plus de recherches pour le découvrir ; si, au contraire, il peut supposer que son crime est passé inaperçu, il reprend confiance, il s'observe moins, et une active surveillance l'a bientôt reconnu.

« Chez les arabes surtout, un voleur ou un assassin ne peut jamais entièrement cacher son méfait ; car tous se connaissent entr'eux, tous ont une demeure, une famille, des amis ; ceux-ci ne peuvent manquer d'apprendre la cause de l'assassinat, si c'est une vengeance exercée ; ils voient aussi presque toujours les objets volés, si le meurtre a été commis par cupidité ; or un secret est bien vite acheté des arabes. Voici donc les mesures à prendre pour arriver à la connaissance des coupables : Nous devons maintenir la responsabilité et la solidarité des tribus ; mais il ne faut appliquer à tous la punition méritée par un seul qu'à la dernière extrémité.

« Il est bien plus utile et bien plus exemplaire de châtier les véritables coupables, que de faire rentrer dans les caisses de l'État quelques milliers de boudjoux payés par les innocents.

« Ainsi, nous devons prévenir les Aghas qu'ils seront frappés eux-mêmes d'une amende, si, au bout de deux mois, les auteurs d'un crime ne sont pas découverts : les Kaïds seront également prévenus qu'ils seront destitués si des assassinats ou des vols fréquents sont commis dans leurs tribus et que les coupables ne soient pas livrés. Enfin, on doit adresser des circulaires à toutes les tribus, pour bien leur faire comprendre qu'elles sont responsables des délits commis sur leur territoire et qu'elles n'ont pas d'autre moyen d'éviter une amende générale que de dénoncer les coupables.

« Nous devons pour cela leur accorder un délai de 60 jours afin de bien leur prouver que notre but, en frappant l'amende n'est pas de les pressurer, mais bien d'assurer la tranquillité dans tout le pays.

« Du reste, la responsabilité des Aghas et des Kaïds rassurera les tribus, car c'est aux fonctionnaires qui jouissent des avantages et des prérogatives du pouvoir de veiller plus que tous les autres au maintien de l'ordre et à la répression des brigandages.

« Il est important aussi de prévenir tous les Aghas, Kaïds et Cheiks, qu'ils seront frappés d'amendes et même destitués, suivant le cas, s'ils permettent la vente d'objets volés dans les marchés de leur territoire, et s'ils donnent ou laissent donner refuge dans l'étendue de leur commandement aux malfaiteurs d'un autre aghalick ou d'une autre province.

« Cette mesure donne une garantie de plus aux populations, car souvent il arrive que les crimes sont commis par des gens étrangers à la tribu et qui se sauvent ensuite dans la leur, où ils espèrent trouver l'impunité.

« Il faut, en outre de ces dispositions prises à l'égard des chefs indigènes et de leurs administrés, envoyer des espions intelligents sur les lieux où a été commis le crime et ne pas craindre de les payer largement s'ils découvrent les coupables ; car deux ou trois punitions exemplaires mettraient fin à ces actes qui, quoiqu'isolés, maintiennent de l'inquiétude dans le pays.

« J'espère, Général, que l'application immédiate de ces règles nous amènera à d'heureux résultats.

« Recevez, etc.

« Maréchal BUGEAUD. »

668. La responsabilité des tribus vigoureusement appliquée par le maréchal Randon (1) pendant son gouvernement avait donné des résultats assez sensibles pour la tranquillité publique ; mais des récriminations violentes s'étaient élevées contre

---

(1) Circ., 14 août 1856.

le principe même de la mesure, dont l'utilité est incontestable, mais dont la justification juridique est, il faut le reconnaître, assez difficile à présenter; aussi, dans les premiers moments du ministère de l'Algérie, en 1858, le prince Napoléon s'empressa-t-il d'en prescrire la suppression (1).

Les conséquences de cette décision inconsidérée n'ayant pas tardé à se manifester par une recrudescence de crimes contre les personnes et les biens, sur les territoires des tribus, le gouvernement dut presque immédiatement autoriser à nouveau, dans certains cas exceptionnels, les chefs militaires à user du droit que leur avait donné la circulaire de 1844 (2); et bientôt même, il dut revenir aux principes et aux règles mêmes qui avaient été en vigueur de 1844 à 1858 (3).

---

(1) Circ., 24 nov. 1858, Menerville, t. 1, p. 75.

(2) Circ., 28 déc. 1858, Menerville, t. 1, p. 76.

(3) Circ., 8 mai 1859.

Général, j'ai relevé dans les rapports des bureaux arabes, afférents au premier trimestre de cette année, des observations sur les difficultés que la suppression de la responsabilité des tribus aurait créées pour la surveillance et pour la répression des délits commis dans les tribus. En vous reportant aux circulaires des 24 novembre et 28 décembre 1858, vous reconnaîtrez, je n'en doute pas, qu'on a généralement interprété dans un sens trop restreint les principes invoqués par ces circulaires. Les errements anciens étaient certainement irréguliers ; mais tout en les condamnant comme pratique habituelle dans les parties de l'Algérie les mieux soumises, on a admis la nécessité d'user de ménagements avant d'appliquer les règles de droit commun à tous les territoires.

Les instructions supplémentaires du 28 décembre, disent, en effet, que la responsabilité et la solidarité des tribus doivent être maintenues, lorsqu'il s'agit de faits généraux, commis avec une sorte de complicité collective, et, lorsque le châtiment individuel est tout à fait impossible. La circulaire du 2 janvier 1844, peut même être appliquée dans les contrées où notre autorité n'est pas encore établie d'une manière normale et où l'abandon de ce système de répression équivaudrait à une abdication de notre souveraineté. — Cependant, une restriction a dû être faite pour que les punitions collectives fussent soumises à la sanction ministérielle (aujourd'hui du gouverneur général). . .

Comme vous le voyez, général, les circulaires des 24 novembre et 28 décembre, qui ont proclamé des principes justes et des sentiments si généreux à l'égard du peuple conquis, ne peuvent pas avoir pour effet d'entraver la répression des crimes et de créer l'insécurité et le désordre, là ou régnait auparavant la tranquillité. Il faut avant tout garantir à la colonisation européenne la plus grande sécurité. Ce serait mal interpréter les actes de l'administration que de croire qu'ils ont eu pour but de lier les bras aux agents de l'autorité et d'assurer l'impunité aux coupables.

Je compte donc sur votre concours empressé pour rectifier les fausses opinions qu'on a pu faire sur la portée de ces circulaires. Je n'hésite pas à

669. Depuis 1858, la responsabilité collective des tribus a été souvent appliquée dans les territoires militaires (1). Ainsi qu'on le peut voir dans le texte de la circulaire du 2 janvier 1844, la quotité de l'amende est arbitrée par l'autorité qui l'impose selon la gravité du crime commis ; elle peut frapper tous les indigènes de la tribu ou seulement une partie d'entre eux selon les circonstances (2).

670. Aux termes de l'arrêté de 1844, le soin de prononcer l'amende collective avait été abandonné par le gouverneur général aux commandants militaires de subdivisions (3). La circulaire du 28 décembre 1858, dans les cas exceptionnels, où elle concevait la possibilité de l'application d'une amende collective, avait conféré au ministre de l'Algérie seul le droit de la prononcer, et cette attribution exclusive avait été maintenue par la circulaire du 8 mai 1859. L'article 7 du décret du 10 décembre 1860 a rendu au gouverneur général le droit de statuer.

671. Nous avons dit que les tribus des territoires militaires étaient encore assez fréquemment frappées, en vertu du principe de la responsabilité collective, d'une amende arbitraire par l'autorité compétente. Mais de ce que les exemples de cette mesure ne sont guère relevés actuellement que dans les territoires de commandement, il ne s'ensuit pas que les tribus installées dans les territoires civils ne puissent y être également soumises. La circulaire de 1844 ne fait aucune distinction entre les deux territoires, et d'une façon générale s'applique à la circonscription de toute la *province*.

672. En cas d'incendie des forêts, la législation spéciale à la matière (4) (Voy. n° 1069) a régularisé l'application de la responsabilité collective : « Les moyens de défense, disait à ce sujet le rapporteur, doivent être proportionnés aux agressions;

---

faire appel à l'énergie et au dévouement de tous les administrateurs des territoires militaires pour que les crimes soient rigoureusement réprimés..

Comte de Chasseloup-Laubat.

(1) Voir notamment arrêté 14 octobre 1876, douar d'Ain-Kerma.
(2) Circulaire 17 septembre 1844.
(3) Circ. 2 janvier 1844; circ. 17 septembre 1844.
(4) Le 17 juillet 1874.

la France doit aux Français d'Algérie, avant tout, une protection efficace. Quand la répression individuelle est impuissante, la loi peut recourir à la responsabilité collective. Loin de s'opposer à cette doctrine, les principes de notre droit la consacrent ; la responsabilité collective des tribus en cas d'incendie de forêts n'est qu'une application du principe de la responsabilité des communes en temps de troubles. Cette responsabilité collective se justifierait encore au besoin par l'état de la propriété en Algérie. Les indigènes n'y connaissent encore que la propriété collective ; la constitution de la propriété individuelle est décrétée, mais elle est loin de sa réalisation, et les recours individuels seraient également presque toujours impossibles et illusoires. Aussi la Commission tout entière s'est rendue à cette nécessité, elle a pensé qu'il y avait lieu d'édicter de nouveau, en territoire civil comme en territoire militaire, le principe déjà proclamé, d'ailleurs, des amendes collectives. »

673. Les anciens usages en vigueur sous la domination turque autorisaient les représentants du gouvernement central à percevoir dans les tribus où ils passaient et séjournaient leur logement et leur nourriture, ainsi que ceux des gens qui les accompagnaient et de leurs montures. Cette contribution spéciale était connue sous le nom de *diffa* pour les fournitures aux hommes et *d'alfa* pour celles aux chevaux et chameaux. La diffa et l'alfa sont encore dus par les indigènes aux officiers, médecins et interprètes attachés aux bureaux arabes et aux spahis et khiélas envoyés en mission (1).

674. Les mêmes usages autorisaient le gouvernement turc, en cas de guerre ou d'insurrection, à requérir, en outre, des tribus maghsen, le service de tous les hommes en état de porter les armes dans chaque tribu. Le gouvernement français a hérité de ce droit dont l'exercice a été régularisé ainsi qu'on l'a vu par deux arrêtés du 16 septembre 1843 (Voy. n° 205) et par un arrêté du 11 décembre 1872 (2), mais ce droit de réquisition que l'administration turque n'osait demander qu'aux tribus maghsen, le gouvernement français l'a étendu à toutes

---

(1) Circ. 21 mars 1867 (V. n° 651).
(2) Arrêté du 11 décembre 1872, art. 3 et 4. (V. n° 206).

les tribus soumises sans exception (1). Les arabes, domiciliés dans la tribu au moment où la réquisition militaire frappe celle-ci, doivent donc tous le service personnel de guerre, et, en outre, au cas où il est nécessaire, le service des transports par les bêtes de somme qu'ils possèdent (2).

Les indigènes ainsi réquisitionnés sont placés en principe sous le commandement de leurs chefs réguliers. Ce n'est qu'exceptionnellement qu'ils peuvent être conduits par des officiers français (3).

675. Les arabes ont de tous temps considéré que les biens mobiliers et immobiliers des ennemis vaincus à la guerre appartiennent aux vainqueurs (Voy. n° 750). Les *razzias* ou prises militaires que n'admettent plus les guerres européennes sont, au contraire, acceptées par le droit public musulman. En Algérie, cette matière a été réglée par un arrêté du 26 avril 1841 qui a déterminé la mode de répartition de ces prises entre l'État, les troupes régulières et les troupes indigènes régulières ou irrégulières qui y ont participé (4).

---

(1) Arr. 24 juin 1833; arr. 5 août 1833.

(2) Circ. 9 mars 1860 (V. n° 682).

(3) Circ. 21 mars 1867 (V. n° 654)

(4) Arrêté 26 avril 1841.

La répartition des prises faites sur l'ennemi en Algérie s'opérera désormais conformément aux règles ci-après :

§ 1er. — Les prises faites par les Arabes non soldés agissant sans l'assistance d'aucune force française appartiendront aux capteurs pour les quatre cinquièmes, le cinquième restant sera partagé en deux parts égales dont l'une sera versée au Trésor, l'autre à la caisse coloniale.

§ 2. — Les prises faites par des corps ou détachements de troupes indigènes, à la solde de la France et agissant sans l'assistance d'aucune force française, seront réparties dans les proportions indiquées au § précédent.

§ 3. — Si un détachement de troupes françaises, agissant isolément et en vertu d'ordres positifs, fait une prise sur l'ennemi, elle sera répartie entre les hommes composant le détachement selon les règles indiquées en l'article 119 de l'ordonnance du 3 mai 1832.

§ 4. — Les prises faites par un corps ou une colonne expéditionnaire seront réparties ainsi qu'il suit : un tiers sera distribué aux troupes, les deux autres tiers appartiendront par portions égales au Trésor public et à la caisse coloniale.

Dans le cas du présent paragraphe, la part des troupes pourra être élevée jusqu'à la moitié par les officiers généraux commandant l'expédition.

§ 5. — Les indigènes qui auront concouru aux prises énoncées au § 4, seront admis au partage de la portion attribuée aux troupes, au *prorata* de leur effectif.

§ 6. Les Européens autorisés expressément à suivre, pour les ressaisir

676. Les arabes étaient jadis soumis à des prestations semblables aux anciennes corvées dues par les paysans avant la Révolution ; ces prestations ont été régularisées par l'administration française et ne s'appliquent plus qu'aux travaux publics exécutés dans l'intérêt de la tribu. Un arrêté du 29 avril 1865, en mettant à la charge des communes ou douars indigènes, les travaux d'utilité communale et notamment les chemins vicinaux, les canaux de dessèchement, les puits ordinaires, les barrages, canaux d'irrigation et puits artésiens servant à l'arrosage des terres de culture et des communes, a décidé qu'en cas d'insuffisance des ressources pécuniaires du douar, ils seraient exécutés et entretenus au moyen de prestations en nature.

677. Le maximum des prestations en nature est fixé à quatre journées de travail. Elles sont dues par tout habitant, chef de famille ou d'établissement, à titre de propriétaire et locataire, porté sur l'un des rôles des impôts zekkat, lezma, hockor et achour, pour lui, pourvu qu'il soit âgé de 18 ans au moins et de 55 ans au plus et pour toute bête de somme ou de trait (1).

---

es choses à eux enlevées par l'ennemi ou à exercer sur lui des représailles, conserveront l'entière propriété des prises qu'ils auront faites à la suite de adite autorisation et non autrement.

§ 7. — Lorsque l'expédition aura été entreprise pour assurer la perception des taxes ou impôts dus par les indigènes, le produit des prises, déduction faite de la part réservée aux troupes dans les proportions établies au § 4, sera attribué à la caisse coloniale exclusivement, jusqu'à concurrence des sommes ou valeurs dues pour tributs arriérés. Le surplus, s'il y en a, sera partagé entre le Trésor et la colonie, conformément aux règles tablies ci-dessus.

§ 8. — Les denrées et les bestiaux provenant de prises seront versés dans les magasins et parcs de l'administration militaire qui en fera payer la valeur au prix courant. Il en sera de même des bêtes de charge ou de somme qu'elle jugera pouvoir servir aux transports de l'armée.

Les armes et munitions de guerre seront livrées au service de l'artillerie, sans indemnité.

Les chevaux reconnus propres au service de la cavalerie seront dirigés sur l'un des régiments de chasseurs et payés comme chevaux de remonte.

Les objets qu'aucun des services militaires ne pourrait utiliser seront vendus aux enchères, dans la place la plus voisine.

La répartition se fera sur les produits réalisés en exécution des dispositions ci-dessus.

(1) Arrêté 29 avril 1865, art. 1, 2 et 4 : — Art. 1. — Les travaux d'utilité communale, et notamment les chemins vicinaux, les canaux de dessèchement, les puits ordinaires, les barrages, canaux d'irrigation et puits artésiens, servant à l'arrosage des terres de culture et des communaux, sont

Les prestations en nature peuvent être rachetées jusqu'à concurrence de moitié, en argent, conformément à la valeur attri-

---

la charge des communes (douars). — Sont considérés comme chemins vicinaux tous ceux, autres que les routes nationales et provinciales, qui servent à communiquer d'un lieu public à d'autres lieux publics que l'autorité provinciale déterminera, tels que : chef-lieu de commune (douar), village ou groupe de trois habitations permanentes au moins, grande route, marché, mosquée, édifice ou bien communal, fontaine publique, puits, abreuvoir, gué, bacs, port, rivière ou ruisseau d'un usage commun.

Art. 2, — En cas d'insuffisance des ressources pécuniaires des communes (douars), il sera pourvu à l'exécution et à l'entretien desdits travaux, au moyen des prestations en nature.

Art. 3. — Les projets des travaux d'utilité communale sont établis d'après les instructions du commandant du cercle et accompagnés de l'avis de la commission des centimes additionnels, les djemâas entendues. Ces projets sont approuvés par le commandant de la province. — Les commissions des centimes additionnels, les djemmâas consultées, expriment leurs vœux sur l'ordre de préférence à donner aux travaux; elles proposent par cercle, les prestations en nature à fournir, soit dans la commune (douar), soit en dehors de la commune. — Le commandant de la province statue sur ces propositions.

Art. 4. — Le maximum de la prestation en nature est fixé à quatre jours de travail. — Lorsque la prestation est fournie en dehors du territoire de la commune (douar), le temps nécessaire pour se rendre à l'endroit qui lui est assigné et pour en revenir est compté au prestataire. — Tout habitant, chef de famille ou d'établissement, à titre de propriétaire ou de locataire, porté sur un des rôles des impôts zekkat, lezma, hockor et achour, est appelé à fournir chaque année une prestation de quatre jours : 1° pour lui, pourvu qu'il soit âgé de dix-huit ans au moins et de cinquante-cinq ans au plus; 2° pour toute bête de somme ou de trait au service de la famille ou de l'établissement. — Il n'est point dû de prestation pour les chevaux et juments.

Art. 5. — Nul n'est affranchi de la prestation en nature. La prestation en nature n'est point rachetable en argent.— Tout prestataire demeure libre de se faire remplacer sur les chantiers par un homme valide.

Art. 6. — Sont considérées comme journées de prestation celles fournies pour le service des affaires arabes, dans les cas prévus par les instructions du gouverneur général.

Art. 7. Les travaux sont exécutés sous la surveillance des officiers du génie, des officiers des affaires arabes et autres agents désignés à cet effet par les commandants du cercle. Les prestataires sont réunis par les chefs indigènes sur les points désignés (article 3); les officiers et agents répartissent les travailleurs et les bêtes de somme sur les chantiers. Il est fait usage, pour les travaux, des outils français achetés sur les fonds des centimes additionnels, et, à leur défaut, des outils employés dans la tribu.

Art. 8. Si la commission des centimes additionnels, mise en demeure, n'a pas voté les prestations nécessaires, le général, commandant la province, imposera d'office les communes (douars) dans la limite du maximum déterminé par l'article 4.

Art. 9. Si le prestataire ne se présente pas au jour et à l'heure indiqués, ou s'il ne se fait pas remplacer, conformément à l'article 5, il sera soumis à une double prestation, pour chacune de ses journées d'absence. En cas

buée à la journée, chaque année, par la commune et approuvée par le général commandant la division (1).

678. Un indigène, en territoire de commandement, ne peut être affranchi des prestations en nature. Les travaux à faire par corvées personnelles sont exécutés sous la surveillance des officiers du génie, des officiers des bureaux arabes et autres agents désignés par le commandant de place.

679. Les prestataires qui font défaut à la convocation qu'ils ont reçue, doivent une double prestation ; en cas de récidive ils sont punis de l'amende et de la prison conformément aux dispositions des règlements ci-dessus visés sur les contraventions indigènes (2) (Voy. n° 685).

Si l'indigène passe du territoire militaire dans le territoire civil et ne se présente pas ou ne se fait pas remplacer, la prestation en nature se convertit en prestation en argent et le recouvrement en est fourni comme en matière de contributions directes (3).

---

de récidive, il sera condamné à l'amende et au besoin à la prison, suivant les règlements en vigueur.

(1) Arr. 4 février 1877. — Art. 1. La prestation en nature, imposée en exécution des articles 2, 4 et 5 de l'arrêté, en date du 29 avril 1860, sera appréciée en argent, conformément à la valeur qui aura été attribuée annuellement par la commune, à chaque espèce de journées, par le général commandant la division.

Art. 2. Le prestataire est libre d'acquitter en argent la moitié des journées de prestation imposées, à la condition de faire connaître son option dans les délais prescrits par l'autorité locale. L'autre moitié doit être acquittée en journées de travail.

Art. 3. Ceux des contribuables portés sur un des rôles d'impôt qui prétendraient ne pas devoir être soumis à la prestation, devront justifier de leurs moyens d'exemption devant la djemâa de leur douar, et ce, dans un délai d'un mois, à partir du dépôt desdits rôles d'impôts.

La liste de ces réclamations sera soumise aux décisions d'une commission désignée par le général commandant la division, et présidée par le président de la commission municipale de la commune indigène.

Art. 4. Le recouvrement des prestations, rachetées en argent, sera poursuivi comme en matière d'impôt ; les demandes de dégrèvement seront instruites par le service des contributions ; elles seront communiquées à la commission dont il est question à l'article précédent pour avoir son avis. Il sera statué à leur égard comme en matière d'impôt.

(2) Arr. 29 avril 1865, art. 5, 7 et 9.

(3) Arr. 25 avril 1874. — Art. 2. Si les indigènes ne se presentent pas ou ne se font pas remplacer, le recouvrement des prestations dues par eux sera poursuivi en argent.

CHAPITRE II. — Territoire civil.

680. L'administration des indigènes en territoire civil diffère profondément de celle à laquelle ils sont assujettis en territoire militaire. Mélangés à la population européenne, en contact journalier avec elle, ils sont sensiblement plus approchés de la vie et des mœurs continentales que les arabes des territoires militaires. Aussi les a-t-on pu soumettre en grande partie et pour tout ce qui ne touche ni à leur religion, ni à leurs droits civils, à la législation par laquelle les Européens eux-mêmes sont protégés. Nous avons déjà vu (nos 165 et suiv.), que dans les communes du territoire civil, les indigènes des douars qui y sont établis étaient constitués à l'état de section, qu'ils participaient aux droits municipaux, ainsi qu'aux privilèges et aux charges ; on a vu également (nos 175 et suiv.), qu'ils étaient justiciables, pour la plupart, des tribunaux criminels français ; qu'ils possédaient au point de vue de l'instruction publique, de l'assistance hospitalière, etc., des avantages semblables à ceux qui sont garantis aux colons français.

Il importe de résumer ici les droits qui leur sont assurés, et de faire connaître en même temps les obligations particulières qui leur sont imposées.

Un décret du 18 août 1868 a établi les règles générales de l'administration des indigènes en territoire civil.

681. Ils sont administrés par l'autorité municipale de la commune qu'ils habitent, au même titre que les Européens, et supportent les charges municipales imposées aux autres habitants. Ils continuent cependant d'être soumis à l'impôt arabe (1). Cette disposition semble rendre leur position moins favorable

(1) Déc. 18 août 1868, art. 1.

que celle des Européens ; mais, si l'on réfléchit que l'exemption d'impôt foncier accordée aux Européens, n'est que la rémunération, donnée par la législation française aux propriétaires de maisons nouvellement construites ou de terres mises en valeur par des travaux de défrichement ou des plantations, et que les arabes, vivent sous la tente et ne cultivent que des terres déjà défrichées depuis longtemps, on comprend que cette exemption ne puisse être appliquée à ces derniers, qui ne sont imposés qu'à raison des produits des terres par eux labourées ou des troupeaux par eux possédés.

682. De même que les indigènes des territoires civils sont soumis à l'impôt arabe ; ils sont également soumis aux réquisitions spéciales pour le service de l'armée, et au service de patrouille et de surveillance, imposé à tous les indigènes algériens comme charge expresse de notre domination (1).

---

(1) Déc. 8 août 1874, art. 12, 13 et 14 ; circ. 9 mars 1860. — L'article 4 de l'arrêté ministériel du 4 décembre 1858, concernant les indigènes qui travaillent sur les terres européennes, porte : « Les corvées, réquisitions et autres obligations réglementaires sont toujours rachetables en argent, d'après un tarif fixé par le général commandant la division pour chaque subdivision. L'exécution de ces dispositions, en ce qui concerne les corvées ou obligations établies, soit au bénéfice des chefs investis, soit pour les charges communales de la tribu, ne présente aucune difficulté et ne soulève pas d'objection. Mais il n'en est pas de même relativement aux réquisitions pour le service militaire et pour le service de l'État.

On fait observer avec raison que l'acquittement de l'impôt et surtout la mobilisation des contingents armés pour suivre nos opérations militaires, étant les deux plus grands moyens de sujétion politique et d'obeissance que les musulmans puissent nous donner, nous ne pouvions pas renoncer à ces témoignages de dépendance.

Les mêmes considérations politiques commandent de ne pas porter atteinte au droit que l'administration militaire a toujours eu de requérir les bêtes de somme des indigènes pour les convois de l'État, soit lors des expéditions, soit pour le ravitaillement des postes avancés. Une prestation en argent ne compenserait pas les avantages et l'économie que l'on tire de ces réquisitions. Dans des circonstances données, le défaut de bêtes de somme créerait de véritables embarras au service militaire.

Par ces motifs, pour concilier autant que possible les facilités que l'arrêté du 4 décembre a voulu assurer au travail des indigènes sur les terres européennes, avec les intérêts de la politique et de la domination, j'ai décidé que les indigènes qui se trouvent dans la position déterminée par l'article 4, devront, en toute circonstance et sans faculté de rachat, le service de guerre, lorsque les contingents sont convoqués. Il est entendu qu'ils le devront par eux-mêmes dans la localité dans laquelle ils sont fixés ou par leurs représentants dans la tribu dans laquelle ils ont conservé leurs intérêts. Dans aucun cas, ils ne pourront

683. En donnant en 1868 aux indigènes des territoires civils le bénéfice de l'administration civile française, on avait exposé que les lois générales de police qui suffisent à assurer l'observation des lois à l'égard des citoyens français et des colons étrangers européens suffiraient également à l'égard des premiers. Mais malgré les progrès considérables accomplis par la civilisation depuis la conquête dans les territoires de colonisation, on a dû reconnaître qu'il subsistait encore dans les tribus arabes trop de souvenirs du passé, trop d'habitudes enracinées et souvent même trop de rancunes et d'inimitiés déclarées, et qu'il était nécessaire de renforcer l'autorité métropolitaine et de lui attribuer des pouvoirs spéciaux. De là les dispositions des décrets des 29 août 1874, articles 17 et 11 septembre 1874.

Aux termes de ces décrets, dont la légalité a été reconnue (1), les indigènes non naturalisés, pouvaient être poursuivis et condamnés aux peines de simple police fixées par les articles 464, 465, et 466 du Code pénal pour infractions spéciales, non prévues par la loi française, mais déterminées par des arrêtés préfectoraux rendus sur les propositions des administrateurs, des chefs de circonscription cantonale ou des maires. La peine de l'amende et celle de la prison pouvaient être cumulées et s'élever au double en cas de récidive. Les

---

être forcés de se déplacer pour venir fournir par eux-mêmes le service militaire.

Quant aux réquisitions pour les convois, ils pourront, si le nombre des bêtes de somme et de conducteurs requis est inférieur aux ressources de la tribu, se racheter de la corvée en payant à la tribu le prix fixé par le commandant de la division; mais si la tribu ne possédait pas un nombre suffisant de bêtes de somme, l'indigène absent sera tenu de fournir en nature, et toujours par des représentants, le contingent qui lui sera demandé. Il est bien entendu que ces dispositions ne s'appliquent qu'aux bêtes de somme possédées par l'indigène dans sa tribu; quant à celles qu'il possède au lieu où il a fixé son domicile personnel, elles rentrent dans le droit commun de cette localité et sont soumises à la réquisition, si cette requisition vient à y être effectuée.

Pour ce qui est des corvées au profit des chefs investis, s'il en existe encore, et de prestations dans l'intérêt de la tribu, l'article 4 sera appliqué dans sa teneur, soit aux agents bénéficiaires des corvées, soit à la caisse des centimes additionnels à l'impôt arabe, chargés de pourvoir aux dépenses communales. — Comte P. de Chasseloup-Laubat.

(1) Crim. cass., 22 mars 1882 (V. n° 686).

juges de simple police statuaient, en cette matière, sans frais et sans appel (1).

684. Les décrets des 29 août et 11 septembre 1874 ne pouvaient avoir qu'un résultat insuffisant. En effet, le nombre des justices de paix créées est inférieur à celui des communes mixtes. Dans celles de ces communes où il n'existait pas de justice de paix, on était dans l'alternative ou de laisser impunies les infractions aux ordres de l'autorité ou de rattacher les communes à un ressort voisin, en étendant au delà de toute mesure les circonscriptions judiciaires. Une loi récente du 28 juin 1882 a modifié les dispositions du décret de 1874, et enlevé à la répression des actes de désobéissance commis par les indigènes, le caractère délictueux, pour lui rendre, comme en territoire militaire, le caractère disciplinaire, en transportant du juge de paix à l'administrateur ou au maire de la commune le droit de prononcer la répression de l'infraction commise par l'indigène (2).

685. Quels sont les actes qui peuvent motiver la répression disciplinaire dont il vient d'être parlé ? Nous avons vu que leur nomenclature devait être déterminée par des arrêtés préfectoraux. Ces derniers sont intervenus pour le département d'Alger les 9 février 1875, 5 avril 1875, 31 juillet 1876, 23 juillet 1877; pour le département de Constantine, les 11 février 1875, 8 septembre 1876, le 4 juillet 1877 ; pour le département d'Oran, les 30 mars 1875 et 12 septembre 1876.

Les actes punis sont, dans les trois départements, en général, les suivants :

1° Omission ou retard de plus de huit jours dans les déclarations de naissance ou de décès ;

2° Négligence apportée dans le règlement des impôts et dans l'exécution des prestations en nature ; manque de se rendre aux convocations des receveurs, lorsqu'ils se rendront sur les marchés pour percevoir les contributions ;

3° Refus de se présenter devant le commissaire civil, l'administrateur de la commune mixte ou le maire de la com-

---

(1) Déc. 29 août 1874, art. 11.

(2) Les dispositions de la loi du 28 juin 1881 ne doivent recevoir leur application que pendant une durée de sept années.

mune de plein exercice, sur une convocation régulière, remise par un agent de l'autorité administrative ;

4° Réunion sans autorisation pour zicrda ou ziara (pèlerinage, repas public); réunion sans autorisation de plus de vingt-cinq personnes du sexe masculin ; coups de feu sans autorisation dans une fête, un mariage, une naissance, une circoncision ;

5° Tout acte irrespectueux ou propos offensant vis-à-vis d'un représentant ou agent de l'autorité, même en dehors de ses fonctions et alors même que cet acte ou ce propos ne réunirait pas les caractères voulus pour constituer le délit ou la contravention d'injure;

6° Dissimulation de la matière imposable et connivence dans les soustractions ou tentatives de soustraction au recensement des animaux et objets imposables ;

7° Départ de la localité, représenté par le territoire de la commune de plein exercice, indigène ou mixte, sans avoir au préalable acquitté les impôts et sans être muni d'un passeport, permis de voyage, carte de sûreté ou livret d'ouvrier ;

8° Refus ou inexécution des services de garde, patrouille et poste-vigie, placés exceptionnellement en vertu d'ordres de l'autorité compétente; abandon d'un poste ou négligence dans les mêmes services ;

9° Refus de fournir contre remboursement, au prix du tarif arrêté par l'autorité municipale, les vivres, les moyens de transport, l'eau potable, le combustible, ainsi que les agents auxiliaires (gardiens de nuit, jalonneurs, guides) aux fonctionnaires ou agents dûment autorisés et porteurs de leur autorisation; il en serait de même à l'égard des prestations de transport et de gardes de camp autorisées, dans des conditions spéciales, pour les commissaires-enquêteurs chargés de l'application de la loi du 26 juillet 1873 ;

10° Refus ou manque d'obtempérer aux convocations faites directement par les commissaires-enquêteurs, pour assister comme témoins ou comme parties intéressées aux opérations relatives à l'application de ladite loi ;

11° Inobservation des décisions administratives portant attributions de terres arch, après avis de la djemâa consultée ;

12° Labour partiel ou total des chemins non classés, mais consacrés par un usage de plusieurs années ;

13° Infractions aux instructions portant réglementation sur le mode d'émigration des nomades ;

14° Infractions aux instructions portant réglementation sur l'immatriculation des armes ;

15° Asile donné, sans en prévenir le chef de douar ou le président de djemâa ou adjoints aux maires, à des vagabonds, gens sans aveu, khouans, étrangers sans papiers, internés en rupture de ban ;

16° Destruction, enlèvement ou déplacement des jalons, tas de pierres, témoins, signaux topographiques, bornes, limites, placés par l'autorité ou ses agents, sans préjudice des dommages-intérêts, s'il y a lieu ;

17° Détention, pendant plus de vingt-quatre heures, d'animaux égarés, sans en avoir prévenu le kébir-ed-douar ;

18° Infractions aux règlements d'eau et usages locaux pour l'affectation des fontaines ;

19° Abatage du bétail et dépôt d'immondices hors des lieux consacrés ou à moins de deux cents mètres des habitations ; non enfouissement des animaux (domestiques ou sauvages, morts ou tués) à moins de cinq cents mètres d'un chemin ou d'une habitation ;

20° Vol de crin sur les animaux vivants ou destruction de la queue d'un cheval ou d'un mulet (sans préjudice de peines plus sévères en cas de mutilation) ;

21° Inhumation hors du lieu consacré ou à une profondeur inférieure à celle déterminée par l'autorité locale, et telle qu'il y a émanation malsaine ou danger de violation de sépulture par les animaux sauvages ;

22° Réclamation calomnieuse ;

23° Réclamation renouvelée après une réclamation identique ayant reçu une solution régulière ;

24° Mendicité hors du douar-commune, même pour les infirmes et les invalides, sauf le cas d'autorisation ;

25° Discours et propos tenus en public dans le but d'affaiblir le respect dû à l'autorité française ou à des fonctionnaires ;

26° Abatage de vaches ou brebis pleines ;

27° Refus de fournir les renseignements statistiques, topographiques ou autres, demandés par des agents de l'autorité française en mission, ou mensonges volontaires dans les renseignements donnés ;

28° Refus ou négligence de rembourser les grains prêtés provenant des silos de réserve ;

29° Négligence, de la part des adjoints indigènes, présidents de djemâas, chefs de douars partiels, dans la déclaration immédiate au juge de paix de leur canton ou au procureur de la République, lorsque le siège du tribunal sera au chef-lieu du canton, des crimes ou délits commis dans la circonscription de ces agents indigènes ;

30° Refus de comparaître, sur simple invitation, même verbale, devant le juge de paix procédant à une instruction criminelle ;

31° Refus de fournir des renseignements sur un crime ou un délit dont les auteurs ne seront point de ceux à l'égard desquels leur déposition n'est point reçue en justice et qui sont énumérés dans les cinq premiers paragraphes de l'article 322 du Code d'instruction criminelle ;

32° Refus ou négligence de faire les travaux, le service, ou de prêter le secours dont ils auraient été requis dans les circonstances d'accidents, tumultes, naufrages, inondations, incendies, invasions de sauterelles ou autres calamités, ainsi que dans les cas de brigandage, pillage, flagrant délit, clameur publique ou exécution judiciaire. — Demeure, néanmoins, réservé le refus de secours ou de concours en cas d'incendie, prévu et puni par les articles 4 et 8 de la loi du 26 juillet 1874 ;

33° Défaut d'indication dans un délai de dix jours, à la mairie, des mariages contractés et des divorces prononcés.

686. La légalité du décret du 29 avril 1874 a été un instant contestée, mais la Cour de cassation a déclaré que le Président de la République peut prendre, sous forme de décret, des mesures ayant un caractère législatif, destinées à subvenir aux besoins pressants de l'ordre et de la tranquillité en Algérie, alors d'ailleurs que ces mesures n'ont pas pour effet d'abroger ou de modifier les lois françaises en vigueur dans

e pays; et que, dès lors, les décrets des 29 août et 11 sep embre 1874 étaient légaux et obligatoires (1).

687. La Kabylie forme, dans le territoire algérien, une île montagneuse, dont les habitants n'ont ni le langage, ni les

1) Cass. crim., 22 mars 1878. — La Cour, sur le moyen unique, pris de la fausse application de l'article 172 du Code d'instruction criminelle, et de la violation de l'article 17 du décret du 29 août 1874, rendu applicable dans tous les territoires de l'Algérie par le décret du 11 septembre de la même année; — Attendu que Tahar-ben-Aïech, indigène, domicilié dans la province de Constantine, avait été traduit devant le tribunal de imple police pour négligence habituelle dans les payements des impôts dont il était redevable au cours de l'année 1877, infraction spéciale à l'indigénat, prévue par l'art. 1, n° 13 de l'arrêté du préfet de Constantine du 10 février 1875, pris en exécution de l'article 17 du décret du 29 août 1874; — Que par jugement du 20 décembre 1877, indiqué comme ayant été rendu en dernier ressort selon les prescriptions formelles de l'article 17 du décret précité, l'inculpé avait été reconnu coupable de la contravention constatée, et avait été condamné à un jour d'emprisonnement, conformément aux dispositions de cet article et de l'article 465 du Code pénal, applicables au fait poursuivi d'après les prescriptions de ce décret; que, sur l'appel interjeté par Tahar-ben-Aïech, le tribunal correctionnel de Constantine a rejeté la n de non recevoir relevée par le ministère public, par le motif que l'article 17 du décret du 29 août 1874 n'avait pas abrogé ou modifié l'article 172 du Code d'instruction criminelle; que, prononçant sur ledit appel, ce tribunal a renvoyé le prévenu des poursuites, en déclarant que la contravention imputée n'était pas suffisamment établie; — Attendu qu'en statuant ainsi, le jugement a méconnu le caractère légal des deux décrets précités des 29 août et 11 septembre 1874, et la nature disciplinaire des infractions spéciales à l'indigénat définies dans l'arrêté préfectoral sus relaté;

Attendu, en effet, que sans doute les lois françaises en vigueur en Algérie ne peuvent être abrogées ou modifiées que par une loi nouvelle, votée par les deux Chambres et régulièrement promulguée; — Mais que, relativement aux matières non traitées et non régies par ces lois, le Président de la République peut, en exécution de l'article 4 de l'ordonnance du 22 juillet 1834, prendre, sous forme de décrets, des mesures ayant un caractère législatif, destinées à subvenir aux besoins pressants de l'ordre et de la tranquillité de l'Algérie; — Attendu que les mesures autorisées à l'égard des indigènes par les décrets de 1874, et formulées dans l'arrêté précité, ont essentiellement le caractère de mesures urgentes de sûreté publique et de discipline locale et algérienne; qu'elles se réfèrent à des obligations et infractions spéciales, non prévues par le Code pénal et les autres lois françaises, et qu'elles ont pour objet d'assurer en Algérie l'exécution immédiate des lois et règlements concernant les indigènes; qu'elles rentraient dans les prévisions de l'ordonnance de 1834, dont les dispositions n'ont pas été restreintes et limitées par un partage d'attributions entre le pouvoir législatif et le pouvoir exécutif; — Attendu que dans ces circonstances, et dans les limites que l'auteur des décrets avait posées et qui n'ont pas été dépassées, ces décrets ont la plénitude de l'autorité législative, et que le pouvoir exécutif a pu, sans trouver un obstacle dans l'article 172 du Code d'instruction criminelle, régler la matière à laquelle ils s'appliquent, en déterminant la sanction pénale des arrêtés préfectoraux

mœurs, ni les usages, ni les préjugés des tribus arabes qui occupent le reste du Tell. Descendants des anciens habitants autochtones, ils ont conservé de la domination et des lois romaines des souvenirs très vivants. Chez eux, la propriété individuelle est constituée, la polygamie presque inconnue, le travail manuel honoré et pratiqué; groupés en villages, la vie communale, au moment où la conquête française les a assujettis, était extrêmement développée et organisée, selon des principes et des lois inconnus du reste des indigènes. On a déjà vu qu'on avait dû les soumettre à un impôt spécial, impôt de capitation, que leurs habitudes guerrières et leurs idées d'individualité leur ont fait facilement accepter.

La Kabylie, alors qu'elle était soumise au régime militaire, avait été à peu près abandonnée à ses traditions séculaires et on laissait chaque village nommer sa *djemâa*, c'est-à-dire son conseil municipal, choisir son marabout, son instituteur, son percepteur, selon les coutumes des ancêtres.

688. En faisant passer la Kabylie entière du territoire militaire dans le territoire civil, il était nécessaire de respecter cette constitution spéciale. On y est parvenu pour la partie de la Kabylie située dans la province de Constantine, en constituant en sections de communes mixtes les villages situés dans le territoire des anciens cercles d'Akbou, Djidjelly, Collo et Bougie (1).

On y est parvenu également, pour la partie de la Kabylie située dans la province d'Alger, au moyen d'une constitution un peu différente. Cette partie de la Kabylie a été formée en un arrondissement administratif établi d'abord à Dellys et ensuite à Tizi-Ouzou, et en communes de plein exercice et communes mixtes. Les populations indigènes de chaque circonscription non comprises dans le périmètre d'une commune de plein exercice, forment une unité administrative sous le

---

à intervenir, la juridiction appelée à juger les infractions à ces arrêtés, et déclarer que les tribunaux de simple police statueraient en dernier ressort ; d'où il suit qu'en déclarant le contraire, le tribunal a violé l'article 172 du Code d'instruction criminelle et l'article 17 des décrets précités. — Casse.

(1) Ces communes mixtes sont celles de l'Oued-Marsa, Takitount, Fenaïa, Sidi-Aich, Taher, Djidjelly, El-Milia, Attia, Collo, Akbou.

titre de *communes indigènes de la circonscription cantonale.* L'administrateur de la commune mixte est maire de la commune indigène de la circonscription. Quant à la commune indigène, elle peut être divisée en autant de sections qu'elle comporte de villages ou de *ferka* (hameau) (1).

Chaque section a sa djemâa. Le président de la djemâa est nommé par le préfet, sur la proposition du sous-préfet.

689. Les présidents de djemâa sont tenus de fournir à l'administration française tous les renseignements qui intéressent le maintien de la tranquillité et la police du pays, et d'exécuter ses ordres. Ils doivent assister les agents du Trésor et des administrations publiques dans leurs fonctions et prêter, en toutes occasions, leur concours aux agents de justice ou du recouvrement des impôts (2).

690. Les djemâas se réunissent quatre fois par an. Elles peuvent, en outre, être convoquées extraordinairement, avec l'autorisation du sous-préfet.

La réunion des présidents de djemâa forme la commission municipale de la commune indigène, qui doit se réunir en session ordinaire quatre fois par an et quinze jours après les réunions des djemâas locales (3).

691. Il n'est dressé qu'un budget pour toutes les communes indigènes de l'arrondissement. Mais ce budget est divisé en chapitres spéciaux à chacune des communes indigènes. Un fonds commun est constitué pour les dépenses d'intérêt général ; ce fonds commun n'est pas à la disposition des commissions municipales ; il est employé, selon les propositions du préfet, par décision du gouverneur général. Le sous-préfet est l'ordonnateur attitré du budget des communes indigènes, et le receveur des contributions diverses du chef-lieu du district en est le receveur (4).

692. Les habitudes guerrières et l'esprit militaire des Kabyles ont contraint à prendre des mesures spéciales. Un officier est chargé du commandement de la force publique ; il

---

(1) Déc. 11 septembre 1873, art. 1 à 5.
(2) Déc. 11 septembre 1873, art. 6.
(3) Déc. 11 septembre 1873, art. 7 à 9.
(4) Déc. 11 septembre 1873, art. 10 à 13.

est établi au chef-lieu de chaque circonscription et est investi des fonctions d'officier de police judiciaire. C'est à lui qu'est particulièrement confié le soin d'assurer la sécurité publique et de diriger la police générale des indigènes. Ses rapports avec les autorités militaires, administratives et judiciaires sont ceux déterminés par les règlements sur le service de la gendarmerie.

TITRE IV.

DES PERSONNES ET DES BIENS.

CHAPITRE PREMIER. — Des personnes.

SECTION PREMIÈRE.

État des personnes.

693. Quoique les questions relatives à l'état des personnes appartiennent en général, par leur nature, au droit civil, elles prennent cependant, en Algérie, par suite de circonstances très diverses, une importance administrative considérable, nous devons donc entrer, à cet égard, dans des explications un peu détaillées.

Les habitants de l'Algérie sont : ou citoyens français, ou Européens étrangers, ou musulmans étrangers, ou indigènes musulmans, ou indigènes israélites.

694. Les citoyens français sont, en principe, pour tout ce qui regarde leur statut personnel et leurs droits civils, soumis aux mêmes lois que dans la métropole. C'est là une conséquence directe de la jurisprudence ci-dessus visée (*Voy.* n°71), qui déclare que les lois générales destinées à protéger les Français dans leurs personnes ou leurs propriétés sont devenues obligatoires, par le fait même de la conquête d'Alger. Mais cette règle générale souffre précisément l'exception que nous avons également visée plus haut, qui veut que la loi générale ait été promulguée, en France, avant le 22 juillet 1834, ou ait été déclarée applicable par une loi postérieure. Elle en souffre également une seconde, c'est celle ou une loi, ou une ordonnance, ou un décret particuliers ayant force de loi y ont spécialement dérogé.

695. Les Européens étrangers résidant en Algérie sont soumis, comme en France, à leur statut personnel (1) ; mais au point de vue des lois de police générale, leur situation est plus favorable que celle de leurs concitoyens dans la métropole. Cela tient d'abord à ce que, en Algérie, la simple résidence vaut domicile (2), ensuite à ce que la législation spéciale, prenant en considération leur grand nombre, a édicté, à leur égard, des dispositions particulières (3). Des droits leur ont été concédés à cet effet ; droits civils, tels que la faculté d'exiger des étrangers non résidents le bénéfice de la caution *judicatum solvi*, tout en étant eux-mêmes dispensés de la fournir ; droits commerciaux, tels que de pouvoir faire partie des chambres de commerce, de commander des navires naviguant sous pavillon français ; droits politiques même, tels que l'aptitude à l'élection et à l'éligibilité municipale, etc. Mais, cependant, ces droits concédés ne vont pas jusqu'à la concession générale des droits civils, tels qu'ils peuvent résulter de l'autorisation de domicile prévue par l'article 13, Code civil (4). (V. d'ailleurs pour la naturalisation des étrangers en Algérie. V° NATURALISATION.)

696. Le musulman étranger appartient, par sa nationalité, ou bien à l'un des états dépendants du schah de Perse ou du grand sultan, ou bien à l'un des états africains, Tunis ou Ma-

---

(1) Alger, 4 mars 1874, D. P. 75, 2, 62.

(2) Ord. du 16 avril 1843, art. 2, 18, 19, 20, etc.

(3) Déc. du 5 mars 1855. art. 2 ; déc. du 19 mars 1852, art. 8 ; déc. 7 sept. 1856 ; ord. du 26 déc. 1842, art. 47 ; sénatus-consulte du 14 juillet 1865, art. 4.

(4) Cass. civ. 20 mai 1862. — Sur le 2e moyen ; vu l'art. 13 C. civ. ; Attendu qu'aucune loi n'attribue aux étrangers, en vertu du fait de leur résidence en Algérie, et avec dispense de l'autorisation exigée par l'article 13 C. civ., la jouissance de tous les droits civils dérivant de la législation française ; — Attendu que si un certain nombre de droits civils, réservés aux seuls citoyens français par le droit commun de la France, ont été, en considération de la situation particulière de l'Algérie étendus aux étrangers y résidant, il n'est pas possible de conclure de ces concessions partielles, dont chacune se renferme dans son objet spécial, que les étrangers résidant en Algérie y jouissent de ceux des droits civils que ces concessions ne comprennent pas ; — Attendu qu'aucune disposition législative n'attribue aux femmes mariées à des étrangers possédant des immeubles en Algérie et y résidant, un droit d'hypothèque légale sur lesdits immeubles, d'où il suit, etc. — Casse. — En ce sens Grenoble 28 avril 1863, D. P. 63, 2, 186.

roc. La situation des régnicoles perses ou turcs est conforme à celle des autres étrangers, elle n'en diffère que par les stipulations particulières des conventions internationales; il n'en est pas de même des régnicoles tunisiens ou marocains. Les premiers placés sous le protectorat de la France, sont soumis actuellement, en Algérie, au régime des indigènes non naturalisés de l'Algérie; les seconds sont placés, par le traité du 18 mai 1845, dans une position particulière. Du moment qu'ils séjournent sur le territoire algérien, ils doivent obéissance à toutes les lois du pays, sans distinction entre celles qui sont du statut réel ou du statut personnel, ainsi qu'aux lois de police; en échange de cet abandon des privilèges du statut personnel, ils ne peuvent être, pour quelque cause que ce soit, ni extradés, ni expulsés (1). Cette situation pourrait créer aux Marocains une position assez étrange, si on les pliait aux lois auxquelles obéissent les Français, ce que le texte du traité de 1845 permettrait sans doute de faire; mais on a préféré, dans la pratique, leur appliquer les règles du statut personnel des indigènes musulmans ou israélites algériens.

697. Les musulmans indigènes sont régis par les clauses de la capitulation d'Alger, que nous avons reproduites plus hau (n° 2). On a vu qu'aux termes de cet acte, qui constitue un traité diplomatique : « l'exercice de la religion doit rester libre. La liberté des habitants de toutes les classes, *leur religion. leurs propriétés*, leur commerce et leur industrie, *ne doivent recevoir aucune atteinte.* » Ces expressions méritent une particulière explication. Dans les nations européennes les lois religieuses sont profondément distinctes des lois civiles, il n'en est pas de même chez les peuples musulmans. Le Koran est la source du droit. Mais les maximes qu'il édicte ne renferment qu'un petit nombre de règles relatives au droit civil:

(1) Traité du 18 mars 1845, article 7. — Tout individu qui se réfugiera d'un état dans l'autre, ne sera pas rendu au gouvernement qu'il aura quitté par celui auprès duquel il se sera réfugié, tant qu'il voudra y rester. S'il voulait, au contraire, retourner sur le territoire de son gouvernement, les autorités du lieu où il se sera réfugié ne pourront apporter la moindre entrave à son départ. S'il veut rester, il se *conformera aux lois du pays, et il y trouvera protection et garantie pour sa personne et ses biens.* Par cette clause, les deux souverains ont voulu se donner une marque réciproque de leur mutuelle considération.

il a été complété par la *Sounna*, comprenant les explications, l'enseignement et les *hadits* du prophète. Cet enseignement et ces *hadits* ont été réunis par les compagnons du prophète, et forment plusieurs recueils, dont le principal, l'*authentique* (El Sahih), jouit d'une autorité presque égale à celle du Koran. Des commentateurs ont ensuite développé les leçons du Koran et de la Sounna, et créé des interprétations dont quatre passent pour orthodoxes, ce sont celles de Hanéfi, Malek, Chafei et Hanbal, qui ont créé les Hanéfites, les Malekites, les Chafeites et les Hanbalites (1). Les autres interprétations sont *Chiites* ou hérétiques.

698. En proclamant que la *religion* des indigènes ne subirait aucune atteinte, la capitulation d'Alger a donc consacré la plupart des principes de leurs lois telles que les ont établies le Koran et la Sounna. Or, les textes sacrés ont réglé les questions relatives aux personnes et à la transmission des biens, et déterminé la législation pénale; ils ont laissé en dehors la loi immobilière qui n'a pas revêtu le caractère religieux et ne s'impose pas à la conscience comme un article de foi (2).

Des raisons d'ordre politique et administratif, quoique les années écoulées et les révoltes successives des indigènes musulmans aient affaibli l'autorité légale diplomatique de la convention de 1830, ont, en outre, accentué la nécessité de lui conserver un effet efficace.

699. Les indigènes musulmans sont donc soumis, pour tout ce qui concerne leur statut personnel et les lois civiles, aux règles du *Koran* et de la *Sounna;* ils sont, au contraire, pour tout ce qui concerne le régime immobilier, soumis aux dispositions que la métropole juge nécessaire d'édicter.

700. En ce qui concerne le statut personnel, cette situation présente de grandes difficultés et souvent de graves inconvénients. Le prophète a établi, en effet, un régime de la famille profondément distinct de celui de notre nation, et qui choque au dernier point nos mœurs et nos coutumes; ce n'est pas seulement, en effet, la polygamie ou le divorce qui constituent

---

(1) Les indigènes algériens sont malekites pour la plupart, on compte cependant des hanéfites et des chiites.

(2) Sautayra et Cherbonneau, p. II et III.

le caractère esssentiel de ce statut, c'est l'ensemble même de l'organisation sociale ; les droits du mari, ceux de la femme, ceux des enfants, ceux des parents sur les personnes et les biens, varient profondément (1). Mais, quoiqu'il en soit, et quelqu'étranges que puissent être parfois, tant au point de vue du droit français, qu'au point de vue même des constatations de fait de la science, les conséquences de l'application des textes sacrés, ceux-ci n'en doivent pas moins recevoir de nos tribunaux une respectueuse et complète consécration (2).

701. Mais il importe de remarquer que les lois du statut personnel ne lient les arabes que s'ils n'ont pas voulu contracter sous l'empire des lois françaises. Une simple déclaration de leur part suffit pour entraîner l'application de ces lois ainsi que la compétence des tribunaux français (3).

702. En ce qui concerne le droit criminel, les indigènes musulmans sont soumis, en vertu du principe général que les lois de police obligent tous les régnicoles, aux tribunaux

---

(1) Sautayra et Cherbonneau, t. 1, p. 3 à 50 et t. 2, p. 3 à 36.

(2) Ord. 26 sept. 1842 art. 37, §§ 2 et 3, Décr. du 13 déc. 1866, art. 1 et 2

(3) Déc. du 13 déc. 1866, art. 1, § 2. — Alger, 21 oct. 1870, D. P. 72, 1, 313 ; Alger, 7 nov. 1874, D. P. 76, 1, 257 ; Req. 5 janv. 1876. — La Cour sur le moyen unique du pourvoi : — Attendu que d'après l'article 37 de l'ordonnance du 26 septembre 1842, les indigènes ne sont présumés avoir contracté entre eux selon leur loi spéciale que jusqu'à preuve de convention contraire ; — que leur option n'a besoin pour s'exercer ni de formule sacramentelle, ni de termes exprès ; qu'il lui suffit, pour qu'elle soit efficace, qu'elle résulte clairement de la teneur ou de la nature de l'acte, et qu'on ne saurait se refuser à en voir la réalisation dans le fait de futurs époux, régis par la loi mosaïque, qui se sont volontairement présentés devant l'officier de l'état civil français, qui l'ont requis de procéder à la célébration de leur mariage, qui ont dû déclarer, conformément à la loi du 10 juillet 1855, s'ils avaient établi des conventions matrimoniales, et dont l'union a été prononcée au nom et avec les conditions de la loi française ; — Attendu que le mariage et le contrat de mariage, quoiqu'ils ne soient pas des actes du même ordre et qu'ils aient chacun leurs règles propres et particulières, sont intimement liés l'un à l'autre : que les régnicoles qui se marient devant l'officier de l'état civil français, contractent sous l'empire et se soumettant aux dispositions de la loi française, non seulement pour le mariage, considéré par rapport au lien personnel qu'il crée entre les époux, mais encore pour les règles de l'association conjugale quant aux biens ; et qu'aux termes de l'article 1393 du Code civil, à défaut de conventions dérogatoires ou modificatives, les époux sont censés avoir voulu adopter le système de la communauté légale ; — Attendu, en fait, etc... Rejette.

français pour tous les crimes, délits et contraventions prévus par le Code pénal et les lois promulgués en Algérie. Un texte formel est du reste intervenu à cet égard, celui de l'article 3 du décret du 31 décembre 1859.

703. Mais les indigènes musulmans sont, en outre, soumis à des pénalités spéciales, dont l'ensemble constitue ce qu'on appelle à tort le *Code de l'indigénat*, car rien n'est moins codifié que les diverses prescriptions répandues, à cet égard, dans la législation algérienne. A l'origine, la répression de ces délits indigènes avait été abandonnée (V. n° 659) à l'appréciation arbitraire des juges musulmans, c'est-à-dire des cadis et des chefs des tribus ; mais les excès étranges causés par les uns et les autres, n'ont pas permis de maintenir dans ces termes cette justice trop primitive. Dans une circulaire célèbre du 12 février 1844, le maréchal Bugeaud, après avoir établi que l'on ne pouvait pas *livrer plus longtemps les arabes à l'arbitraire de chefs avides, qui semblent ne tenir au pouvoir que pour avoir la faculté de spolier leurs administrés*, rédigea un règlement sur la *répartition et l'application* des amendes en pays arabes, dans lequel il rappelle d'abord, pour justifier le Code nouveau qu'il créait, que *les amendes ayant été imposées de temps immémorial d'après la législation musulmane, il y avait lieu d'en maintenir le principe et l'application pour la conservation de l'ordre et de la justice*. Ce règlement du 12 février 1844 forme le premier élément du Code de l'indigénat. C'était une sorte de Code pénal administratif, dont l'amende, avec des quotités variées, formait la peine principale. Selon les circonstances, elle était individuelle ou collective.

Le Code de l'indigénat modifié depuis par plusieurs arrêtés, atteint en bien des parties par la promulgation des lois françaises, a été maintenu cependant en territoire militaire, sans que l'on puisse dire bien exactement quelles sont ses dispositions (*Voy.* d'ailleurs *suprà* n° 651 et s.)

704. En territoire civil, le Code de l'indigénat est moins compliqué. Le décret du 29 août 1874, relatif à l'organisation judiciaire dans la Kabylie, mais dont la disposition principale qui nous intéresse a été étendue à toute l'Algérie, par un décret du 11 septembre suivant, a stipulé (art. 17) qu'en terri-

toire civil les indigènes non naturalisés pourront être poursuivis et condamnés aux peines de simple police, fixés par les articles 464, 465 et 466 du Code pénal, pour infractions spéciales à l'indigénat non prévus par la loi française, mais déterminés par des arrêtés préfectoraux, rendus sur les propositions des commissaires civils, des chefs de circonscription cantonale ou des maires (1). (*V.* n° 683 et suiv.)

705 Nous n'avons pas besoin de dire que si les indigènes sont soumis aux règles de leur statut personnel pour les conventions qui les intéressent, ou relativement aux questions qui touchent à leur état, il n'en est pas ainsi lorsqu'ils ont contracté, soit avec un étranger, soit avec un Français. Dans ces cas, aux termes de la législation existante, c'est la législation française qui doit être appliquée. Il en est ainsi depuis le décret du 13 décembre 1866 (2), qui a modifié l'ordonnance du 26 septembre 1842, aux termes de laquelle la loi française ou celle du pays étaient appliquées, dans les contestations entre Français ou étrangers et indigènes, selon la nature de l'objet en litige, la teneur de la convention ou selon les circonstances et l'intention présumée des parties.

706. La situation politique des indigènes musulmans a été longtemps incertaine, avaient-ils la nationalité française ou n'avaient-ils aucune nationalité? La Cour d'Alger et la Cour de cassation, après des hésitations, s'étaient prononcées pour un état mixte. Sans être citoyen français, elles déclaraient que l'indigène musulman était sujet français (3). Cette jurisprudence a été formellement consacrée par le sénatus-consulte du 14 juillet 1865, article 1er.

707. A l'étranger, l'indigène musulman est, au même titre que les citoyens français, protégé par les agents et représentants de la France.

---

(1) Arrêtés du préfet d'Alger 9 février 1875, 23 juillet 1877; du préfet de Constantine, 10 février 1875 et 8 septembre 1876; du préfet d'Oran 1er décembre 1874 et 30 mars 1875.

(2) Voir également décret du 13 décembre 1866, art. 1er.

(3) Cass. civ. 15 avril 1862, D. P. 62.1.280; cass. civ. 15 février 1864, D. P. 64.1 67; cass. civ. 29 mai 1865, D. P. 66.1.482; Alger 31 octobre 1854; — Alger 24 février 1862, D. P. 62.2.179; — Alger 26 mars 1879, D. C. 80, 2, 161.

708. L'indigène musulman, en France, est soumis aux lois françaises ; il en est de même lorsqu'il est naturalisé ; mais dans les pays étrangers il profite, comme en Algérie, des règles de son statut personnel (1).

---

(1) Dépêche min., Just. au ministre de l'intérieur, 13 novembre 1871. — M. le ministre et cher collègue, vous avez bien voulu me communiquer, le 16 octobre dernier, une dépêche datée du 22 août, qui vous est transmise par M. le ministre des affaires étrangères, et par laquelle M. le consul général de France à Alexandrie signale les difficultés auxquelles donnent lieu, en Orient, le divorce que les Algériens font prononcer par les autorités du pays. M Brenier de Montmorand demande si les Algériens, musulmans ou israélites, ont le droit de divorcer en Orient; et, en supposant que ce droit leur appartienne, quelles en sont les conséquences à l'égard de la femme et des enfants ; il propose enfin de leur interdire le divorce, sous peine d'être déchus de la qualité de français.

Pour résoudre cette délicate question, il importe de se rendre un compte exact de la condition légale des indigènes algériens, et de distinguer avec soin les différentes hypothèses qui peuvent se produire.

Je dois vous faire remarquer tout d'abord, qu'en ce qui concerne les israélites indigènes, la question ne peut faire aucun doute. Le décret du 24 octobre 1870 les a déclarés citoyens français, et soumis à la loi française. Tant que ce décret subsistera, les israélites de l'Algérie ne pourront donc divorcer en Orient ; le mariage qu'ils contractent après un divorce illégalement prononcé par les tribunaux du pays, serait nul et les rendrait, en outre, passibles des peines édictées contre le crime de bigamie. — La même observation s'applique aux indigènes musulmans qui ont obtenu la naturalisation. Du jour où cette faveur leur a été conférée, ils sont devenus citoyens français et ont été soumis à toutes les obligations de la loi française.

Les indigènes musulmans non naturalisés sont donc les seuls qui, aujourd'hui en vertu du sénatus-consulte du 14 juillet 1865, ont le privilège d'être à la fois sujets français et de continuer à être régis par leur statut personnel, à la loi musulmane.—Cette situation exceptionnelle ne présente aucune difficulté, quand il s'agit de contrats entre indigènes musulmans ; mais il en est autrement quand une des parties contractantes est française ; la loi musulmane sera-t-elle alors applicable à l'encontre de la loi française, et le peuple conquérant s'inclinera-t-il devant les lois du peuple conquis ? Le sénatus-consulte de 1865 ne contient, à cet égard, aucune disposition ; mais l'Assemblée doit être prochainement saisie par le gouvernement d'un projet de loi qui pose en principe que toutes les conventions entre français et musulmans algériens, seront régies par la loi française

Si cette loi est acceptée, le mariage en Orient, d'une française avec un musulman algérien, d'un français avec une musulmane algérienne sera régi, comme en Algérie, par les lois civiles de la France. Les époux et leurs enfants seront soumis à ces lois, et par suite, dans cette hypothèse encore, toutes les difficultés disparaîtront.

Mais il peut arriver, et ce sera sans doute le cas le plus fréquent, que le mariage ait été contracté en Orient, soit entre une musulmane algérienne non naturalisée et un musulman du pays, soit entre un musulman algérien non naturalisé et une musulmane du Levant. Les époux ont le droit indiscutable de s'adresser, comme ils pourraient le faire en Algérie, aux autorités

709. Les indigènes musulmans, sujets français, peuvent devenir citoyens français. A cet effet, le sénatus-consulte du 14 juillet 1865, complété par un règlement d'administration publique du 21 avril 1866, a établi des règles afin de faci-

---

musulmanes, pour faire prononcer leur divorce, conformément à la loi de leur statut personnel dont le senatus-consulte leur garantit le libre exercice. — Quelle sera alors la condition de la femme et des enfants?

De ce que le sénatus-consulte de 1865 a déclaré les indigènes musulmans sujets français, et qu'il leur a conservé leur statut personnel, il en résulte, suivant moi, que toutes les questions de nationalité devront être résolues par la loi française, et qu'au contraire, toutes les questions de capacité, d'état civil, de statut personnel, en un mot, devront être réglées par la loi musulmane. Les conséquences civiles du divorce devront donc être laissées à l'appréciation des autorités musulmanes ; les effets, au point de vue de la nationalité, devront être déterminés par les principes de notre loi.

Ceci posé, la femme algérienne qui épouserait, en Orient, un musulman du pays, perdrait, par le mariage, conformément à l'article 19 du Code civil, la qualité de français, les enfants, alors même qu'ils seraient confiés à sa garde, seraient étrangers comme leur père; elle ne pourrait redevenir française, après la dissolution du mariage, qu'en rentrant en Algérie ou en France. Résidant en Orient, après le divorce, elle devrait être considérée comme étrangère, la protection française ne lui serait pas due.

Au contraire, la musulmane du Levant, qui aurait épousé en Orient, un musulman algérien, non naturalisé, aurait, par l'effet du mariage, acquis la nationalité française, qui est celle du mari, sujet français, en vertu du sénatus-consulte. La dissolution du mariage ne la lui ferait pas perdre. C'est du moins ce qu'enseigne la doctrine, quand il s'agit d'une étrangère devenue française, par son mariage avec un français d'origine. Les enfants devraient eux-mêmes être considérés comme sujets français; ils devraient, ainsi que leur mère, être protégés par les autorités françaises.

Telles sont les solutions qui me paraissent devoir être données aux questions posées par M. le Consul d'Alexandrie. Faut-il, comme le demande M Brénier, décider que les musulmans algériens en Orient, ne pourront divorcer, sous peine d'être privés de la qualité de français ? Je ne le pense pas. Tant que l'indigène musulman sera considéré, en Algérie, comme sujet français, et autorisé, néanmoins, à vivre sous le régime de la loi d'origine, il me paraît difficile de ne pas respecter, à l'étranger, cette double qualité, et de lui défendre, en Orient, le divorce, la polygamie même, qui lui sont permis en Algérie. J'ajoute que cette anomalie est plus choquante sur la terre française de l'Algerie, que dans les pays étrangers d'Orient, où la loi et la civilisation autorisent ces coutumes réprouvées par nos mœurs. — J. Dufaure.

Nota. — Il ne semble pas qu'il y ait lieu de s'arrêter à la réserve formulée par la chancellerie en ce qui concerne la solution de la question de savoir à quel régime est soumis le musulman qui contracte avec une française. Cette question paraît, en effet, tranchée par l'article 1er du décret du 13 décembre 1866, qui décide que la loi musulmane ne régit que les conventions passées entre les musulmans indigènes ou entre ceux-ci et les musulmans étrangers.

liter leur naturalisation, nous les étudierons V° NATURALISATION. Mais sa qualité de sujet français lui assure certaines garanties et lui donne, sur les étrangers, quelques avantages précieux : il peut, à ce titre, être admis dans les armées de terre et de mer et être appelé à des fonctions et emplois civils en Algérie (1). Et il est, quant aux privilèges et aux droit que lui donnent ses services, assimilé aux fonctionnaires français (V. PENSIONS).

710. L'israélite indigène était, d'après la loi musulmane, antérieure à la conquête, placé vis-à-vis de la population turque ou arabe dans une position d'infériorité notable. La capitulation d'Alger ne s'était pas préoccupé de fixer les règles qui devaient lui devenir applicables. Cependant, par une interpré-

---

(1) Tableau des fonctions et emplois civils auxquels l'indigène musulman, qui ne jouit pas des droits de citoyen français, peut être appelé en Algérie : — *Service de la justice* : commis greffier et greffier de la cour et des tribunaux; interprète judiciaire et traducteur; notaire; défenseur; huissier; commissaire priseur. — *Administration générale et municipale;* membre d'un conseil général; commis, sous-chef et chef de bureau de préfecture, de sous-préfecture et de commissariat civil; emplois de tout grade dans le personnel administratif des maisons d'arrêt, des prisons départementales et des pénitenciers; membre de la commission de surveillance des prisons; emplois de tous grades dans le personnel administratif des hôpitaux, asiles, orphelinats, dépôts d'ouvriers et autres établissements de bienfaisance; membre de la commission administrative des hôpitaux; conseiller municipal; receveur municipal; inspecteur et secrétaire de commissariat de police; administrateur de la caisse d'épargne; administrateur du mont-de-piété; administrateur du bureau de bienfaisance; milicier; sous-officier et officier de milices, jusqu'au grade de capitaine exclusivement ; préposé des octrois; garde champêtre; garde des eaux; et généralement tous les emplois de l'administration générale et de l'administration communale auxquels les maires sont autorisés à nommer directement. — Télégraphes : surveillant, stationnaire, chef de station. — Postes : distributeur, facteur et brigadier, facteur-boîtier. — Instruction publique : membre du conseil académique, maître, directeur et inspecteur des écoles arabes françaises; titulaire d'une chaire publique d'arabe; maître d'étude, maître répétiteur et professeur de lycée. — Service des travaux publics : commis de toute classe, dessinateur et garde magasin dans les service des ponts et chaussées, des mines et des bâtiments civils; piqueur et conducteur des ponts et chaussées; garde-min es; inspecteur ordinaire des bâtiments civil; géomètre de toute classe dans le service des opérations topographiques. — Services finan iers : commis de tous grades dans les bureaux des services de l'enregistrement et des domaines, des contributions, des douanes, des postes, des forêts, de l'administration des tabacs; préposé, brigadier et officier du service des douanes jusqu'au grade de capitaine exclusivement; garde et brigadier forestier. — Service des ports et de la santé; garde-pêche, pilote, inspecteur des quais, garde et secrétaire de la santé.

tation bienveillante, on considérait que bien que le texte fut muet à son égard, il avait été dans l'esprit des parties contractantes de lui conserver les privilèges qu'il pouvait tenir de sa loi spéciale, qui était la loi mosaïque, et la jurisprudence avait adopté cette interprétation (1), que le sénatus-consulte du 14 juillet 1865, article 2, avait fait passer dans le domaine législatif. Mais en 1870, le gouvernement de Tours, considérant, sans doute, que la loi mosaïque n'avait pas été un empêchement à l'acceptation par les juifs européens des diverses législations des nations européennes, a pris une mesure générale et déclaré, en bloc, tous les israélites algériens citoyens français, et réglé leur statut réel et personnel par la loi française (2).

711. Et il a été jugé, à cet égard, que le décret du 24 octobre 1870, n'étant pas une faveur qu'il est permis aux israélites d'accepter ou de répudier à leur gré, est obligatoire du jour de sa promulgation, et qu'il atteint les droits que ceux-ci tenaient de leur statut personnel et qui ne subsistent pas sous le régime de la loi civile française (3).

SECTION II

Droit civil.

712. Nous avons déjà vu que le Code civil, et les lois générales de la métropole promulguées en Algérie faisaient la base du droit civil des Français et des étrangers européens et la base des transactions entre Européens et indigènes musulmans, et que les maximes du Koran et de la Sounna formaient le droit musulman. Mais ni l'un ni l'autre de ces droits ne sont appliqués, en Algérie, tels que les textes absolus les ont constitués. Comme l'a dit la Cour de cassation dans plusieurs arrêts, les lois générales françaises ne sont exécutoires que dans celles de leurs dispositions qui sont compatibles avec les

(1) Civ. cass. 15 avril 1862, D. P. 62.1.280; Alger 25 mai 1865, D. P 66.2.172; Civ. cass. 29 mai 1865, D. P. 65.1.482; Alger 22 juin 1869, 69.2.136.

(2) Décret du 26 octobre 1870, article unique.

(3) Alger 8 mars 1871. — Alger 1er mars 1875.

mœurs et les nécessités de la colonie. On peut en dire autant des maximes du Coran. Le principe légal ci-dessus posé n'est donc pas d'une rigueur absolue et bien que les exceptions n'aient été nulle part écrites dans des actes émanant de l'autorité publique, il n'en existe pas moins un certain nombre que les tribunaux français ont introduites sous l'empire des nécessités. La jurisprudence de la Cour de cassation et le texte des articles 37 du décret du 31 décembre 1859 et 37 du décret du 13 décembre 1866 ont singulièrement facilité cette façon d'agir dont on peut, sans aucun doute, critiquer la légalité parfaite au point de vue juridique (1).

713. Nous n'avons pas à examiner la plupart de ces exceptions au droit commun qui rentrent dans les questions de droit civil dont le développement ne saurait être présenté dans ce Répertoire; mais il en est deux qui, par leur nature, touchent aux relations que l'administration peut entretenir avec les particuliers et intéressent à cet égard les fonctionnaires publics : nous voulons parler de la preuve des conventions entre indigènes et Européens et du régime des successions vacantes.

714. Dans les conventions qui ont lieu entre les Européens et les indigènes, l'ignorance des langues, en favorisant la mauvaise foi, a occasionné dès les premiers jours de la conquête, des plaintes et des abus; et pour les faire cesser, un arrêté du 9 juin 1831 a prescrit, à peine de nullité, que toute convention sous seing privé entre des Européens et des indigènes devrait être écrite dans les langues des contractants, placées en regard l'une de l'autre (2). Quant aux actes authentiques, l'ordonnance constitutive du notariat du 30 décembre 1842, article 16, et l'ordonnance portant organisation des interprètes civils (article 3) ont décidé qu'ils ne seraient valables, si les parties ne parlaient pas la même langue, qu'autant que l'officier public instrumentaire en le rédigeant dans sa langue personnelle

---

(1) Cass. civ. 3 mars 1862, D. P. 62.1.222. — 15 juillet 1868, D. P. 68.1.373 civ. cass. 25 mars 1873, D. P. 73.1.251 ; cass req. 7 août 1878, D. P. 79.1.429

(2) Arrêté 9 juin 1831. — Art. 1. Toute convention quelconque sous seing privé, entre des Européens et des indigènes, ne sera valable qu'autant qu'elle aura été écrite dans les langues des contractants, placées en regard l'une de l'autre.

(français pour les notaires, arabe pour les cadis) les ferait traduire par un interprète qui les doit signer comme témoin additionnel.

Toutefois, on ne saurait considérer la nullité prononcée par les dispositions ci-dessus visées comme pouvant entraîner des conséquences particulièrement graves. Elle n'a de véritable intérêt pratique qu'à l'égard des actes qui doivent nécessairement être passés en la forme authentique, comme les donations ou les contrats de mariage, actes fort rares jusqu'à ce jour, entre Européens et indigènes; quant aux autres, les inconvénients du défaut de validité sont fort corrigés par les prescriptions de la loi musulmane autorisant la preuve testimoniale en toute matière (1).

715. En ce qui concerne les successions, un régime spécial nécessité pas la fréquence des successions vacantes a dû être établi en Algérie.

Aux termes de l'article 811 du Code civil une succession est réputée vacante en France, lorsqu'après l'expiration des délais pour faire inventaire et délibérer, il ne se présente personne qui la réclame, qu'il n'y a pas d'héritier connu, ou que les héritiers connus y ont renoncé. De ce qu'une succession est vacante, il ne s'ensuit pas que l'État doive hériter des biens successoraux en conformité de l'article 768 du Code civil. L'État n'hérite que des successions en *deshérence*, c'est-à-dire lorsqu'il est *constaté* qu'il n'existe ni parent du défunt au degré successible, ni enfant naturel, ni conjoint survivant. En Algérie, où l'on ignore souvent d'où venait le défunt, decédé sans parents connus, on ne pouvait fixer comme point de départ de la présomption de vacance, l'expiration des délais pour faire inventaire ou délibérer, parce que le long

(1) Alger 20 janvier 1852. — Jugé que l'apposition des cachets suivant les coutumes indigènes équivaut à signature, une convention entre Français et indigène qui ne porte pas le texte arabe en regard du texte français mais au bas de laquelle est apposé le cachet de l'indigène forme commencement de preuve par écrit. — En ce sens, Alger 3 juillet 1817; — Alger 12 aout 1851 : jugé que l'indigène qui demande lui-même l'exécution de la convention est non recevable à exciper plus tard du défaut de traduction pour en demander la nullité. — Alger 8 juillet 1863. Mouni bent Bourkaïb ; Alger 10 mars 1864, Toubiona c. Ben Hamoud; Alger 11 décembre 1876, Gérard c. El Oussi

délai déterminé par la loi aurait eu trop souvent pour effet de livrer à l'abandon pendant plusieurs mois des exploitations agricoles isolées de tout centre peuplé. On a donc dû choisir un autre point de départ de vacance et l'article 2 de l'ordonnance du 26 décembre 1842 a décidé par suite : « qu'une succession serait réputée vacante, lorsqu'au moment de son ouverture, c'est-à-dire au décès du défunt, aucun héritier ne se présenterait, soit en personne, soit par un mandataire spécial, ou lorsque les héritiers connus ou présents y auraient renoncé (1). »

716. Cette première exception au droit commun a été suivie d'une seconde tout aussi importante. En France, l'article 812 du Code civil impose au tribunal civil dans le ressort duquel s'ouvre une succession vacante, l'obligation de choisir, chaque fois, la personne qu'elle charge des fonctions de curateur à la succession. En Algérie, les fonctions de curateur constituent un office public dont les titulaires sont nommés pour deux années par le procureur général sur la proposition des procureurs de la République (2). Il existe au moins un curateur par ressort de tribunal de première instance (3). L'acte de nomination détermine la portion de territoire dans laquelle chacun doit remplir sa mission ; à dater du jour où leur nomination est notifiée, celui-ci a, de droit, la curatelle de toutes les successions ouvertes dans la circonscription territoriale qui lui a été assignée (4).

717. Les curateurs sont placés sous la surveillance immédiate du procureur de la République; ceux qui sont établis hors du lieu où siège le tribunal de première instance sont, en outre, soumis à la surveillance du juge de paix, et s'il n'y a pas de juge de paix à celle de l'administrateur civil de leur résidence. Les préposés du domaine ont également le droit de surveiller les curateurs en tout ce qui concerne les mesures d'ordre et de comptabilité prescrites (5).

---

(1) Ord. du 26 décembre 1842 article 2.
(2) Ord. du 26 décembre 1842 articles 3 et 5.
(3) Ord. du 26 décembre 1842 article 1.
(4) Ord. du 26 décembre 1842 article 3.
(5) Ord. du 26 décembre 1842 article 6.

718. Une troisième exception à la législation métropolitaine a été également établie. En France, la loi s'en remet aux agents du service du Domaine du soin de rechercher les vacances de succession qui pourraient se produire. En Algérie, des précautions particulières ont dû être prises. En recevant la déclaration de tout décès, les officiers de l'état civil sont tenus de s'informer si les héritiers du défunt sont présents ou connus. En conséquence, les aubergistes, hôteliers, locateurs et toutes autres personnes chez lesquelles est décédé un individu dont les héritiers sont absents ou inconnus, et si le décès a eu lieu dans un hôpital civil ou militaire ou autres établissements publics, les supérieurs, directeurs, administrateurs, préposés en chef ou maîtres de ces établissements doivent, à peine de tous dépens et dommages-intérêts envers qui de droit, fournir à cet égard à l'officier de l'état civil tous renseignements qui peuvent être à leur connaissance, et lui déclarer, en même temps, si le défunt a laissé ou non des sommes d'argent, des effets mobiliers ou papiers (1).

719. S'il résulte des informations recueillies que les héritiers du décédé ne sont ni présents ni connus, l'officier de l'état civil en doit donner sur-le-champ avis au procureur de la République et au juge de paix du ressort, ainsi qu'au curateur en exercice. Il leur transmet en même temps les indications qui ont pu lui être fournies (2).

720. Sur l'avis, qui lui est donné, ou sur toute information qui lui parvient, le curateur entre de plein droit en fonction et sans serment préalable (3). Le mandat attribué par la loi au curateur est donc, en Algérie, à l'inverse de ce qui existe en France, un mandat général et absolu, qui lui donne non seulement le droit de faire les actes simplement conservatoires, mais encore de représenter les intérêts de l'ayant droit du défunt quel qu'il soit et par suite de discuter les qualités de tous ceux qui se présentent comme héritiers à l'effet de recueillir la succession (4).

---

(1) Ord. du 26 décembre 1842 article 7.
(2) Ord. du 26 décembre 1842 article 8.
(3) Ord. du 26 décembre 1842 article 9.
(4) Alger 28 janvier 1851. — V. en outre ordonnance précitée, articles 35, 36 et 37.

721. Les curateurs aux successions vacantes, une fois entrés en fonctions, doivent procéder aux divers actes de leur curatelle en suivant les formes et les règles déterminées par l'ordonnance du 26 décembre 1842. Ces fonctions se résument en deux points principaux; ils doivent recueillir toutes les valeurs et tous les titres de la succession et rechercher si le défunt n'a pas laissé d'héritiers.

722. Pour satisfaire à leur première obligation, les curateurs doivent aussitôt qu'ils entrent en fonctions, requérir l'apposition des scellés, établir un inventaire régulier, et procéder à la vente des effets mobiliers dépendant de la succession, quant aux rentes, actions ou immeubles, ils peuvent les faire vendre, s'ils jugent l'aliénation profitable et nécessaire, mais avec autorisation préalable du procureur de la République (1).

723. Pour satisfaire à leur seconde obligation, ils doivent dans un délai de dix jours après la confection de l'inventaire, dresser un état sommaire de la succession, et aviser de leurs opérations les héritiers possibles du défunt, si ceux-ci sont connus, et demander, s'ils sont inconnus, au procureur de la République, de faire procéder aux recherches. Un extrait de l'état de la succession, avec une notice résumant les renseignements divers recueillis sur le défunt, sont transmis en même temps au Ministre de la justice qui les fait insérer au *Moniteur algérien* et au *Journal officiel* (2).

724. Les curateurs ne peuvent conserver entre leurs mains aucuns deniers provenant de la succession; ils ne peuvent non plus rien payer directement. Les fonds qu'ils reçoivent seront versés à la Caisse des dépôts et consignations, quant aux payements ils sont effectués par les soins de l'administration des domaines (3).

725. Nous avons dit plus haut que les curateurs étaient en Algérie de véritables officiers publics; ils sont soumis, en cette qualité, à une discipline rigoureuse et à une tenue de livres

---

(1) Ord. du 26 décembre 1842, articles 10, 11, 12, 13, 14, 15, 16, 17, 18.— Alger 21 mars 1871.

(2) Ord. 26 déc. 1842, art. 14. — Alger, 31 déc. 1868.

(3) Id., art. 20 et 21.

dont le nombre et la forme sont déterminés ; ils doivent, en outre, rendre des comptes fréquents de leur gestion (1).

726. Les successions vacantes des étrangers en Algérie ne sont pas régies par les dispositions de l'ordonnance du 26 dé-

---

(1) Ord. 26 déc. 1841, art. 22 à 26, 30 à 33, 44 et 45. — Circulaire 20 août 1863. — L'administration a lieu de craindre que les prescriptions du règlement du 26 décembre 1842 sur les successions vacantes ne soient pas toujours fidèlement observées. — Les préposés de l'enregistrement et des domaines sont appelés, il est vrai, par les art. 20, 21, 25, 26 et 27 dudit règlement et par le décret du 23 octobre 1856 à exercer sur la gestion des curateurs un contrôle aussi précieux dans l'intérêt du Trésor que dans celui des tiers, mais l'action de ces fonctionnaires est fréquemment paralysée par le délai qui s'écoule entre l'ouverture des successions et l'époque à laquelle il en est donné avis au domaine ; d'autre part, l'examen des opérations de curatelle n'a lieu, le plus souvent, qu'après leur achèvement, c'est-à-dire au moment où il devient impossible d'assurer efficacement l'exécution du réglement. Dans cet état de choses, il m'a paru indispensable d'adopter, de concert avec M. le procureur général, les mesures suivantes :

1° La première mesure à prendre est d'aviser à ce que les préposés du domaine soient immédiatement informés de l'ouverture de toutes successions vacantes.

L'art. 7 de l'ordonnance enjoint à l'officier de l'état civil qui reçoit la déclaration d'un décès de s'informer immédiatement si les héritiers du défunt sont présents ou connus. D'après l'art. 8, s'il résulte des informations recueillies que les héritiers du décédé ne sont ni présents, ni connus, l'officier de l'état civil en doit donner sur-le-champ avis au procureur de la République et au juge de paix du ressort, ainsi qu'au curateur en exercice dans le territoire du lieu du décès.

J'ai décidé, d'accord avec M. le procureur général, que le même avis serait adressé au receveur des domaines du ressort, afin que cet agent fût mis immédiatement en mesure d'exercer le contrôle qui lui incombe sur la gestion financière des curateurs aux termes de diverses dispositions de l'ordonnance réglementaire et de l'art. 3 du décret du 23 octobre 1856, sur le fonctionnement de la Caisse des dépôts et consignations.

2° Les magistrats du ministère public veilleront à ce qu'au cas prévu par l'art. 12 de l'ordonnance, le receveur des domaines soit, par le soin du curateur, mis en demeure de surveiller les opérations spécifiées en l'art. 13. A cet effet, une ampliation du relevé sommaire exigé par l'art. 14 sera envoyée au receveur par le curateur.

3° Le même receveur devra être avisé par le curateur, et en temps opportun, des lieu, jour et heure de chaque vente aux enchères d'effets mobiliers, à laquelle il sera procédé conformément à l'art. 15.

4° La vérification à opérer au commencement de chaque trimestre, conformément à l'art. 25 du règlement, par le juge de paix ou le commissaire civil, du registre et du livre-journal des curateurs établis hors des villes où siègent les tribunaux de première instance, sera faite avec le concours du préposé des domaines ; les procès-verbaux constatant ce double examen seront transmis simultanément au procureur de la République ; le receveur, conservera un double de son procès-verbal, tant pour justifier de son opération que pour réunir les éléments de l'avis qu'il est appelé à émettre lors de l'apurement annuel des comptes de curatelle. — Il ne faut pas ou-

cembre 1842 : la législation métropolitaine a été déclarée applicable à l'Algérie par une décision ministérielle arrêtée de concert entre le département des affaires étrangères et celui de la justice, le 18 juin 1837. En conséquence, lorsqu'en Algérie, un étranger décède, et qu'il ne se présente aucun créancier français, le curateur n'a point à s'immiscer dans l'administration de la succession, qui appartient exclusivement au consul de la nation dont dépendait le défunt (1).

---

blier qu'outre la vérification trimestrielle qui devra, du reste, être faite par l'agent des domaines seul, si le juge de paix ou commissaire civil refuse ou néglige d'y procéder, cet agent a le droit, aux termes du § 1 de l'art. 25 de se faire représenter les registres et livre-journal toutes les fois qu'il le jugera convenable. Il aura soin, lors de chaque examen, d'inscrire sur ces documents un visa daté et signé,

5°. Il sera procédé, dans les dix premiers jours de chaque trimestre, par un employé supérieur de l'enregistrement et des domaines, à l'examen des registres et livres de curateurs, établis dans les villes où siège un tribunal de première instance. — Les procès-verbaux de cette opération seront établis en deux expéditions : l'une sera transmise au parquet et l'autre déposé au bureau des domaines.

6° Tout curateur sera tenu de comprendre dans l'avis qu'il doit adresser au procureur de la République et au receveur, dès qu'une succession est réclamée par les héritiers (art. 27 du règlement), les mentions propres à en assurer l'efficacité. Il y relatera notamment la situation de l'actif et du passif, les noms des prétendants, leur droit, leur domicile et leur degré de parenté. Les pièces justificatives seront, en même temps, communiquées au service des domaines, contradicteur légitime des réclamants.

Il y a aura également lieu de tenir la main à ce que les curateurs se conforment toujours à l'obligation impérative qui leur est imposée par l'article 813, C. civ, les art. 20-21, de l'ordonnance de 1842, l'art. 2 du décret du 3 octobre 1856 et la décision ministérielle du 7 juillet 1854 : — 1° de verser immédiatement dans la caisse du receveur des domaines tout le numéraire trouvé dans les successions, et les deniers provenant du recouvrement des créances actives et de la vente des meubles ou immeubles ; — 2° de n'acquitter aucune dette ou dépense des successions, autres que les petites dettes privilégiées désignées par l'art. 2101, C. civ.

Il y aurait des inconvénients sérieux à permettre aux curateurs de conserver à leur disposition tout ou partie de l'actif d'une succession, sous le prétexte que des créances leur ont été signalées. Les employés des domaines ne devront donc, pour aucun motif, se dispenser de poursuivre le recouvrement des sommes provenant des successions, et de constater par des procès-verbaux les retards apportés dans les versements. — C'est en vain que les curateurs objecteraient, comme ils l'ont fait parfois, que les deniers provenant de la vente aux enchères des meubles sont restés entre les mains des commissaires priseurs, puisque, d'après l'art. 21 de l'arrêté ministeriel du 1er juin 1841, ces derniers doivent rendre leurs comptes dans la huitaine des ventes.

(1) Décision précitée ; — Alger, 6 février 1855.

727. Comme en France, la curatelle prend fin par la survenance d'héritiers qui justifient de leur qualité (1).

728. La déclaration de vacance d'une succession, en Algérie, n'emporte pas avec elle présomption de déshérence, aussi, l'article 28 de l'ordonnance de 1842 ne permet-il pas à l'État de demander l'envoi en possession provisoire, avant qu'un délai de trois années se soit écoulé depuis le décès ; mais ce délai écoulé, la présomption de déshérence est de droit, l'État est envoyé en possession provisoire en conformité des articles 770 et suivants du Code civil. Mais le curateur n'est dessaisi et le Domaine nanti des biens que lorsque l'envoi en possession provisoire a été converti en envoi en possession définitive (2).

729. A la différence de ce qui a lieu en France, et précisément parce que la déclaration de vacance de succession en Algérie n'emporte pas présomption de déshérence ; l'État ne fait siens les fruits qu'à partir du jour de l'envoi en possession définitive, au cas où des héritiers se présentent après ce jour. Il doit compte de ceux qui ont été perçus depuis le jour du décès jusqu'a celui de l'envoi en possession définitive (3). (Voy. ABSENCE n° 15).

SECTION III

État civil.

730. Les citoyens français, israélites indigènes ou français d'origine, sont soumis, en Algérie comme en France aux obligations ordinaires établies par le Code civil pour la tenue des actes de l'état civil ; mais la même législation ne peut être appliquée aux indigènes musulmans.

Ceux-ci, en effet, sont presque tous dépourvus de noms patronymiques. Seules, quelques grandes familles conservent à titre d'honneur la filiation complète qui les rattache à celui qui a illustré le nom qu'elles portent ; à l'époque de la conquête,

---

(1) Ord. du 26 déc. 1842, art. 47.
(2) Id., art. 28.
(3) Id., art, 29.

les naissances, les décès n'étaient inscrits nulle part ; aussi la plupart des arabes ignorent-ils leur âge ; leurs mariages, leurs divorces n'étaient constatés par écrit que lorsqu'il y avait des stipulations financières, nécessitant l'intervention du cadi en qualité de notaire.

Cet état de choses n'a subi aucune modification de 1830 à 1854 : les indigènes naissaient, mouraient, contractaient un ou plusieurs mariages, divorçaient, sans que ces faits fussent légalement constatés ; aussi sont-ils sans cesse obligés de recourir à la preuve testimoniale si fragile, surtout chez eux, lorsqu'ils ont besoin d'établir leur état civil et de constater leurs droits successoraux.

En 1854, le maréchal Randon tenta, par deux décrets du 8 août (1) de modifier cet état de choses en territoire civil : Les actes de l'état civil concernant les naissances et les décès des Arabes, habitant en dehors des villes et des villages, devaient être reçus par les cheicks et rédigés en langue arabe, suivant les formules déterminées ; ces actes étaient immédiatement transmis au maire, et transcrits en langue française sur le registre de l'état civil de la commune. Une amende de 10 à 15 francs et un emprisonnement de 1 à 5 jours frappaient les contrevenants (2).

Les deux décrets ne contenaient aucune stipulation concernant les mariages et les divorces ; ils furent abrogés, du reste, par un décret du 18 août 1868 qui, sans reproduire les dispositions de l'article 10 du décret de 1854, se bornait à donner mission aux maires adjoints indigènes des communes mixtes « de veiller spécialement à ce que les déclarations de naissance et de décès fussent faites exactement par leurs coreligionnaires à l'officier de l'état civil. » En même temps, le gouverneur général chargeait les secrétaires des djemâas, des tribus situées en territoire militaire, de la tenue des registres de l'état civil. Mais ces deux actes, décret et circulaire, dépourvus de sanction, n'ont jamais reçu d'exécution effective.

(1) Déc. du 8 août 1854, art. 10. — Organisation de l'administration des indigènes en territoire civil.

(2) Déc. du 8 août 1854, art. 5. — Organisation des bureaux arabes départementaux.

731. L'obligation morale imposée aux indigènes musulmans de déclarer les naissances et les décès ne pouvait d'ailleurs permettre aucune constatation sérieuse de l'état des familles musulmanes. Les Orientaux, depuis des siècles, et suivant un usage qu'établissent la Bible et le Nouveau Testament, ne possèdent presque jamais qu'un prénom, auquel ils adjoignent l'indication de leur ascendance immédiate. Pour les Arabes, cette indication se fait avec ces deux mots : *ben* ou *ould* qui signifient *enfant de* (Mohammed ould Ahmed ; Youssouf ben Ali) pour les hommes, et de *bent* (fille) pour les femmes. Or, les prénoms arabes sont peu variés et un nombre considérable d'entre eux portent exactement les mêmes dénominations. Cet état de choses, tant au point de vue de la famille que des intérêts matériels qui font l'objet des transactions, présentait les plus grands inconvénients et causait souvent d'inextricables embarras. Une loi récente en date du 23 mars 1882, a dû intervenir pour réglementer un état de choses devenu intolérable.

732. Pour établir l'état de chaque famille indigène, un recensement général de la population doit être opéré dans chaque commune par les soins des officiers de l'état civil ou à leur défaut par un commissaire nommé à cet effet. Le résultat de ce recensement doit être consigné sur un registre matricule dressé en double expédition qui contient les nom, prénoms, profession et domicile de tous ceux qui y sont inscrits (1).

Chaque indigène n'ayant ni ascendant mâle dans la ligne paternelle, ni oncle paternel, ni frère aîné, est tenu de choisir un nom patronymique, lors de l'établissement du registre matrice. Si l'indigène a un ascendant mâle dans la ligne paternelle, ou un oncle paternel, ou un frère aîné, le choix du nom patronymique appartient successivement au premier, au deuxième, au troisième. Si l'indigène auquel appartient le droit de choisir le nom patronymique est absent de l'Algérie, le droit passe au membre de la famille qui vient après lui. S'il est mineur, le droit appartient à son tuteur.

733. Dans le cas où la famille qui doit être comprise sous

---

(1) L. 23 mars 1882, art. 2.

le même nom patronymique ne se compose que de femmes, le droit de choisir le nom patronymique appartient à l'ascendante, et, à défaut d'ascendante, à l'aînée des sœurs, conformément au principe posé par l'article 3 (1).

734. En cas de refus ou d'abstention de la part du membre de la famille auquel appartient le droit de choisir le nom patronymique, ou de persistance dans l'adoption du nom précédemment choisi par un ou plusieurs individus, la collation du nom patronymique est faite par le commissaire à la constitution de l'état civil. Les derniers mots de cet article indiquent qu'en cas de conflit de choix d'un même nom, la propriété des noms appartient au premier *occupant* (2).

735. Le nom patronymique est ajouté simplement sur le registre-matrice aux noms actuels des indigènes.

Lorsque le travail de l'officier de l'état civil ou du commissaire a été homologué conformément aux dispositions de l'article 12 ci-après, le registre matrice devient le registre de l'état civil, les deux doubles sont envoyés au maire de la commune qui y inscrit les actes de l'état civil des indigènes musulmans reçus depuis sa confection, garde un des doubles et envoie l'autre au greffe du tribunal civil de l'arrondissement.

Une carte d'identité, ayant un numéro de référence à ce registre et indiquant le nom et les prénoms qui y sont portés, est ensuite délivré sans frais à chaque indigène (3).

736. Lorsqu'un nom patronymique doit être commun à un chef de famille domicilié dans une circonscription, et à des descendants ou collatéraux domiciliés hors de ladite circonscription, avis du nom adopté par le premier est donné auxdits descendants ou collatéraux, à la diligence du fonctionnaire chargé de la constitution de l'état civil, et par l'intermédiaire de l'autorité administrative de leur commune. Ils sont inscrits dans cette dernière, suivant cette indication. La notification est accompagnée de la remise de la carte d'identité (4).

737. Dans le cas où l'indigène musulman possède déjà un

---

(1) L. 23 mars 1882, art. 4.
(2) L. 23 mars 1882, art. 5.
(3) L. 23 mars 1882, art. 6.
(4) L. 23 mars 1882, art. 7.

nom patronymique, soit qu'il lui ait été transmis par ses ancêtres, soit que, en vertu d'une loi du 26 juillet 1873, sur la constitution de la propriété immobilière que nous examinons d'autre part, il se soit déjà fait délivrer un *nom de famille*, la loi nouvelle décide que le nom déjà porté par le membre de la famille qui est nanti d'un titre de propriété, ne sera attribué aux autres membres de la famille que s'il est librement choisi par la personne à qui le choix est déféré par les articles précités. Si cette personne choisit un autre nom, l'indigène propriétaire l'ajoutera au nom qui lui aura été donné lors de la collation du titre de propriété, et ainsi la famille, dans son ensemble, conservera une désignation commune.

738. Lorsque les indigènes sont éloignés du lieu de leur domicile, les dispositions qui précèdent sont applicables au fur et à mesure de la constitution de l'état civil dans le lieu de leur domicile : Aux indigènes musulmans présents sous les drapeaux ; à ceux qui se trouvent dans les hôpitaux ou hospices ; à ceux qui sont détenus dans une prison de France ou d'Algérie. Dans ces cas, les chefs de corps, les directeurs des hôpitaux et hospices, les directeurs de prison, remplissent les attributions conférées au maire ou à l'administrateur pour exécution de la présente loi (1).

739. On a vu plus haut que, en exécution des deux décrets du 8 août 1856 et du 18 août 1868, les indigènes musulmans avaient été invités à présenter des déclarations de naissance et de décès aux officiers de l'état civil, en territoire civil, bien que l'exécution donnée à ces décrets ait été fort incomplète, cependant, dans plusieurs localités, des actes en assez grand nombre ont été dressés. Les actes anciens sont, à la demande des intéressés ou sur les réquisitions du procureur de la République, complétés par la mention des noms patronymiques attribués en vertu de la présente loi ou de la loi du 26 juillet 1877.

Le même article pourvoit à un intérêt de police et de surveillance, en ordonnant que pareille mention sera faite à la

---

(1) L. 23 mars 1882, art. 9.

diligence du procureur de la République sur les bulletins n° 1 classés au casier judiciaire (1).

740. Lorsque le travail de constitution de l'état civil est terminé, un délai d'un mois est accordé à tous les intéressés pour se pourvoir, en cas d'erreur ou d'omission, contre les conclusions du commissaire à la constitution de l'état civil (2). Dans le mois qui suit l'expiration de ce délai, ledit commissaire rectifie, s'il y a lieu, les omissions et les erreurs signalées (3). A l'expiration de ce dernier délai, le travail du commissaire est provisoirement arrêté par lui, transmis au gouverneur général civil qui, le conseil de gouvernement entendu, prononce sur les conclusions dudit commissaire.

741. Indépendamment de cette garantie de l'ordre administratif, le recours aux tribunaux est ouvert dans le cas où l'opposition des parties soulève une question touchant à l'état des personnes. Les tribunaux compétents seraient saisis de cette question, soit par le commissaire, soit par le gouverneur général, sans que, pour le surplus, l'homologation du travail de constitution de l'état civil soit retardée (4). La procédure à suivre devant les tribunaux est celle qui est réglée par les articles 858 et s. du Code civil.

742. A partir de l'arrêté d'homologation, l'usage du nom patronymique devient obligatoire pour les indigènes compris dans l'opération. Dès ce moment, il est interdit aux officiers de l'état civil, aux officiers publics et ministériels, sous peine d'une amende de 50 à 200 francs, de désigner lesdits indigènes, dans les actes qu'ils sont appelés à recevoir ou à dresser, par d'autres dénominations que celles portées dans leurs cartes d'identité (5).

743. Pour que l'état matrice dont nous avons indiqué le mode d'établissement ne contînt pas de lacunes, il fallait régler la manière de le tenir en quelque sorte au courant, en y inscrivant au fur et à mesure des immigrations, les indigènes

---

(1) L. 23 mars 1882, art. 10.
(2) L. 23 mars 1882, art. 11.
(3) L. 23 mars 1882, art. 12.
(4) L. 23 mars 1882, art. 13.
(5) L. 23 mars 1882, ar. 14.

qui, n'ayant pas encore de nom patronymique, viendraient s'établir dans une circonscription où la constitution de l'état civil aurait été opérée. Cette inscription doit avoir lieu sur la demande des indigènes, ou à leur défaut, d'office par l'administration municipale.

744. La loi du 23 mars 1882, en constituant le nom patronymique chez les musulmans, aurait fait une œuvre imparfaite, si elle n'avait en même temps établi sur les bases où elle existe dans la métropole la tenue régulière des actes de l'état civil. Mais une grande difficulté se présente à cet égard en Algérie. Les Arabes se soumettent assez facilement à l'inscription des naissances et des décès, mais il n'en est pas de même en ce qui concerne les mariages ou les divorces. En effet, à la différence de ce qui se passe en France, ces actes, en droit musulman, ne sont ni assujettis à des formes absolument sacramentelles, ni dressés par un fonctionnaire de l'ordre religieux ou administratif. Le consentement mutuel en présence de deux témoins suffit pour le mariage et pour le divorce, il n'est soumis à une appréciation judiciaire que si, à défaut de consentement réciproque, la femme le demande devant le cadi (1). Les deux époux, d'accord, et sans témoins, peuvent divorcer, et le mari peut, malgré sa femme, la répudier. La loi ne pouvait, sur une matière qui touche aussi fortement au statut religieux des musulmans, introduire l'acte de célébration du mariage français. On s'est contenté d'accepter comme pour les actes de naissance et de décès une simple déclaration.

En conséquence, les actes de naissance ou de décès, concernant les indigènes musulmans, sont établis dans les formes prescrites par la loi française. Quant aux actes de mariage et de divorce, ils sont établis sur une simple déclaration, faite dans les trois jours, au maire de la commune ou à l'administrateur qui en remplit les fonctions, par le mari et par la femme, ou par le mari et par le représentant de la femme, aux termes de la loi musulmane, en présence de deux témoins. Toutefois, lorsque les distances ne permettent pas de

---

(1) Sautayra et Cherbonneau, t. Ier, Texte.

faire les déclarations au siège de la commune ou d'une section française de ladite commune, elles sont reçues par l'adjoint de la section indigène. Ces déclarations sont faites en arabe, suivant des formules imprimées, sur des registres visés pour timbre et paraphés par le juge de paix. Ces registres contiennent une souche et un volant reproduisant les mêmes mentions. Les actes sont revêtus de la signature de l'adjoint indigène ou de son cachet et de la signature des parties et témoins, si ceux-ci savent écrire ; s'ils déclarent ne pas savoir écrire, mention en est faite (1). Les volants sont ensuite adressés dans les huit jours, à l'officier de l'état civil français pour être transcrits sur les registres tenus au chef-lieu de la commune.

745. Il est statué sur les rectifications à opérer dans les actes de l'état civil, conformément à la loi française. Par exception et pendant cinq années, à partir de la délivrance des cartes d'identité, ces rectifications sont faites sans frais à la diligence du procureur de la République. Pendant le même délai, les extraits des actes de l'état civil doivent être délivrés aux indigènes musulmans sur papier libre avec un droit unique de vingt-cinq centimes (2).

746. Les crimes, délits et contraventions en matière d'état civil sont punis conformément à la loi française (3).

747. La fabrication, la falsification d'une carte ou l'usage d'une carte d'identité fausse est réprimée conformément aux articles 153 et 154 du Code pénal, sous réserve de l'application de l'article 463 du même Code (4).

---

(1) L. 23 mars 1882, art. 16.
(2) L. 23 mars 1882, art. 19.
(3) L. 23 mars 1882, art. 20.
(4) L. 23 mars 1882, art. 21.

CHAPITRE II. — Des biens

SECTION PREMIÈRE.

De la propriété.

748. La constitution de la propriété dans les pays musulmans est profondément différente de celle qui existe dans les États européens. Cela tient aux dispositions que, sinon le Koran ou la Sounna, du moins leurs commentaires orthodoxes renferment à cet égard.

De l'examen détaillé de ces dispositions, il ressort que la loi musulmane divise toutes les terres connues, d'abord en terres de grande culture ou productives, qu'elle nomme *aamer*, et en terres vaines et vagues, ou suivant l'expression arabe, *mortes : mouaet.*

Toute terre de grande culture est nécessairement de dîme (arschyet) ou de tribut (kharadjyet).

749. La terre de dîme est celle qui est considérée comme originairement musulmane et où le seul impôt connu est le prélèvement indiqué dans le Koran sous le nom de *zekkat*. Il n'y avait de terre de dîme, à l'origine, que celles de l'Arabie ; mais, par une extension qui se comprend aisément, lorsque l'islamisme s'est répandu sur l'Asie et l'Afrique, toutes les terres qui, au moment de la conquête, sont devenues propriété des soldats conquérants ou qui étaient propriété d'individus ayant embrassé spontanément l'islamisme, ont été assimilées aux terres de dîme.

750. La terre de tribut est toute terre conquise et dont l'exploitation a été laissée aux populations conquises qui n'ont pas embrassé spontanément l'islamisme. Cette terre est naturellement consacrée ; elle appartient en nue propriété à Dieu, ou à son représentant, le chef de la religion, c'est-à-dire le

grand sultan. Elle est soumise à la redevance connue sous le nom de kharadj (1).

751. La terre morte appartient au premier occupant qui la cultive ; elle devient, dans ce cas, si ce premier occupant est musulman, terre de dîme : « Quand quelqu'un aura vivifié une terre morte, dit le Prophète, elle ne sera à aucun autre ; il aura des droits exclusifs sur elle. » La vivification a lieu de l'une des manières suivantes : par des travaux qui mettent l'eau à découvert, par des travaux qui la font courir ; par des constructions ; par des plantations ; par le labour et le défoncement des terres ; par le défrichement ; par le brisement des pierres et le nivellement du sol (2).

752. En Algérie, presque toutes les terres du Tell sont terres de culture, et celles des hauts plateaux, ou du Sahara, terres mortes, à l'exception de celles des oasis, qui sont terres de culture.

753. Le droit musulman, outre cette division générale en terres vivantes et mortes, en terres de dîme ou de tribut, reconnait divers modes de constitution de propriété particulière.

754. Il admet d'abord que le sultan peut confisquer toute terre à sa convenance (3) ; il admet, en outre, que tout musulman propriétaire d'une terre peut la constituer en *habbous* ou *ouahf*, et la rendre insaisissable pour le sultan.

755. Le habbous ou ouakf est une institution d'une nature essentiellement pieuse, qui présente avec le *kharadjyet* quelques analogies. Le musulman qui constitue sa terre habbous la donne à Dieu, ou à un établissement de piété, qui est généralement la Mecque ou Médine (4) ; mais il s'en réserve la *jouissance* indéfinie. La terre habbous échappe à l'ordre successoral tel qu'il est régi par le Koran. Son détenteur peut désigner, suivant sa seule volonté, tous les dévolutaires intermédiaires qui devront à leur tour la détenir. On a

---

(1) Worms, p. 113.
(2) Robe, p. 48.
(3) Req. 8 janvier 1878, voy. plus loin n° 758.
(4) Pour les musulmans, les deux villes de la Mecque et de Médine constituent de véritables établissements publics.

assimilé le habbous à notre droit de substitution; l'assimilation n'est pas exacte, car le droit de substitution en droit français est un droit personnel, et le habbous constitue un droit réel; ce serait plutôt un majorat dont les détenteurs pourraient transmettre indéfiniment le bénéfice, par donation ou testament libre.

756. On comprend qu'au moment de la conquête, cette constitution générale de la propriété devait être pour les administrateurs français, qui en ignoraient les premiers éléments, une source d'inextricables difficultés.

757. Une autre source d'incertitudes devait naître de la constitution particulière des diverses propriétés, qu'elles fussent vives ou mortes, de dîme ou de tribut, de confiscation ou de habbous. Les Arabes, de tous temps, ont eu un grand nombre de terres indivises. En se transportant en Algérie qui, depuis sept siècles, était soumise aux règles du droit romain, ils ont trouvé organisé le système de la propriété individuelle; ils n'ont pas imposé leurs coutumes particulières; de là deux régimes différents : en certaines localités, la propriété individuelle, qui a pris le nom de *melk*, et la propriété collective, qui a pris celui de *arch*.

758. Les terres, en Algérie, étaient donc terres mortes ou sans propriétaires, — terres de dîme ou de propriété entière, — terres de kharadj ou de tribut, — terres du beylick, c'est-à-dire appartenant à l'État, soit par droit de conquête, soit par droit de confiscation (1), soit en vertu des principes

---

(1) Cass. req. 8 janvier 1878. — La Cour, sur le moyen tiré de la violation de la capitulation du 5 juillet 1830, et du traité du 18 décembre de la même année, de la fausse application de l'article 5, § 2 de la loi du 16 juin 1851, et de la violation de l'article 13, titre 2 de la loi des 16-24 août 1790; — Attendu qu'il résulte de l'arrêt attaqué que les biens de Braham, puis de l'exposante, ont été confisqués avant la prise de Constantine, par le bey encore régnant, El Hadj Hamed; — Attendu que si l'État, en succédant au beylick, après la conquête, les a recueillis, conformément au principe consacré par l'article 4, § 2, de la loi du 16 juin 1851, le Domaine ne saurait être tenu, pour cela, d'aucune indemnité envers les anciens propriétaires ou leurs héritiers; — D'où il suit qu'en décidant que l'État ne devait pas de dommages-intérêts, à raison de la prise de possession des biens confisqués sur Braham, l'arrêt attaqué n'a fait qu'une juste application de la loi du 16 juin 1851, et n'a pas violé les autres dispositions invoquées à l'appui du pourvoi. — Rejette.

du Koran ou de la Sounnah; — terres des corporations religieuses, — et enfin terres habbous.

759. Dès les premiers jours de la conquête, par un arrêté du 8 septembre 1830, le commandant de l'armée d'occupation déclarait biens du domaine public tous ceux qui avaient appartenu au dey, aux beys, aux Turcs sortis de la Régence, à la Mecque ou à Médine (1).

760. Mais quels étaient les biens qui appartenaient aux deys, aux beys, aux Turcs et aux établissements religieux? Les Turcs, en s'en allant, n'avaient laissé après eux ni agents, ni registres, ni plans, ni archives, ni aucuns documents authentiques qui permissent de reconnaître, à des signes certains, le véritable domaine de l'État. En outre, la prescription est un des moyen les plus fréquents d'acquérir la propriété parmi les musulmans, et la transmission des droits immobiliers peut être prouvée par le témoignage oral. Enfin, il existait, soit dans certains offices de cadis en Algérie, soit dans les sanctuaires des villes saintes du nord de l'Afrique, telles que Kairouan, en Tunisie, de véritables fabriques de faux titres de propriété. On comprend, dès lors, dans quelle confusion

---

(1) Arr. 8 septembre 1830. — Art. 1er. Toutes les maisons, magasins, boutiques, jardins, terrains, locaux et autres établissements quelconques, occupés précédemment par le dey, les beys et les Turcs sortis du territoire de la régence d'Alger, ou gérés pour leur compte, ainsi que ceux affectés, à quelque titre que soit, à la Mecque et Médine, rentrent dans le domaine public et seront régis à son profit.

Art. 2. Les individus de toute nation détenteurs ou locataires desdits biens sont tenus de faire, dans le délai de trois jours, à dater de la publication du présent arrêté, une déclaration indiquant la nature, la situation, la consistance des domaines dont ils ont la jouissance ou la gestion, le montant du revenu ou du loyer et l'époque du dernier payement.

Art. 3. Cette déclaration sera consignée sur des registres ouverts à cet effet à la municipalité.

Art. 4. Tout individu assujetti à cette déclaration, et qui ne l'aurait pas faite dans le délai prescrit, sera condamné à une amende qui ne pourra pas être moindre d'une année du revenu ou du loyer de l'immeuble non déclaré, et il sera condamné au payement de cette amende par les peines les plus sévères.

Art. 5. Toute personne qui révèlera au gouvernement français l'existence d'un domaine non déclaré, aura droit à la moitié de l'amende encourue par le contrevenant.

Art. 6. Le produit des amendes sera versé à la caisse du payeur général de l'armée.

Art. 7. L'inspecteur général des finances et le payeur général de l'armée sont chargés de l'exécution du présent arrêté.

inouïe s'agitaient les agents de l'administration des domaines, peu familiers, d'ailleurs, avec les principes de la loi musulmane.

761. L'administration tenta de sortir d'embarras en interdisant toute aliénation d'immeubles dépendant du domaine public (1), puis en prohibant successivement dans certaines parties de l'Algérie toutes transactions immobilières entre Européens et indigènes (2). Si ces prohibitions avaient été

---

(1) Arr. 8 novembre 1830. — Art. 1er. Toute aliénation d'immeubles dépendant du domaine public, soit à titre de vente, soit à titre de concession, à temps ou à perpétuité, est prohibée jusqu'à ce qu'il en soit autrement ordonné.

Art. 2. Le Domaine est autorisé à conclure des affermages de terrains et des locations de maisons, mais la durée des baux ne pourra excéder le terme de trois ans.

Art. 3. L'intendant est chargé de l'exécution du présent arrêté.

(2) Arr. 7 mai 1832. — Art. 1er. Jusqu'à ordre contraire du gouvernement de Sa Majesté, toute transmission des biens immobiliers, de musulmans à chrétiens, est déclarée nulle et non avenue, à Bône et dans la province de Constantine.

Art. 2. Les ordres du gouvernement de Sa Majesté, révocatifs de la présente interdiction, seront immédiatement portés à la connaissance du public.

Arr. 2 septembre 1833. — Art. 1er. Jusqu'à disposition contraire, toute transmission d'immeubles entre indigènes et Européens est interdite dans les villes d'Arzew et de Mostaganem, de la province d'Oran.

Art. 2. Toute transaction qui aurait lieu avant la révocation du présent arrêté serait nulle de plein droit.

Arr. 28 octobre 1836. — Sont et demeurent provisoirement suspendues toutes transmissions entre vifs, de propriétés immobilières situées dans la province de Bône et de Constantine.

Toutefois, les transactions relatives aux immeubles situés dans la ville de Bône continueront d'avoir lieu.

Art. 2. Il est interdit, sous peine de révocation, à tous notaires, cadis, rabbins et autres officiers publics de passer aucun acte translatif de propriétés immobilières situées sur le territoire de cette province, de concourir à la rédaction de ces actes, ou de les recevoir en dépôt.

Art. 3. Tous actes de cette nature qui auront été rédigés ou consentis, soit en forme authentique, soit sous signature privée, seront considérés comme nuls et non avenus.

Art. 4. Les portions de territoire sur lesquelles les transactions pourront avoir lieu seront ultérieurement déterminées.

Arr. 10 juillet 1837. — Art. 1er. Toute transmission, toute transcription nouvelle d'immeubles situés en dehors des limites déterminées à l'ouest de la Mitidja, par la ligne tracée depuis l'embouchure de l'Oued-el-Aghar dans la mer, jusqu'au blockaus de Sidi-Yaïch, en suivant la ligne de défense et passant par Sidi Abd-el-Kader, ben Chaaban, ben Daly Bey et le blockaus de Méred, sont et demeurent provisoirement interdites.

Art. 2. Défense est faite, sous peine de revocation, à tous notaires, ca-

absolues, on aurait pu, peut-être, maintenir ainsi la situation générale telle qu'elle existait en 1830, et arriver à établir un régime sérieux, après avoir étudié avec soin l'origine de chaque terre occupée et cultivée. Mais une population européenne suivait la conquête et réclamait des terres. Les prohibitions d'aliénation furent tantôt levées, tantôt simplement restreintes. Les contrées où l'on reconnaissait aux propriétaires indigènes le droit d'acheter ou de vendre constituaient le territoire de colonisation. Dans ces contrées, les transmissions immobilières interdites ailleurs devinrent très fréquentes. On vendait et on achetait avec la plus grande facilité, dans la ville et dans la plaine, des immeubles dont la situation n'était pas indiquée, sans limites certaines, sans contenance déterminée et quelquefois même d'une existence imaginaire. Peu ou pas de titres, et ceux que l'on devait produire remplacés par des actes de notoriété.

762. La situation devint telle, en 1844, qu'elle amena un désastre général. Pour remédier à cet état de choses, le gouvernement rendit l'ordonnance d'octobre 1844.

L'ordonnance visait trois objets principaux : elle validait, en principe, les actes de transmission antérieurs ; elle interdisait à l'avenir toute acquisition d'immeuble par un fonctionnaire ou un officier de l'armée, sans autorisation, et toute transmission d'immeubles situés hors des limites qui devaient être assignées à la colonisation par des arrêtés du ministre de la guerre.

L'ordonnance avait donc pour objet de liquider le passé et d'assurer l'avenir. Le premier objet fut rempli, non sans de grandes difficultés, dont on pourra se rendre compte par ce

---

dis, rabbins et autres officiers publics de passer, jusqu'à ce qu'il en soit autrement ordonné, aucun acte translatif de propriété immobilière, située en dehors des limites ci-dessus mentionnées.

Art. 3. Tout acte de vente qui aurait été consenti ou rédigé, soit en forme authentique, soit sous signature privée, contrairement aux dispositions du présent arrêté, sera considéré comme nul et non avenu.

Art. 4. Tout Européen qui voudra s'établir en dehors des limites ci-dessus indiqués, devra en faire directement la demande au gouverneur général, et produire l'extrait authentique des titres en vertu desquels il possède ou tient à loyer l'immeuble sur lequel il veut s'établir.

Art. 5. Le gouverneur général, après examen des titres, donnera ou refusera l'autorisation demandee.

seul fait qu'au moment de l'exécution, les neuf douzièmes des terres soumises à la vérification des acquisitions étaient réclamés par plusieurs propriétaires à la fois. Quant au second objet, il fut manqué.

763. En effet, en interdisant les ventes immobilières entre Européens et indigènes, on laissait les choses en l'état, mais on ne faisait aucun effort pour déterminer quel était le caractère de la propriété de chaque parcelle de la terre algérienne. Aussi vit-on, avec l'ordonnance de 1844, commencer le débat le plus sérieux sur la nature des droits de propriété en pays musulman, les uns prétendant qu'il résultait du Koran que toute l'Algérie à peu près devait être considérée comme terre de conquête appartenant à l'État, soit à titre de kharadjyet, soit à titre de terre de beylick, soit à titre de terre *habbous* (1);

---

(1) Nous publions ici le texte de la consultation délibérée par les conseils religieux d'Oran, sur la demande du gouverneur général, et publiée à la suite d'une circulaire adressée le 22 juin 1849 aux généraux commandant les divisions sur l'affectation à la colonisation européenne des terres occupées par les Arabes.

Question. — Est-il permis ou non à l'iman de concéder la partie *mâmour* (susceptible de culture et située dans la campagne) de la terre *anoua?* c'est-à-dire de la terre dont on s'est rendu maître par la victoire et la force des armes?

Réponse. — Grâce à Dieu, l'iman ne peut pas la concéder en toute propriété, mais il peut la concéder en usufruit, ainsi que les princes ont coutume de le faire. Il la concède en usufruit, seulement, se conformant ainsi à la maxime du Cheikh-Khalil : « Et il ne concède pas en toute propriété le *mâmour* de l'*anoua*, mais en usufruit. » (Voy. son chapitre sur les terres mortes.)

Et cela est ainsi parce que le simple fait de la conquête de ces terres les rend *ouakf* (*habous*), et, par conséquent, leur *kharadj* (impôt) appartient au peuple musulman. Cette déclaration de ouakf s'effectue par la déclaration de l'iman.

La doctrine énoncée par l'auteur (de ceci) est celle d'Ebn-Rachid, et s'accorde avec la doctrine de Malek. Elle est admise et reconnue ; elle est conforme à la vérité. C'est la règle d'après laquelle on se dirige dans la pratique. El-Lakmi a énoncé une doctrine contraire à celle-ci, mais son opinion n'a aucune valeur par la raison qu'elle est fausse.

Telle est aussi la déclaration du commentateur du *Moghareça*, ouvrage composé par Sidi-Abd-er-Rahman-el-Adjadji ; regardez-y, comme nous l'avons fait, lisez-le en entier, ô vous qui interrogez : cette lecture comblera vos désirs à ce sujet. Considérez aussi les règles qui s'appliquent aux fondations pour le bien public, vous y trouverez la réponse qu'il faut donner aux personnes qui vous interrogeront sur cette matière.

De plus, les commentateurs des textes de la loi, savoir : le Sid-Mohammed-el-Kharchi, le Sid-El-Soudani, le cheikk El-Tata, le cheikh Ibrahim, El-Alchi et d'autres, s'accordent avec Abou-Ed-Diâ (Sidi-Khalil). Voyez

les autres soutenant, au contraire, que l'on ne devait considérer comme terres de l'État que celles-là seules dont le Koran réservait formellement la propriété au sultan, ou qui formaient, en 1830, terres privées du beylick ou des mosquées.

764. L'Assemblée législative, dans la loi du 16 juin 1851, n'osa pas plus que l'ordonnance de 1844 statuer sur le caractère des propriétés indigènes. Elle décida que la propriété devait être inviolable, sans distinction entre les possesseurs indigènes et les possesseurs français ou autres (art. 10), et que les droits de propriété et les droits de jouissance appartenant aux particuliers, aux tribus et aux fractions de tribus seraient reconnus tels qu'ils existaient au moment de la conquête, ou tels qu'ils avaient été maintenus, réglés ou constitués postérieurement par le gouvernement français (art. 11).

765. Dans la pratique, les agents du domaine et les fonctionnaires publics, sans entrer dans les distinctions que nous avons expliquées plus haut, se contentèrent de partager toutes

---

aussi l'ouvrage intitulé *El-Moghareça*, où il est dit : « Et non pas le contraire de cela, » et où il est dit aussi : « Et à lui appartient le droit de la transporter, » c'est-à-dire, et à l'iman appartient le droit de transporter la terre d'anoua, après l'avoir donnée en usufruit. Il la transporte en l'ôtant de celui-ci et la donnant ensuite à celui-là. Car « la terre du Maghreb est anoua, » et le Maghreb central (l'Algérie), s'y trouve inclus, ainsi que le Zab, le Sous-el-Adna et le Sous-el-Aksa.

Ebn-Abd-es-Selam a dit : « Quiconque a mangé du produit de la terre du Maghreb sans en avoir acquitté le droit du sultan, a mangé une chose défendue.

Voyez aussi les questions renfermées dans le *Madjmoud*, ô vous qui faites des recherches à ce sujet, vous y trouverez de quoi vous satisfaire.

La preuve que la terre d'anoua est accordée en usufruit seulement, et avec l'autorisation de l'iman, se trouve dans le fait suivant : Abou-r'-Rabiâ-el-Mazoughi vit mourir son père et ensuite son grand-père paternel. Ses oncles paternels s'en allèrent alors, le titre en main (dahira), afin de le faire renouveler chez le sultan. Ebn-Abd-es-Selam lui dit : « Va et écris ton nom avec leurs noms. » Abou-r'-Rabiâ répondit : « Je n'en possède rien, car mon père mourut avant mon grand-père. » Ebn-Abd-es-Selam lui dit alors : « Ton grand-père n'en eut rien, si ce n'est ce que l'iman lui a donné, et il est permis à l'iman de prendre de celui-ci pour donner à celui-là ; et quant à elle (c'est-à-dire la terre d'anoua), l'achat et la vente n'en sont pas permis ; on ne peut pas la donner en gage, et pour elle le droit de *chefaâ* n'existe pas. Et quand le concessionnaire meurt, l'usufruit passe, avec l'autorisation de l'iman, à l'héritier ou à un autre. La terre de Dahira (concédée par un titre écrit) n'est pas soumise à la possession absolue, mais seulement à l'usufruit ; de sorte que la vente et le partage en sont également défendus. »

les terres arabes en trois grandes divisions, fondées, non sur l'origine de la propriété, mais sur la nature de l'impôt qu'elles payaient sous le gouvernement turc.

On eut ainsi des terres *melks*, des terres *arch* (ou Sabega, dans la province d'Oran) et des terres *azels*. Les premières faisaient incontestablement l'objet d'une propriété privative ; les secondes, sur la nue propriété desquelles on ne s'accordait pas, étaient attribuées à la jouissance collective de tribus ou de familles ; les troisièmes, propriétés incontestables de l'État, étaient simplement affermées. Le gouvernement ne se reconnut aucun droit de toucher aux melks ; il s'attribua, au contraire, la libre faculté de disposer des azels ; quant aux arch ou sabega, l'administration, mal fixée sur la légitimité tant de ses prétentions que de celles des tribus exploitant, crut pouvoir entrer en transaction avec les détenteurs, pour détacher une partie de leur territoire au profit de l'Etat et la rendre disponible pour les besoins de la colonisation.

Ce *modus vivendi* trouvé pour échapper aux inextricables difficultés du droit musulman, subsista jusqu'en 1863.

766. A cette époque, en présence de l'incertitude absolue où l'on se trouvait sur le véritable caractère du plus grand nombre des propriétés immobilières indigènes, la plupart des fonctionnaires algériens estimaient que l'on devait procéder par la voie législative à une réorganisation générale des propriétés qui n'étaient pas melks et sur lesquelles, par conséquent, les détenteurs ne pouvaient prétendre à des droits privatifs.

Partant de cette idée que les terrains immenses qu'occupent les tribus arabes sont disproportionnés avec leurs besoins ; qu'il était possible, sans dommage réel pour les populations, de les restreindre, ils proposaient, en échange du sacrifice qu'elles avaient à faire, de les rendre propriétaires incommutables des territoires qui leur seraient laissés, au lieu de simples usufruitières qu'elles étaient auparavant. L'administration faisait ainsi une sorte de contrat transactionnel ; elle abandonnait tous les droits que la loi musulmane pouvait lui donner sur une partie des terres occupées, mais obtenait, d'un autre côté, la libre disposition des terres qu'elle pouvait ensuite ou concéder ou vendre, selon les besoins de la colonisation européenne.

767. Avant de convertir en loi le système qui vient d'être exposé, le gouvernement en voulut faire quelques applications à titre d'essai. Un certain nombre de tribus furent ainsi *cantonnées*. Les résultats produits en furent satisfaisants ; l'administration, en *cantonnant* 16 tribus, avait pu, sur une étendue totale de 343,387 hectares, réserver à la colonisation environ 61,000 hectares. Les tribus avaient accepté sans hésitation la transaction proposée, et le système était sur le point de recevoir une application générale, lorsque l'empereur crut devoir faire un voyage en Algérie.

Apporta-t-il en Afrique l'idée préconçue d'y créer un royaume arabe ou cette pensée lui fut-elle suggérée, ainsi qu'on l'a prétendu, en voyant une grande fête indigène qui lui fut offerte dans la plaine de la Métidja ? Il n'importe. Il crut, à son retour en France, devoir adresser au gouverneur général de l'Algérie une lettre célèbre, où la nécessité d'une colonisation européenne en Algérie était rejetée au second plan, et où prenait place au premier l'idée de laisser le sol de culture aux tribus qui l'exploitaient. La pensée générale se résumait dans ces mots : Rendre les tribus ou fractions de tribus propriétaires incommutables des territoires qu'elles occupent à demeure fixe et dont elles ont la jouissance traditionnelle, à quelque titre que ce soit (1) ».

---

(1) Lettre de l'empereur au maréchal Pélissier.—Monsieur le maréchal, le Sénat doit être saisi bientôt de l'examen des bases de la constitution générale de l'Algérie; mais sans attendre sa délibération, je crois de la plus haute importance de mettre un terme aux inquiétudes excitées par tant de discussions sur la propriété arabe. La bonne foi, comme notre intérêt bien compris, nous en fait un devoir.

Lorsque la Restauration fit la conquête d'Alger, elle promit aux Arabes de respecter leur religion et leurs proprietés, cet engagement solennel existe toujours pour nous, et je tiens à honneur d'exécuter, comme je l'ai fait pour Abd-el-Kader, ce qu'il y avait de grand et de noble dans les promesses des gouvernements qui m'ont précédé.

D'un autre côté, quand même la justice ne le commanderait pas, il me semble indispensable, pour le repos et la prospérité de l'Algérie, de consolider la propriété entre les mains de ceux qui la détiennent. Comment, en effet, compter sur la pacification d'un pays lorsque la presque totalité de la population est sans cesse inquiétée sur ce qu'elle possède ? Comment développer sa prospérité lorsque la plus grande partie de son territoire est

768. Le sénatus-consulte promis par la lettre de l'empereur fut promulgué le 23 avril 1863. Il fut suivi, un mois après, par un règlement d'administration publique qui devait en déterminer l'application dans ses détails.

769. Les dispositions importantes du sénatus-consulte étaient renfermées dans les articles 1, 2 et 5.

---

frappée de discrédit par l'impossibilité de vendre et d'emprunter? Comment, enfin, augmenter les revenus de l'État lorsqu'on diminue sans cesse la valeur du fonds arabe qui seul paye l'impôt?

Etablissons les faits : On compte, en Algérie, trois millions d'Arabes et deux cent mille Européens, dont cent vingt mille Français. Sur une superficie d'environ 14 millions d'hectares, dont se compose le *Tell*, 2 millions sont cultivés par les indigènes. Le domaine exploitable de l'État est de 2 millions 690,000 hectares, dont 890,000 de terres propres à la culture, et 1 million 800,000 de forêts; enfin 420,000 hectares ont été livrés à la colonisation européenne; le reste consiste en marais, lacs, rivières, terres de parcours et landes. Sur les 420,000 hectares concédés aux colons, une grande partie a été, soit revendue, soit louée aux arabes par les concessionnaires et le reste est loin d'être entièrement mis en rapport. Quoique ces chiffres ne soient qu'approximatifs, il faut reconnaître que, malgré la louable énergie des colons et les progrès accomplis le travail des Européens s'exerce encore sur une faible étendue, et que, ce n'est certes pas le terrain qui manquera de longtemps à leur activité.

En présence de ces résultats, on ne peut admettre qu'il y ait utilité à cantonner les indigènes, c'est-à-dire prendre une certaine portion de leurs terres pour accroître la part de la colonisation.

Aussi est-ce d'un consentement unanime que le projet du cantonnement soumis au Conseil d'État a été retiré. Aujourd'hui il faut faire d'avantage: convaincre les arabes que nous ne sommes pas venus en Algérie pour les opprimer et les spolier, mais pour leur apporter les bienfaits de la civilisation. Or la première condition d'une société civilisée, c'est le respect du droit de chacun.

Le droit m'objectera-t-on, n'est pas du côté des arabes; le sultan était autrefois propriétaire de tout le territoire, et la conquête nous l'aurait transmis au même titre! Eh quoi! l'État s'armerait des principes surannés du mahométisme pour dépouiller les anciens possesseurs du sol, et, sur une terre devenue française, il invoquerait les droits despotiques du Grand Turc! Pareille prétention est exorbitante, et, voulût-on s'en prévaloir, il faudrait refouler toute la population arabe dans le désert, et lui infliger le sort des Indiens de l'Amérique du Nord, chose impossible et inhumaine.

Cherchons donc par tous les moyens à nous concilier cette race intelligente, fière, guerrière et agricole. La loi de 1851 avait consacré les droits de propriété et de jouissance existant au temps de la conquête; mais la jouissance, mal définie, était demeurée incertaine. Le moment est venu de sortir de cette situation précaire. Le territoire des tribus une fois reconnu, on le divisera par douars, ce qui permettra plus tard à l'initiative prudente de l'administration d'arriver à la propriété individuelle. Maîtres incommutables de leur sol, les indigènes pourront en disposer à leur gré, et de la multiplicité des transactions naîtront entre eux et les colons des

Les tribus de l'Algérie étaient déclarées propriétaires des territoires dont elles avaient la jouissance permanente et traditionnelle, à quelque titre que ce fût. Les actes de partage et de distinction de territoire intervenus entre l'État et les indigènes, relativement à la propriété du sol, étaient maintenus.

Il devait être procédé administrativement à la délimitation des territoires des tribus ; à leur répartition entre les différents douars de chaque tribu du Tell et des autres pays de culture, avec réserve des terres qui devaient conserver le caractère de biens communaux ; à l'établissement de la propriété individuelle entre les membres des douars.

---

rapports journaliers, plus efficaces, pour les amener à notre civilisation, que toutes les mesures coercitives.

La terre d'Afrique est assez vaste, les ressources à y développer sont assez nombreuses pour que chacun puisse y trouver place et donner un libre essor à son activité, suivant sa nature, ses mœurs et ses besoins.

Aux indigènes, l'élevage des chevaux et du bétail, les cultures naturelles au sol.

A l'activité et à l'intelligence européennes, l'exploitation des forêts et des mines, les dessèchements, les irrigations, l'introduction des cultures perfectionnées, l'importation de ces industries qui précèdent ou accompagnent toujours les progrès de l'agriculture.

Au gouvernement local, le soin des intérêts généraux, le développement du bien-être moral par l'éducation, du bien-être matériel par les travaux publics. A lui, le devoir de supprimer les réglementations inutiles et de laisser aux transactions la plus entière liberté. En outre, il favorisera les grandes associations de capitaux eurepéens, en évitant désormais de se faire entrepreneur d'émigration et de colonisation, comme de soutenir péniblement des individus sans ressources, attirés par des concessions gratuites.

Voilà, monsieur le maréchal, la voie à suivre résolument; car, je le répète, l'Algérie n'est pas une colonie proprement dite, mais un royaume arabe. Les indigènes ont, comme les colons, un droit égal à ma protection, et je suis aussi bien l'empereur des Arabes que l'empereur des Français.

Ces idées sont les vôtres : elles sont aussi celles du ministre de la guerre et de tous ceux qui, après avoir combattu dans ce pays, allient à une pleine confiance dans son avenir une vive sympathie pour les arabes. J'ai chargé le Maréchal Randon de préparer un projet de sénatus-consulte dont l'article principal sera de *rendre les tribus, ou fractions de tribu, propriétaires incommutables des territoires qu'elles occupent à demeure fixe et dont elles ont la jouissance traditionnelle à quelque titre que ce soit.*

Cette mesure, qui n'aura aucun effet rétroactif, n'empêchera aucun des travaux d'intérêt général, puisqu'elle n'infirmera en rien l'application de la loi sur l'expropriation pour cause d'utilité publique; je vous prie donc de m'envoyer tous les documents statistiques qui peuvent éclairer la religion du Sénat. Je prie Dieu, etc.

NAPOLÉON.

Le sénatus-consulte tranchait toutes les difficultés soulevées par l'application des lois musulmanes sur la nature des propriétés indigènes, par un acte de munificence qui dépassait l'extrême limite des espérances que les controverses engagées sur les lois pouvaient faire naître dans l'esprit des indigènes.

Mais si le sénatus-consulte mettait fin aux débats engagés sur le caractère de la détention de certains immeubles par les possesseurs, il ne donnait aucune solution sur le régime même auquel devaient désormais être soumises les propriétés ainsi attribuées aux exploitants. C'était donc aux termes de l'article 16 de la loi du 16 juin 1851, la loi musulmane. Or, la loi musulmane, on a pu voir, par l'exposé qui précède, qu'elle diffère profondément de la loi française, et, en outre, qu'elle manque tout à la fois de simplicité et de clarté. De plus, elle permet l'exercice de droits réels et de servitudes qui ne sont pas tolérés par le Code civil. Si donc on avait exécuté sans modifications le sénatus-consulte, on serait rapidement arrivé à un état de désordre général qui n'eût pas été moindre que celui dont on espérait sortir.

770. Le sénatus-consulte prévoyait heureusement la constitution successive de la propriété indivise de chaque tribu, puis celle de la propriété indivise du douar, avant qu'on ne procédât à l'établissement de la propriété individuelle. L'empereur, plus préoccupé de la constitution de son royaume féodal arabe que de la mise en possession des indigènes des terrains à eux spécialement attribués, ne tint la main qu'aux deux premières opérations.

771. La constitution de la propriété individuelle était cependant la plus importante, car c'était elle qui devait faire cesser l'indivision dans les nombreuses possessions collectives qui formaient presque l'état normal des propriétaires en territoires de tribus, créer pour le sol l'unité familiale dans les douars, fractionner la terre entre les individus ou les familles, la préciser et l'asseoir par la délivrance de titres inattaquables, livrer le sol indigène aux transactions faciles et sûres, parvenir à la désagrégation de la tribu et résoudre enfin le problème essentiellement algérien de l'assiette de la propriété.

L'attribution qui devait porter sur le sol-arch comme sur le sol-melk collectif, était faite d'après les titres, mais en tenant compte autant que possible, d'après l'article 26 du décret du 23 mai de la jouissance antérieure, des coutumes locales et de l'état des populations.

Comme cette opération ne devait avoir lieu que quand et où l'administration le reconnaîtrait *profitable et opportun*, il arriva qu'elle n'était pas commencée, lorsqu'en 1870 l'application du sénatus-consulte fut brusquement arrêtée (1).

---

(1) Le sénatus-consulte de 1863, quoique n'étant plus mis à exécution, n'a pas été abrogé par la législation postérieure et le règlement d'administration publique a été maintenu expressément dans son titre IV par l'arrêté du 18 mai 1868 qui a constitué les communes indigènes. — Nous reproduisons, en conséquence, le texte des instructions adressées à la date du 11 juin 1863, par le ministre de la guerre aux généraux commandant les divisions et aux préfets de l'Algérie pour l'exécution du sénatus-consulte et du titre IV du règlement d'administration publique.

Paris, 11 juin 1863.

Sénatus-consulte :

Le sénatus-consulte du 22 avril 1863 inaugure un régime nouveau pour la propriété en Algérie dans les territoires occupés par les indigènes.

Sous l'empire de la loi de 1851, aucun droit de propriété ou de jouissance portant sur le territoire d'une tribu ne pouvait être aliéné au profit de personnes étrangères à la tribu. A l'Etat seul était réservée la faculté d'acquérir ces droits dans l'intérêt des services publics ou de la colonisation, et de les rendre, en tout ou en partie, susceptibles de libre transmission.

Les droits de jouissance, dont la nature n'était pas définie, étaient considérés comme des droits incomplets à la possession du sol, et l'on pensait qu'ils pouvaient autoriser le partage de la terre entre ses détenteurs et l'Etat

Le sénatus-consulte renferme les effets de la conquête dans les limites que le droit commun impose aux sociétés civilisées. Là où la propriété est régulièrement constituée, il la dote d'une liberté complète ; là, au contraire, où elle ne présente que des formes vagues, incompatibles avec le progrès agricole et opposant des obstacles aux relations qui doivent naître du contact des Européens et des indigènes, il la constitue d'après des règles basées sur une équitable appréciation des droits de chacun.

C'est pour que ce caractère éminemment libéral du sénatus-consulte soit uniformément maintenu dans les mesures de détail auxquelles donnera lieu son exécution, qu'il est important de déterminer le sens et la véritable portée de ses diverses dispositions.

Aux termes de l'article 1er « les tribus de l'Algérie sont déclarées pro« priétaires des territoires dont elles ont la jouissance permanente et tradi« tionnelle, à quelque titre que ce soit. » Cette déclaration de principe s'applique à toutes les tribus de l'Algérie indistinctement, à celles du Sahara comme à celles du Tell : — néanmoins, ses effets pourront être différents, suivant l'état de la propriété dans les tribus.

772. Après l'événement de 1870, survint l'insurrection de 1871. Le gouvernement, lorsqu'elle fut étouffée, était revenu, sur l'avenir de l'Algérie, aux idées générales qui avaient eu cours jusqu'en 1863. L'aspiration ne devait plus être de créer au delà des mers un Etat vassal musulman, mais d'y prolonger et le territoire et la civilisation de la France. Le sénatus-

---

Ainsi, dans les tribus où la propriété a un caractère essentiellement *melk*, où les particuliers et les groupes de population ont le droit d'user sans restrictions de leurs biens fonciers, la délimitation et la répartition prescrites par le sénatus-consulte ne constitueront qu'une mesure administrative, qui aura pour résultat de déterminer exactement les circonscriptions, de dégager les biens communaux des biens individuels et de faciliter l'établissement d'une matrice foncière au moyen de laquelle on pourra suivre ultérieurement les mutations de la propriété. Les transactions immobilières entre particuliers sont dès à présent libres dans ces tribus, tandis que celles relatives aux biens communaux sont assujetties aux formalités administratives, indiquées par le titre IV du règlement d'administration publique du 23 mai 1863.

Dans les tribus de la province de Constantine qui sont établies sur des territoires *azels*, le droit de propriété de l'Etat est réservé en principe. Néanmoins, il est dans l'esprit du sénatus-consulte, de reconnaître aux populations de ces tribus, à défaut de compensations possibles sur d'autres territoires, des droits définitifs de propriété sur le sol qu'elles occupent. L'Empereur se réserve de statuer par décisions spéciales sur les propositions qui devront lui être soumises pour constituer au profit de ces tribus la propriété communale et la propriété individuelle. Suivant ces décisions, il sera procédé aux opérations prescrites par le sénatus-consulte et par le règlement.

Dans les tribus qui occupent des territoires *provenant du séquestre*, il conviendra de distinguer : 1° les territoires dont la jouissance a été laissée aux indigènes atteints par le séquestre, comme les Ouled Dhann, par exemple, dans la province de Constantine ; 2° ceux sur lesquels les populations ont été resserrées par suite de l'attribution d'une partie de ces territoires aux besoins de la colonisation, comme cela est arrivé dans la province d'Oran pour les Hachem et les Beni Amer ; 3° ceux enfin qui ont été entièrement repris aux populations évincées.

Dans le premier cas, le sénatus-consulte a pour effet d'annuler le séquestre. Dans le second, le séquestre n'est annulé que sur la partie occupée par les indigènes. Si cette partie du territoire suffit aux besoins de la population, il y sera procédé, sans revenir sur le passé, aux opérations de la délimitation et de la répartition ; si, au contraire, elle est jugée insuffisante, elle sera complétée autant que possible au moyen de compensations. — Dans le troisième cas, le sénatus-consulte, tout en confirmant l'attribution du territoire à la colonisation, sera interprété en ce sens que la tribu évincée devra recevoir, autant que possible, des compensations proportionnelles à ses besoins constatés.

Il sera statué, au sujet de ces tribus, par décisions spéciales de l'Empereur.

Dans les tribus qui occupent des territoires autrefois *magkzens* comme dans celles qui sont établies sur des territoires *arch* ou *sabega*, le sénatus-consulte était un fait accompli ; il n'était plus possible d'en contester ni la légalité, ni l'opportunité, mais on avait reconnu que la question de l'établissement de la propriété indigène se rattachait à celle de la sécurité et de la fixité des transactions, soit entre indigènes et européens, soit entre indigènes seulement, et que celle-ci ayant été omise par le légis-

---

consulte doit recevoir son application pleine et entière ; ces tribus réunissent à titre égal les conditions de jouissance permanente et traditionnelle sur lesquelles est basée la déclaration de propriété.

Enfin, en ce qui concerne les tribus cantonnées, le sénatus-consulte a pour double conséquence, d'une part, de confirmer les faits accomplis ; d'autre part, d'arrêter les cantonnements en cours d'exécution. Poursuivies simultanément sur divers points du territoire, les opérations du cantonnement étaient arrivées à différents degrés d'instruction ou d'exécution. Il y a lieu de poser en principe que les cantonnements sur lesquels le Conseil consultatif du gouvernement général n'a pas été appelé à se prononcer, conformément à l'article 1er, § 3, du décret du 30 avril 1861, seront considérés comme non avenus. Il en sera de même de ceux qui, bien qu'ayant été soumis au Conseil consultatif, n'ont pas été suivis d'effet avant la promulgation du sénatus-consulte. Pour les tribus qui, par suite des cantonnements effectués, n'ont reçu que des titres collectifs de propriété, le sénatus-consulte aura pour effet d'y faire constituer la propriété individuelle, lorsque la mesure sera reconnue possible et opportune. Dans les autres tribus où les cantonnements entrepris seront considérés comme non avenus, toutes les opérations recevront leur exécution successive.

Dans tous les cas, si des ventes, partages, concessions ou attributions diverses de territoires, au profit d'Européens ou d'indigènes, ont été consommées, soit sur des terres domaniales, soit sur des territoires compris dans des projets de cantonnement, soit même sur des territoires de tribus, ces actes, quoique non encore régularisés, devront être confirmés, pourvu, toutefois, qu'avant la promulgation du sénatus-consulte, les intéressés aient fait acte de possession et d'exploitation réelle. Il sera dressé pour chaque province, par les généraux et par les préfets, un état des prises de possession ainsi effectuées, et elles seront définitivement régularisées par un décret

Le sénatus-consulte ne touche en rien à l'assiette actuelle des impôts de toute nature, mais il pose, article 4, un principe nouveau et considérable, qui entraîne l'abrogation de la disposition de l'ordonnance du 17 janvier 1845, en vertu de laquelle les impôts arabes sont établis par des arrêtés ministériels. A l'avenir, lorsqu'il y aura lieu d'opérer, soit dans l'assiette, soit dans la quotité des impôts, une modification quelconque, cette modification ne pourra être réalisée que par un décret rendu en la forme d'un règlement d'administration publique. Ces garanties nouvelles accordées par le sénatus-consulte aux populations de l'Algérie, sont la conséquence de l'inauguration du droit commun en matière de propriété.

Le sénatus-consulte établit, article 6, que partout où la propriété est constituée, elle est librement transmissible, même au profit de personnes étrangères aux tribus. La liberté des transactions est donc, dès à présent, pleine et entière dans les tribus de cette catégorie ; elle est restreinte aux *melks*, et ne recevra son effet complet qu'au fur et à mesure des opérations

lateur de 1863, il était préférable de faire une loi nouvelle réglant les deux points. C'est dans ces circonstances que le gouvernement présenta et fit voter la loi du 26 juillet 1873.

773. Le principe de cette loi et son objet principal sont compris dans les articles 1 à 7, dont voici les dispositions résumées.

à la suite desquelles la propriété communale et la propriété individuelle seront définitivement constituées. Il convient de remarquer, en outre, que lors de ces opérations, les possesseurs de *melks*, quels qu'ils soient, seront tenus d'en faire la déclaration.

L'esprit général du sénatus-consulte étant ainsi compris, il reste à examiner et à expliquer les dispositions du règlement d'administration publique qui s'y rattache.

Règlement d'administration publique du 23 mai 1863.

TITRE IV.

Le sénatus-consulte prévoit le cas où, soit dans l'intérêt des populations indigènes, pour faciliter le libre essor de leur activité ou de leurs besoins, soit dans l'intérêt de la colonisation européenne pour la réalisation des entreprises que pourraient former de grandes associations de capitaux, soit enfin dans l'intérêt de l'Etat lui-même, pour l'exécution des travaux d'intérêt général, il conviendrait de traiter avec les douars de l'aliénation de la propriété collective.

Le règlement d'administration publique détermine les formes de cette aliénation.

Une fois investis de la propriété de leur territoire, il faut que les douars aient une représentation revêtue du caractère de *personne civile* apte à transiger et à stipuler au nom de la communauté. De là la nécessité de donner l'institution officielle aux réunions de notables, qui, sous la dénomination de *djemâa*, représentent, suivant la coutume arabe, l'intérêt collectif des différents groupes. Cette institution, qui sera conférée par les généraux ou les préfets, suivant le territoire, donnera qualité aux djemâa pour remplir, dans l'instruction des demandes d'échange ou de vente des biens communaux, un rôle analogue à celui des conseils municipaux dans les communes constituées.

Ultérieurement, le gouverneur général soumettra des propositions à l'Empereur pour créer dans les tribus une organisation municipale, adaptée à la situation de la société arabe et susceptible de se compléter, à mesure que le comporteront le progrès matériel et moral et les besoins des populations.

Le règlement indique les formalités à remplir pour les aliénations par voie d'échange ou par voie de vente aux enchères ou de gré à gré. Bien que ce dernier mode ne soit pas admis en France pour les biens des communes, il pourra être autorisé par l'administration pour les biens des douars, afin de faciliter et de simplifier les transactions dans certains cas. Les formalités édictées par les articles 17, 18 et 19 sont empruntées en général à la législation municipale et à celle qui régit en Algérie l'aliénation des biens domaniaux. L'Administration est armée du pouvoir le plus large pour

L'établissement de la propriété immobilière, en Algérie, sa conservation et la transmission contractuelle des immeubles et droits immobiliers, quels que soient les propriétaires, sont régis par la loi française. En conséquence, sont abolis tous droits réels, servitudes ou causes de résolution quelconque, fondés sur le droit musulman ou le droit kabyle.

---

apprécier les considérations de toute nature qui pourraient justifier les projets d'aliénation ou commander de les restreindre. Elle devra veiller à ce que les djemâa ne se laissent pas trop facilement entraîner à déshériter les générations futures, pour satisfaire à l'intérêt du moment.

Si les douars étaient organisés en communes, ils auraient leur budget particulier dont le germe est dans le budget des centimes additionnels à l'impôt arabe, et qui s'alimenterait de la part contributive des populations indigènes dans la répartition de l'octroi de mer, des taxes locales et nécessairement du produit de l'aliénation des biens communaux. En attendant que cette institution ait pu être réalisée, il importait d'indiquer un moyen transitoire de garantir aux douars la localisation de leurs ressources. Le règlement y a pourvu en prescrivant que le prix de l'aliénation des biens des douars sera versé pour leur compte, dans la caisse du service des contributions diverses, qui en tiendra comptabilité spéciale, et l'Administration devra veiller à ce qu'il en soit fait régulièrement emploi dans l'intérêt exclusif du groupe qui aura consenti l'aliénation de sa propriété. Cette condition est essentielle pour justifier aux yeux des populations indigènes la moralité des transactions de l'espèce : ce sera d'ailleurs une mesure politique et féconde que de créer ainsi la possibilité d'appliquer sur place, au profit de la communauté prise dans son ensemble, une ressource fournie par le patrimoine commun et qui sera souvent d'une grande utilité pour l'amélioration de la situation des douars.

L'organisation de cette comptabilité particulière et le mode d'ordonnancement des dépenses devront faire l'objet de dispositions spéciales qui seront étudiées et proposées par le gouverneur général. Le principe de ces dispositions existe déjà d'ailleurs dans l'article 54 du décret du 27 octobre 1858.

La restriction apportée par l'article 23 du règlement au droit d'aliénation des douars découle de l'interprétation de l'article 3 du sénatus-consulte combinée avec celle de l'article 6 ; elle s'applique spécialement aux terres de culture. La propriété de ces terres a été consacrée collectivement, il est vrai, au profit du douar ; mais en réalité, les familles en usent à titre privatif, et si celles-ci étaient dépossédées par le douar, elles devraient être indemnisées, soit en argent, soit par des compensations en nature. Or, l'attribution d'une indemnité en argent aux détenteurs dépossédés préjugerait des droits qui ne peuvent être déterminés que par le partage et, d'un autre côté, une compensation en nature troublerait l'assiette de la possession des autres occupants. Jamais d'ailleurs on n'obtiendrait le consentement de ces familles, et en fait comme en droit, les terrains dont il s'agit ne pourraient être aliénés que lorsqu'ils auront fait l'objet d'une répartition individuelle.

Le ministre de la guerre,

Comte RANDON.

774. Les lois françaises, et notamment celle sur la transcription, du 23 mars 1855, sont appliquées aux transactions immobilières : 1° pour les conventions qui interviennent entre individus régis par des statuts différents ; 2° pour les conventions entre musulmans, relatives à des immeubles situés dans les territoires qui ont été soumis à l'application de l'ordonnance du 21 juillet 1846, et dans ceux où la propriété a été constituée par voie de cantonnement ; 3° pour les conventions relatives aux immeubles attribués privativement à des familles arabes, au fur et à mesure de la délivrance des titres de propriété.

775. Pour arriver à la constitution de la propriété individuelle, la loi décide que l'attribution d'un ou plusieurs lots de terre aux ayants droit doit être faite dans toutes les tribus où la propriété collective aura été préalablement constituée. Des titres de propriété sont en même temps délivrés aux titulaires.

776. La propriété du sol n'est attribuée aux membres de la tribu que dans la mesure des surfaces dont chaque ayant-droit a la jouissance effective ; le surplus appartient, soit au douar comme bien communal, soit à l'Etat comme bien vacant ou en deshérence.

777. Dans les territoires où la propriété collective n'est pas constituée, lorsque l'existence des droits de propriété privée, non constatés par acte notarié ou administratif, est reconnue, des titres nouveaux sont délivrés aux propriétaires.

Le maintien de l'indivision est subordonné aux dispositions de l'article 815 du Code civil.

Partout où le sol est possédé à titre collectif par les membres d'une tribu ou d'un douar, il doit être procédé à la reconnaissance et à la constitution de la propriété privée.

778. La loi déclare, d'ailleurs, ne pas déroger aux règles de statut personnel et aux lois des successions musulmanes.

779. La loi de 1873 a terminé l'œuvre légale de la constitution de la propriété en Algérie, et quand cette loi aura reçu sa complète exécution, le Tell algérien sera soumis au régime immobilier de la France et un grand progrès sera accompli.

780. De l'ensemble de l'exposé que nous venons de pré-

senter, on a pu voir qu'il existait aujourd'hui en Algérie une série de domaines différents :

Un domaine public,

Un domaine de l'Etat,

Des domaines communaux,

Des domaines collectifs indigènes,

Des domaines de parcours collectifs indigènes,

Des propriétés privées européennes et françaises.

781. Il existe également aujourd'hui un domaine départemental et même provincial (1), mais ce domaine, qui est de création fort récente, ne se compose guère que des routes départementales et provinciales, des établissements que les départements font construire au fur et à mesure de leurs besoins, et enfin des biens que l'État abandonne à chaque département.

Nous allons examiner successivement les fonctions administratives que soulève l'existence de chacun des domaines dont nous venons de donner la nomenclature.

SECTION II

Domaine public

782. On exposera (V. Domaines.) les règles générales qui président à la constitution, à l'organisation et à l'administration du Domaine public. Ces règles sont les mêmes en Algérie qu'en France. Rappelons seulement ici que le Domaine public consiste dans l'ensemble des choses qui, à raison de leur nature, de leur destination ou même de leur importance, sont considérées par la loi comme ne pouvant et ne devant appartenir qu'à la nation, dans l'intérêt de tous. Mis hors du commerce comme non susceptibles de propriété, ils ne peuvent être ni aliénés, ni prescrits (C. Civ., 546, 2226 et 2227.)

783. La constitution du Domaine public, en Algérie, fort incertaine après la conquête, a été déterminée par l'article 2 de la loi du 16 juin 1851. Il se compose : 1° des biens de toute nature que le Code civil et les lois générales de la France dé-

---

(1) V. notamment décret 18 septembre 1860.

clarent non susceptibles de propriété privée ; 2° des canaux d'irrigation et de dessèchement exécutés par l'État ou pour son compte, dans un but d'utilité publique, et des dépendances de ces canaux ; des aqueducs et des puits à l'usage du public ; 3° des lacs salés, des cours d'eau de toutes sortes et des sources.

784. Du paragraphe 1 de cet article, il résulte qu'en Algérie comme en France, font partie du Domaine public :

Les rivages de la mer, mis de tout temps hors du commerce dans l'intérêt de la défense des côtes et pour les besoins de la navigation (C. civ. 538). Mais il importe de remarquer ici que la mer qui borde l'Algérie étant la Méditerranée, la limite du territoire maritime doit être fixée par le point qu'atteint non pas le plus haut flot de mars, comme le veut l'ordonnance de 1681, rédigée en considération de l'Océan, mais le plus haut flot d'hiver, comme le prescrivait la loi romaine : *Est littus maris quatenus hibernus fluctus maximus excurrit* (1).

Les ports, havres, rades et leurs dépendances, les routes, les ponts, et en général toutes les voies de communication, ouvertes au public par l'État ou pour son compte (C. civ., 538).

Les chemins de fer (2).

Les fortifications des places de guerre et leurs dépendances (C. civ., 538).

Des paragraphes 2 et 3, résulte en Algérie, comparativement à ce qui a lieu en France, une extension considérable du Domaine public. Nous examinerons plus loin les diverses questions auxquelles ils peuvent donner lieu (Voy. n°s 1143 et suiv.).

SECTION III

Domaine de l'État

785. Le domaine de l'État, ou domaine des biens que la nation possède à titre de propriétaire, est en Algérie bien

---

(1) Dareste, p. 3. Le flot de la Méditerranée, en tant que flot de marée est presque insensible sur les côtes de l'Algérie.

(2) L. du 15 juillet 1845, art. 1 ; Décrets du 14 et du 27 juil. 1862.

plus étendu qu'en France. Cela tient à ce que les éléments dont il se compose sont beaucoup plus nombreux. L'article 4 de la loi de 1851 les énumère en ces termes :

1° Les biens, qui en France, sont dévolus à l'État, soit par les articles 539, 541, 713, 723 du Code civil, et par la législation sur les épaves ; soit par suite de déchéance, en vertu de l'article 768 du Code civil, en ce qui concerne les Français et les étrangers, et en vertu des droits musulmans en ce qui concerne les indigènes;

2° Les biens et droits mobiliers et immobiliers provenant du beylick, et tous autres réunis au domaine par des arrêtés ou ordonnances rendus antérieurement à la promulgation de la loi;

3° Les biens sequestrés qui ont été ou sont réunis au domaine de l'Etat, dans les cas et suivant les formes prévues par l'ordonnance du 31 octobre 1845 ;

4° Les bois et forêts, sous la réserve des droits de propriété et d'usage régulièrement acquis avant la promulgation de la présente loi.

Reprenons chacun de ces éléments.

786. Le premier paragraphe contient une référence à la loi française pour tous les biens qui sont dévolus à l'Etat par des dispositions du Code civil et une référence à la loi musulmane pour les biens possédés par des indigènes qui tombent en déchéance.

Nous n'avons qu'à rappeler les objets qui, aux termes du Code civil sont biens de l'Etat, ce sont : les terrains des fortifications des places qui ne sont plus places de guerre et en général tous les biens qui ont cessé de faire partie du domaine public, sans entrer dans la propriété privée par titre de prescription (C. civ., 541).

Les biens vacants et sans maître (art. 539 et 713).

Les biens français en deshérence (art. 723).

Mais il est nécessaire de faire connaître en quelques mots dans quelles conditions l'Etat peut être appelé à hériter d'un musulman dont la succession est en deshérence. Il y a lieu de distinguer à cet égard entre les successions ouvertes selon le rite malekite et celles ouvertes selon le rite hanafite, et enfin celles ouvertes en Kabylie.

788. D'une façon générale la loi musulmane reconnaît deux catégories d'héritiers, les uns appelés héritiers *fardh*, légitimes ou à réserve, prennent dans la succession la part fixée par le Coran; les autres, désignés sous le nom d'*aceb*, héritiers universels, recueillent ce qui reste après le prélèvement opéré par les premiers (1).

La part des héritiers fardhs est déterminée par la loi, elle est selon leur degré de parenté ou d'alliance avec le défunt, de la moitié, du quart, du tiers, du sixième, etc.; mais elle ne s'accroît pas par l'absence soit d'autres héritiers fardhs, soit par celle d'héritiers acebs.

Pour certains parents du défunt la qualité d'héritiers fardhs ou d'héritiers acebs peut se cumuler. Les héritiers fardhs se divisent en deux classes : ceux de la première classe ont des droits dans toutes les successions et sont appelés à les exercer quels que soient le nombre et la qualité des héritiers universels; ceux de la seconde, au contraire, ne jouissent de leur réserve que si la succession n'est pas appréhendée par des acebs plus rapprochés qu'eux en degré.

Ils peuvent donc être exclus de la succession par des acebs malgré leur qualité de réservatoires.

789. Les règles générales, dans le détail desquelles nous n'avons pas eu à entrer parce qu'elles font partie du droit civil, étant établies, quels sont dans la législation musulmane, le droit et le rôle de l'Etat ? — « Le Beït-el-Mal, » lisez l'Etat absorbe la totalité de l'hérédité s'il n'y a pas d'autres successibles, ou la part qui reste s'il n'y a que des héritiers fardhs (2), disent Sidi Khalil el Mohammed Assem. L'Etat est donc un héritier aceb. Mais si nous avons vu que les lois musulmanes étaient d'accord pour diviser toute succession entre héritiers fardhs et acebs, elles ne le sont pas sur le rang que doivent occuper et les *fardhs* et les *acebs*. La solution varie selon que le défunt était ou malékite, ou hanafite, ou kabyle.

Etait-il malékite (3), la part des héritiers fardhs établie, les acebs prennent le surplus, mais le droit de succession ne

---

(1) Sautayra et Cherbonneau, t. II, p. 121 et suiv.
(2) Sautayra et Cherbonneau, p. 159.
(3) Solvet, p. 23; Sautayra et Cherbonneau, t. II, p. 103.

s'étend pour les collatéraux que jusqu'au sixième degré, l'État survenant ensuite avant ceux du septième.

Etait-il hanafite (1)? la part des héritiers fardhs prélevée, les acebs héritent, mais sont acebs : tous les parents *mâles*, à quelque degré qu'ils soient du défunt; les femmes et leur descendance; les héritiers adoptifs; les légataires universels. L'État vient ensuite.

Était-il kabyle(3)? la succession est dévolue à la descendance mâle directe par les mâles; aux collatéraux descendants par les mâles de la branche paternelle; aux ascendants, par les mâles du côté paternel; au frère utérin seul mâle de la branche maternelle appelé à prendre part à la succession pour une portion déterminée; à la kharouba (portion de village composée de familles ayant la même origine que le défunt); enfin au village, qui tenant lieu en Kabylie de l'ancien Beït-el-Mal de la Régence, doit être considéré, depuis la loi de 1856, comme représentant l'Etat.

790. On voit par le rapide exposé que nous venons de présenter, qu'en Algérie, l'Etat a fort souvent occasion d'exercer les droits successoraux que lui assure l'article 768 du Code civile, puisque dans le rite malékite, il intervient après les collatéraux du sixième degré, au lieu d'intervenir comme en France après ceux du douzième degré; dans le rite hanafite, après les parents mâles, les descendants des femmes, et les héritiers ou successeurs adoptifs et testamentaires; et en Kabylie après les héritiers mâles directs ou de la descendance paternelle.

Il importe donc essentiellement aux intérêts de l'administration des Domaines en Algérie, que les agents suivent avec soin les liquidations des successions musulmanes et, sans se préoccuper des prescriptions de la loi française, recherchent seulement si, d'après les lois musulmanes, l'Etat peut être appelé à recueillir les biens laissés par un défunt.

791. Ajoutons que les contestations relatives aux successions musulmanes dans lesquelles l'administration des Domaines est partie, sont de la compétence exclusive des tribu-

---

(1) Sautayra et Cherbonneau t. II p. 160.

naux français (1) et que la Cour d'Alger ne fait aucune difficulté d'appliquer les règles de la loi musulmane dans toute leur rigueur (2).

792. Le paragraphe 2 de la loi du 16 juin 1851, déclare biens de l'État, les biens et droits immobiliers provenant du beylick.

Qu'entend-on par biens du beylick ? En étudiant plus haut la formation de la propriété indigène, nous avons expliqué que dans toute terre de conquête musulmane une partie considérable des biens immobiliers se trouvait appartenir au chef religieux au nom de qui se fait la conquête. Une portion lui appartient en propre, une autre est prélevée sur la terre conquise et devient le fonds de la communauté, le fonds de l'Etat. Ses produits sont destinés à subventionner les services publics. En droit musulman, les terres du chef et les terres de l'Etat sont confondues sous le nom de terres du beylick. En outre de ces possessions dont l'origine vient d'être expliquée, le beylick est toujours propriétaire d'un grand nombre de biens qui lui proviennent d'acquisitions à prix d'argent, de confiscations qui jouent dans les pays de l'islam, un rôle considérable comme moyen de gouvernement, de donations et de successions. Enfin, toutes les terres vaines et vagues, ces terres *mortes* dont il a été question plus haut, appartiennent également, tant qu'elles n'ont pas été *vivifiées*, au domaine du beylick.

793. En Algérie, et sous le gouvernement Turc, le beylick possédait, en dehors des terres *arch*, sur la nue propriété desquelles il pouvait élever, ainsi qu'on l'a vu, de sérieuses prétentions, un domaine immense comprenant plusieurs millions d'hectares. C'étaient, en général, dans les environs d'Alger et dans la province d'Oran, des *haouchs* ou fermes d'une étendue importante, et dans la province de Constantine des *azels* ou

---

(1) Alger, 10 février 1868 ; Alger, 2 nov. 1873 ; Alger, 7 octobre 1873 : — Attendu, en fait, qu'il est constant que le beït-el-mal est en cause et que cette administration fait partie des domaines de l'Etat ; — Attendu, dès lors, que les tribunaux musulmans ne sauraient avoir compétence pour connaître des contestations qui l'intéressent ; — Dit que le cadi était incompétent. — En ce sens, Sautayra et Cherbonneau, p, 193.

(2) Alger, 28 mai 1862 ; — Alger, 26 avril 1865 ; — Alger, 18 mars 1872 ; — Alger, 27 mai 1874.

terres de location, dont les revenus étaient attribués à des personnages en faveur ou à des tribus de la fidélité desquelles on voulait s'assurer, ou des *smalas* ou terres d'exploitation abandonnées à des *maghzens* ou compagnies de soldats qui en échange d'un service militaire qu'ils fournissaient assez irrégulièrement, cultivaient ou sous-louaient.

794. Les biens du beylick étaient administrés par un service public appelé le *beït-el-mal mousselmine* (Chambre des biens musulmans), à la tête duquel se trouvait un ministre ou *oukil beït-el-maldji* et dont le fonctionnement était assuré par des *oukil-es-soultan*. Tous les ans, l'oukil passait les fermages du beylick avec des *krammès* qui, héréditairement, étaient choisis comme tenanciers.

Le beït-el-mal était divisé en quatre Chambres :

1° Le beït-el-sadakat, ou Chambre des aumônes religieuses ;

2° Le beït-el-ganimet ou chambre des prises ;

3° Le beït-el-karadj ou chambre de la dîme ;

4° Le beït des biens sans maître.

795. Dès les premiers jours de l'occupation française, le 8 septembre 1830 (Voy. n° 761), le général commandant en chef de l'armée d'occupation, ordonnait que tous les biens du beylick seraient réunis au Domaine public.

796. Jusqu'en 1850, le beit-el-mal a fonctionné sous la direction de l'administration française comme service public distinct et spécial ; ce n'est que par la loi sus-visée de 1851, qu'il a été réuni au service du Domaine.

797. Des biens différents possédés avant la conquête par le beylick et administrés par le beït-el-mal, nous n'avons rien de particulier à dire qu'en ce qui concerne les terres *haouchs*, *azels* ou les *smalas* du *Beït-el-Maghzen*. Il est certain, en effet, que tous bien acquis par achat, donation, succession, ou même confiscation, étaient la propriété privée et indiscutée du beylick et qu'à ce titre ils sont encore la propriété privée de l'Etat en Algérie.

Pour les haouchs, les azels ou les smalas du beït-el-maghzen, quelques explications sont nécessaires.

798. On a vu plus haut, en effet, que le senatus-consulte du 22 avril 1863 avaient déclaré les tribus de l'Algérie propri-

taires des territoires dont elles avaient la possession *permanente* et *traditionnelle à quelque titre que ce fût*. Or, il est bien certain, en fait, que les détenteurs de haouchs, d'azels ou de smalas se transmettaient la jouissance de la terre de génération en génération. Les détenteurs actuels ne sont-ils pas propriétaires incommutables ?

Pour les haouchs, la question est tout entière une question de fait ; il n'y avait pas de régime général applicable à ces fermes. Tantôt le dey en affectait le revenu à titre de revenu à une fonction, tantôt, il en gratifiait un serviteur favori ou ses descendants.

Pour les *smalas* du *beït-el-maghzen*, la question est toute juridique ; l'abandon de la jouissance de la terre à la tribu qui l'occupait avait lieu à titre synallagmatique. La tribu devait *in perpetuum*, le service militaire ; tant qu'elle remplissait son engagement elle ne pouvait être dépossédée ; y manquait-elle, la jouissance tombait en deshérence et la terre faisait retour au beylick. Il semble donc que pour les smalas la jouissance présente ce caractère de permanence et de tradition dont le senatus-consulte a fait le prix de la concession définitive.

Pour les azels, la question est également toute juridique (1).

---

(1) Robe, p. 54 et s. — Circ. ministre de la guerre 11 juin 1863. — Circ. gouv. général 1er mars 1865, Chap. 2, azels.

Les populations des *azels* ne sont point dans les mêmes conditions que celles qui vivent sur les terres *arch* ou *mekl*, les *azels* étant la propriété de l'Etat ; néanmoins, il est dans l'esprit du sénatus-consulte de constituer aux occupants, dans certains cas et dans certaines limites, des droits définitifs sur une partie du sol, dont, en principe, ils ne sont que les locataires. Mais l'Empereur se réserve de statuer, par des décisions spéciales, sur les propositions qui devront lui être soumises pour établir, au profit de ces indigènes, la propriété communale et la propriété individuelle. Ce n'est qu'après ces décisions qu'il pourra être procédé aux opérations prescrites par le sénatus-consulte.

Les *azels* doivent donc être préalablement l'objet d'un travail préparatoire. Il ne s'agit plus ici, en effet, de la reconnaissance d'un droit, mais de l'attribution d'une faveur. Il est nécessaire, par suite, de rechercher, parmi les habitants de l'azel, ceux qui présentent des titres sérieux et incontestables à l'obtention de cette faveur, et, en même temps, de désigner les familles et les individus qui ne doivent pas en bénéficier, Cette constatation est une opération extrêmement délicate ; car il est juste, dans la constitution de la propriété qui s'opère aujourd'hui, de ne pas écarter d'une manière absolue une certaine catégorie d'indigènes, parce qu'ils sont établis sur des *azels ;* il est aussi indispensable de se rappeler que ces

Les détenteurs des azels payaient chaque année un fermage, connu sous le nom particulier de *hockor*. A l'origine, le bai était renouvelé annuellement, quelquefois il devenait emphytéotique, mais sans perdre jamais son caractère essentiel. Et il était, en droit musulman, toujours révocable à la volonté du dey. On ne saurait donc admettre que le domaine de l'État ait cessé d'être propriétaire des terres de cette nature

799. En sus des biens du beylick, la loi de 1851, mentionne parmi les biens de l'État *ceux réunis au Domaine par des arrêtés ou ordonnances antérieures*. Les dispositions de ce paragraphe de la loi s'appliquent pour la plus grande partie aux biens religieux, qui formaient le patrimoine particulier des grands établissements religieux de la Mecque ou de Médine, ou des établissements religieux secondaires si nombreux dans les pays musulmans, *marabouts*, *zaouïas*, mosquées, etc. La réunion des biens de ces établissements religieux a été prononcée par une série d'actes portant les dates du 8 septembre 1830, 7 décembre 1830, 4 novembre 1840, 23 mars 1843, 4 juin 1843 et 30 octobre 1848 (1).

---

azels sont des propriétés de l'Etat, et que rien n'oblige ce dernier à se dessaisir de son bien pour satisfaire des intérêts privés, quelque légitimes qu'ils soient.

(1) Arrêté 7 sept. 1830 (V. n° 759). — Arrêté 7 déc. 1830.

Arrête : — Article 1er. — Toutes les maisons, magasins, boutiques, jardins, terrains, locaux et établissements quelconques dont les revenus sont affectés à quelque titre que ce soit, à la Mecque et Médine, aux mosquées, ou ayant d'autres affectations spéciales, seront à l'avenir régis, loués ou affermés par l'administration des domaines, qui en touchera les revenus et en rendra compte à qui de droit.

Art. 2. — Moyennant la disposition qui précède, l'administration des domaine devra pourvoir à tous les frais d'entretien et à toutes les autres dépenses au paiement desquelles les revenus desdits immeubles sont spécialement affectés,

Art. 3. — Les individus de toutes nations, détenteurs ou locataires des immeubles designés en l'art. 1er, sont tenus de faire, dans le délai de trois jours, à dater de la publication du présent arrêté, et ce, devant le directeur des domaines, sur des registres ouverts à cet effet, une déclaration indiquant la nature, la situation, la consistance des biens de cette catégorie dont ils ont la jouissance par location ou autrement, le montant du revenu ou du loyer, et l'epoque du dernier paiement.

Art. 4. — Les muphtis, cadis, ulémas et autres, préposés jusqu'à présent à la gestion desdits biens, remettront dans le même délai, au directeur des domaines, les titres et actes des propriétés, les livres, registres et documents qui concernent leur gestion et l'état nominatif des locataires,

800. Les biens habbous affectés au service des mosquées ont été déclarés biens de l'État, en même temps que les mosquées elles-mêmes ; et il a été jugé à cet égard que la négligence de l'administration à réclamer la remise de ces biens et

---

sur lesquels ils indiqueront le montant du loyer annuel, et l'époque du dernier paiement.

Art. 5. — Ils adresseront en même temps, au directeur des domaines, un état motivé des dépenses que nécessitent l'entretien et le service des mosquées, les œuvres de charité et autres frais auxquels ils sont dans l'usage de subvenir à l'aide des revenus des biens dont il s'agit. Les fonds reconnus nécessaires leur seront remis chaque mois d'avance, et à partir du premier janvier prochain, pour en être par eux disposé conformément au but des diverses affectations.

Art. 6. — Tout individu assujetti à la déclaration prescrite par l'article 3 et qui ne l'aurait pas faite dans le délai fixé, sera condamné, au profit de l'hôpital, à une amende qui ne pourra pas être moindre d'une année du revenu ou du loyer de l'immeuble non déclaré, et il sera contraint au paiement de cette amende même par corps.

Art. 7. — Toute personne qui révélera au Gouvernement l'existence d'un immeuble non déclaré, aura droit à la moitié de l'amende encourue par le contrevenant.

Arrête 4 juin 1843. — Art. 1er. — Les immeubles dont les revenus étaient affectés, à quelque titre, et sous quelque dénomination que ce soit, à la grande Mosquée d'Alger et au personnel de cet établissement, sont et demeurent réunis au domaine colonial.

Art. 2. — Les recettes et les dépenses de toute nature de cet établissement religieux sont rattachées au budget colonial.

Art. 3. — Les dépenses afférentes au personnel religieux, à l'entretien de la Mosquée, aux frais du culte, ainsi qu'aux secours et aumônes à la charge de cet établissement, seront réglées par l'administration et portées au budget de l'intérieur, pour être acquittées conformément aux règles ordinaires sur les crédits coloniaux ouverts à cette direction.

Art. 4. — Les dépenses afférentes aux frais de perception et d'administration seront portées aux crédits du budget colonial, applicables aux services financiers, et acquittées dans les limites de ces crédits,

Arrêté du 4 octobre 1848. — Art. 1er. — Les immeubles appartenant aux mosquées, marabouts, zaouïas et en général à tous les établissements religieux musulmans qui sont encore exceptionnellement régis par les oukils, seront réunis au domaine, qui les administrera conformément aux règlements.

Art. 2. — Cette réunion aura lieu dans les dix jours de la réquisition qui en sera faite à chaque oukil par le soin du domaine. Elle sera accompagnée des titres, registres, et autres documents relatifs à la gestion desdits immeubles, et d'un état nominatif des locataires indiquant la date de chaque bail en cours de durée, le montant du loyer annuel et l'époque du dernier paiement.

Art. 3. — Chaque oukil remettra, en outre, à l'agent du service des domaines de la localité, dans ledit délai, les titres constitutifs des anas et rentes foncières dus à l'établissement dont il a la gestion, et un état indiquant les immeubles grevés, le montant de la redevance, l'époque de l'exigibilité et la date des derniers paiements.

la tolérance montrée par elle en laissant leur possession entre les mains des oukils qui autrefois en étaient chargés, n'avaient pu affaiblir ni diminuer en rien le droit absolu de propriété appartenant à l'Etat, ni créer en faveur de qui que ce soit des droits qui n'existaient pas (1).

801. Mais, en prenant les biens des établissements religieux, l'État s'est soumis à en acquitter les charges et il a contracté l'engagement de subvenir aux frais du culte, ainsi qu'à toutes les dépenses, pensions et aumônes prélevées jusque-là sur les revenus de ces biens (2).

102. Le paragraphe 3 de l'article 4 de la loi de 1851, déclare biens du domaine de l'État les biens séquestrés qui sont réunis au domaine de l'État dans les cas et suivant les formes prévues par l'ordonnance du 31 octobre 1845.

Le séquestre dont il est parlé ici n'est point le dépôt-séquestre, mais cette mesure spéciale prévue et admise par le droit des gens et qui consiste dans la main mise que fait un gouvernement qui est en guerre, sur les biens que possèdent dans son territoire et le gouvernement ennemi et les sujets du gouvernement. Quoique cette main mise soit, dans les relations des nations européennes, assez rarement employée, en cas de guerre, elle est cependant encore dans les usages; en 1778, les Etats-Unis en usèrent à l'égard des biens possédés en Amérique par des sujets du roi d'Angleterre, et un décret de la Convention nationale, du 2 messidor, an VIII, rendu à titre de représailles, crut nécessaire de l'appliquer aux biens possédés en France ou dans les pays que conquéraient les armées françaises sur les sujets de toutes les puissances en guerre avec la France.

En Orient, et dans les pays régis par la loi musulmane, le sequestre n'est pas seulement de droit international, il est une

---

(1) Alger, 17 mai 1876, ben Cheikc El Lefgoum.

(2) Arrêté ministériel du 23 mars 1843, art. 6. — Les dépenses afférentes au personnel religieux, à l'entretien des mosquées et marabouts, aux frais du culte, aux pensions ou secours accordés à quelque titre que ce soit aux lettrés de la religion musulmane, aux mekaouïs, andalous, etc., ainsi qu'aux pensions de toute nature, secours et aumônes, seront portées au budget de l'intérieur pour être acquittées conformément aux règles ordinaires sur les crédits coloniaux ouverts à cette direction.

forme de droit civil. On a vu plus haut que tous les biens conquis par les Musulmans appartenaient de droit aux vainqueurs, on comprend qu'ils admettent, sans difficulté, que le séquestre qui n'est pas la confiscation, soit appliqué de droit aux biens qu'ils peuvent eux-mêmes posséder dans les pays conquis sur eux.

803. Dès le mois de septembre qui suivit la prise d'Alger, le général en chef, qui dans les premiers jours avait laissé les Turcs en possession de leurs biens, dut prendre des mesures contre leurs agissements insurrectionnels, et par l'arrêté déjà plusieurs fois cité, du 8 septembre 1830, il déclara que les biens des Turcs sortis du territoire de la régence d'Alger ou gérés pour leur compte rentreraient dans le domaine public. Le 10 juin 1831, le séquestre fut étendu sur les immeubles appartenant aux Turcs qui, quoique résidant dans le territoire de la régence, se faisaient remarquer par leur esprit d'opposition contre l'autorité de la France (1). Depuis lors le séques-

---

(1) Arrêté 10 juin 1831. — Art. 1er. — Tous les biens immeubles, de quelque nature qu'ils soient, appartenant aux deys, aux beys, et aux Turcs sortis du territoire de la régence d'Alger, sont mis, dès aujourd'hui, sous le séquestre, et ils seront régis par l'administration des domaines.

Art. 2. — Les individus de toutes nations, détenteurs, locataires ou gérants desdits biens, sont tenus de faire, dans le délai de huit jours, à dater de la publication du présent arrêté, une déclaration indiquant la nature, la situation, la consistance des domaines dont ils ont la jouissance ou la gestion, le montant du revenu ou du loyer qu'ils touchent, et l'époque du dernier paiement.

Art. 3. — Cette déclaration sera consignée sur des registres ouverts à cet effet à la direction des domaines.

Art. 4. — Tout individu détenteur, locataire ou gérant desdits biens, qui n'aurait pas fait cette déclaration dans le délai prescrit, sera passible d'une amende qui ne pourra pas être moindre d'une année du revenu de l'immeuble non déclaré et en cas de refus ou de retard, il sera contraint par corps au paiement de cette amende.

Art. 5. — Toute personne qui révèlera, au gouvernement français l'existence d'un domaine non déclaré, aura droit à la moitié de l'amende encourue par le contrevenant, sans avoir besoin de se faire connaître.

Art. 6. — Le produit des amendes sera versé à la caisse du receveur des domaines.

Art. 7. — Toutes les discussions qui pourraient s'élever entre des particuliers et l'administration des domaines, relativement à l'exécution du présent arrêté, seront jugées par la commission administrative.

Quant aux discussions qui pourraient naître entre des tiers et les propriétaires, les gérants ou les détenteurs des biens dont il est question, elles resteront dans le droit commun et seront jugées par les tribunaux ordinaires.

tre a été successivement appliqué aux immeubles d'un grand nombre d'indigènes qui ont commis des actes d'insurrection et parfois même à la population de toute une ville, comme Cherchell, Blidah, Koléah, Laghouat, Mascara, Tlemcen, etc. (1). Il a enfin, par une loi récente, été étendu aux immeubles des Arabes qui se rendent coupables d'incendies de forêts (2).

Une législation particulière, que nous examinerons plus loin (Voy. n° 881 et suivants) a du intervenir pour régler, après qu'il a été appliqué, l'administration des biens séquestrés.

804. Tous les immeubles séquestrés ne sont pas, par le fait même du séquestre, réunis au domaine de l'État. Cette réunion n'est opérée, ainsi qu'on le verra plus loin que lorsque un arrêté spécial a été rendu à cet effet, ou lorsque la main levée de la mesure n'a pas été demandée dans un certain délai par les ayants droit (3).

805. Les biens séquestrés une fois entrés dans le domaine définitif de l'État ne peuvent être aliénés qu'en conformité des règles spéciales à l'aliénation de ce domaine en Algérie (4), mais ils pourront toujours par grâce spéciale et en vertu de la pleine autorité du souverain, c'est-à-dire de la nation, être restitués aux anciens propriétaires et à leurs héritiers (5).

806. Le domaine de l'État se compose enfin de bois et forêts, sous la réserve des droits de propriété et d'usage régulière-

---

Arrêté 11 juillet 1833, art. 1er. — L'art. 1er de l'arrête du 10 juin 1831, relatif au séquestre des immeubles appartenant aux Turcs s'applique aux individus de cette nation qui, quoique résidant dans le territoire de la régence, se feraient remarquer par leur esprit d'opposition contre l'autorite de la France.

(1) Arrêté 20 septembre 1840 portant séquestre sur toutes les propriétés de la ville de Cherchel, non réclamées dans le délai fixé. — 1 oct. 1840, même décision pour la ville de Blidah. 10 oct. 1840, même décision pour la ville de Koleah. — 30 mai 1841, séquestre sur toutes les propriétes abandonnées de la ville de Mascara. — 14 février 1842, même décision, ville de Tlemcen. — 18 avril 1847, dépossession de toute tribu émigrée. — 4 oct. 1852, séquestre sur la tribu des Nestioua. — 26 fevrier 1852, même décision, ville de Zaatcha. — 25 janvier 1853, même décision, ville de Laghouat, etc., etc.

(2) L. 15 juillet 1874, art. 6.

(3) Ord. du 31 oct. 1845, art. 28.

(4) Alger, 22 av. 1865.

(5) Ord. du 31 oct. 1851, art. 32.

ment acquis avant la promulgation de la loi (1). Nous examinerons plus loin (V. n° 824 et s.), la législation spéciale aux forêts de l'Algérie, contentons-nous de dire ici que l'attribution des forêts aux domaines de l'Etat, constitue une application simple du droit musulman qui déclare propriété du beylick tous les produits spontanés du sol.

807. En vertu de l'application du paragraphe 3 de l'article 4 de la loi de 1851, on doit également considérer comme faisant partie du domaine de l'Etat, la plupart des terrains situés sur les hauts plateaux de l'Algérie et sur lesquels poussent spontanément et l'alfa et le diss, et ceux situés dans les plaines où se développent les palmiers nains. Ces terrains, en effet, n'ayant pas été *vivifiées*, sont terres *mortes*, et leurs produits poussant spontanément, peuvent bien appartenir au *premier occupant*, mais sans que la main-mise sur le sol résulte de la prise de possession de la récolte naturelle. (V. 753 et suiv.)

808. On a vu plus haut qu'aux termes du § 1er de l'article 4 de la loi du 16 juin 1851, faisaient partie, en Algérie comme en France, du domaine de l'État, les biens vacants et sans maître (C. civ., art 519 et 713). Cette prescription, dans l'espri des rédacteurs de la loi de 1851, avait le même sens qu'elle présente dans la loi française ; mais la loi sur la constitution de la propriété privée en Algérie du 26 juillet 1873, lui a donné un sens tout nouveau et spécial. On sait déjà que cette loi a eu pour objet en constituant la propriété individuelle dans les territoires où le sénatus-consulte devait être ou avait été appliqué, d'indiquer les bases sur lesquelles cette constitution serait opérée, or aux termes de l'article 3, il a été décidé que la « propriété du sol ne serait attribuée aux membres de la tribu que dans la mesure des surfaces dont chaque ayant droit aurait la jouissance effective ; le surplus *appartiendra* soit au douar comme bien communal, *soit à l'Etat comme biens vacants ou en déshérence par application de l'article 4 de la loi du 16 juin* 1851.

809. Le sénatus-consulte de 1863, en décrétant que les tribus étaient *propriétaires* des territoires dont elles avaient la *jouissance* effective, avait voulu réagir, cela n'est pas dou-

---

(1) L. du 16 juin 1851, art. 4, § 3.

teux, contre la déclaration que l'article 11 de la loi de 1851 contenait sur le caractère de la possession de la plupart des territoires occupés par les Arabes. Il entendait que l'on attribuât à chaque tribu, dans son intégralité, la propriété de la totalité des territoires dont, *collectivement*, elle jouissait depuis un temps immémorial. En statuant ainsi, le Sénat avait, de propos délibéré, sacrifié tous les droits de l'État sur les propriétés dont les deys avaient cédé antérieurement la possession collective.

810. L'article 3 de la loi de 1873, fait revivre les droits de l'État dans tous les territoires ou la propriété collective avait seule été constituée en vertu du sénatus-consulte, et où la propriété individuelle n'avait pas été formée.

Quelle est la conséquence de cette modification? Il importe de donner à cet égard quelques détails sur la façon dont la jouissance collective d'un territoire est, en général, assurée dans les tribus arabes.

811. Les tribus sont presque toutes en possession d'un domaine bien plus considérable que leurs besoins ne l'exigent. Une partie sert à la culture,— elle est divisée dans quelques tribus, chaque année ; dans d'autres, à des intervalles de temps plus ou moins éloignées, entre les diverses familles de chaque douar; une autre partie sert au pâturage commun des troupeaux toujours nombreux ; — une autre, presque toujours inutilisée, est à l'état de parcours vague ; enfin, entre chaque tribu, existe une bande de terrain qui, de tout temps inoccupée n'a jamais servi que comme champ de bataille, à l'époque ou chacun, sous le gouvernement des deys, s'attribuait le droit de faire parler la poudre pour satisfaire ses vengeances ou ses ambitions personnelles, et qu'à cet effet, on appelle dans le langage indigène : *bled el baroud* (pays de la poudre). Tous ces territoires, la pratique du sénatus-consulte les avait attribués collectivement aux tribus. La loi de 1873 permet, au contraire, à l'État de reprendre ceux qui ne sont pas terrains de culture ou terrains de pâturage, c'est-à-dire les terrains de vague parcours et ceux du *bled el baroud*. Ce sont, en effet, ces deux dernières sortes de terrains que l'on peut considérer comme vacants (1).

(1) Robe p. 107. — Rapport de M. Warnier, loi du 26 juil. 1873.

Mais il va sans dire que cette revendication que, depuis la loi de 1873, l'Etat peut exercer sur les terrains vacants, n'est admissible que si, au moment où, en vertu du sénatus-consulte, la propriété collective d'une tribu a été établie, il n'a pas formulé une revendication de terrain comme bien de beylick, revendication rejetée comme non fondée (1).

812. A qui appartient, en Algérie, dans les actions qui intéressent le domaine de l'Etat, le droit de représenter celui-ci? Avant la conquête de l'Algérie, le beït-el-mal, ainsi qu'il a été dit, remplissait dans l'administration indigène le rôle de notre administration des domaines, et celui aussi de la Caisse des dépôts et consignations. Le beït-el-mal, dans les territoires militaires est demeuré organisé (2), et jusqu'en

---

(1) Robe, p. 109.

(2) Arrêté 2 nov. 1855. Art. 1er. — La valeur des dépôts, dits amaïns, que reçoivent les cadis est illimitée. Ils se composent de valeurs en numéraire ou en papier, lingots d'or ou d'argent, bijoux ou matieres précieuses. — Ces dépôts sont de quatre espèces : 1° ceux des absents; — 2° ceux que la justice conserve jusqu'au moment de la solution d'un procès; — 3° ceux des orphelins ; — 4° ceux des interdits.

Art. 2. — Tous les dépôts reçus par les cadis sont versés par eux dans les dix jours au beït-el-mal. Toutefois ils peuvent conserver les sommes nécessaires pour servir, pendant trois mois, les nafaka (pensions alimentaires) aux ayants droit.

Art. 3. — Les versements seront toujours accompagnés de bordereaux dressés par les adouls et signés par eux et le cadi. Ils indiqueront la date de la remise au cadi, la valeur des dépôts, leur nature et leur origine.

Art. 4. — Les bijoux, pierreries et matières précieuses, appartenant à des absents, des mineurs ou des interdits, seront versés en présence d'un agent du domaine ; ils seront placés dans des paquets scellés et revêtus des cachets : 1° du cadi déposant ; 2° de l'oukil du beït-el-mal; 3° de l'agent du domaine. Ces paquets sont accompagnés d'un état descriptif en trois expéditions : une pour le cadi, une pour le beït-el-mal et l'autre pour l'administration des domaines.

Art. 5. — Les restitutions des dépôts en partie ou en totalité aux ayant droit ne pourront avoir lieu que sur le vu d'une invitation ecrite du cadis ou d'un jugement en due forme.

Art. 6. — La restitution des bijoux, pierreries, etc., spécifiés à l'art. 4, aura lieu en présence de l'agent des domaines.

Art. 7. — Les cadis sont tenus de conserver intactes les valeurs qui leur ont été remises en dépôt pendant le temps qu'elles restent entre leurs mains; ils ne doivent ni en disposer, ni les changer, ni les altérer

Art. 8. — Les cadis demeurent responsables de toutes les valeurs qu'ils ont reçues, jusqu'au moment où ils les livrent au beït-el-mal, et en reçoivent un récépissé.

Art. 9. — Les oukils du beït-el-mal sont soumis aux mêmes obligations

1848 (1), des oukils, ont dans quelques localités régi les biens des mosquées zaouïas et autres établissements religieux. On s'est demandé, par suite, si, à l'égard des objets encore confiés à leur administration, ces derniers avaient qualité pour représenter le domaine. La jurisprudence s'est prononcée pour la négative (2). (V. n°.794 et suiv., 813 et suiv.).

L'assimilation de l'Algérie à la France, sur ce point, est complète, et depuis le décret du 7 juillet 1876, c'est à l'administration seule des domaines représentée, en Algérie, par le

---

que les cadis pour la conservation des valeurs placées entre leurs mains, ainsi qu'il est dit à l'art. 7.

Art. 10. — Ils sont responsables de toutes les valeurs qu'ils conservent en dépôt, jusqu'à ce qu'ils aient reçu décharge des ayants droit régulièrement autorisés.

(1) Arrêté 3 oct. 1848. — Art. 1er. — Les immeubles appartenant aux mosquées, marabouts, zaouias et en général à tous établissements religieux musulmans qui sont encore exceptionnellement régis par les oukils, seront réunis au domaine qui les administrera conformément aux règlements.

Art. 2. — Cette remise aura lieu dans les dix jours de la réquisition qui en sera faite à chaque oukil par les soins du domaine. Elle sera accompagnée des titres, registres et autres documents relatifs à la gestion desdits immeubles et d'un état nominatif des locataires indiquant la date de chaque bail en cours de durée, le montant du loyer annuel et l'époque du dernier paiement.

Art. 3. — Chaque oukil remettra, en outre, à l'agent du service des domaines de la localité, dans ledit délai, les titres constitutifs des anas et rentes foncières dus à l'établissement dont il a la gestion et un état indiquant les immeubles grevés, le montant de la redevance, l'époque de l'exigibilité et la date des derniers paiements.

(2) Req. 9 juillet 1878. — Sur le moyen pris de la violation des art. 1350 et 1351 C. civ. — Attendu que sur l'action intentée par si Hamema devant le cadi de Constantine et tendant à la revendication du habbous constitué en 1786 par Abdallah ben Zeskri, l'oukil beït-el-mal étant intervenu a réclamé les biens litigieux pour les villes de la Mecque et Médine, aujourd'hui représentées par l'Etat, et que le cadi, statuant sur cette intervention, par jugement du 1er mars 1869, a décidé que le habbous, objet de la contestation, ne pourra être dévolu aux villes saintes qu'autant qu'il n'existera plus d'enfants de la parenté masculine du fondateur; — Attendu qu'en Algérie comme en France, il n'appartient qu'au préfet dans chaque département d'intenter et de soutenir, au nom de l'Etat, les actions domaniales; que l'oukil beït-el-mal n'a réelle qualité, ni pour les exercer, ni pour y défendre, et que le cadi qui a mission d'administrer la justice entre musulmans, est sans pouvoir pour connaître des contestations qui intéressent le domaine; — d'où il suit que l'Etat n'a pas été légalement représenté dans la demande formée par l'oukil beït-el-mal devant le cadi, et que, dès lors, en déniant à la sentence du cadi l'autorité de la chose jugée, l'arrêt attaqué n'a fait à la cause qu'une juste application des principes de la matière. Rejette.

préfet, et à Paris, devant la juridiction supérieure, par le ministre des finances, qu'il appartient d'engager et de suivre les procédures judiciaires (1).

SECTION IV.

Administration et aliénation du domaine de l'État.

813. Les éléments nombreux dont se compose en Algérie le domaine public et le domaine de l'État nécessitent une administration spéciale extrêmement importante. On a déjà dit que sous le gouvernement des Turcs le *Beït-el-Mal* formait le principal service public de la régence. Or, ce service a passé tout entier entre les mains de l'administration des domaines qui a joint toutes les branches du service qui, en France, lui appartiennent également. Et il résulte de la législation spéciale que nous avons rapidement analysée, qu'en Algérie les biens dont l'Etat jouit à titre de propriétaire privé dépassent, et comme étendue et comme valeur, ceux qui lui appartiennent comme représentant des intérêts communs. On comprend, par suite, que les règles de régie d'un domaine ainsi constitué diffèrent profondément de celles que l'on a coutume de suivre dans la métropole.

814. L'administration des domaines doit tenir dans chaque province, un état général détaillé des biens domaniaux, indiquant leur situation, leur nature, leur consistance, leur emploi et leurs produits. Les états des trois provinces constamment tenus à jour sont centralisés au gouvernement général (2).

---

(1) Cons. d'Etat Cont. 11 mai 1877. — Sur le recours du ministre de l'intérieur; — Considérant que le mémoire en intervention présenté par le ministre de l'intérieur est fondé sur ce que la forêt dont les époux Jumel de Noireterre se prétendent propriétaires n'a jamais été aliénée par l'Etat, et que dès lors, lesdits requérants sont sans qualité pour réclamer, en ce qui touche le minerai exploitable à ciel ouvert dans ladite forêt, les droits attribués au propriétaire du sol par la loi du 21 avril 1810; — Considérant qu'il résulte du décret du 7 juillet 1876 que les affaires concernant l'Algérie sont réparties entre les différents ministères, suivant les mêmes règles qu'en France; qu'il suit de là qu'à la date du 10 novembre 1876, le ministre de l'intérieur n'était pas recevable à intervenir devant le conseil au nom et dans l'intérêt du domaine de l'Etat. — Rejette.

(2) Ordonnance du 9 novembre 1845, art. 1.

Mais, depuis la conquête, l'administration n'est pas encore parvenue à avoir une connaissance certaine des droits qu'elle peut exercer. Et, à chaque constitution de propriété privée qui s'opère parmi les indigènes, on voit ces droits se modifier, quelquefois par un abandon forcé d'un état de choses qui semblait acquis, le plus souvent par des acquisitions imprévues.

En 1858, par une circulaire en date du 20 mai, le maréchal Randon avait prescrit une reconnaissance générale des terres domaniales et indiqué d'après les données de l'expérience acquise à ce jour, les règles et les principes qui devaient servir de guide dans cette recherche (1). Cette circulaire n'a pu être

---

(1) 20 mai 1858. Circulaire.— Mesures à prendre pour la reconnaissance des terres domaniales.

Général, j'ai eu l'honneur de vous entretenir des mesures à prendre pour la constitution dans chaque province d'une grande réserve territoriale.....

Il y aura lieu de rechercher tout d'abord dans les documents historiques: 1° lesquelles étaient les terres ayant une affectation à des services publics sous le gouvernement turc; — 2° et celles dont le produit devait pourvoir aux besoins du trésor public. — Ces immeubles formeront une première classification que j'appellerai biens du beylick, et je crois que sous ce rapport, les anciennes reconnaissances sont déjà fort avancées et que l'administration de ces biens fonctionne avec une certaine régularité.

Une deuxième catégorie sera formée des biens des anciennes corporations religieuses. — Une troisième comprendra les biens séquestrés. — Une quatrième, ceux dévolus à l'Etat comme vacants et sans maîtres, et ceux en deshérence, par application des articles 539, 541, 723, 768, C. civ., et de l'article 4, n° 1, de la loi du 16 juin 1851 sur la propriété en Algérie. — Enfin, une cinquième catégorie comprendra les bois et forêts définitivement réunis au domaine de l'Etat par application de l'article 4 de la loi du 16 juin 1851 précitée, et après accomplissement des formalités prescrites par ma circulaire du 31 decembre 1851. — Je vais entrer dans quelques développements sur chacune de ces catégories.

Biens de l'ancien beylick turc. — Les Turcs privés de l'assistance pécuniaire du gouvernement métropolitain, privés de l'appui qu'ils auraient pu trouver dans une population coloniale turque, et réduits à une armée assez faible, avaient dû chercher dans le sol et la population indigène des moyens de faire face aux charges de leur gouvernement et aux besoins de leur domination. C'est par des colonies militaires ou smalas qu'ils avaient pourvus aux diverses nécessités de leur établissement.

Ces colonies n'avaient pas toutes la même constitution, n'étaient pas recrutées de la même manière. Ainsi, l'on a pu constater dans la province d'Alger, et les mêmes diversités se rencontreront probablement ailleurs : — 1° que parfois c'était une tribu entière qui, par suite de ses aptitudes guerrières et de la prépondérance qu'elle exercait dans le pays, était chargée des services militaires confiés aux smalas; — 2° que le plus souvent, ses smalas etaient composées de borranis (étrangers) engagés au maghzen et installés sur des terres que le gouvernement s'était appropriées par des moyens quelquefois réguliers et souvent violents; — 3° qu'il était

exécutée alors par suite de la révolution que subit le gouvernement algérien, et quand le gouvernement général de l'Algérie a été réformé, l'ordre d'idées dans lequel la mise en pratique du sénatus-consulte de 1863 a jeté tous les fonctionnaires chargés de la conservation des propriétés de l'État, n'était

---

fait, dans ce cas, aux cavaliers du maghzen, au moment de leur engagement, une avance consistant en un cheval, un fusil et assez souvent une paire de bœufs ; — 4° que d'autrefois aussi le maghzen était recruté parmi les gens de grande tente.

Ces distinctions ont leur importance, car lorsqu'il s'agira de la prise de possession réelle des terres occupées par les smalas, il importera de savoir si les éléments qui les composaient sont restés attachés au sol, ou si, au contraire, les smalas dispersées ont laissé vacant le terrain qui a été successivement envahi par les tribus environnantes. Ainsi, il est hors de doute que les cavaliers des smalas, composées de berranis, n'ayant ni terres en propre, ni domicile assis, sont venus se joindre aux contingents qui nous ont fait la guerre et ont du délaisser le territoire par eux occupé Un grand nombre d'entre eux ont dû périr pendant la guerre ; quelques autres ont du fixer leurs tentes, après la pacification, sur le territoire où ils avaient l'habitude de vivre. — Quant aux autres, c'est-à-dire ceux des grandes tentes qui avaient des terres à eux, ne recevant ni cheval, ni fusil, ni bœuf de labour, il est évident qu'ils sont allés rejoindre leur pays natal, laissant libre ou vacant le territoire des smalas. D'où la conséquence que sur le territoire des smalas composées de berranis, on doit trouver encore aujourd'hui quelques tentes de cavaliers des maghzens mêlés à des indigènes des tribus environnantes, tandis que celui des smalas composees de gens de grande tente, a dû être complètement envahi par les étrangers.

Il y aura donc, le cas échéant, à purger le territoire des smalas, composées de berranis, des étrangers qui s'y sont introduits, sauf à faire, par mesure gracieuse, des concessions limitées aux familles des anciens cavaliers du maghzen en justifiant de leur origine.—Quant à la population d'envahisseurs qui se trouvent sur l'emplacement des autres smalas, il n'y aura qu'à leur prescrire de rejoindre leurs tribus, et le territoire entier de ces derniers restera à la disposition de la colonisation européenne. Il est bien entendu que ces principes ne recevront leur application que lorsque le moment en sera venu et que, pour le présent, il convient de se borner à des constatations, à des rapports et à des relevés.

Terres affectées aux besoins du trésor public.—Les terres affectées au besoin du trésor étaient de plusieurs natures distinctes.—Les terres, formant de véritables fermes, étaient administrées par des oukils, qui avaient à leur disposition, comme moyens d'exploitation, des bœufs et des khramès. Les labours étaient faits au moyen de ces seules ressources, mais la moisson et le dépiquage s'effectuaient par des corvées commandées aux tribus voisines. Ce système parait avoir été beaucoup moins en usage dans la province de Constantine que dans celle d'Alger, et l'on y suppléait par le hockor ou loyer de la terre appliqué d'une manière presque générale.

Biens des anciennes corporations religieuses. — Les biens appartenant aux anciennes corporations religieuses, ont été remis au domaine de l'Etat par les arrêtés des 7 décembre 1830, 10 juin 1831, 13 octobre et 4 novem-

pas de nature a en faire reprendre les sages prescriptions. Mais aujourd'hui les instructions qu'elle donnait ont acquis une sorte d'actualité et une autorité nouvelle.

815. Les biens domaniaux en Algérie, comme en France, peuvent être affectés à un service public, loués, vendus et

---

bre 1840, 4 juin 1843 et 3 octobre 1848. L'obligation de prendre à sa charge les frais du culte est une conséquence nécessaire de cette mesure.

Biens séquestrés. — Je n'ai rien à dire touchant les biens de cette origine, soumis aux règlements particuliers de l'ordonnance du 31 octobre 1845.

Biens en deshérence, vacants ou sans maître. — Les recherches des biens en deshérence exigeant la vérification de titres de propriété, l'établissement de généalogies, ne peuvent être effectuées qu'autant que les renseignements déjà fournis donneraient les premiers éléments de conviction nécessaire. — C'est un travail à faire compléter ultérieurement par des commissions speciales. — Quant aux biens vacants ou sans maître, ils étaient fort nombreux du temps des Turcs, et durant les temps d'anarchie qui ont suivi notre conquête; mais depuis lors, ces espaces, incultes auparavant, ont été mis en culture, des droits s'y sont créés et s'y créent tous les jours. Quelque rares que soient ces terres, ne serait-il pas juste qu'une part en revînt aux conquérants, aux pacificateurs? — Il n'est donc pas sans utilité de déterminer les points du territoire ainsi conquis sur l'anarchie.

Bois et forêts — Les bois et forêts étant la propriété de l'Etat par application de l'article 4, n° 4, de la loi du 16 juin 1851, et la reconnaissance des massifs boisés étant dévolue à un service spécial, il n'y aura lieu à s'occuper des biens de l'espèce que pour les inscrire sur un état général dont il sera parlé plus loin, en se bornant à dire quelques mots sur leur situation topographique, sur leur richesse et leur possibilité d'exploitation. — Il me reste maintenant à vous entretenir des moyens d'exécution et des documents à fournir. Les agents désignés devront établir un travail spécial pour chaque subdivision, et, dans ce but, se mettre en rapport avec MM. les commandants supérieurs, afin de s'assurer le concours des bureaux arabes qui doit être complet et sans réserve, sous leur responsabilité. — Vous aurez à donner, à cet égard les instructions les plus formelles. — Ce travail qui devra m'être transmis avec vos observations, au fur et à mesure qu'il sera terminé pour chaque subdivision, comprendra un état analytique divisé en cinq paragraphes.

Sous ce § 1 seront établies la division politique et la statistique du pays complétée des calculs de la superficie territoriale de chaque tribu. — Sous le § 2 seront confondus tous les biens domaniaux des diverses origines ou catégories plus haut indiquées, savoir : terrains d'anciennes smalas, anciennes fermes du beylick, terrains frappés de l'impôt du hockor et du getcha, les biens séquestrés et les biens des anciennes corporations religieuses. Un § 3 sera ouvert pour l'inscription des immeubles appartenant à l'Etat, mais dont la reconnaissance a pu être effectuée. — Le § 4 contiendra la nomenclature des tribus qui sont susceptibles de cantonnement immediat, soit à cause de leur propriété indigène, soit à cause de l'étendue territoriale de la tribu comparativement à ses besoins. — Le § 5 sera destiné à l'inscription des propriétés forestières....

Comte RANDON.

échangés; ils peuvent, en outre, être concédés gratuitement. Mais l'affectation, la location, la vente, l'échange et la concession doivent se faire selon des règles spéciales que nous allons passer en revue.

§ 1er. Affectations à un service public.

En France, l'affectation d'un bien domanial à un service public ne peut avoir lieu qu'en vertu d'un décret (1). En Algérie, cette affectation qui a été prononcée successivement par le gouverneur général, puis par le ministre de la guerre (2), est aujourd'hui faite par le gouverneur général sur avis du conseil du gouvernement (3). La désaffectation d'un bien domanial est prononcée par la même autorité, à moins que par des circonstances quelconques l'affectation primitive ait été faite par une ordonnance ou un décret, cas auquel la désaffectation doit être également prononcée par décret (4).

816. La procédure d'affectation est fort simple; elle consiste dans une demande du chef du service public qui sollicite pour son service l'affectation; cette demande est communiquée au préfet. Il est dressé des affectations un tableau, constamment tenu à jour, lequel contient la date de l'arrêté qui a affecté l'immeuble, le service auquel il a été attribué, ainsi que sa valeur (5).

§ 2. Locations.

817. En France, les biens domaniaux ne peuvent être loués qu'aux enchères publiques. En Algérie, ce mode d'amodiation a bien été établi en principe; mais l'article 4 de l'ordonnance du 9 novembre 1845 a décidé en même temps que si des circonstances exceptionnelles l'exigeaient, des baux pourraient être faits de gré à gré pour une durée inférieure à dix-huit ans, avec l'autorisation du ministre de la guerre — aujourd'hui du

---

(1) Décret du 24 mars 1852.
(2) Ord. 9 novembre 1845, art. 1.
(3) Déc. 10 décembre 1861, art. 1; déc. 30 avril 1861, art. 1, § 13.
(4) Cons. d'Ét. Fin., 31 juillet 1876.
(5) Ord. 9 novembre 1845, art. 2 et 3.

gouverneur général — sur l'avis du Conseil du gouvernement. Or les circonstances exceptionnelles se répètent assez souvent, en Algérie, pour que l'on puisse considérer la location de gré à gré comme la forme coutumière des amodiations.

Étendant même les dispositions de l'ordonnance de 1845, le décret du 27 octobre 1848, a autorisé les préfets, a passer les baux de gré à gré des immeubles de l'État, lorsque la durée de la location ne doit pas dépasser trois années et lorsque le prix de location n'excède pas mille francs, sous la seule condition d'une estimation contradictoire de la valeur locative (1).

818. Lorsque la durée des baux, soit aux enchères, soit de gré à gré est de plus de neuf années, la location doit être approuvée par décret; si elle est supérieure à dix-huit années, elle doit avoir lieu par décret en Conseil d'État (2).

819. Lorsqu'il y a lieu d'affermer en tout ou en partie des immeubles ou portions d'immeubles domaniaux affectés à un service public, il est procédé conformément aux dispositions ci-dessus énumérées (3).

820. En Algérie comme en France, les biens faisant partie du domaine public ou considérés comme des dépendances de ce domaine et qui sont de nature à produire des fruits, peuvent être momentanément affermés. Mais les baux sont essentiellement révocables sans indemnité (4).

821. Toute cession de bail doit être autorisée par le gouverneur général à peine de nullité (5).

§ 3. Ventes.

822. En France, les biens du domaine public sont inaliénables et imprescriptibles. Les biens du domaine de l'Etat sont prescriptibles conformément aux règles du droit commun, aliénables en vertu d'une loi. En Algérie, les biens du domaine public sont également inaliénables et imprescriptibles, quant

(1) Déc. 27 octobre 1848, tableau B, § 26.
(2) Déc. 30 avril 1861, art. 10.
(3) Ord. 9 novembre 1845, art. 5.
(4) Ord. 9 novembre 1845, art. 6 et 7.
(5) Ord. 9 novembre 1845, art. 8.

aux biens du domaine de l'Etat ils peuvent être vendus sans intervention du pouvoir législatif. Les ventes de biens domaniaux peuvent être faites ou aux enchères, ou de gré à gré (1).

823. La vente aux enchères de biens domaniaux peut avoir lieu aux termes des décrets du 25 juillet 1860 et du 30 septembre 1878, dans les conditions suivantes : le gouverneur général peut prescrire, par des arrêtés rendus en conseil du gouvernement, la vente aux enchères publiques de lots d'une étendue moindre de 100 hectares, qui peuvent servir à l'établissement d'une ferme, dans les lieux qui ne peuvent se prêter à la formation d'un village; de terres qui, dans leur état actuel, ne peuvent être utilisées qu'au pacage; enfin de lots industriels. La mise à prix des terres désignées pour être vendues aux enchères publiques est établie par expertise, et publiée partout où le gouverneur général le juge nécessaire. Les adjudications ne sont valables et exécutoires qu'après approbation du gouverneur général (2).

---

(1) Arr. 14 mai 1841. — Art. 3. Tous les actes portant transmission ou usufruit, ou propriété des biens provenant du domaine ou des corporations, seront assujettis aux règles ordinaires de l'enregistrement, et déposés en minute aux archives de la direction des finances.

Art. 4 (ainsi modifié par arrêté du 1er mai 1841). La grosse et les expéditions à délivrer aux parties donneront lieu, indépendamment des droits d'enregistrement, d'hypothèque et de timbre, au payement de 50 centimes par rôle qui seront employés à indemniser les expéditionnaires chargés de ce travail.

Art. 5. Lorsque les actes de vente ou de concession donneront lieu à des clauses emportant obligation de la part des tiers non acquéreurs, hypothèques et garanties judiciaires fournies par l'acquéreur ou le concessionnaire pour plus grande sûreté du payement du prix, ces conventions supplémentaires et additionnelles aux conditions ordinaires des aliénations consenties par l'administration seront rédigées, en acte notarié, aux frais desdits concessionnaires et acquéreurs.

(2) Déc. 25 juillet 1860, art. 15 et 16; déc. 30 septembre 1878, art. 26 et 27. — Circulaire du 28 avril 1862 :

SECTION PREMIÈRE. — DE LA VENTE A PRIX FIXE.

Sauf ce qui a été dit ci-dessus relativement aux concessions, la vente à prix fixe, empruntée aux États-Unis d'Amérique où elle a produit de remarquables résultats, est devenue, dans la pensée du décret, le mode à employer à l'avenir le plus habituellement pour l'aliénation des terres domaniales en Algérie.

Les terres d'une valeur exceptionnelle devant être aliénées par voie d'adjudication publique, ainsi qu'on le verra ci-après, je ne crois pas qu'il

824. Les ventes de gré à gré d'immeubles domaniaux peu-

---

soit nécessaire que la commission, appelée par le décret (art. 7) à déterminer le prix de celles à vendre à prix fixe, s'attache à relever très minutieusement la valeur comparative de chaque lot. Il me paraît, au contraire, préférable que, dans l'intérieur d'un même perimètre, le prix soit uniformement fixé à tant par hectare, et ne varie que pour être mis en rapport exact avec l'etendue superficielle des lots.

Un délai de deux mois, au moins, doit toujours s'écouler entre l'insertion au *Bulletin officiel* de la décision approbative du périmètre et le commencement des ventes *à prix fixe*, dont la date d'ouverture est indiquée par la même décision. Pendant ce délai, le plan de lotissement et le tableau indicatif sont déposés au bureau du receveur des domaines chargé des ventes (art. 4, 11 et 12).

Aux termes de l'article 12, le même individu peut se rendre acquéreur de plusieurs lots. Mais tout demandeur est tenu, sous peine de nullité de sa demande, de verser immédiatement entre les mains du receveur des domaines, à titre de garantie, une somme égale à celle du prix de vente de chacun des lots soumissionnés. Le lendemain, cette somme est encaissée définitivement, en déduction du prix de vente, ou restituée au déposant, suivant que la vente doit ou non être réalisée. La disposition que je viens de rappeler était indispensable pour garantir, en toute circonstance, la sincérité des soumissions; et il est à remarquer qu'elle n'implique, en réalité, aucune charge nouvelle pour les soumissionnaires sérieux, puisqu'elle les oblige uniquement à devancer de vingt-quatre heures le payement qu'ils sont tenus de faire au moment même de leur acquisition, conformément aux dispositions de l'article 8.

Les ventes à prix fixe ont lieu d'après un projet de contrat arrêté d'une manière uniforme pour les trois provinces et dont les principales conditions se résument par les trois points ci-après :

1° Affranchissement de toutes charges relatives à la mise en valeur du sol

2° Payement par tiers du prix de vente, dont un tiers comptant ;

3° Mise en possession de l'acquéreur après le payement du premier tiers.

Ces ventes deviennent définitives par le fait seul de la signature du contrat, sans être subordonnees à aucune sorte de ratification administrative (art. 6, 8, 9 et 10).

En cas de concurrence de deux ou d'un plus grand nombre de personnes survenues pendant le cours d'une même journée pour acquérir le même lot, une enchère publique est ouverte, à huitaine, par les soins du receveur, dans son bureau, et le lot est acquis au plus offrant. Des affiches font connaître le jour et l'heure de l'enchère. Les ventes opérées ainsi n'imposent aucune autre condition que celles relatives aux ventes réalisées sans concurrence; et comme ces dernières, elles sont rendues définitives par la signature du procès-verbal d'adjudication, sans impliquer la nécessité ultérieure d'aucune approbation administrative (art. 12).

Au commencement de chaque trimestre, les généraux divisionnaires et les préfets adressent au gouverneur général, chacun en ce qui le concerne, un état des ventes effectuées pendant le trimestre précédent. Cet état est divisé en deux parties, de manière à présenter distinctement le relevé des ventes réalisées sans concurrence, et de celles opérées avec concurrence (art. 13).

Enfin, à l'expiration de l'année qui suit le jour fixé pour l'ouverture de la vente, le gouverneur général détermine, à nouveau, sur les propositions

vent avoir lieu, en cas d'indivision, d'enclave, de prescription légale ou d'indice de possession de bonne foi (1), pour

de l'autorité provinciale, le mode d'aliénation des lots pour lesquels il ne s'est pas présenté d'acquéreurs (art. 14).

SECTION II. — De la vente aux enchères publiques.

L'emploi du mode des enchères publiques pour l'aliénation des terres domaniales ne doit pas être limité au cas où plusieurs concurrents se sont présentés, le même jour, à la vente à prix fixe, pour acquérir le même lot. Il faudra, en outre, y recourir, ainsi que je l'ai déjà dit, lorsque les terres à mettre en vente auront acquis, par des travaux antérieurs d'appropriation, par une situation privilégiée, par des facilités d'irrigation extraordinaires ou par toute autre cause, une valeur vénale exceptionnelle.

Ces cas ne constitueront sans doute que de rares exceptions ; mais il se conçoit qu'on se départisse à leur égard du système de la vente à prix fixe, et que l'Etat ne consente à se dessaisir de ces propriétés privilégiées qu'au moyen d'enchères publiques, entourées de toutes les précautions nécessaires pour assurer toujours des prix d'adjudication proportionnés à la valeur réelle des immeubles.

Le décret maintient donc implicitement (art. 15 et 16), pour les adjudications de l'espèce, qui diffèrent essentiellement de celles à effectuer par suite de concurrence aux ventes à prix fixe, les formes et règles édictées par l'article 10 de l'ordonnance organique du 9 novembre 1845, complétées par les dispositions du cahier des charges adopté par décision ministérielle du 17 juillet 1858.

SECTION III. — De la vente de gré a gré.

L'article 16 du décret spécifie les cas où il y a lieu de consentir des ventes de gré à gré d'immeubles domaniaux en faveur de particuliers ; ce sont ceux d'indivision, d'enclave, de préemption légale et de possession de bonne foi. Hors ces cas expressément définis, elles ne sont permises qu'au profit des communes, des départements et des établissements publics.

Les règles à suivre en cette matière (art. 18 et 19) ne diffèrent de celles précédemment en vigueur qu'en ce sens qu'on a élargi la compétence du gouverneur général, en laissant à son approbation les actes de vente, lorsque l'estimation de l'immeuble ne dépasse pas 10,000 francs.

SECTION IV. — De l'échange.

Des échanges peuvent avoir lieu entre l'État et les particuliers, les communes, les départements et les établissements publics, en vue de faire cesser des enclaves nuisibles à la colonisation, ou de rendre disponibles entre les mains de l'administration les immeubles dont elle a besoin pour une destination quelconque.

Les règles et formalités applicables à ce mode d'aliénation, sont déterminées par les articles 20, 21 et 22 du décret, lesquels se bornent à reproduire, sauf un petit nombre de changements, les dispositions correspondantes de l'ordonnance précitée du 9 novembre 1845.

(1) Déc. 25 juillet 1860, art. 17.

favoriser la création, sur le parcours des routes, d'hôtelleries, de dépôts d'approvisionnement, de relais, de gîtes d'étapes, de groupes d'habitations nécessaires à la sécurité du commerce ou de la circulation (1), et enfin pour créer ou agrandir des établissements industriels dans des centres de population (2).

825. Les ventes de gré à gré doivent être précédées d'une estimation contradictoire soumise à l'examen du conseil de préfecture, et, en outre, si la valeur de l'immeuble vendu est supérieur à 10,000 francs, à celui du conseil de gouvernement. La vente est approuvée, au-dessous de 10,000 francs, par le ministre des finances; au-dessus de 10,000 francs, par décret rendu sur rapport du ministre et d'après les propositions du gouverneur général.

826. Les lois des 15 et 16 floréal an VIII, qui autorisent l'État à vendre les immeubles dont il est copropriétaire, par indivis avec un tiers, sans le consentement et la participation de ce tiers, sont exécutoires en Algérie. Et ces loi autorisent par cela même l'État à prendre, en son nom propre, une inscription hypothécaire pour la conservation de son privilège et de celui de son copropriétaire (3).

§ 4. Échanges.

827. De même que pour les ventes, les échanges de biens domaniaux peuvent avoir lieu, en Algérie, sans intervention de pouvoir législatif. Toute demande d'échange doit être adressée directement au ministre des finances. Si celui-ci estime qu'il peut y avoir lieu à échange, la demande est renvoyée au gouverneur général, qui fait procéder à une appréciation contradictoire des biens, par trois experts désignés, l'un par le propriétaire, l'autre par le directeur des domaines et le troisième par le président du tribunal de la situation des biens. Le procès-verbal d'expertise est renvoyé à l'examen du conseil de préfecture, qui délibère sur l'utilité et les

(1) Déc. 6 janvier 1869, art. 1.
(2) Déc. 30 sept 1878, art. 27.
(3) Alger, 1er avril 1862. Jungi C. l'Etat.

conditions de l'échange. Le préfet, ou le général commandant la division, donnent leur avis. Le conseil de gouvernement, si les immeubles à échanger ont une valeur de plus 10,000 fr., étudie à son tour l'affaire (1). Le dossier est transmis par le gouverneur général au ministre des finances, qui décide s'il y a lieu de passer l'acte avec l'échangiste (2).

828. Le contrat d'échange détermine la soulte à payer, s'il y a lieu ; il contient la désignation de la nature, de la consistance et de la situation des immeubles, avec énonciation des charges et servitudes dont ils peuvent être grevés ; l'établissement de propriété, enfin les procès-verbaux d'instruction. Si la valeur de l'échange est inférieure à 10,000 fr., le ministre des finances approuve l'échange ; si elle est supérieure, l'approbation doit avoir lieu par décret (3).

829. Le contrat d'échange est enregistré gratis et transcrit sans autres frais que le salaire du conservateur. La soulte est régie, quant au droit proportionnel d'enregistrement, par les dispositions relatives aux aliénations des biens de l'Etat. Les frais de l'échange sont supportés moitié par l'État, moitié par l'échangiste. Les inscriptions hypothécaires existant du fait de l'échangiste doivent, à peine de nullité et de résiliation de l'acte, être levées par ses soins dans un délai de quatre mois (4).

§ 5. Concessions.

830. La concession gratuite de biens domaniaux ne peut avoir lieu en France qu'en vertu d'une loi. En Algérie, la nécessité d'appeler des colons français en leur concédant des avantages de nature à les attirer, a engagé le gouvernement français, dès les premiers temps de la conquête, à autoriser la concession gratuite des propriétés rurales. Un arrêté du gouverneur général, du 2 avril 1834, décidait que les propriétés domaniales (autres que les maisons, chambres, magasins, boutiques et masures, emplacements de démolitions,

(1) Déc. 30 avril 1861, art. 1, § 9.
(2) Déc. 25 juillet 1860, art. 20.
(3) Déc. 25 juillet 1860, art. 21.
(4) Déc. 25 juillet 1860, art. 22.

terrasses de magasins et autres locaux de peu de valeur), les terrains épars ou enclaves situés hors de l'enceinte des villes, et généralement tous les immeubles ruraux, pourraient être concédés ou loués, soit par voie d'adjudication, soit de gré à gré, pour un temps qui n'excéderait pas quatre-vingt-dix-neuf ans (1).

Le maréchal Bugeaud, qui voulait tout à la fois conquérir et coloniser, substitua au régime de la location pour quatre-vingt-dix-neuf années celui de la concession définitive, sous condition de l'accomplissement de certaines conditions; il créa, en outre, un grand nombre de villages militaires avec annexes de villages civils, et forma ainsi la plupart des centres de colonisation de la Mitidja, dont quelques-uns sont devenus des villes (2).

En 1844, par une ordonnance du 10 octobre, des concessions furent autorisées hors des périmètres des territoires assignés aux établissements européens. Le régime dit des concessions de terres de colonisation fut ainsi établi. Ce régime, modifié en 1845, en 1847, en 1851, en 1860, en 1874, et enfin en 1878, s'est maintenu jusqu'à nos jours (3). Voici quelles sont les règles auxquelles il est actuellement soumis.

831. Toutes les terres appartenant à un titre quelconque à l'État sont affectées, en totalité ou en partie, à l'établissement des périmètres de colonisation. Les projets de périmètres de colonisation sont proposés, en territoire civil, par les préfets ; en territoire militaire, par les généraux commandant

---

(1) Arr. 2 avril 1834, art. 20.

(2) Règl. 18 avril 1841 ; arr. 10 janvier 1842 (création de Draria; 17 mars 1842 (Douera); 20 avril 1842 (El Achour); 25 avril 1842 (Aïn Fouka); 22 août 1842 (Cheragas); 16 novembre 1842 (Birkadem); 2 décembre 1842 (Ouled-Fayet); 16 janvier 1843 (Saint-Ferdinand); 16 janvier 1843 (Beni-Mered); 17 février 1843 (Staoueli); 17 février 1843 (Saoula); 8 mars 1843 (Baba-Hassem); 23 mars 1843 (Sainte-Amélie); 5 juillet 1843 (Joinville); 3 juillet 1843 (Crescia); 5 juillet 1843 (Douaouda); 15 décembre 1843 (Beni-Mered); 31 décembre 1843 (Bouffarik); 22 mars 1844 (Mahelma); 13 septembre 1844 (Zeralda); 13 septembre 1844 (Dalmatie); 14 octobre 1844 (Fondouck); 28 janvier 1845 (Sidi-Ferruch); 2 mars 1845 (Dellys); 19 avril 1645 (Cap-Caxim); 20 septembre 1845 (Soumah).

(3) Ord. 21 juillet 1845; ord. 5 juin 1847; déc. 26 avril 1851; déc. 25 juillet 1860; déc. 15 juillet 1874; déc. 30 septembre 1878.

la division (1). Par suite d'une instruction du gouverneur général, du 15 février 1875, les conseils généraux de chaque département sont consultés pour les créations à entreprendre. Les emplacements à désigner doivent satisfaire aux conditions suivantes : sécurité, salubrité, proximité des centres déjà existants, communications faciles, moyens de construction des édifices, eau et terre en quantité suffisante.

Les territoires à proposer une fois décidés par les préfets ou les généraux, des commissions des centres à constituer dans chaque province, composées d'hommes spéciaux, les soumettent à une étude détaillée, afin de bien constater les ressources que chaque localité peut offrir pour la colonisation, de déterminer la nature et l'importance du peuplement et d'évaluer approximativement les dépenses de première installation, aussi bien que celles qu'entraînera l'organisation définitive.

Le travail ainsi préparé, accompagné des avis donnés par les conseils généraux et les commissions des centres, est soumis au gouverneur général.

832. Un décret du 12 août 1864 a décidé que les projets de périmètres de colonisation ne seraient exécutoires qu'après avoir été arrêtés par décret, le Conseil d'État entendu. Mais ce décret, qui n'a cependant pas été abrogé, ne nous paraît jamais être appliqué en fait; et le gouverneur général se contente de donner son approbation en conseil de gouvernement aux projets qui lui sont transmis.

Cette approbation accordée, les autorités provinciales se préoccupent, dans le cas où les terrains destinés à constituer l'assiette d'un centre nouveau ne seraient pas en totalité domaniaux, de les rendre complètement disponibles, en procédant, soit par voie d'acquisition de gré à gré ou d'échange, soit par voie d'expropriation pour cause d'utilité publique, avec prise de possession d'urgence.

833. Les périmètres de colonisation doivent ormer ou des villages ou des périmètres de fermes. Souvent les périmètres village et ferme sont réunis.

---

(1) Déc. 25 juillet 1860, art. 2.

834. Chaque famille installée dans un village reçoit un lot à bâtir, destiné à l'édification d'une maison d'habitation ; un lot de jardin avoisinant le village et un lot de culture, ordinairement de 20 à 30 hectares. Les lots de ferme ont une étendue supérieure. Si le périmètre de colonisation doit former un village, on réserve pour les besoins généraux un communal d'une étendue suffisante, et, si la possibilité existe, on prend dans une forêt voisine une certaine étendue de bois, destinée à former un bois communal, qui, aménagé comme les bois communaux de France, doit offrir aux habitants de précieuses ressources en bois de construction et de chauffage.

835. Chaque année, au mois de septembre, le gouverneur général arrête le programme de colonisation de l'année suivante. Ce document est publié et affiché partout où le besoin s'en fait sentir.

836. Les terres faisant partie des périmètres de colonisation sont ensuite réparties conformément aux règles suivantes :

Les terres domaniales comprises dans le périmètre d'un centre de population et affectées au service de la colonisation sont divisées en lots de villages et en lots de fermes. Le lotissement varie suivant les conditions du sol, sans toutefois que la contenance totale d'un lot de village puisse excéder quarante hectares, et celle d'un lot de ferme cent hectares. Les terres impropres à la culture, qui ne sauraient être utilement comprises dans le périmètre d'un groupe de population, peuvent être alloties en lots d'une étendue plus considérable, eu égard aux industries spéciales qui pourraient y être installées.

837. Le Gouverneur général concède les terres alloties aux Français d'origine et aux Européens naturalisés ou en instance de naturalisation qui justifient, pour les lots de village, de ressources jugées par lui suffisantes et, pour les lots de fermes, d'un capital disponible représentant 150 francs par hectare. Le gouverneur général peut déléguer au préfet ou au général commandant la division, suivant le territoire, les droits qui lui sont attribués.

La concession est gratuite. Elle attribue au concessionnaire la propriété de l'immeuble, sous la condition suspensive de l'accomplissement de certaines clauses. Le concessionnaire jouit immédiatement de l'immeuble et de ses fruits, sans répétition en cas de déchéance (1).

Le *Journal officiel de l'Algérie* publie, chaque trimestre, l'état nominatif des personnes admises comme attributaires de terres domaniales dans les diverses conditions du présent décret, ainsi que la désignation des lots affectés à chacune d'elles.

838. Les demandeurs s'engagent à transporter leur domicile et à résider sur la terre concédée avec leur famille, d'une manière effective et permanente, pendant les cinq années qui suivent la concession. Ils doivent, en outre, déclarer qu'ils n'ont été ni locataires, ni cessionnaires, ni adjudicataires de terres domaniales.

Peuvent être dispensés de la résidence, mais seulement pour les lots de fermes, les demandeurs qui s'obligent : 1° à installer et maintenir, pendant les cinq années qui suivent la concession, une ou plusieurs familles de Français d'origine européenne ou d'Européens naturalisés ou en instance de naturalisation, à raison d'un adulte au moins par vingt hectares; 2° à employer en améliorations utiles et permanentes une somme représentant une dépense moyennede 150 francs par hectare, dont le tiers, au moins, affecté à construire des bâtiments d'habitation et d'exploitation (2).

839. Un procès-verbal contradictoire constate la mise en possession du concessionnaire (3).

A titre de récompense pour des services exceptionnels et dûment constatés, les indigènes naturalisés ou non peuvent être admis comme concessionnaires, sous condition de résidence, sans que le lot qui leur serait attribué puisse excéder trente hectares, quelle qu'en soit la destination. Les concessions sont consenties par le gouverneur général, le conseil de gouvernement entendu (4).

---

(1) Déc. 30 septembre 1878, art. 1.
(2) Déc. 30 septembre 1878, art. 3 et 4.
(3) Déc. 30 septembre 1878, art. 5.
(4) Déc. 30 septembre 1878, art. 6.

840. Le concessionnaire d'une terre domaniale, mis en possession, doit procéder ou faire procéder à sa mise en valeur dans un délai de cinq années.

841. Après trois ans de résidence, le concessionnaire astreint à la résidence a la faculté de réclamer le titre définitif de propriété, en justifiant d'une dépense moyenne de 100 francs par hectare, réalisée en améliorations utiles et permanentes, dont un tiers au moins en bâtiments d'habitation ou d'exploitation agricole. Le concessionnaire qui tient ses droits d'une entreprise de peuplement doit, en outre, justifier qu'il est complètement libéré envers ladite entreprise. La même faculté appartient, au bout de trois ans, au concessionnaire dispensé de la résidence, qui justifie de l'accomplissement de toutes les obligations qui lui étaient imposées (1).

A l'expiration de la période quiquennale qui suit la concession provisoire, le concessionnaire à charge de résidence, ou son ayant cause régulièrement investi, adresse, suivant le territoire, au préfet ou au général commandant la division, une demande en délivrance du titre définitif de propriété. Le concessionnaire dispensé de la résidence joint à l'appui de sa demande l'état descriptif de la situation actuelle de la terre concédée et le compte des travaux exécutés.

Un récépissé de la demande et des pièces qui y sont jointes, s'il y a lieu, est délivré au demandeur par le secrétariat général de la préfecture ou par le bureau civil de la division.

842. Dans les deux mois de la date du récépissé, le préfet ou le général commandant la division remet au demandeur le titre définitif de propriété ou lui notifie un arrêté du préfet ou du général commandant la division, suivant le territoire, prononçant le rejet de sa demande pour cause d'inexécution des conditions imposées. Dans ce dernier cas, le demandeur peut, dans le délai de trente jours, à partir de la notification qui lui est faite, former opposition devant le conseil de préfecture (2).

Si l'arrêté est confirmé et si, néanmoins, le conseil de pré-

---

(1) Déc. 30 septembre 1878, art. 25.
(2) Déc. 30 sept. 1878, art. 22 et 23.

fecture reconnaît une plus-value donnée à la terre par le concessionnaire, le conseil de préfecture détermine la portion de terre qui est attribuée au concessionnaire en représentation de la plus-value constatée, le surplus faisant retour à l'État, franc et libre de toutes charges, ou il fixe l'indemnité due au concessionnaire et il ordonne la mise en vente du lot. Le concessionnaire peut toujours requérir la vente aux enchères de l'entière propriété; il reste en possession jusqu'au jour de l'adjudication (1).

843. A défaut de notification de l'arrêté de rejet dans le délai de deux mois, la propriété définitive des terres concédées appartient au demandeur (2).

Si le concessionnaire n'a pas exécuté les conditions qui lui étaient imposées, la concession peut lui être retirée.

844. Sont déchus de leurs droits :

1° Le concessionnaire direct sous condition de résidence qui ne s'est pas fait mettre en possession dans un délai de six mois, ou qui n'a pas installé sa famille dans le délai d'un an à partir du terme qui lui a été assigné par son acte de concession; cette indication d'un délai doit être mentionnée en termes exprès dans l'acte de concession, et ne saurait résulter du texte même de la loi (3) ;

---

(1) Déc. 30 sept. 1873, art. 23.

(2) Déc. 30 sept. 1878, art. 24.

(3) Cons. d'Et., Cont., 16 juillet 1880. — Considérant que le ministre de l'intérieur soutient : 1° que le conseil de préfecture aurait du prononcer la decheance du sieur Masage, par application du § 5 de l'article 17 du décret du 30 septembre 1878, aux termes duquel est déchu de ses droits le concessionnaire qui, après s'être installé sur la concession, va habiter ailleurs; et 2° que ledit conseil a fait une fausse interprétation du § 1 du même article 17 en déclarant que le sieur Masage n'était tenu de s'installer avec sa famille sur la terre concédée que dans un délai d'un an à partir de la mise en possession.

Sur le premier moyen, — Considérant que si le sieur Masage a été mis en possession le 1er septembre 1878, il ne résulte pas des termes du § 5 de l'article 17, que cette mise en possession, antérieure à la délivrance du titre de concession soit équivalente à l'installation après laquelle le concessionnaire est tenu de ne pas habiter ailleurs;

Sur le second moyen, — Considérant que si la déchéance doit être prononcée contre le concessionnaire qui ne s'est pas fait mettre en possession dans un délai de six mois ou qui n'a pas installé sa famille dans un délai, d'un an à partir du terme qui lui a été assigné par son acte de concession, il ne résulte pas que le titre de concession, délivré le 21 mars 1879 au sieur

2° Le concessionnaire indigène, admis à titre de récompense exceptionnelle, qui ne s'est pas installé avec sa famille dans un délai de six mois, à partir du jour où son admission lui a été notifiée ;

3° Le cessionnaire ou l'adjudicataire d'une concession charge de résidence qui ne s'est pas installé dans un délai de trois mois, à partir du jour où lui est notifiée l'autorisation de cession, ou trois mois après la date de l'adjudication ;

4° Le concessionnaire, cessionnaire ou adjudicataire qui, après s'être installé sur la concession, va habiter ailleurs, ou qui, au cours de la période quinquennale de concession provisoire, s'est absenté pendant plus de six mois sans y avoir été autorisé ; mais il a été jugé à cet égard que la déchéance n'est encourue que si le concessionnaire mis en possession a reçu son acte de concession provisoire (1) ;

5° Le concessionnaire d'un lot de ferme qui, dans un délai de six mois à dater du jour où son admission lui a été notifiée, n'a pas installé les familles composant l'effectif prescrit ou qui, dans les deux ans à partir du même jour, n'a pas achevé les constructions exigées ;

6° Le même concessionnaire qui, pendant six mois, laisserait incomplet l'effectif de famille prescrit par son titre ;

7° L'adjudicataire d'une terre concédée avec dispense de résidence, qui se placerait dans un des cas prévus aux n°s 6 et 7 ;

8° Le concessionnaire, cessionnaire ou adjudicataire admis comme étant en instance de naturalisation et dont la demande aurait été rejetée ou qui s'en serait désisté ;

9° Le concessionnaire, cessionnaire ou adjudicataire admis sur sa déclaration qu'il n'est et n'a pas été détenteur de terres domaniales dans les conditions énoncées à l'article 3, paragraphe 2, et dont la déclaration serait reconnue mensongère.

Masage, lui ait fait connaître à quelle époque il devait se conformer aux prescriptions ci-dessus énoncées ; que dès lors, le ministre de l'intérieur n'est pas fondé à demander, dans l'intérêt de la loi, l'annulation de l'arrêté par lequel le conseil de préfecture a infirmé l'arrêté de déchéance pris par le préfet d'Alger à la date du 29 septembre 1879... Rejet.

(1) Cons. d'Etat., cont. 16 juill. 1880. V. *supra*.

845. La déchéance est prononcée par le préfet ou le général commandant la division, suivant le territoire. L'arrêté de déchéance est notifié administrativement à l'attributaire en son domicile ou, si ce domicile n'est pas connu, à la mairie de la situation des biens. Il est transcrit gratis.

La déchéance, bien qu'encourue, doit être précédée d'une mise en demeure (1).

846. Si les conditions imposées par l'acte de concession n'ont reçu aucun commencement d'exécution, l'attributaire peut, dans un délai de trente jours, à partir de la notification, former opposition à l'arrêté de déchéance devant le conseil de préfecture (2).

847. S'il y a eu commencement d'exécution, l'arrêté de déchéance est précédé d'une mise en demeure adressée à l'attributaire par acte administratif, notifié comme il est dit à l'article précédent, d'avoir à se conformer aux clauses du contrat dans un délai de trois mois. Ce délai expiré, et faute par l'attributaire d'avoir produit les justifications nécessaires, le préfet ou le général commandant la division, suivant le territoire, prononce la déchéance qui est notifiée comme ci-dessus (3).

---

(1) Cons. d'Et., Cont. 7 mai 1880.— Considerant que l'arrète du 26 décembre 1877 par lequel le préfet d'Alger a déclaré le sieur Capgras déchu du bénéfice de la concession qu'il avait acquis du sieur Stuber par adjudication du 9 mars 1877, a été pris par application des articles 13 et 14 du cahier des charges de ladite adjudication, aux termes duquel la resiliation est prononcée contre l'adjudicataire qui ne verse pas dans le délai d'un mois à la Caisse des dépôts et consignations le montant du prix de son adjudication.

Mais considérant que le prefet d'Alger aurait dû, avant de prononcer la déchéance, adresser une mise en demeure à l'adjudicataire; que le gouverneur général de l'Algérie n'est pas fondé à soutenir que la lettre du 4 avril 1877, par laquelle le sieur Capgras a reçu notification de l'approbation donnée au procès-verbal de l'adjudication du 9 mars précédent et a été informé qu'à défaut de versement dans le delai d'un mois du montant du prix de l'adjudication, cette somme produirait intérêts à 10 0/0, pouvait constituer une mise en demeure tendant à la résiliation prévue par les dispositions précitées du cahier des charges; qu'ainsi les sieurs Capgras et Stuber sont fondés à demander l'annulation de l'arrété du préfet d'Alger et de la décision du gouverneur général de l'Algérie qui a confirmé ledit arrété. — Annulation.

(2) Déc. 30 sept. 1878, art. 19.

(3) Déc. 30 sept. 1878, art. 20.

L'attributaire et tous intéressés peuvent, dans un délai de trente jours, à partir de ladite notification, former opposition à l'arrêté de déchéance devant le conseil de préfecture (1).

Si l'arrêté est confirmé et que néanmoins des améliorations utiles et permanentes aient été réalisées par l'attributaire, le conseil de préfecture en fixe le montant et prescrit la vente aux enchères publiques, à la date par lui fixée, aux clauses et conditions imposées au concessionnaire primitif (2).

L'attributaire déchu reste en possession jusqu'au jour de la vente (3).

L'adjudication a lieu par voie administrative. Sont admis à y concourir tous les enchérisseurs d'origine européenne, à l'exclusion de l'attributaire déchu et des individus déjà attributaires de terres domaniales. Le prix de l'adjudication, sous déduction des frais et compensation faites des charges, s'il y a lieu, est dévolu à l'attributaire déchu ou à ses ayants cause, jusqu'à concurrence du montant des améliorations réalisées par lui. En cas d'insuffisance, le concessionnaire déchu ne peut réclamer aucune indemnité. Le surplus, s'il y en a, est versé au Trésor public (4).

848. En cas de déchéance du concessionnaire au cours de la période de concession provisoire, ou s'il n'obtient pas la propriété définitive, la terre concédée fait retour au domaine, libre et franche de tout recours de la part du concessionnaire ou de ses ayants cause, à quelque titre que ce soit, sauf en ce qui concerne les hypothèques qui auraient été consenties.

Toute hypothèque qui aurait été consentie par le concessionnaire en dehors des conditions et des formes énoncées plus loin est radié à la requête de l'administration des domaines, sur le vu, dans le premier cas, de l'arrêté de déchéance et d'une déclaration du préfet, ou, suivant le territoire, du général commandant la division, constatant que ledit arrêté est devenu définitif, et, dans le second cas, sur le vu d'une

(1) Déc. 30 sept. 1878, art. 20.
(2) Déc. 30 sept. 1878, art. 20.
(3) Déc. 30 sept. 1878, art. 20.
(4) Déc. 40 sept. 1878, art. 20.

déclaration des mêmes autorités, constatant le rejet définitif de la demande en délivrance du titre de propriété. Si les hypothèques ont été consenties par application des articles 12 et 13, la radiation n'est opérée qu'après l'expiration du délai fixé par l'article 21 (1).

849. Les concessionnaires sous condition de résidence, qui ont résidé pendant un an au moins, peuvent, aux conditions qui leur étaient imposées à eux-mêmes, céder la concession à tout Français d'origine européenne ou à tout Européen naturalisé ou en instance de naturalisation. L'acte de cession est soumis, suivant le territoire, à l'approbation du préfet ou du général commandant la division, qui statue dans le délai de deux mois. Si la décision du préfet ou du général de division n'est pas intervenue dans le délai ci-dessus fixé, la cession est définitive (2).

850. Le cessionnaire peut, à son tour, céder la concession dans les mêmes formes et aux mêmes conditions que l'attributaire primitif, sans être toutefois astreint à ne rétrocéder ses droits qu'après un an de résidence (3).

851. Pendant la période de concession provisoire, les attributaires ne peuvent consentir d'hypothèque sur l'immeuble dont ils ont été mis en possession qu'au bénéfice des prêteurs qui leur fournissent des sommes destinées : 1° aux travaux de construction ou de reconstruction, de réparation ou d'agrandissement des bâtiments d'habitation ou d'exploitation; 2° à des travaux agricoles constituant des améliorations utiles et permanentes ; 3° à l'acquisition d'un cheptel (4).

852. L'acte d'emprunt, dressé dans la forme authentique, constate la destination des fonds empruntés. L'emploi doit en être ultérieurement établi par quittances et autres documents justificatifs. L'acte d'emprunt est enregistré au droit fixe de 1 fr. 50 c. et transcrit sans autres frais que le salaire du conservateur et les droits de timbre. Il est notifié, suivant le territoire, au préfet ou au général commandant la division (5).

---

(1) Déc. 30 sept. 1878, art. 35.
(2) Déc. 30 sept. 1878, art. 10.
(3) Déc. 30 sept. 1878, art. 11
(4) Déc. 30 sept. 1878, art. 12.
(5) Déc. 30 sept. 1868, art. 13.

853. En cas de vente à la requête du créancier hypothécaire, tous les enchérisseurs d'origine européenne sont admis à l'adjudication, sous l'obligation de remplir les conditions imposées au concessionnaire primitif (1).

854. Si le concessionnaire contre lequel la déchéance est prononcée a hypothéqué l'immeuble à lui concédé, l'arrêté de déchéance est notifié au prêteur, qui a un délai de trois mois, à partir du jour de ladite notification, pour en requérir la vente. Le prêteur exerce sur le prix les droits de préférence résultant de l'hypothèque consentie à son profit, sans que l'État puisse se prévaloir de la cause de résolution qui résulterait, aux termes de l'article 2125 du Code civil, de la déchéance prononcée contre l'emprunteur (2).

Si le prix de vente n'est pas absorbé par les créanciers, le concessionnaire est admis à réclamer, sur le reliquat du prix, une indemnité égale à la valeur estimative des améliorations utiles et permanentes réalisées par lui sur la terre concédée au moyen de ses ressources personnelles. L'indemnité est fixée par un arrêté du préfet ou du général de division, suivant le territoire. Le recours, s'il y a lieu, doit être porté devant le conseil de préfecture, dans le délai de trois mois, à partir de la notification dudit arrêté. Le surplus du prix de vente est versé au Trésor public (3).

855. Les concessionnaires qui tiennent leurs droits des actes de transmission autorisés par les articles ci-dessus peuvent consentir hypothèque, au profit des entrepreneurs de peuplement, pour le remboursement des avances qu'ils ont reçues d'eux, soit en deniers, soit en valeurs de construction élevées même avant la prise de possession par lesdits concessionnaires (4).

856. Des terres domaniales peuvent être mises à la disposition temporaire des sociétés ou des particuliers qui prendraient l'engagement : 1° de peupler un ou plusieurs villages, en assurant l'installation particulière des familles destinées à

(1) Déc. 30 sept. 1878, art. 14.
(2) Déc. 30 sept. 1878, art. 21.
(3) Déc. 30 sept. 1878, art. 15.
(4) Déc. 30 sept. 1878, art. 16.

former le peuplement; 2° de transmettre gratuitement lesdites terres à ces familles dans le délai de deux ans, sans que ces sociétés ou particuliers puissent jamais devenir propriétaires des terres qui leur ont été remises à charge de transmission. Leurs conventions à intervenir entre l'État et les sociétés particuliers sont approuvées par le gouverneur général, le conseil de gouvernement entendu (1).

Le peuplement doit être composé pour les deux tiers de Français immigrants et pour un tiers, soit de Français, soit d'Européens naturalisés ou en instance de naturalisation déjà établis en Algérie. Par exception, et dans le but de favoriser l'établissement d'industries spécialement utiles, le gouverneur général peut, le conseil de gouvernement entendu, autoriser la substitution d'immigrants étrangers européens aux immigrants français, la composition du dernier tiers restant la même que ci-dessus (2).

857. Les actes de transmission réalisés par les entreprises de peuplement en exécution des conventions passées entre elles et l'État sont notifiés, suivant le territoire, au préfet ou au général commandant la division, qui les vise après s'être assuré de l'accomplissement des clauses imposées par lesdites conventions. Ces actes tiennent lieu, pour les bénéficiaires, des titres de concession directement délivrés par l'État sous condition de résidence. Ils sont soumis au timbre de dimension et enregistrés au droit fixe de 1 fr. 50 c. (3).

858. Si la transmission des terres n'est pas effectuée dans le délai de deux ans, à partir du jour où la remise leur en a été faite, l'État reprend possession des lots non transmis (4).

De même, si le concessionnaire présenté par une société de peuplement ne s'est pas installé avec sa famille dans un délai de six mois, à partir du terme fixé dans l'acte de transmission notifié à l'administration par l'entreprise de peuplement, il est déchu de sa concession (5).

859. Il est interdit à tout individu devenu propriétaire

(1) Déc. 30 sept. 1878, art. 7.
(2) Déc. 30 sept. 1878, art. 7.
(3) Déc. 30 sept. 1878, art. 8.
(4) Déc. 30 sept. art. 9.
(5) Déc. 30 sept. art. 17.

d'une terre d'origine domaniale, par voie de concession, de la vendre ou céder, sous quelque forme que ce soit, aux indigènes non naturalisés, pendant une période de vingt ans si elle provient de lots de ferme, et de dix ans, si elle provient de lots de village. Ces délais partent du jour de la concession définitive indiqué sur le titre de propriété. Les ventes faites, dans les délais fixés par l'article précédent, aux indigènes non naturalisés, sont nulles et de nul effet. Les terres qui en auraient fait l'objet sont reprises entre les mains des acquéreurs, à la diligence de l'administration du domaine, et font retour à l'État, sauf pour les créanciers hypothécaires, le droit de requérir la vente de la terre dans les formes et les conditions énoncées à l'article 21. L'action du domaine ne peut s'exercer après l'expiration des délais de dix ans et de vingt ans, ci-dessus fixés (1).

860. Pendant dix ans, à partir du jour de la concession, les terres qui en ont fait l'objet sont exemptes de tous impôts qui pourraient être établis sur la propriété immobilière (2).

861. Lorsque le concessionnaire décède avant l'expiration de la période de concession provisoire, ladite concession est transmise à ses héritiers, si ceux-ci le requièrent, et remplissent, d'ailleurs, les conditions imposées à leur auteur. Les héritiers ont le droit de renoncer à la concession. En ce cas, si des améliorations utiles et permanentes ont été réalisées sur le lot, ils sont admis à requérir la vente aux enchères publiques de la concession. Faute par eux d'avoir usé, dans le délai d'un an, à partir du décès de leur auteur, de l'un ou de l'autre des droits qui leur sont attribués par le présent article, le lot fait retour au domaine (3).

Si le concessionnaire a hypothéqué l'immeuble, le prêteur est informé administrativement que les héritiers ont laissé écouler le délai d'un an, à partir du décès de leur auteur, sans user de leurs droits; à partir de cette notification, il a un délai de trois mois pour requérir la vente de l'immeuble (4).

(1) Déc. 30 sept. 1878, art. 31.
(2) Déc. 30 sept. 1878, art 30.
(3) Déc. 30 sept. 1878, art. 31
(4) Déc. 30 sept. 1878, art. 31.

Si le défunt tenait ses droits d'une entreprise de peuplement, les héritiers ne peuvent requérir la vente aux enchères qu'après avoir justifié du remboursement à l'entreprise de toutes avances faites par celles-ci à leur auteur (1).

862. Les titres, tant provisoires que définitifs de concessions, ainsi que les actes de cession et d'adjudication sont visés pour timbre et enregistrés gratis. Ils sont transcrits sans autre frais que le salaire du conservateur et les droits de timbre, le tout à la diligence de l'administration de l'enregistrement et des domaines, mais aux frais du titulaire, qui doit déposer préalablement la somme présumée nécessaire entre les mains du receveur de l'enregistrement de la situation des biens (2).

863. Les explications que nous avons dû donner à plusieurs reprises sur la constitution de la propriété en Algérie ont déjà fait entendre qu'un très grand nombre de biens possédés par le domaine étaient à l'état d'indivision entre lui et des particuliers européens ou indigènes. Cette situation éminemment contraire aux intérêts de toutes les parties en présence a, à plusieurs reprises, préoccupé l'attention de l'administration. En 1854, le gouvernement qui, jusqu'alors, avait abandonné aux tribunaux civils le soin de statuer sur les actions en partage introduits soit par le domaine, soit par ses copropriétaires, rendit un décret par lequel, s'appuyant sur la législation de la Révolution, sur le partage des biens des émigrés indivis entre l'État et les familles des émigrés, il faisait des diverses opérations de partage des opérations administratives.

Aux termes de ce décret, c'était par les soins de l'autorité administrative seule qu'il devait être procédé au partage et s'il y avait lieu à la licitation des biens indivis entre le domaine de l'État et les particuliers. Ceux de ces biens reconnus non susceptibles d'être partagés devaient être vendus en totalité aux enchères publiques et le produit de la vente réparti entre l'État et les autres intéressés. Toutes contestations tant *sur le fond que sur la forme* des partages, des

(1) Déc. 30 sept. 1878, art. 31.
(2) Déc. 30 sept. 1878, art. 34.

allotissements ou des abandonnements et des licitations, devaient être déférées au conseil de préfecture, sauf appel au Conseil d'État. La fixation de la quotité afférente à l'État, dans la propriété indivise, devait être déterminée soit par les titres, soit en cas d'absence ou d'insuffisance de titres, par voie d'enquête administrative. Le décret organisait toute une procédure que devaient suivre les parties ou l'État demandeurs en partage, procédure qui commençait à la demande originaire, et suivait son cours, devant l'administration, jusqu'à la liquidation même des frais de partage et leur payement.

C'était méconnaître tout à la fois et les dispositions du Code civil (art. 815 et suiv.) applicables en Algérie, et celles de l'article 13 de la loi du 16 juin 1851, aux termes desquelles toutes action immobilière relative à des biens situés en Algérie, intentée par le domaine de l'État ou contre lui devait être portée devant la justice civile ; aussi sur un recours formé devant le Conseil d'État en 1866, un arrêt intervint qui déclara le décret de 1854 entaché d'excès de pouvoir (1). L'administration algérienne persistant à faire application du décret de 1854, un second décret du Conseil d'État, en date du 28 mai 1868, a maintenu la jurisprudence précédemment établie (2). Et cette jurisprudence a encore été confirmée par

---

(1) Cons. d'Et., cont. 28 fév. 1866.

(2) Cons. d'Et., cont. 28 mai 1868. — Le conseil; Vu la loi du 16 juin 1851 et le décret du 2 avril 1854, — Considérant qu'aux termes de l'article 13 de la loi du 16 juin 1851, les actions immobilières relatives à des biens situés en Algérie, intentées par le domaine de l'Etat ou contre lui, doivent être portées devant les tribunaux civils;— Qu'ainsi il appartient à l'autorité judiciaire de statuer non seulement sur les contestations qui peuvent s'élever entre l'Etat et des particuliers relativement aux droits de copropriété d'immeubles prétendus indivis, mais même sur les actions en partage desdits immeubles; et que la circonstance que l'Etat prétendrait tenir son droit de propriété du séquestre ne saurait déroger à la règle de compétence ainsi établie ; — qu'il suit de là que le préfet du département d'Oran en ordonnant qu'il serait procédé administrativement au partage des parcelles 552 et 553 du plan *intra muros* de la ville de Mostaganem sur lesquelles l'Etat prétendait avoir, par suite de séquestre, un droit de copropriété contesté par le sieur Menouillard, et le conseil de préfecture de ce département, en approuvant le partage opéré par suite des ordres du préfet, et en homologuant le procès-verbal, ont excédé la limite de leurs pouvoirs et de leur compétence, et qu'il n'appartenait qu'au tribunal civil de la situation des lieux de connaître tant de la question de propriété, s'il y avait lieu, du partage à opérer, sauf à lui, dans le cas où le jugement de la

un arrêt du tribunal des conflits en date du 26 juillet 1873 (1).

§ 6. Instances domaniales.

En Algérie, comme en France, ce sont les préfets qui représentent l'État dans les actions judiciaires intéressant le domaine (C. pr. civ. art. 69). Et il a été jugé, à cet égard, s'il s'agit d'actions immobilières, pétitoires ou possessoires (Voy. ACTION POSSESSOIRE), qu'un receveur des domaines n'a aucune qualité pour représenter l'État et que ce droit n'appartient qu'au préfet (2); il en est de même des agents du domaine indigène (3).

865. On sait qu'il existe, en Algérie, outre un domaine départemental et communal, un domaine provincial. Le préfet doit, dans les litiges où ce domaine est intéressé, le représenter aux termes de l'article 38 du décret du 27 octobre 1858. S'il y a conflit entre le domaine de l'État et le domaine de la province, le préfet demeure le représentant du domaine provincial et l'État est représenté par le conseiller de préfecture

---

question de propriété eût nécessité l'examen préalable de la validité du séquestre invoqué, à surseoir, à statuer jusqu'à ce que l'autorite administrative eût prononcé. — Annulation.

(1) Trib. confl. 26 juillet 1873. — Considérant que de la double déclaration d'incompétence prononcée par le tribunal de Constantine et le conseil de préfecture, il résulte un conflit négatif; — Considérant que l'action intentée par les demandeurs, en tant qu'elle a pour objet de faire droit et juger qu'ils sont seuls et uniques propriétaires des deux tiers de toute la propriété de Sahiel-el-Roum, telle qu'elle se comportait au moment où elle a été constituée habbous par l'acte du 1er octobre 1879, constitue une action immobilière qui, aux termes de l'article 13 de la loi du 16 juin 1851, est de la compétence des tribunaux civils; — Considérant, d'autre part, que les actes de délimitation et de partage intervenus entre les parties et déclarés exécutoires par décision du général commandant la province de Constantine, en date du 18 octobre 1855, sont des actes administratifs qui, en vertu de la séparation des pouvoirs, échappent à la connaissance des tribunaux civils, et qui, le cas échéant, ne peuvent être annulés ou modifiés que par l'autorité administrative; Qu'en conséquence, le tribunal civil etait incompétent pour statuer sur le chef de la demande ayant pour objet la restitution de la portion de cette propriété, qui aurait été indûment attribuée à l'Etat par les actes de délimitation et de partage. — Jugement annulé.

(2) Alger, 21 janvier 1861;

(3) L. 10 mai 1838, art. 36.

le plus ancien, ce qui est le contraire de ce qui a lieu en France (1).

866. L'ordonnance du 9 novembre 1845 avait attribué la compétence des actions domaniales au conseil du contentieux, devenu, en 1848, le conseil de préfecture. Mais la loi du 16 juin 1851 a ordonné le retour au droit commun de la France en décidant que à l'avenir les actions immobilières intentées par le domaine ou contre lui seraient, en territoire civil, portées devant le tribunal civil de la situation des biens; et en territoire militaire devant celui des tribunaux civils de la province le plus rapproché (2). Cette disposition est absolue et il en a été fait par la jurisprudence civile et administrative plusieurs applications remarquables.

Le Conseil d'État a notamment décidé, le 17 mai 1865, qu'il n'y avait lieu à cet égard de distinguer entre les actions dont la cause était antérieure à la loi de 1851 ou lui était postérieure. Et qu'ainsi l'autorité judiciaire avait seule qualité pour connaître d'une action immobilière engagée contre l'État et constituant une revendication de propriété, alors même que le domaine soutiendrait que, d'après la notoriété publique, il serait devenu propriétaire de l'immeuble revendiqué, par un acte de confiscation antérieur à 1830 (3).

---

(1) Req. 9 juillet 1878 (v. n° 812).

(2) L. 16 mai 1851, art. 13.

(3) Cons. d'Et. cont., 17 mai 1865. — Considérant que, par l'action portée devant le tribunal civil de Constantine entre l'Etat et les héritiers de Medjoura, ceux-ci revendiquaient divers immeubles provenant de la succession de leur auteur, et dont ils prétendaient n'avoir pas cessé d'être propriétaires; — Considérant que l'Etat oppose à leur demande la confiscation de ces biens qui, d'après la notoriété publique, aurait été ordonnée ou approuvée par le bey de Constantine, et qui aurait été suivie d'une prise de possession qui existait encore à l'époque de l'occupation française; que les héritiers de Medjoura contestent l'existence de la confiscation et le fait de la détention de ces immeubles par le gouvernement qui a précédé la conquête ou pour son compte;

Considérant que si l'article 18 de l'ordonnance du 8 novembre 1845 avait réservé la compétence du conseil de préfecture dans le cas où, pour établir les droits de l'Etat, le domaine alléguerait la possession de l'autorité existante avant l'occupation française, la loi du 16 juin 1851 a attribué aux tribunaux, d'une manière générale et absolue, la connaissance de toutes les actions immobilières intentées par le domaine de l'Etat ou contre lui-même en territoire militaire; qu'ainsi c'est à l'autorité judiciaire qu'il appartient de statuer sur le fond de la contestation... — Annulation.

867. Cette compétence des tribunaux civils ne comprend pas seulement les actions pétitoires et possessoires seules, mais toutes celles qui ont le caractère immobilier. Ainsi les actions en partage de biens immobiliers indivis, actions fréquentes en Algérie, n'appartiennent pas à la juridiction des tribunaux administratifs, mais à celle des tribunaux civils (1).

868. Mais la compétence de l'autorité judiciaire est soumise aux mêmes distinctions qu'en France. En Algérie comme en France, il n'appartient qu'aux tribunaux administratifs d'interpréter le sens et la portée des actes administratifs, et lorsqu'une question préjudicielle de nature administrative s'élève, les tribunaux civils doivent surseoir à statuer en réservant le fond (2).

---

(1) Trib. conf., 26 juillet 1873, voy. *supra*, n° 864.

(2) Cons. d'Et. 24 mars 1853. — Considérant que l'action intentée contre l'Etat, devant le tribunal civil de Blidah, par les héritiers Tulin, avait pour objet de faire reconnaître que les demandeurs sont légitimes propriétaires de l'immeuble connu sous le nom de *Haouch-Mouzaia*...; — qu'en réponse à cette demande, le préfet du département d'Alger a soutenu que l'autorité judiciaire était incompétente pour connaître de l'action intentée contre l'Etat, attendu que, par décision du mois de juillet 1845 passée en force de chose jugée, le gouverneur général de l'Algérie et le Ministre de la guerre ont déclaré que le Haouch-Mouzaïa appartenait au domaine de l'Etat, propriété du beylick ; — Considérant qu'il ne peut appartenir à l'autorité judiciaire de déterminer le caractère et la portée des décisions précitées, que d'ailleurs le préfet du département d'Alger soutient que cette appréciation a été faite par une décision rendue le 22 décembre 1849 par le Conseil d'Etat statuant au contentieux; que le sens et la portée de cette dernière décision étant contestés par les héritiers Tulin, il n'appartenait qu'à nous, en notre Conseil d'Etat, d'en donner l'interprétation; que, dès lors, le tribunal civil de Blidah a fait une juste appréciation des pouvoirs de l'autorité judicaire en se déclarant incompétent.

En ce sens, Cons. d'Et. cont. 22 décembre 1853, voy. *infrà*; Cons. d'Et. cont. 20 juin 1857.—Considérant que le préfet du département d'Alger, agissant au nom de l'Etat, a fait assigner le sieur Nicaise devant le tribunal de première instance de Blidah, pour entendre prononcer la résolution de la vente faite à son profit le 3 juillet 1843, par l'administration des domaines, d'un terrain à bâtir situé à Blidah...; que le sieur Nicaise a prétendu que la resolution de la vente ne pouvait être prononcée contre lui, et qu'il ne pouvait être tenu d'acquitter les arrérages de la rente qui forme le prix de son adjudication, attendu que la maison qu'il a contracté l'obligation de bâtir devait avoir sa façade sur la rue *Ben-Khedda*, dont l'ouverture n'a pas eu lieu par la faute de l'Etat...; que le préfet a soutenu que l'Etat avait rempli envers le sieur Nicaise toutes les obligations dont il était tenu vis-à-vis de lui...; que le préfet a présenté devant la cour d'Alger un déclinatoire et élevé un conflit à l'effet de revendiquer pour l'autorité administrative le droit de déterminer quelles obligations ont été imposées

Dans cet ordre d'idées, il a été jugé notamment que l'autorité judiciaire est incompétente pour déterminer le caractère et la portée des décisions rendues par le gouverneur général de l'Algérie et le Ministre de la guerre sur une contestation existant entre un particulier et l'État au sujet de la propriété d'un immeuble (1), ou pour déterminer le sens et la valeur

---

au sieur Nicaise et à l'Etat respectivement, par l'acte de vente du 3 juillet 1843; — Considérant que si, d'après l'article 13 de la loi du 16 juin 1851, les actions immobilières intentées par le domaine de l'Etat en Algérie, doivent être portées devant les tribunaux civils, le conseil de préfecture en Algérie est, d'après l'article 11 de l'arrêté du 9 décembre 1848, investi des mêmes attributions qu'en France; — Considérant que, d'après l'article 4 de la loi du 28 pluviôse an VIII, lorsque, dans une demande en rescision ou en nullité d'un acte de vente du domaine de l'Etat, faite dans la forme administrative, il s'élève des contestations sur le sens et la portée de l'acte d'adjudication, c'est au conseil de préfecture qu'il appartient de statuer sur ces contestations; que, dans la législation spéciale en Algérie, il n'existe aucune disposition contraire à celle de la loi du 28 pluviôse an VIII; qu'il suit de là que c'est avec raison que le préfet a élevé le conflit à l'effet de revendiquer pour l'autorité administrative le droit de déterminer, avant qu'il soit statué sur l'action en résolution de la vente du 3 juillet 1843, quelles sont les obligations qui résultent de l'acte d'adjudication, soit pour le sieur Nicaise, soit pour l'Etat. — Arrêté de conflit confirmé.

En ce sens encore, Cons. d'Et. cont. 21 décembre 1858 ; — Cons. d'Et. Cont., 28 mai 1868, voy. *supra*, n°865; Cons. d'Et. cont., 26 juillet 1873, voy. *supra*, n° 863; enfin Cass. civ., 20 novembre 1865. — La Cour, vu la loi des 16-24 août 1790, celle du 14 fructidor an III, — Attendu que Mangiovacchi, Rodin, Aubert, Malherbe et Berard étaient fondés sur l'article 5 du décret du 26 décembre 1873, ainsi conçu : « Les concessionnaires ne peuvent pas bénéficier sur les concessions ; ils traitent à forfait avec un ou plusieurs entrepreneurs pour chaque groupe de cinquante maisons ; puis ils remettront à chaque famille une de ces maisons à un prix équivalent à la cinquantième partie du prix de la construction du village. » — Attendu que pour repousser cette demande en restitution d'une portion du prix des maisons par elle remises aux colons, la compagnie genevoise de Sétif soutenait, contrairement à la prétention de ceux-ci, que ce prix devait être composé, non seulement du cinquantième du prix réglé à forfait avec les entrepreneurs pour la construction du village, mais encore des dépenses accessoires utilement faites pour son édification, telles que frais d'administration, de surveillance, d'envoi de fonds, de garde, sous la seule condition de ne pas bénéficier sur la construction; — Attendu que si le tribunal de Sétif avait été régulièrement saisi de ces demandes, il ne pouvait les apprécier qu'en interprétant le sens et la portée de l'article 5 du décret précité, qui, en raison de sa nature et de son but, présentait tous les caractères d'un acte administratif dont il n'appartenait qu'à l'autorité administrative, dont il émanait, de donner l'interprétation; qu'il y avait donc lieu par le tribunal de Sétif et la Cour d'Alger de surseoir à statuer au fond jusqu'à ce que cette interprétation eût été faite par qui de droit. — Casse.

(1) Cons. d'Et., 24 mars 1853, voy. *suprà*.

d'actes de confiscation décidés par l'ancien dey d'Alger avant la conquête (1).

De même encore lorsqu'à la demande formée devant le tribunal civil, par des indigènes, contre l'État, en délaissement de terres dont ils se prétendent propriétaires, le domaine oppose que le droit de propriété sur les terres, objets du litige, a été, à la suite d'une insurrection, et comme prix du pardon ou *amam* accordé, converti en un simple droit de jouissance, le jugement de la contestation échappe à l'autorité civile, car elle soulève désormais la question administrative et politique de savoir à quel titre la mainlevée a été opérée par l'autorité militaire et dans quelles conditions elle a eu lieu (2).

---

(1) Cons. d'Et. cont., 22 décembre 1853. — Considérant que, dans l'instance pendante devant la Cour d'Alger entre les héritiers de Mustapha-Pacha, dey d'Alger, mis à mort en 1805, et l'Etat, ces héritiers revendiquaient divers immeubles qui provenaient de la succession du dey Mustapha-Pacha, et dont ils pretendaient n'avoir pas cessé d'être propriétaires; — Considérant que l'Etat oppose à leur demande la confiscation des biens du dey Mustapha prononcée après sa mort par les deys ses successeurs, confiscation qui aurait compris les biens litigieux et qui aurait été suivie d'une prise de possession qui existait encore à l'époque de la domination française; — Considérant que les héritiers du dey Mustapha ne contestent ni l'existence de la confiscation, ni la détention des immeubles par le gouvernement qui a précédé la conquête; qu'ils soutiennent que cette confiscation ne s'est pas appliquée aux biens litigieux, en raison de la destinution que ces biens avaient reçue, et que la prise de possession n'a pas eu lieu à titre de biens confisqués, mais qu'elle a eu lieu, entre autres causes, dans l'exercice des pouvoirs de tutelle qui appartenaient aux deys d'Alger sur les enfants mineurs de Mustapha-Pacha; — Qu'en ces circonstances et avant faire droit, il y a lieu de reconnaître l'existence d'actes du gouvernement et de mesures politiques émanées des deys d'Alger, et de déterminer le caractère, le sens et la portée de ces actes; que c'est avec raison que, par son arrêté du 23 juin 1853, le préfet d'Alger a revendiqué pour l'administration la connaissance de ces questions préjudicielles. — Arrêté de conflit confirmé.

(2) Cons d'Ét. 7 aout 1856. Cons. que la demande portée devant le tribunal de Constantine par les héritiers de Mohamed ben Abdel'Kérim, avait pour objet de se faire reconnaître propriétaire de terres situées au territoire des Zardezas et de faire condamner le domaine de l'Etat à leur en délaisser la propriété, et, en outre, à 400,000 francs de dommages-intérêts; que le lieutenant général, faisant fonction de préfet, soutient à l'appui du conflit que les demandeurs sont non recevables dans leur demande en revendication, attendu que le territoire sur lequel sont situées les propriétés litigieuses, conquis en 1843, sur la tribu insoumise des Ouled Djebarra, a été constituée en territoire *arch*, et distribué aux tribus qui avaient demandé l'*amam* pour en jouir à titre précaire, et sous la condition de payer un impôt

869. La procédure relative aux instances domaniales diffère en quelques points de celle qui est suivie en France(1). Dans la métropole, les causes où le domaine est intéressé sont dispensées de préliminaires de conciliation, mais un mémoire doit être adressé, lorsque l'État est défendeur, au préfet, avec indication de la demande et des moyens sur lesquels elle est fondée, à peine de nullité de la procédure. L'affaire est communiquée ensuite au ministère public qui représente l'État comme *mandataire ad litem*. Mais les instances domaniales constituent des causes ordinaires jugées par les tribunaux en la forme accoutumée et sur débat oral. En Algérie, nulle action ne peut être intentée pour ou contre le domaine de l'État ou le domaine départemental sans qu'au préalable le demandeur ait fait signifier au défendeur un mémoire avec production de pièces à l'appui. Si l'action est intentée contre l'État ou le département, le demandeur doit faire élection de domicile au siège du tribunal compétent.

870. La notification du mémoire interrompt la prescription si elle a été suivie d'une assignation en justice.

871. Les parties défenderesses ont un délai de quarante jours pour notifier leur réponse. La notification a lieu de la part de l'administration dans la forme administrative.

872. La loi française fait de la signification préalable du mémoire une cause de nullité de l'instance; en Algérie, il doit être sursis à statuer tant que le demandeur ne justifie pas de l'accomplissement de la formalité (2).

873. La forme suivant laquelle les mémoires en demande et en défense doivent être établis n'a pas été déterminée par la loi algérienne, il en résulte que l'on peut considérer que

---

de guerre; que dans ces circonstances, il est nécessaire de reconnaître à quel titre l'autorité française, à la suite de l'expédition militaire de 1843, a pris possession des terres litigieuses et en a disposé au profit des tribus qui avaient fait leur soumission; que par sa nature cette question est de la compétence de l'autorité administrative: qu'ainsi c'est avec raison que l'arrêté de conflit en a revendiqué la connaissance, sauf aux demandeurs lorsqu'elle aura été résolue, à faire valoir devant l'autorité judiciaire, s'ils s'y croient fondés les droits de propriété antérieurs qu'ils prétendent avoir; — Arrêté de conflit confirmé.

(1) Déc. 28 décembre 1855.

(2) Déc. 28 décembre 1855, art. 3.

le vœu de la loi est rempli, dès qu'une signification d'écrits indiquant la demande ou la défense a été faite, et par exemple si des conclusions motivées ont été prises dans lesquelles les moyens des parties ont été exposés (1).

874. Après la signification des mémoires ou après l'expiration du délai de quarante jours pour produire la défense, le jugement peut être rendu sur les conclusions du ministère public, sans que les parties aient à faire aucun acte de procédure (2).

875. Le débat est, en principe, un débat écrit, ainsi qu'on le voit. Mais la loi n'interdit pas aux parties de faire choix d'un défenseur chargé de présenter oralement leur défense. Mais les frais résultant de cette constitution et de la plaidoirie doivent demeurer à la charge de la partie qui les a occasionnés (3).

876. De ce qu'après un délai de quarante jours écoulé sans réponse de la part du défendeur, le demandeur peut poursuivre l'audience, il ne résulte pas que le silence du premier rende le débat contradictoire et non susceptible d'opposition. Le droit commun, en l'absence de dispositions spéciales, reprend son empire et la Cour de cassation a décidé qu'en ce cas le jugement rendu était un simple jugement par défaut (4).

---

(1) Cass. Req. 2 aout 1858. — La Cour, sur le premier moyen pris de la violation de l'article 4 du décret du 28 décembre 1855. — Attendu que si l'art. 4 du décret précité dispose que « l'instruction aura lieu et le jugement sera rendu sur simples mémoires respectivement signifiés, » cet article ni aucun autre n'ont déterminé la forme des mémoires à signifier; — qu'il résulte du silence de la loi sur ce point que son vœu est rempli par la signification de tout écrit dans lequel les moyens des parties sont exposés; que, dans l'espèce, il appert des qualités de l'arrêt attaqué, qu'en réponse au mémoire signifié par le préfet, Me Bouriaud, avocat constitué par les appelants, a fait signifier des conclusions motivées dans lesquelles il exposait le droit de ses parties à la propriété de l'immeuble revendiqué par l'Etat; — Attendu, sous un autre rapport, que, si ce même article prescrit l'instruction écrite, il n'interdit pas le débat oral; qu'il résulte des constatations de l'arrêt attaqué que le préfet a constitué un défenseur, qu'il a pris part au débat oral, et que, dès lors, il ne peut arguer de nullité une forme de procédure autorisée par la loi, et dont il a pris lui-même l'initiative. Rejet.

(2) Déc. 28 décembre 1855, art. 5.

(3) Déc. 28 décembre 1855, art. 4.

(4) Cass. Req. 21 mai 1852.— La Cour attendu que la signification faite à la requête du Directeur général des affaires civiles en Algérie, le 22 juillet

877. Toutes significations d'actes judiciaires ou extra-judiciaires doivent être faites au préfet en la personne du directeur des domaines, et à son défaut, du receveur résidant au siége du tribunal compétent pour connaître de l'action. Ce fonctionnaire délivre récépissé des actes signifiés (1).

878. Dans les territoires militaires, les règles ci-dessus déterminées sont applicables, avec cette seule différence que le préfet est remplacé par le général commandant la division (2).

879. Toute transaction intéressant le domaine doit être approuvée par le gouverneur général. Il en est de même de tout acquiescement à un jugement qui a rejeté en première instance une demande de l'administration ou prononcé contre elle une condamnation (3). C'est là une application du principe que, pour transiger ou acquérir, il faut avoir la capacité de disposer. (C. civ., art. 2045.)

880. Le décret du 23 décembre 1855 dispose que les requêtes civiles et les tierces-oppositions, doivent être introduites selon la procédure qui vient d'être énumérée. Cette disposition se comprend en ce qui concerne les tierces-oppositions, qui sont de véritables instances ordinaires. Elle ne s'entend guère en ce qui concerne les requêtes civiles, si l'on veut bien songer que les instances de cette sorte sont soumises par le Code de procédure civile (art. 480 à 504) à des formalités particulières, dont la combinaison avec celles prescrites par le décret de 1855 ne se concilie pas aisément. Quoi-

---

1848, quoique postérieure de quatre jours à l'assignation que le sieur Ménadier avait fait délivrer à l'administration des domaines et de douze jours à l'expiration du délai d'un mois accordé à l'administration pour faire connaître sa réponse au mémoire préalable exigé par l'arrêté du 25 octobre 1841, ne peut perdre par cette seule circonstance le caractère qui lui appartient; — Attendu que cette signification n'est pas un mémoire en défense, pouvant rendre le débat contradictoire entre les parties ; — que cet acte ne contient ni discussion du droit du domaine, ni conclusions soumises au tribunal; qu'il se résume en une simple déclaration du domaine de ne pas vouloir accueillir la réclamation du sieur Ménager... — que c'est donc avec raison que l'arrêt attaqué a considéré le jugement du 10 février 1849 comme un jugement rendu par défaut contre lequel l'Etat a pu former opposition. — Rejet.

(1) Déc. 28 décembre 1855, art. 6.
(2) Déc. 28 décembre 1855, art. 9.
(3) Déc. 23 décembre 1853, art. 8.

qu'il en soit, le texte de l'article 7 du décret de 1855 est formel.

881. Nous avons vu plus haut que l'État était en Algérie propriétaire ou détenteur d'un grand nombre de biens séquestrés, et chaque jour ce domaine s'accroît de nouveaux immeubles que des actes insurrectionnels commis par des indigènes contraignent de placer sous la mainmise du gouvernement (V. nos 802 et suivants). La possession de tous ces biens a donné lieu à une législation administrative spéciale.

Les formes et les effets du séquestre sont restés longtemps indéterminés. Cette matière qui avait fait l'objet, en 1834 (1) et en 1840 (2), d'arrêtés spéciaux a été, par une ordonnance du 31 octobre 1845 encore en vigueur, réglementée dans tous ses détails.

882. Le séquestre apposé sur les biens possédés par les Turcs et les Arabes avant 1845 a été maintenu d'une manière générale par l'article 1er de cette ordonnance ; mais en même temps il a été admis que les individus, dont les biens avaient été saisis, pourraient en demander la mainlevée sous certaines conditions. Celles-ci étaient que les indigènes n'eussent pas été, au moment où le séquestre avait été mis, dans un des cas autorisant à l'avenir l'apposition du séquestre ; qu'ils fussent établis en Algérie et enfin qu'ils eussent demandé en *personne* et en se présentant effectivement la mainlevée dans un délai d'un an (3). Les mainlevées devaient être prononcées par le Ministre de la guerre (4). La mainlevée des biens sequestrés ne donnait droit qu'à la restitution des fruits perçus depuis la demande, et, enfin en cas de vente antérieure des biens séquestrés à tort, l'ancien propriétaire n'avait droit qu'au prix de la vente reçu par l'État (5). Ces dispositions et les questions juridiques qu'elles ont fait naître n'ont plus aujourd'hui qu'un intérêt historique.

883. Statuant pour l'avenir, l'ordonnance de 1845 a décidé que désormais le séquestre ne pourrait être établi que sur les

---

(1) Arr. 24 avril 1834.
(2) Régl. 1er décembre 1840.
(3) Ord. 31 octobre 1845, art. 2, 3, 4, 5, 8.
(4) Ord. 31 octobre 1845, art. 5.
(5) Ord. 31 octobre 1845, art. 7 et 9.

biens des indigènes et si ceux-ci ont : 1° commis des actes d'hostilité soit contre les Français, soit contre les tribus soumises à la France, ou porté, soit directement soit indirectement, assistance à l'ennemi, ou enfin entretenu des intelligences avec lui; — 2° abandonné, pour passer à l'ennemi, les propriétés et les territoires qu'ils occupaient; l'abandon et le passage à l'ennemi sont présumés, en cas d'insurrection, à l'égard de ceux qui sont absents de leur domicile, depuis plus de trois mois, sans permission de l'autorité française (1).

La loi du 17 juillet 1874 sur les incendies des forêts ajoutant à ces cas de séquestre, a également autorisé la mainmise sur les biens des indigènes habitant autour d'une forêt incendiée, lorsque les incendies, par leur simultanéité ou leur nature, dénotent un concert préalable (2).

884. Lorsqu'une tribu ou un indigène n'est pas propriétaire mais détenteur d'une terre azel, ou faisant partie du Bled el Maghzen, il n'y a pas lieu, cela va sans dire, à séquestre; mais s'ils se mettent, soit par un acte insurrectionnel, soit par une émigration, dans un des cas où le séquestre pourrait être prononcé, l'État reprend immédiatement possession de la terre abandonnée (3).

885. Le séquestre apposé sur les biens d'un indigène est un acte de haute administration qui n'est pas susceptible d'un recours contentieux, lorsqu'il est nominatif et spécial. Au gouvernement seul, en effet, appartient de décider si un acte à le caractère insurrectionnel. Mais si le séquestre au lieu d'être nominatif et individuel est collectif et frappe tous les biens des individus d'une tribu ayant abandonné leur territoire, la question devient une simple question de fait que les tribunaux civils ont le droit d'apprécier, car la question devient, en ce cas, une véritable question de propriété privée. C'est, du moins, ce que le Conseil d'État, statuant comme tribunal des conflits, a décidé à la date du 12 décembre 1863 (4).

(1) Ord. 31 octobre 1845, art. 10.
(2) Loi du 17 juillet 1874, art. 6 § 3.
(3) Arr. 16 avril 1846.
(4) Cons. d'Et., cont. 12 décembre 1863. — Vu l'arrêté de conflit pris, le 13 juin 1863, par le préfet du département d'Oran, dans une instance pendante devant la Cour d'Alger, entre le sieur Régis Cély et le préfet représen

886. Aucun séquestre ne peut être établi que par un arrêté du gouverneur général, le conseil du gouvernement préalablement entendu. L'arrêté indique les causes du séquestre. L'ordonnance de 1865 prescrivait de soumettre tout arrêté de séquestre au Ministre de la guerre qui devait statuer définitivement. Mais ces dispositions ont été implicitement abrogées par le décret du 10 décembre 1860, et le gouverneur général statue seul aujourd'hui. La décision du gouverneur général n'est susceptible d'aucun recours contentieux; sa décision ne

---

tant l'Etat; — Vu, l'exploit introductif d'instance par lequel le sieur Cely assigne le préfet d'Oran à comparaître devant le tribunal de première instance de Tlemcen pour s'entendre condamner à payer au requérant la somme de 396,000 francs avec intérêts de droit et dépens, comme indemnité de l'occupation de diverses parcelles de terrain lui appartenant; — Vu à la date du 7 avril 1863, le mémoire en déclinatoire par lequel le préfet d'Oran, exposant que les terrains revendiqués par le sieur Cély, proviennent des frères Mohamed et Ibrahim-ben-Sari, indigènes, habitants de Tlemcen au moment de l'occupation; que ces terrains ont été frappés de séquestre en vertu de l'arrêté du 14 février 1842 et des instructions du gouverneur général en date du 23 février 1843; que le Ministre de la guerre est seul compétent pour constater le fait du sequestre et ordonner, s'il y a lieu, la mainlevée, et, dans ce cas, règler aux termes de l'article 30 de l'ordonnance de 1845, les indemnités qui pourraient être dues à raison des terrains qui, antérieurement à la demande du dernier, auraient éte affectés à des services publics, conclut à ce qu'il plaise au tribunal se déclarer incompétent et renvoyer le sieur Cély à se pourvoir devant l'autorité compétente; — Vu le jugement du 7 mai 1863 par lequel le tribunal de première instance de Tlemcen, après avoir établi que le séquestre existe et qu'il ne saurait dès lors appartenir au tribunal de déterminer ni d'accorder l'indemnité demandée, faisant droit au déclinatoire s'est déclaré incompétent;—Vu l'acte d'appel, etc... — Considérant que devant le tribunal de première instance de Tlemcen, le sieur Cély réclamait du préfet d'Oran comme représentant du domaine de l'Etat, l'indemnité à laquelle il prétend avoir droit pour occupation par le domaine de diverses parcelles de terrain par lui acquises des indigènes Mahomed et Ibrahim ben Sadi; qu'à cette demande le préfet du département d'Oran oppose l'existence du séquestre dont seraient frappés les biens dont il s'agit et revendique pour l'autorité administrative la connaissance de cette question préjudicielle; — Considérant que l'arrêté du 14 février 1842 ne place sous sequestre que les propriétés des habitants de Tlemcen qui ont abandonné la ville pour suivre l'ennemi; qu'ils ont continué de gérer leurs biens dont ils sont restés en possession, et que ce n'est qu'en 1856 qu'ont éte faites par l'administration du domaine, sur diverses parcelles, les entreprises à raison desquelles le sieur Cely, acquereur desdits indigènes, réclame l'indemnité; que dans ces circonstances il n'y a lieu de réserver pour l'autorité administrative la connaissance de la question préjudicielle revendiquée par le préfet; — Est annulé l'arrêt de conflit. V. en ce sens, Cons. d'Et. 3 juillet 1855. L. 55, p. 489. — Cons. d'Et. 7 juin 1865. L. 65, 612.

saurait donc être annulée ni par le conseil de préfecture (1) ni par le Conseil d'Etat (2), ni par les tribunaux civils (3).

---

(1) Cons. d'Et., cont. 22 juillet 1847. — Considérant qu'aux termes de l'article 74 de l'ordonnance du 15 avril 1845 le conseil du contentieux de l'Algérie ne connaît que des matières qui sont déférées en France au conseil de préfecture, qu'aucune loi ne confère en France aux conseils de préfecture le pouvoir de statuer sur les contestations relatives à l'établissement des séquestres, et qu'aucune disposition de la législation spéciale de l'Algérie n'attribue au conseil du contentieux la connaissance de ces contestations; que c'est donc à tort que le conseil du contentieux a statué sur l'existence du séquestre dont il s'agit et condamné le sieur Durand aux dépens; — Annulation. — En ce sens, Cons. d'Et. cont. 2 février 1850.

(2) Cons. d'Ét., cont. 30 août 1842, 5 sept. 1842, 1er février 1844; L. 44-51, 24 juill. 1845. L. 45, 399; 18 nov. 1846. — Louis-Philippe, etc. Cons. que par suite de l'occupation d'Alger, un séquestre a été établi sur l'immeuble dont il s'agit, et que la réclamation contre l'étendue et les effets de cette mesure n'est pas de nature à nous être soumise par la voie contentieuse. — Rejet.

(3) Cons. d'Etat., cont. 24 nov. 1877. Cons. qu'il est constaté au procès que l'Etat a pris possession de l'immeuble litigieux au lendemain de la conquête de Tlemcem ; Cons., etc., etc.... Cons. que le fait du séquestre étant ainsi établi, il ne saurait appartenir aux conseils de préfectures ni aux tribunaux judiciaires de décider si cette mesure de haute administration a été prise régulièrement; que la mainlevée du séquestre, mesure nécessaire et préalable à l'instance en revendicatio n ne peut être obtenue qu'en se conformant aux dispositions de l'art. 5 de l'ordonnance du 31 octobre 1845, auxquelles la loi du 16 juin 1851 n'a pas dérogé ; — Cons. que ledit article investit le ministre de la guerre, dont les pouvoirs ont été transmis successivement au ministre de l'Algérie et au gouverneur général de l'Algérie, du droit de statuer définitivement sur ces sortes de demandes; Cons. que, dans cette situation, la Cour d'app el d'Alger et le conseil de préfecture d'Oran étaient également incompétents pour statuer sur l'action en revendication portée devant eux; qu'ainsi le conflit négatif n'existe pas; — Rejet.

Cass. 13 fév. 1857, D. P. 56, I. 460. — Cass. Req. 2 janv. 1866. — La Cour, Att. qu'après la conquête de l'Algérie, les biens immeubles appartenant au dey d'Alger, aux beys et aux Turcs sortis du territoire de la régence ont été séquestrés et placés sous la régie de l'administration des domaines; que cette mesure fondée au moment où elle a été prise, ne peut, eu égard à son caractère exceptionnel, être appréciée dans son application, selon les règles du droit commun et ne peut, dans aucun cas, donner lieu vis-à-vis des domaines à la compétence des tribunaux civils; que c'est, en effet, ce qui a été formellement décidé, tant par les arrêtés du 8 septembre 1830 et 10 juin 1831, qui ont ordonné le séquestre que par les autres actes qui l'ont régularisé depuis, et notamment par l'ordonnance royale du 31 octobre 1845; — Att. qu'il résulte de l'arrêt attaqué, de l'arrêt du Conseil d'État du 4 juillet 1845, qui y est rappelé, ainsi que d'un jugement du tribunal civil d'Alger, du 16 août 1844, passé en force de chose jugée, que l'immeuble revendiqué par le demandeur a été placé sous le séquestre; et que ce séquestre n'a pas été levé par l'autorité gouvernementale ; que dès lors, c'est avec juste raison que la Cour d'Alger s'est déclarée incompétente pour statuer sur ladite action en revendication. — Rejette.

887. L'autorité compétente pour statuer sur la mise sous sequestre, l'est aussi pour interpréter ses propres décisions. Quand il y a lieu de rechercher le sens d'un arrêté de sequestre, c'est donc au gouverneur général, et non au conseil de préfecture, ni au Conseil d'Etat, que les intéressés doivent s'adresser. Mais quoique la décision du gouverneur général soit définitive et sans appel, la jurisprudence du Conseil d'Etat a cependant admis que les décisions interprétatives rendues par le gouverneur général étaient susceptibles de recours lorsqu'elles violent des droits acquis (1). En effet ces décisions réagissant sur le passé, peuvent constituer des violations de droits même dans les cas où la matière n'admet pas ordinairement le recours contentieux.

888. Dans les cas urgents, le sequestre peut être apposé par les commandants militaires, sous la condition d'en référer immédiatement au gouverneur général qui statue dans les formes ordinaires (2).

889. Le séquestre, ayant pour effet de porter des atteintes

---

(1) Cons. d'Ét., cont. 23 déc. 1848, L. 58.738; Cons. d'Ét., cont. 29 déc. 1858, L. 53. 763 (v. supra n. 21). Cons. d'Ét. Cont. 23 décembre 1858. — Sur les conclusions du sieur Lenellard tendant à ce qu'il soit déclaré que la décision du 11 avril 1857, par laquelle notre ministre de la guerre a donné l'interprétation des deux décisions du 22 juin 1847 et du 11 août 1854, n'a pu nous être déférée par la voie contentieuse, attendu que, rendue en matière de séquestre, elle émane du pouvoir discrétionnaire du ministre de la guerre ; — Cons. que le sieur Jullienne attaque cette décision par le motif qu'elle serait contraire aux décisions qu'elle prétend interpréter, et porterait atteinte aux droits acquis en vertu de ces decisions, ce qui constituerait un excès de pouvoir ; que sous ce rapport, cette décision peut nous être déférée par la voie contentieuse;—Cons.que si, par sa décision du 22 juin 1847, notre ministre de la guerre a ordonné que la maison indiqué sous le n° 666 du plan de Blidah, serait restituée au sieur Lenellard qui en était devenu acquéreur, cette décision n'a levé, ni pour le tout ni pour partie, le séquestre qui avait été apposé en 1840, sur les propriétés de Abd-el-Rhaman el Malassi; que la décision du 11 août 1854, qui porte que le reste de 372 francs formant le prix de vente de la maison n° 666, était comme les autres biens d'Abd-el-Rhaman-el-Malassi, placé sous séquestre n'est pas contraire à la décision du 22 juin 1847 ; qu'ainsi notre ministre n'a pas commis un excès de pouvoir, en déclarant dans la décision attaquée par interprétation des deux décisions précitées de 1847 et de 1854, que le séquestre n'avait pas cessé d'exister, depuis son apposition sur les biens d'Abd-el-Rhaman-el-Màlassi, et, dès lors, qu'il était encore en vigueur au 15 mai 1854, date de la cession qui a été faite au sieur Jullienne de la rente de 372 francs. — Rejet.

(2) Ord. 31 oct. 1842, art. 11.

graves aux droits de propriété, tant vis-à-vis du saisi que vis-à-vis des tiers, il est nécessaire que la plus grande publicité entoure toute mesure de cette nature; l'ordonnance de 1845 prescrit donc la publication de tout arrêté en français et en arabe, dans les journaux officiels. Cette publication a pour effet d'arrêter immédiatement tout droit de transmettre la propriété ou des droits réels quelconques entre les mains des propriétaires (1).

890. Lorsque l'arrêté de séquestre ne désigne pas nominativement les individus dont les biens sont atteints par le séquestre, le gouverneur général en fait dresser des états nominatifs qui sont arrêtés sur l'avis du conseil de gouvernement (2). Les états comme l'arrêté de séquestre sont publiés dans la même forme. L'administration des domaines, dès que le séquestre contre un individu est prononcé, doit rechercher les biens qu'il peut posséder. Cette recherche étant donnée, l'absence de matrice cadastrale de la propriété arabe et le défaut de publicité de transmission du droit musulman, est fort délicate, et a donné lieu dans la pratique à de nombreuses contestations judiciaires (3).

891. Les dispositions de l'ordonnance de 1845 relatives aux effets de l'arrêté de sequestre sont à peu près copiées sur celles des décrets de 1792 et 1793 sur les biens séquestrés des émigrés. Les solutions de la jurisprudence des tribunaux français sur les difficultés soulevées par l'application de ces lois se peuvent donc, presque toutes, appliquer aux instances auxquelles donne lieu l'ordonnance de 1845.

892. Les biens placés sous séquestre sont régis par l'administration des domaines. Elle est tenue de respecter les actes d'amodiation consentis antérieurement par les propriétaires. Mais les droits qu'elle peut exercer sont plutôt ceux d'une administration judiciaire que ceux d'un propriétaire. Ainsi elle ne peut consentir de baux pour un temps excédant neuf années (4).

(1) Ord. 31 oct. 1845, art. 12 et 20.
(2) Arr. 31 mars 1875.
(3) Ord. 31 oct. 1845, art. 2.
(4) Ord. 31 oct. 1845, art. 13.

893. Si les biens consistent en maisons ou bâtiments dont l'état de dépérissement soit constaté, l'administration les peut vendre, sur les propositions du gouverneur général, et dans les mêmes formes que les biens domaniaux, c'est-à-dire en vertu d'un arrêté du gouverneur général rendu sur l'avis du conseil de gouvernement, si l'immeuble est d'une valeur inférieure à 10,000 francs et par décret, si la valeur est supérieure (1).

894. La mainmise des domaines a pour effet principal d'empêcher non seulement le propriétaire de disposer de sa chose, mais surtout d'en jouir d'une manière quelconque jusqu'au jour où la mainlevée lui est accordée. A partir de l'arrêté de séquestre, les loyers, les fermages, les fruits, les rentes doivent être versés dans les caisses de l'État; les sommes dues au séquestré, les offres faites par ses débiteurs, les payements qui lui sont faits sont remis au receveur des domaines. Il y a plus, les détenteurs, dépositaires, administrateurs, gérants, fermiers, locataires de biens, les débiteurs de rentes, créances, droits incorporels de toutes sortes, atteints par le séquestre doivent, dans le délai de trois mois de la publication de l'arrêté de séquestre, faire la déclaration de ce dont ils peuvent être redevables. Et à défaut de cette déclaration, une amende qui peut aller jusqu'au quart de la valeur des biens non déclarés peut être prononcée contre eux par les tribunaux judiciaires et administratifs (2). Et il a été jugé à cet égard qu'un locataire de bien séquestré devait se refuser à payer au propriétaire les arrérages arriérés du bail qui lui avait été consenti par l'ancien propriétaire (3).

895. L'arrêté de séquestre paralyse les droits du propriétaire; celui-ci ne peut donc consentir désormais aucun acte de nature à porter préjudice aux intérêts de l'État. Quant aux actes antérieurs, pour être valables, il faut qu'ils émanent du propriétaire et aient une date certaine; ensuite, qu'ils aient été dénoncés à l'administration avec demande d'admission appuyée des titres à l'appui, dans le délai d'un an, à

(1) Ord. 31 oct. 1845, art. 13.
(2) Ord. 31 oct. 1845, art. 14, 15, 16, 17, 18 et 19.
(3) Alger, 23 nov. 1847.

partir du jour de la publication de l'arrêté de séquestre (1).

896. Les actes consentis par le séquestré pendant le sequestre ne sont pas nuls à l'égard des parties au profit desquelles ils ont été consentis; mais ils ne sont pas valables à l'encontre de l'État ou de tous ses ayants droit (2).

897. Les inscriptions hypothécaires et les privilèges constitués au profit de tiers, doivent être transcrites dans le délai d'un an ci-dessus fixé ; cette disposition est prescrite à peine de nullité de l'inscription tardive (3).

898. Les droits établis sur les biens par le séquestré, antérieurement à la publication de l'arrêté de séquestre, au cas où ils consistent en une créance déterminée, ne donnent pas aux titulaires le droit d'en exiger de l'administration du domaine le remboursement. Les créances admises ne peuvent, en effet, être payées que lorsque les biens séquestrés sont définitivement réunis au domaine, et jusqu'à concurrence seulement de la valeur totale des biens. Par la mainmise, le domaine ne se substitue pas au débiteur, et ce n'est que lorsque la propriété est assise sur la tête de l'État, que ce dernier doit payer ce que pouvait devoir celui dont il a confisqué les droits. Si le passif reconnu du séquestré est supérieur à son actif, les biens saisis doivent être vendus pour leur produit en être distribué dans un ordre ou une contribution judiciaire régulièrement ouverte, selon qu'il s'agit d'immeubles ou de meubles (4).

899. Le séquestre apposé peut être levé, soit spontanément, par grâce spéciale et en vertu de l'autorité souveraine, soit sur la demande du séquestré. Aucun délai n'est fixé au premier cas; au second cas, la demande doit être adressée dans le délai de deux ans, à partir de la publication de l'arrêté de séquestre (5).

900. La décision qui intervient, qu'elle admette la demande en mainlevée ou la rejette, est un acte de haute administra-

---

(1) Ord. 31 oct. 1865, art. 21 et 22. Cons. d'Ét. Cont. 23 janvier 1880. L. 80. 84. Cons. d'Ét. Cont., 19 janvier 1877. L. 77. 64.

(2) Alger, 25 nov. 1847.

(3) Ord. 31 oct. 1845, art. 21.

(4) Ord. 31 oct. 1845, art. 24.

(5) Ord. 31 oct. 1845, art. 26 et 28.

tion, inattaquable par la voie contentieuse, comme la mesure même qui a prononcé le séquestre (1).

901. Aucune condition, non plus qu'aucun délai, n'est fixée pour les décisions qui prononcent spontanément la mainlevée du séquestre. Mais les demandes régulières doivent établir ou que le propriétaire des biens séquestrés n'est pas l'individu désigné dans l'arrêté du séquestre, ou qu'il ne s'est rendu coupable d'aucun des faits énoncés dans les motifs de l'arrêté. Les confusions engendrées par la similitude absolue des noms d'un grand nombre d'indigènes, nécessitaient absolument la première de ces réserves du législateur, et la seconde trouve son explication dans une raison d'équité (2).

902. Que les biens soient restitués par grâce directe ou sur demande, ils sont rendus dans l'état où ils se trouvent au moment de la restitution; et si dans l'intervalle ils ont été affectés à un service public, le droit du propriétaire se résout en une indemnité dont le chiffre est arbitré par les tribunaux administratifs (3). Pour fixer cette indemnité, les tribunaux peuvent procéder comme ils l'entendent et prendre les éléments de leur décision dans tels documents qu'ils jugent convenables. Ils doivent seulement la liquider en une somme capitale; mais ils ne sont pas tenus, comme en matière d'expropriation, de faire précéder leur examen d'une expertise judiciaire sur la valeur de l'immeuble (4).

---

(1) Ord. 31 oct. 1845, art 3, 5 et 26.

(2) Ord. 31 oct. 1845, art. 25.

(3) Ord. 31 oct. 1845, art. 27, 30 et 32.

(4) Cons. d'Ét. Cont. 19 juin 1856. — Cons. que la décision du ministre de la guerre qui a reconnu définitivement les droits de propriété de Kaïm Durand, a été rendue le 10 octobre 1845, postérieurement à l'ordonnance du 31 octobre 1845, portant règlement sur le séquestre; que, dès lors la liquidation de l'indemnité, qui était la conséquence de cette décision et pour le règlement de laquelle le sieur Kaïm Durand était renvoyé devant le conseil d'administration, a dû être opérée sous l'empire de ladite ordonnance; — Cons. qu'aux termes de l'art. 30 de cette ordonnance, l'indemnité dont il s'agit devait être réglée par le conseil d'administration, conformément aux dispositions de l'art. 47 de l'ordonnance royale du 10 octobre 1844, qui se borne à déclarer que l'indemnité sera liquidée en une somme capitale; — Cons. qu'en se référant uniquement à l'art. 47, l'ordonnance de 1845 a exclu les formalités prescrites par les autres articles de l'ordonnance du 10 octobre 1844, et notamment l'expertise dont il est parlé dans les art. 38 et 39 de ladite ordonnance; que dès lors le sieur Rozan n'est point fondé à soutenir que l'indemnité à revenir à Kaïm Durand aurait dû être liquidée après expertise. — Rejet.

903. Les biens séquestrés que le gouvernement ne rend pas spontanément, ou sur demande, dans un délai de deux années, ou à l'égard desquels il repousse la demande du propriétaire, sont réunis définitivement au domaine de l'État. Lorsque le séquestre est établi collectivement sur des terres, villes ou villages abandonnés en masse par la population, l'arrêté de séquestre peut prononcer immédiatement la réunion au domaine de l'État et, en conséquence, les affecter à un service public, ou les distraire, soit pour en faire l'objet de récompenses à des indigènes demeurés fidèles, soit pour les concéder à des Européens (1). C'est ainsi qu'à l'origine de la conquête, les villes de Blidah, Cherchell, Koléah abandonnées en masse par leurs habitants, ont été peuplées de colons européens (2).

904. Les arrêtés de séquestre touchent à trop d'intérêts privés pour ne pas susciter de nombreux et longs débats judiciaires. L'ordonnance du 31 octobre a attribué aux tribunaux administratifs la connaissance de toutes le contestations qui portent sur l'arrêté de séquestre, dans le cas où il peut être attaqué, et sur les effets de cet arrêté à l'égard du domaine, et aux tribunaux civils celles qui ont pour objet la revendication par des tiers des biens séquestrés ou la réclamation de droits établis sur eux. Cette distinction est importante à saisir. C'est ainsi qu'il a été jugé qu'en Algérie les tribunaux civils sont compétents pour statuer sur la propriété d'un terrain contesté entre l'État et un particulier, alors que l'État se borne à alléguer l'existence d'un séquestre sans produire aucun acte administratif à l'appui, dont l'interprétation soit nécessaire (3).

905. Nous avons déjà vu plus haut (n° 885) que le droit de haute administration du gouverneur général de prononcer le séquestre, sans recours possible contre sa décision, bien que consacré par la jurisprudence du Conseil d'État, n'empêchait pas le recours si le gouverneur général avait interprété son arrêté de séquestre. Il nous semble aussi que si les formalités prescrites par les articles 10 et suivants de l'ordonnance de 1845, n'avaient pas été observées, le recours pour excès

(1) Ord. 31 oct. 1845, art. 28 et 29.
(2) Arr. 20 sept. 1840; —Arr. 1er oct. 1840.
(3) Cass. Req. 12 mars 1872.

de pouvoir serait recevable. En tout cas, il est certain que les tribunaux administratifs ayant à apprécier les droits des tiers sur les biens séquestrés, les doivent examiner, en tout état de cause, et prononcer sur leur légitimité. En effet, bien que des tiers n'aient pas un droit vis-à-vis de l'État, au cas où leurs titres n'ont pas date certaine antérieure à l'arrêté de séquestre, ils peuvent toujours obtenir, à titre gracieux, ce qui ne saurait leur être concédé à titre contentieux. C'est ce que le Conseil d'État a jugé à la date du 27 novembre 1874 (1).

906. A la suite de l'insurrection de 1871, des mesures exceptionnelles ont dû être prises contre les insurgés. La révolte

(1) Cons d'Ét. cont. 27 nov. 1874. — Le conseil, cons. que le sieur Tabet avait réclamé de l'État, comme détenteur, par suite de séquestre, des biens du sieur Mokrani une somme de 3,400 francs, qu'il prétendait lui être due par Mokrani, pour vente de marchandises et qu'il a produit à l'appui de sa demande devant le conseil de préfecture de Constantine : 1° deux billets à ordre de mille francs chacun, souscrits par Mokrani ; 2° Un extrait de ses livres de commerce pour le surplus de la somme ; — Cons. que le conseil de préfecture s'est borné à rejeter les titres produits par le sieur Tabet, sans statuer sur le fonds de sa demande, par application de l'art. 22 de l'ordonnance du 31 octobre 1845 ; — Mais considérant que si, aux termes dudit article, aucun titre de créance sur un individu frappé de séquestre ne peut être admis par le conseil de préfecture, s'il n'a une date certaine antérieure au séquestre, il résulte de l'art. 23 de la même ordonnance, que tout en rejetant les titres comme n'établissant pas à lui seul la créance, le conseil de préfecture doit examiner à fond la légitimité prétendue des droits des créanciers ; qu'ainsi c'est à tort que le conseil de préfecture de Constantine, en rejetant les titres produits par le sieur Tabet, comme n'ayant pas date certaine antérieure au séquestre, n'a pas statué sur la légitimité de la créance du sieur Tabet. — Annulation.

Cass. Req. 12 mars 1872. — Att. qu'aux termes de l'art. 13 de la loi du 16 juin 1851, sur la constitution de la propriété en Algérie, les actions immobilières intentées pour le domaine ou contre lui, doivent, en territoire civil, être portées devant le tribunal civil de la situation des lieux ; — Att. qu'il y a dérogation à cette règle lorsqu'aux termes de l'art. 6 du règlement général sur le séquestre en date du 1er décembre 1840, il y a constatation sur le fait administrativement constaté et donnant lieu à l'apposition du séquestre ou à la reprise de possession ; — Que dans ce cas il convient d'apprécier et d'interpréter un acte administratif, que cette interprétation est du ressort de l'autorité administrative ; — Att. que dans l'espèce, l'arrêt attaqué constate que l'État n'a produit aucun acte administratif pour établir que les auteurs du défendeur éventuel auraient abandonné le territoire de Tlemcen et le terrain litigieux pour passer à l'ennemi ; — que l'arrêt ajoute que les attributions de l'État ne sont pas suffisamment justifiées ; — qu'en jugeant ainsi, l'arrêt attaqué n'a violé aucun texte de loi. — Rejet.

avait éclaté sur un vaste territoire, il était impossible de prendre des arrêtés individuels de séquestre; un arrêté général a dû intervenir, approuvé par le gouvernement central, qui a frappé de séquestre les biens de toute nature, collectifs ou individuels, des tribus où des indigènes qui avaient commis des actes d'hostilité (1). Une faculté de rachat moyennant transaction a été établie en faveur des anciens propriétaires des biens frappés (2). Le séquestre général devait être et a été régularisé ensuite par des arrêtés spéciaux et nominatifs. Mais pour l'établissement de ces arrêtés, des commissions, dites de séquestre, ont été instituées dans les deux départements d'Alger et de Constantine, à l'effet de formuler des propositions pour l'apposition effective ou la mainlevée du séquestre, pour le choix des terres à affecter au peuplement français, pour la désignation des terres à abandonner aux indigènes séquestrés, et enfin, pour l'indication des terres susceptibles de rachat par les séquestrés (3). Des instructions spéciales furent adres-

---

(1) Arr. 31 mars 1871.

(2) D. 30 juin 1877.

(3) Arr. 3 avril 1872. — Art. 1er. Il est institué dans chacune des provinces d'Alger et de Constantine, une commission de séquestre, composée ainsi qu'il suit :

Un conseiller à la Cour d'appel d'Alger, désigné par le gouverneur général, président;

Un délégué de la commission départementale, où, à défaut, un conseiller de préfecture désigné par le préfet :

Le directeur des domaines, ou son délégué;

Un officier employé dans l'administration des affaires indigènes, désigné par le gouverneur général;

En outre, mais seulement dans l'étendue de leurs circonscriptions électorales ou administratives :

Le conseiller général de la circonscription (et jusqu'à la réélection du conseil général d'Alger, l'ancien conseiller général de cette circonscription);

Le sous-préfet, ou l'officier supérieur administrateur d'arrondissement-cercle;

Le maire de la commune, ou l'administrateur de la commune indigène.

Art. 2. — La commission formulera des propositions :

1° Pour la mainlevée du séquestre, en faveur des individus en situation d'invoquer le bénéfice de l'un des cas énoncés en l'art. 25 de l'ordonnance du 31 octobre 1845;

2° Pour l'apposition effective du séquestre sur les biens de tous ceux qui, ayant encouru les dispositions de l'arrêté du 31 mars 1871, n'y auraient point encore été soumis;

3° Pour l'indication de celles des terres séquestrées à affecter au peuple-

sées aux membres de ces commissions, leur mission consistait principalement à procéder à un examen approfondi des divers arrêtés de séquestre et à vérifier les faits de la participation des séquestrés aux faits insurrectionnels (1).

---

ment français, dans les conditions du titre 2 du décret du 16 octobre 1871.

4° Pour la désignation de celles des terres séquestrées qui, jugées impropres à cet usage, pourront être abandonnées aux indigènes atteints par le séquestre :

Soit en compensation des terres affectées à la colonisation en vertu du paragraphe précédent :

Soit, à titre gracieux, en faveur de ceux qui ayant, notoirement ou de leur propre aveu, pris part à la révolte, renonceront au bénéfice du délai de deux années imparti par l'article 28 de l'ordonnance du 31 octobre 1845 précitée.

5° Pour la désignation de celles des terres séquestrées qui, inutilisables aux deux points de vue ci-dessus, peuvent être purement et simplement remises à leurs propriétaires, moyennant rachat du séquestre.

Art. 3. — En dehors des terres séquestrées, chacune des commissions provinciales est en outre autorisée à négocier, soit avec les propriétaires de biens melk non grevés de rahnia ou autres droits analogues, soit avec les djemmâas des douars ou tribus en possession de terres arch, des projets de transaction ayant pour objet de livrer des terres à la colonisation.

La compensation en terres ou en argent offerte aux indigènes ne pourra excéder ni les ressources domaniales déjà existantes ou rendues disponibles par les opérations mentionnées à l'article précédent, ni le montant des sommes encaissées à titre de rachat du séquestre.

Art. 4. — Les indigènes attributaires des terres données en compensation de celles qui auront été définitivement réunies au domaine de l'État, en vertu des dispositions des art. 2 et 3 ci-dessus, seront individuellement et immédiatement mis en possession des lots qui leur auront été assignés.

Des titres de propriéte enregistrés et transcrits leur seront délivrés, aussitôt après la promulgation de la loi en élaboration sur la propriété en Algérie, et conformément aux dispositions de cette loi, art. 5.

(1) Circul. 27 avril 1872. — Le 31 mars 1871, le commissaire extraordinaire de la République a rendu un arrêté pour frapper de séquestre les biens de toute nature, collectifs ou individuels, des tribus ou des indigènes qui avaient commis ou commettraient les actes d'hostilité déterminés par l'article 10 de l'ordonnance du 31 octobre 1845.

Ledit arrêté a été approuvé par le ministre de l'intérieur, sous la date du 7 mai 1871.

Le gouverneur général, pour se conformer aux prescriptions de l'art. 2 de l'arrêté de principe du 31 mars 1871, a pris des arrêtés spéciaux et nominatifs sur les propositions des autorités compétentes, pour régulariser la disposition générale de l'art. 1er dudit arrêté du 31 mars 1871.

Mais il est possible qu'un certain nombre d'indigènes, qui ont commis les actes d'hostilité déterminés par l'art. 10 de l'ordonnance du 31 octobre 1845, aient échappé aux premières investigations. D'un autre côté, des re-

Domaine départemental et communal.

907. Le domaine départemental se compose, en Algérie, des mêmes éléments qu'en France. Ils ont été déterminés par l'article 8 de la loi du 16 juin 1851, de la manière suivante : 1° les édifices et bâtiments domaniaux qui sont ou seront affectés aux différents services de l'administration départementale ; 2° les biens, meubles et immeubles, et les droits attachés aux départements par la législation générale de la France.

908. Nous avons vu plus haut (n° 139) que le régime municipal, quoique nominalement constitué, dans quelques grandes villes de l'Algérie, n'a été réellement organisé qu'en 1848 après la révolution de Février. Ce n'est, en effet, que par un décret du chef du pouvoir exécutif, du 4 novembre 1848, que les différentes communes établies alors, ont pu vivre de leur vie propre, par la constitution d'un domaine et de revenus

---

clamations ont été adressées au Gouvernement local, par des individus, parmi lesquels il s'en trouve qui ont combattu dans nos rangs.

De là, nécessité de procéder à un examen approfondi des réclamations, et à des investigations scrupuleuses pour atteindre tous ceux qui ont encouru l'application des dispositions de l'ordonnance de 1845 et de l'arrêté du 31 mars 1871, sans toutefois revenir sur la disposition bienveillante qui a autorisé le domaine à laisser, à titre de location et à un prix infime, au plus grand nombre des indigènes séquestrés, les terres qu'ils exploitaient avant le séquestre.

Tel est l'objet principal de la mission confiée aux nouvelles commissions de séquestre. Cette première partie de leurs opérations emprunte un caractère judiciaire qui exclut toute considération autre que l'intérêt capital de faire bonne justice.

Les commissions, à ce degré de leurs travaux, n'auront donc à se préoccuper que d'établir le fait de participation ou non aux actes d'hostilité commis par les tribus ou par les individus. En cas de participation à la rébellion, les biens des coupables doivent être maintenus ou mis sous séquestre, alors même qu'ils ne seraient point directement utilisables pour la colonisation. C'est dire que les commissions devront, au fur et à mesure qu'elles découvriront des omissions, formuler des propositions à fin de régularisation de la disposition générale de l'art. 1er de l'arrêté du 31 mars 1871, par l'apposition effective du séquestre sur les biens immeubles des tribus ou des individus atteints par ledit arrêté.

D'un autre côté, elles écouteront et apprécieront toutes les réclamations qui pourront leur être adressées ainsi que toutes celles qui leur seront transmises, et elles formuleront leurs propositions sur la suite à y donner, soit par la rectification, soit par des demandes de mainlevée de séquestre lorsqu'il y aura lieu.

communaux. La loi du 16 juin 1851 a ensuite consacré le nouveau régime établi en composant le domaine communal : 1° des édifices ou bâtiments domaniaux affectés aux services de l'administration communale ; 2° des biens déclarés biens communaux, et des droits conférés aux communes par la législation générale de la France ; 3° des biens et des dotations qui sont ou qui peuvent être attribués aux communes par la législation de l'Algérie.

909. Le premier paragraphe de la loi de 1851 reproduit le décret du 9 avril 1811, qui avait constitué, en France, le domaine communal ; le deuxième paragraphe contient, en réalité, un simple renvoi au droit de France. Le domaine communal, en Algérie, comprend donc : 1° les terres vaines et vagues, pacages, pâtis et marais situés dans les limites de la commune et ne constituant pas des propriétés privées (1) ; 2° les terres acquises par les communes à titre onéreux ou gratuit ; 3° les droits attribués aux communes par la loi du 18 juillet 1837.

Le troisième paragraphe, en maintenant les communes en possession des biens qui leur sont attribués par la législation spéciale de l'Algérie, contient un renvoi implicite à l'arrêté du 4 novembre 1848 susvisé.

Les dispositions de cet arrêté, qui sont toujours en vigueur, méritent que nous les rappelions ici, parce qu'elles constituent une législation spéciale.

910. L'État, en concédant aux communes les immeubles occupés par elles en 1848, s'était réservé, pendant cinq années, la faculté de reprendre ceux qu'il jugerait convenable, à la charge de donner, en échange, d'autres bâtiments domaniaux susceptibles de recevoir la même destination. Un certain nombre d'échanges de cette nature ont été pratiqués dans le délai imparti (2).

911. Des immeubles qui seraient reconnus susceptibles d'être affectés à des services municipaux, peuvent être concédés à

---

(1) Loi du 27 août 1792, art. 9 ; loi du 10 juin 1793, sec. 4, art. 1.
(2) Ord. 4 nov. 1848, art. 3.

des communes en toute propriété, par simples décrets rendus sur la proposition du ministre compétent (1).

912. Des dotations communales consistant en biens susceptibles de produire des revenus, et provenant des domaines de l'État, peuvent être, en outre, constituées en faveur de chaque commune, sous la seule condition que les produits soient affectés à des dépenses d'utilité publique (2). Dans la pratique administrative, il a été fait une très large application des dispositions de cet article, et des revenus considérables ont été ainsi créés en faveur de toutes les communes algériennes. Il est même devenu de règle, à cet égard, que tout village nouveau doit avoir des terrains communaux délimités au moment où il est établi (3); et des bois communaux importants ont été ainsi constitués par distraction du domaine de l'État (4).

913 Ces concessions de domaines ont lieu souvent en faveur des sections de commune, non encore élevées au rang de commune : on s'est demandé si, en cas de réunion de diverses sections, ainsi dotées, en une seule, les concessions faites à chacune devaient être réunies pour former un communal unique, où si elles devaient demeurer la propriété de la section à qui elles avaient été originairement attribuées. La jurisprudence s'est prononcée dans le sens de cette dernière solution (5).

---

(1) Ord. 4 nov. 1848, art. 4.

(2) Ord. 4 nov. 1848, art. 5 et 6.

(3) Déc. 25 juillet 1860, art. 2, et du 15 septembre 1871, art. 4.

(4) Notice sur les forêts de l'Algérie, p. 6.

(5) Alger 28 déc. 1863. — Cons. que, par décret impérial du 26 avril 1853, il a été fait concession à la compagnie genevoise de terrains domaniaux d'une contenance de 2,000 hectares dans les environs de Sétif; qu'aux termes de ce décret lesdits terrains devaient être partagés en sections ou zones de 2,000 hectares d'un seul tenant, autant que possible, chaque zone était destinée à la création d'un village de 50 feux, que spécialement 190 hectares devaient être mis à la disposition des habitants de la zone, à titre de parcours communal, pour en jouir conformément aux règlements en vigueur. — Cons. que le décret du 26 avril 1853 avait reçu son exécution, en ce qui touchait les zones de Bouhira, de Messaoud, et d'Aïn Arnat, lorsqu'un décret du 22 août 1861 a érigé Bouhira en commune de plein exercice avec Messaoud et Aïn Arnat pour annexes, et compris dans la section de la nouvelle commune les terres du parcours des zones de Bouhira, de Messaoud et d'Aïn Arnat; que plus tard le maire de la commune de Bouhira s'autorisant d'une délibération prise par le conseil municipal de la-

914. Le mode de jouissance des biens concédés par l'Etat aux communes, est réglé par l'autorité administrative supérieure du ressort, le conseil municipal entendu (1).

915. Les biens donnés aux communes par l'Etat, peuvent être vendus par l'administration municipale, à la charge de de faire remploi du prix des ventes; ils peuvent être égale-

---

dite commune, le 4 décembre 1861, approuvée par arrêté préfectoral du 13 mars suivant, a fait masse des 570 hectares de terres de parcours par tiers aux trois zones de Bouhira, Messaoud et Aïn Arnat, les a englobés comme communaux dans la nouvelle commune de Bouhira, et a loué à divers plusieurs de ces mêmes terres appartenant aux habitants desdites zones de Bouhira, Messaoud et Aïn Arnat; — Cons. que la Compagnie genevoise, prétendant que le décret du 22 août 1861 n'a ni voulu, ni pu porter atteinte aux droits antérieurs des habitants des zones sur les 190 hectares de terres de parcours, et que, par suite, la délibération du conseil municipal de Bouhira n'a pu diminuer ni changer les droits précédemment acquis par les habitants de la zone de Bouhira, a actionné la commune à l'effet de voir dire que les 190 hectares de terres de parcours concédés par le décret de 1853 aux habitants de chacune des zones dont la propriété particulière est indivisible de ceux-ci, et qu'en conséquence la commune de Bouhira n'a aucun droit sur les 190 hectares de terres de parcours appartenant aux habitants de chacune des zones de Bouhira, Messaoud et Aïn Arnat; — Cons. qu'il est de principe que les habitants d'une commune ont sur les bois communaux proprement dits des droits distincts: un droit de nue propriété qui appartient à l'universalité des habitants, et un droit de jouissance qui appartient à chacun d'eux en particulier; — Cons. que ce droit à une propriété et ce droit de jouissance sur les 190 hectares de terres de parcours communal mis à la disposition des habitants de chaque zone par le décret du 26 avril 1853, ont été concédés par un décret aux habitants des zones Bouhira, Messaoud et Aïn Arnat; — Cons. que la demande de la compagnie Genevoise, même telle qu'elle a été formulée ne tend pas à d'autes fins qu'à faire reconnaître le droit de nue propriété de l'universalité de chacune des zones et les droits de jouissance de chacun d'eux en particulier; — que cette demande est juste et bien fondée; — Cons. qu'il est également de principe que s'il y a plusieurs sections dans une commune chacune, de ces sections peut avoir, en particulier, des biens qui lui soient propres et que les habitants seuls de la section qui jouissaient du bien communal avant l'annexion ont droit d'en jouir après; que l'objection tirée de ce qu'une décision administrative a annexé à la commune de Bouhira les villages de Messaoud et d'Aïn Arnat, et compris dans le périmètre de la nouvelle commune les terres de parcours communal des anciennes zones de Bouhira, Méssaoud et Aïn Arnat serait sans valeur, puisque cette décision administrative n'a pas pu préjudicier aux droits concédés avant l'annexion des dites zones; — Cons. qu'il y a lieu de réformer la décision des premiers juges et de déclarer les habitants de Bouhira, Messaoud et Aïn Arnat seuls propriétaires des droits afférents aux 190 hectares dont il s'agit, etc. Un pourvoi formé contre cet arrêt a été rejeté par la Cour de cassation le 20 novembre 1865, D. p.66. 1. 274.

(1) Déc. 4 novembre 1848, art. 6.

ment échangés contre d'autres immeubles d'un produit au moins égal, sous la condition que l'aliénation ou l'échange aient été autorisés par décret, rendu sur l'avis du conseil de gouvernement (1).

916. Les communes peuvent aussi aliéner les immeubles concédés pour en affecter le prix à la construction d'édifices communaux, à l'exécution de travaux d'intérêt commun, à la part incombant à la commune ou au concours offert par elle dans la dépense des travaux publics à exécuter par l'État. Dans ces cas, si la commune est une commune de plein exercice, l'aliénation est autorisée par simple arrêté ministériel, après avis du conseil municipal et avis du préfet en conseil de préfecture (2).

917. — Les communes mixtes et les communes indigènes, ont comme les communes de plein exercice un domaine constitué.

918. — Pour les communes mixtes du territoire civil et du territoire militaire, le domaine est formé, pour la section française, conformément aux règles ci-dessus établies, et, pour la section ou les sections indigènes, selon les dispositions des articles 2 du sénatus-consulte du 22 avril 1863, 9 du règlement d'administration publique du 22 avril 1863 et 3 de la loi du 23 juillet 1873. Les biens des sections indiquées forment leur propriété exclusive (3).

Les biens des sections indigènes en territoire civil et en territoire militaire, sont administrés comme ceux des communes indigènes en territoire militaire (4).

Au fur et à mesure de la constitution des communes mixtes, des arrêtés du gouverneur général répartissent, suivant qu'il y a lieu, entre ces communes et les communes indigènes, les constructions élevées, soit au moyen des

---

(1) Déc. 4 novembre 1848, art. 7 et 8. — Le conseil supérieur dont il est question dans l'art. 8 précité est devenu le 9 décembre 1848 le conseil de gouvernement. Il ne faudrait pas confondre cette institution avec celle du conseil supérieur de gouvernement formé par décret du 10 décembre 1860

(2) Déc. 28 juillet 1860, art. 1 et 2.

(3) Arr. 20 mai 1868, art. 15.

(4) Arr. du 24 novembre 1871, art. 4.

centimes additionnels à l'impôt arabe, soit au moyen des fonds provenant des cotisations des tribus.

919. — Le domaine des communes indigènes se compose : 1° des biens déclarés communaux et des droits conférés aux communes par la législation ; 2° des biens ou dotations qui sont attribuées aux communes par la législation spéciale de l'Algérie (1).

920. — L'article 4 de l'arrêté du gouverneur général de l'Algérie du 20 mai 1868 pour nantir les communes indigènes de la propriété de leurs biens, les déclare *personnes civiles*, et leur donne tous les droits, prérogatives et actions dont les communes de plein exercice sont investies par la loi.

Cette institution de personnalité civile, en tant que faite par arrêté du gouverneur général de l'Algérie, ne saurait nous paraître régulière. La personnalité civile est une fiction légale, que le pouvoir législatif a seul qualité pour former, et dont il n'abandonne la création au pouvoir exécutif que dans les cas qu'il détermine. Mais la question ne présente, en l'espèce, aucun intérêt ; il ressort, en effet, des termes tant de l'article 2 du sénatus-consulte que de ceux de l'article 9 du règlement d'administration publique ci-dessus, que les douars indigènes, qui forment soit les sections des communes mixtes, soit celles des communes arabes, jouissent de la personnalité civile puisqu'elles peuvent posséder, acquérir et vendre des biens communaux.

921. — Les biens possédés par les communes mixtes ou les communes indigènes, sont administrés comme ceux des communes de plein exercice, par les conseils qui tiennent lieu pour elles de conseils municipaux.

922. — Ils sont, selon les caractères de biens du domaine public ou du domaine privé de la commune, inaliénables ou aliénables. Mais au cas où leur inaliénabilité peut être admise, elle est soumise, lorsque les communes ou sections de communes en sont propriétaires en vertu du sénatus-consulte de 1863, aux conditions et formalités établies par le titre IV du règlement d'administration publique du 23 mai 1863.

---

(1) Arr. du 20 mai 1868, art. 2 et 5.

923. — Les conseils municipaux ou les djemâas ont qualité pour consentir l'aliénation par voie d'échange ou par voie de vente, soit aux enchères publiques, soit de gré à gré. Bien que ce dernier mode ne soit pas admis en France pour les biens des communes, il peut être autorisé par l'administration pour les biens des communes indigènes, afin de faciliter ou de simplifier les transactions dans certains cas. Les formalités édictées sont empruntées, en général, à la législation qui régit, en Algérie, l'aliénation des biens domaniaux. L'administration est armée du pouvoir le plus large pour apprécier les considérations de toute nature qui pourraient justifier les aliénations ou commander de les restreindre. Elle doit veiller à ce que les conseils ou les djemâas ne se laissent pas trop entraîner à déshériter les générations futures.

924. — Les demandes d'échange sont adressées par les conseils municipaux, aux généraux ou aux préfets qui en autorisent, s'il y a lieu, l'instruction. Deux experts, désignés par les communes échangistes et l'acquéreur, départagés par un tiers expert désigné par le cadi, font l'estimation contradictoire des biens. Les résultats de l'expertise sont constatés par un rapport. Le dossier de l'affaire, accompagné de la délibération du conseil ou de la djemâa, constatant le consentement des intéressés, d'un extrait de la matrice foncière et d'un plan des immeubles, est envoyé au général ou au préfet, qui statue sur l'utilité ou les conditions de l'échange et autorise, s'il y a lieu, à passer l'acte avec l'échangiste. Si la valeur de l'échange est inférieure à 5,000 francs, le contrat est approuvé par le gouverneur général ; si la valeur est supérieure, l'approbation a lieu par décret (1).

925. — Les aliénations par vente de gré à gré sont instruites et autorisées comme les échanges et dans les mêmes formes (2).

926. — Pour les ventes aux enchères, les formalités sont un peu différentes. Les demandes, autorisées par les généraux ou les préfets, sont soumises aux formalités suivantes : un

(1) Déc. 23 mai 1863, art. 17.
(2) Déc. 23 mai 1863, art. 18.

expert, désigné par l'autorité administrative du ressort, procède à l'estimation de l'immeuble. Le procès-verbal est ensuite soumis à la délibération du conseil municipal ou de la djemâa, qui donne son avis sur les conditions de la vente et sur la mise à prix. Le cahier des charges de la vente, appuyé du procès-verbal d'expertise, de la délibération du conseil, d'un extrait de la matrice foncière et d'un plan de l'immeuble, est soumis au préfet ou au général, qui décide s'il y a lieu de procéder à la vente. La mise en vente est précédée de publications qui indiquent le jour de la vente et le lieu où sont déposés le cahier des charges et le plan. Les adjudications ont lieu en présence des représentants des communes ou de leurs mandataires, et sous la présidence d'un délégué de l'administration. Les adjudications ne sont valables et exécutoires qu'après l'approbation du gouverneur général (1).

927. — Le prix de l'immeuble aliéné est versé entre les mains du receveur municipal ou du receveur des contributions directes chargé de la comptabilité de la commune, qui en tient une comptabilité spéciale; et l'administration veille à ce qu'il soit régulièrement fait emploi de la somme payée, dans l'intérêt exclusif du groupe qui a consenti l'aliénation de sa propriété (2).

928. — Les actes d'échange, de vente, de gré à gré ou aux enchères, sont soumis aux formalités de l'enregistrement et de la transcription (3).

929. — En cas d'expropriation pour cause d'utilité publique, il est procédé vis-à-vis des communes ou sections de communes à l'examen des droits et au règlement de l'indemnité, conformément aux dispositions de la loi du 16 juin 1851. Le payement de l'indemnité est fait comme il a été expliqué plus haut (4).

930. — Nous avons vu déjà que des bois avaient été attribués au domaine des communes de plein exercice; la même règle a été suivie en faveur des communes mixtes et

(1) Déc. 23 mai 1863, art. 19.
(2) Déc. 23 mai 1863, art. 20; instruction générale du 11 juin 1863.
(3) Déc., 23 mai 1863, art. 21.
(4) Déc., 23 mai 1863, art. 22.

des communes indigènes. En échange des droits d'usage exercés sur les forêts de temps immémorial par les indigènes et consacrés par les dispositions de l'article 3 de la loi du 13 juin 1851, des massifs détachés des forêts de l'État ont été attribués aux différents domaines communaux, par les commissions chargées de la constitution de la propriété des douars. A cet effet, et en vertu d'une circulaire du gouverneur général de l'Algérie du 10 novembre 1863, un agent du service forestier est adjoint à toute commission qui fonctionne dans un pays où existent des bois.

L'ensemble des bois ainsi donnés aux communes par l'État, de 1863 à 1878, n'a pas été moindre de 77,749 hectares (1).

931. — A qui appartiennent, en Algérie, les anciens cimetières ? Il y a lieu, à cet égard, de distinguer entre les anciens cimetières et les cimetières ouverts depuis le 25 mai 1851.

En droit musulman, les cimetières publics sont biens du beylick, et, à ce titre, ils étaient jadis administrés par le *Beït-el-Mal* (2). Consacrant les revendications du domaine de l'État, l'ordonnance du 9 novembre 1845, décidait que les droits des tiers sur les cimetières abandonnés ne pourraient être établis que par des titres réguliers, ayant date certaine avant le 5 juillet 1830 (3). Mais un décret du 25 mai 1851 a déclaré applicable à l'Algérie le décret de prairial an XII : or, on sait que ce décret, qui a force législative, attribue aux communes la propriété des cimetières.

Le terrain des anciens cimetières abandonnés fait donc partie du domaine de l'État : les terrains des nouveaux cimetières, au contraire, de celui du domaine des communes. Et il n'y a lieu à cet égard de distinguer désormais entre les cimetières européens et les cimetières musulmans (4).

---

(1) Sautayra v° forêts.

(2) Sautayra et Cherbonneau, p. 175, 182, 195.

(3) Cons. d'État Cont., 18 janvier 1851, L. 58, 35; — Alger 9 nov. 1858 ; — Alger 13 avril 1860.

(4) Décision ministérielle du 15 février 1855.

SECTION VI.

De la propriété privée.

932. Quoique les questions relatives au droit et au régime de la propriété privée appartiennent au droit civil, quelques mots sur ce sujet sont nécessaires pour expliquer quelle est actuellement la situation de l'Algérie à cet égard.

933. Pendant longtemps la propriété à été soumise, en Algérie, à des règles et à des prohibitions particulières; les transactions entre européens étaient permises et soumises aux règles du Code civil et des lois françaises. Mais les transactions d'immeubles entre européens et indigènes avaient été à peu près interdites partout, ainsi qu'on l'on déjà dit; quant aux transactions entre indigènes tant israélites que musulmans, les ordonnances des 10 août 1834, 26 septembre 1842 et 1er octobre 1844 les avaient maintenues sous le régime des statuts personnels des contractants. La loi du 16 juin 1851, supprime implicitement et virtuellement l'application des statuts mosaïques pour les transmissions entre israélites, mais conserve celle du Koran pour les indigènes musulmans ; de sorte que les ventes, les baux, les échanges, les donations, les testaments et tous autres actes translatifs de droits réels entre indigènes musulmans, simplement régis par la loi musulmane, qui déclarant le contrat valable et complet par l'accord des volontés, admet indirectement pour le prouver la preuve littérale et la preuve testimoniale, pouvaient n'être accompagnés d'aucune formalité et d'aucune condition pour assurer les transactions et garantir les tiers contre la fraude ou l'erreur. La publicité des ventes immobilières exigées par nos lois est inconnue dans les usages musulmans et l'on voyait souvent un acquéreur de bonne foi soumis après quelques années de possession à une revendication intentée par un acquéreur antérieur n'ayant d'autres titres que la notoriété (1). Dire à quelles difficultés, à quelles contestations cette situation avait soumis le

(1) Robe, p. 8.

régime de la propriété est impossible; la loi du 26 juillet 1873 a fait cesser cet état de choses.

934. Coupant dans le vif, elle a déclaré qu'à partir de sa promulgation, l'établissement de la propriété immobilière, la conservation et la transmission contractuelle des immeubles et droits immobiliers, *quels que soient les propriétaires*, seraient régis par la loi française. En conséquence sont abolis tous *droits réels* ou *causes de résolutions quelconques* fondées sur le droit musulman ou kabyle, qui seraient contraires à la loi française (1).

935. Les lois françaises, et notamment celle du 23 mars 1855, sur la transcription, seront appliquées aux transactions immobilières par les conventions qui interviennent entre individus régis par des statuts différents, et pour les conventions entre musulmans relatives à des immeubles situés dans des territoires qui ont été soumis à l'application de l'ordonnance royale du 21 juillet 1846, et dans ceux où la propriété a été constituée par voie de cantonnement (2).

936. La loi française doît être également appliquée pour les conventions relatives à des immeubles situés dans des territoires où la propriété individuelle n'est pas encore établie au fur et à mesure que cet établissement a lieu et que les titres de propriété sont délivrés (3).

937. L'indivision, si souvent obligatoire en droit musulman, ne peut être maintenue que dans les conditions prévues par l'art. 815 du C. civ.

Ainsi donc, depuis la loi de 1873, les contrats relatifs aux immeubles appartenant aux indigènes musulmans sont régis par le droit commun, quelle que soit la nature de ces contrats, ventes, échanges, antichrèses, baux, etc. Plus de distinction entre les immeubles de toute l'Algérie, quant à la nationalité de leurs propriétaires et des parties contractantes; plus de distinctions entre les statuts immobiliers; les indigènes, à cet égard, sont assimilés aux européens et l'art. 3 du C. civ. leur est applicable tant au point de vue de l'établissement et de la

(1) Loi du 26 juillet 1873, art. 1.
(2) Loi du 26 juillet 1873, art. 2.
(3) Loi du 26 juillet 1873, art. 2.

conservation de la propriété que de la transmission. L'européen qui achète d'un indigène n'a plus à redouter les droits occultes créés par une législation obscure et inconnue (1).

938. Une application directe et immédiate de cette disposition de la loi de 1873, c'est que tant pour la passation des actes que pour les contestations auxquels ils donnent lieu, les officiers publics et les magistrats français (2) sont seuls compétents.

939. La loi de 1873 abolit aussi tous les droits réels, servitudes ou causes de résolution quelconques fondées sur le droit musulman. Une exception seulement est faite en faveur des droits de chefaa. La chefaa est en droit musulman la faculté dont jouit le copropriétaire indivis d'un immeuble de se faire substituer au bénéfice de l'acquisition qu'a faite un étranger de la part de son copropriétaire. Mais ce droit de chefaa ne peut plus être exercé qu'à titre de retrait successoral et sous les conditions prescrites par l'art. 841, C. civ. (3).

940. Il importe d'appeler spécialement l'attention des administrations sur les conséquences importantes des dispositions de l'art. 1 de la loi de 1873. Il faut désormais que l'on se pénètre bien de cette idée que ce ne sont pas seulement certains droits ou privilèges exorbitants tolérés ou admis par la législation musulmane, tels que le *tenéa*, le *houbbous* ou la *chefaa* qui sont anéantis, ce sont enfin toutes ces servitudes, tous ces droits réels, innombrables, qui atteignaient les propriétés algériennes aussi bien celles des particuliers que celles de l'État; et à cet égard aucune distinction n'est faite entre immeubles. Les droits de passage, les servitudes d'enlèvement de matériaux, d'extraction de pierres ou de jouissance des produits spontanés du sol que les arabes exerçaient sur les biens du domaine, sans autre titre que les traditions ou les tolérances de la loi musulmane, ont disparu.

941. Mais il faut aussi remarquer que les droits réels abolis sont ceux qui proviennent de la loi musulmane et kabyle, et non ceux qui résultent ou peuvent résulter de l'application des

(1) Robe, p. 9. Alger, 14 avril 1874, Ezzaoui c. Ben Morabet.
(2) Alger, 24 février 1875.
(3) L. de 1873, art. 1.

lois, décrets et ordonnances rendus en Algérie de 1830 à 1873. Cette distinction qui est évidente par elle-même a un grand intérêt pratique. En effet, un grand nombre de biens immobiliers, possédés en Algérie soit par des européens, soit par des indigènes, ont été distraits du Domaine de l'État soit au moyen de concessions gratuites ou onéreuses, soit au moyen de cessions amiables ou aux enchères. Il va sans dire, que tous les droits et toutes les servitudes consacrées par le titre de la cession conservent leur plein et entier effet.

942. La constitution de la propriété a toujours été une des grandes préoccupations du gouvernement français depuis la conquête; on a vu déja que les dispositions du senatus-consulte de 1863 avaient tenté de faire cette constitution au moyen de la possession collective des tribus, la loi de 1873 procède d'un principe contraire. Les articles 3 et 6 décident expressément qu'on devra sortir le plus tôt possible de l'état actuel d'indivision et procéder à la reconnaissance de la propriété privée et à sa constitution partout où le sol est possédé à titre collectif par les membres d'une tribu ou d'un douar.

943. La double opération ordonnée par les articles 3 et 6 est faite administrativement. Il en était ainsi pour l'ordonnance du 21 juillet 1846 et le senatus-consulte de 1863.

944. Mais si cette constitution et la procédure qui doit la précéder ont lieu dans la forme administrative et par les soins de l'administration, les contestations mêmes que soulève la propriété ne cessent pas d'être du ressort des tribunaux civils. On sait, en effet, que c'est là un principe essentiel de notre droit public, que les juges de droit commun doivent connaître de toutes les questions où le droit de propriété est intéressé (1).

945. Examinons comment est pratiquée la procédure administrative qui doit amener la constitution de la propriété individuelle.

Les localités ou le territoire collectif doit être partagé, sont fixées par le gouverneur général sur l'avis des conseils généraux. On a voulu, dans l'intérêt de la colonisation, que les membres de la représentation départementale fussent

(1) L. de 1873, art. 6 et 8.

appelés à déterminer les terres qu'il importait de rendre disponibles. Nul mieux qu'eux ne pouvait savoir dans quels lieux la création de nouveaux établissements européens, se fait sentir avec la plus grande urgence.

946. L'arrêté du gouverneur général qui fixe le territoire à partager, indique en même temps le délai dans lequel les opérations devront être entreprises. Ce délai ne peut être moindre d'un mois à dater du jour de l'insertion dans le *Mobacher* (1) et l'un des journaux de l'arrondissement, ou, à défaut, du département où se trouve comprise la circonscription territoriale.

947. Une grande publicité doit être donnée à l'arrêté; à cet effet, il est publié à haute voix dans les marchés arabes, affiché, en français et en arabe, à la mairie de la commune et partout où le besoin s'en fera sentir.

Cette publicité a pour effet de mettre en demeure les interressés d'avoir à réunir les documents et les témoignages qui doivent servir à établir leurs droits et les limites des terres qu'ils possèdent (2).

948. On doit appeler l'attention sur les termes dont se sert la loi de 1873: elle dit que les interressés doivent réunir les *documents* et *témoignages* utiles pour établir les droits. Elle ne parle pas des titres; c'est qu'en effet il eût été à peu près impossible aux indigènes de se procurer des titres sérieux. En droit musulman, la preuve d'une transmission immobilière peut résulter d'un simple témoignage et quant aux origines de possessions, elles sont la plupart du temps établies par simple tradition orale, tradition souvent mensongère mais dont on est obligé de se contenter. La nature de l'impôt auquel le détenteur de la terre est soumis, le service militaire auquel ses ancêtres étaient assujettis, les souvenirs historiques attachés à sa famille, les sentiments héréditaires de respect religieux dont elle a joui, constituent souvent des documents qu'on ne saurait négliger sur la qualité de la possession des biens : si, en effet, la terre était soumise à l'impôt dit hokor, on peut-être certain que le détenteur n'était autre qu'une sorte de locataire, car le hokor représente le loyer de la terre *arschyet*, c'est-à-dire conquise

---

(1) *Voy.* n° 1040

(2) L. 26 juillet 1873, art. 8.

et appartenant à la communauté religieuse. Si la famille ou la tribu descend soit d'un des arabes conquérants ou d'une des familles venues à la suite de Sidi Okba, la terre qu'il possède est probablement *kharadjyet* et propriété privée. Si la famille provient d'un fonctionnaire des anciens deys ou si la tribu était assujettie au service militaire, on ne saurait douter que le titre primitif ne fût, dans le premier cas, une concession viagère, dans le second une inféodation révocable.

A l'expiration du délai fixé pas l'arrêté du gouverneur général un commissaire enquêteur est nommé. (1).

949. Le commissaire enquêteur est tout à la fois un expert, un conciliateur et un juge, il se fait remettre tout d'abord pour faciliter l'exercice de sa mission, tous les états statistiques, financiers, les documents qui ont servi et servent au recensement de la population et à l'établissement des impôts, en un mot tous les documents et toutes les pièces d'ordre administratif qu'il juge pouvoir lui être nécessaires. Puis dans une ordonnance il indique le jour et l'heure à laquelle il doit se rendre sur les lieux. La plus grande publicité possible est donnée à l'ordonnance (2).

950. Au jour indiqué par son ordonnance le commissaire enquêteur se rend sur les lieux assisté d'un géomètre et d'un interprète.

En présence du maire et deux délégués du conseil municipal, ou du président et deux délégués de la djemâa ou du cadi et des autres dépositaires des actes ou contrats, il reçoit les demandes et les requêtes qui lui sont présentées. Il entend les témoignages que les intéressés peuvent produire soit sur la nature et l'origine de leur possession, soit sur l'étendue des terres qu'ils revendiquent. Il recueille enfin toutes les pièces justificatives qui peuvent éclairer sa décision.

951. Ces documents recueillis, le commissaire enquêteur doit procéder aux opérations de vérification et de contrôle des réclamations présentées. Il rapproche les revendications des documents remis à l'appui; il vérifie sur le terrain et d'après les titres les limites des territoires réclamés; il fait, en un

---

(1) L. 26 juillet 1873, art. 9.
(2) L. 26 juillet 1873, art. 10.

mot, le constat des demandes et la collation des prétentions, que ces demandes et ces prétentions émanent d'une seule collectivité ou d'un seul individu.

952. La première partie de l'opération générale achevée, c'est-à-dire celle qui comprend la réception des documents et titres et leur examen, le commissaire enquêteur passe à la seconde partie de sa mission, la constatation des droits que chaque propriétaire ou occupant prétend posséder individuellement et la conservation des droits que les douars ou tribus soutiennent avoir *collectivement* (1).

953. Il fait de ses constatations deux rapports séparés et distincts.

Occupons-nous tout d'abord des formalités qui doivent accompagnées la constatation de la propriété *individuelle* et de la conservation des titres qui s'y rapportent.

954. Il importe de se bien pénétrer de l'objet de la mission qu'à, de ce chef, à remplir le commissaire enquêteur. La loi le charge de reconnaître la nature de la possession dont chaque parcelle est susceptible. La propriété est, en effet, ainsi que nous l'avons vu, ou privée, ou collective; arch, melk ou agel. C'est le caractère de la terre que le commissaire doit constater (2).

955. Le commissaire enquêteur relève les territoires et les parcelles sur lesquelles il constate l'existence d'une propriété individuelle partout où il la trouve, sans distinction entre les territoires auxquels le senatus-consulte a été appliqué et ceux où il ne l'a pas été.

956. Les mineurs, les interdits, les absents, les incapables sont représentés aux diverses opérations qui les intéressent par leurs tuteurs, leurs mandataires ou les cadis, *selon les termes du droit musulman.*

957. Le commissaire enquêteur après avoir rempli sa mission en dresse un procès-verbal.

958. Au cours de ces opérations, il a dû, nécessairement, s'il y a procédé avec soin, relever sur toute la surface du territoire dont l'examen lui avait été confié, le nom du proprié-

(1) L. 26 juillet 1873, art. 11.
(2) Robe, p. 150.

taire de chaque parcelle. Cette constatation a dû amener la reconnaissance de biens vacants toujours nombreux en pays musulmans ; elle a dû amener également la constatation des biens dont la propriété appartient à l'État. Bien que l'art. 12 de loi de 1873 n'oblige expressément le commissaire enquêteur à signaler dans son rapport que les *biens vacants*, il n'est pas douteux qu'implicitement le même article lui fait un devoir de signaler les biens domaniaux. Cette double indication est, en effet, absolument nécessaire à l'administration des domaines pour l'établissement des titres particuliers que l'art. 17 fait à cette dernière une obligation de dresser.

959. Les opérations de l'enquête sont terminées par le procès-verbal en deux expéditions qui sont adressées, un exemplaire à l'administration des domaines, un exemplaire au juge de paix et, à défaut, à l'administrateur français de la circonscription. Une traduction est remise au président de la djemâa, en territoire militaire, à l'adjoint indigène en territoire civil, et à défaut de l'un ou de l'autre au cadi. On fait connaître le dépôt effectué par tous les moyens possibles (1).

960. Les opérations de l'enquête sont alors définitives ; mais les parties intéressées sont admises à produire leurs réclamations pendant un délai de trois mois. A cet effet, et pendant ce laps de temps, le procès-verbal est communiqué à tous les ayants droit qui peuvent, soit par eux-mêmes, soit par mandataires présenter leurs observations, qui sont transcrites à la suite du procès-verbal par les soins des dépositaires de cet acte, c'est-à-dire le juge de paix, l'administrateur français de la commune, et, croyons-nous aussi, le président de la djemâa ou le cadi.

Quelles mentions doit contenir le procès-verbal ? La loi de 1873 ne s'est pas expliquée à cet égard, mais ce procès-verbal devant servir à l'examen des constatations auxquelles la constitution de la propriété individuelle doit donner lieu, il est manifeste qu'il doit contenir, comme un véritable rapport d'expert, le résumé complet et fidèle de tous les incidents qui se sont révélés au cours de l'enquête, ainsi que toutes les cons-

---

(1) L. 26 juillet 1873, art. 13.

tatations de fait et de toutes les déclarations auxquelles elle a donné lieu.

961. Le délai de trois mois accordé aux parties intéressées pour réclamer contre les énonciations du procès-verbal, est-il un délai de rigueur? M. Robe se prononce pour l'affirmative, par ce motif que la loi de 1873 stipule que les réclamations doivent être reçues *pendant ce délai*, ce qui implique que le délai passé, les réclamations ne sont pas recevables. Cette opinion ne nous semble pas admissible, les forclusions comme les nullités ne se présument pas, elles doivent être expressément énoncées par les lois. Il nous paraît que la loi de 1873 a seulement établi un délai minimum de trois mois pendant lequel les réclamations doivent être reçues. Passé ce délai, les réclamations peuvent encore l'être tant que le commissaire enquêteur n'a pas commencé à procéder à la vérification des réclamations (1).

962. Les trois mois de délai expirés, le commissaire enquêteur se transporte à nouveau sur les lieux à l'effet de vérifier les réclamations. Il a dû, au préalable, prévenir quinze jours à l'avance les parties intéressées. Tous les efforts du commissaire enquêteur doivent tendre à concilier les débats contradictoires auxquelles les réclamations peuvent donner lieu de façon à arrêter les conclusions définitives du rapport.

La rédaction de ces conclusions termine l'enquête qui est transmise au service des domaines.

963. Il y a lieu de procéder à la remise des titres. C'est à l'administration des domaines qu'il appartient de les établir. Pour ne pas retarder la constitution de la propriété, l'administration établit immédiatement les titres de propriété de tous les territoires sur lesquels les droits sont établis. Les conclusions du commissaire ont établi provisoirement la situation des immeubles. Si la propriété privée n'est pas disputée, rien n'empêche que le titulaire ne soit nanti d'un titre. L'administration des domaines confectionne donc un titre provisoire, à moins qu'un titre français de la nature prescrite par la loi n'ait déjà été mis en circulation. Si, au contraire, la

(1) Robe, p. 164.

propriété privée est contestée, ou si, ce qui arrive souvent en Algérié, plusieurs individus à la fois prétendent devoir être mis en possession, l'administration surseoit à statuer jusqu'à ce que les tribunaux civils, auxquels le débat est renvoyé aux termes de l'article 18, aient prononcé sur le litige.

On ne doit considérer comme contestations empêchant la remise du titre provisoire que celles qui portent sur le fond même du droit, par exemple, si l'administration des domaines soutient que l'immeuble est tenu du beylick, ou si des membres d'une même tribu articulent que la terre melk est *privativement* à chacun d'eux ou à divers groupes d'entre eux ; mais des contestations sur de simples démembrements du droit de propriété ne sauraient arrêter les opérations de la rédaction des titres, par exemple un débat sur une hypothèque ou une antichrèse prétendue, sur un usufruit, sur une servitude. Ce dernier ne forme pas un incident à la procédure spéciale établie par la loi, mais doit entre les parties, faire l'objet d'une action principale indépendante de la poursuite en remise de titre (1).

964. Les titres indiquent avec plan à l'appui la nature, la situation de chaque immeuble ; en cas d'indivision, ils énoncent les noms de tous les copropriétaires ainsi que la quote-part à laquelle chacun a droit (2).

965. Ainsi qu'on l'a vu, la loi a voulu profiter des opérations de la constitution de la propriété individuelle pour attribuer aux détenteurs de terres des noms de famille, qui fixassent désormais les filiations et les successions naturelles. Aussi a-t-elle stipulé que chaque titre contiendrait l'adjonction d'un nom de famille aux prénoms ou surnoms qui forment la seule appellation actuelle des indigènes.

966. Si les parties se sont entendues devant le commissaire enquêteur sur un nom de famille, ce nom doit être accueilli; sinon ce fonctionnaire en propose un que le service des domaines doit accepter. Autant que possible, le nom choisi par l'indigène ou à son défaut, par le service des Domaines, doit être celui de la parcelle de terre à lui attribuée (3).

(1) Robe, p. 167.
(2) L. 26 juillet 1873, art. 17.
(3) L. 26 juillet 1873, art. 17.

Si tous les bénificiaires du titre appartiennent à la même famille, on ne doit leur donner qu'un seul nom patronymique précédé du prénom de chacun : si, au contraire, ce sont des individus isolés et étrangers l'un à l'autre, ils doivent avoir des noms patronymiques distincts ; s'il n'en était pas ainsi, on pourrait les confondre, malgré eux, dans une même famille qui n'existerait que de nom, ce qui ne saurait être (1).

Il importe de ne pas attacher une grande rigueur à la règle établie par l'article 17 que les noms patronymiques doivent, *autant que possible*, être celui de la parcelle attribuée au propriétaire. On ne saurait oublier, en effet, que la plupart des appellations de lieux arabes ont une signification précise et déterminée dans la langue du pays. En France, le plus grand nombre des noms de lieu transmis à travers les âges ont perdu leur sens celtique, latin, germain ou romain : il n'en est pas de même en Algérie ; le plus grand nombre, au contraire, sont des termes de la langue courante, qui rappelent soit un fait matériel, soit un événement historique, soit une tradition algérienne. Et les agents des domaines, dans l'ignorance où ils pourraient être de la langue arabe, doivent se faire renseigner par les interprètes, sur la valeur des expressions arabes dont ils voudraient faire des noms propres, à l'effet de ne pas désigner les individus et les familles par des mots que la langue, les mœurs, les usages et les traditions du pays ne permettraient pas d'accepter.

967. Il doit être délivré, croyons-nous, autant de titres que d'ayants droit. Il ne suffit pas de délivrer un titre au chef de la famille. La loi de 1873 a voulu constituer la propriété individuelle, en brisant les liens de la propriété collective ; il n'est pas de meilleur moyen d'arriver à ce résultat que de délivrer à chacun des propriétaires un titre spécial s'appliquant à sa part de propriété. Le législateur a manifesté sa volonté à cet égard, en décidant qu'il serait établi *des titres de propriété* au nom *des individus* dont les droits ne sont pas contestés (2).

---

(1) Robe, p. 167.
(2) En ce sens Robe, p. 168.

968. La délivrance des titres provisoires est portée à la connaissance des intéressés par les moyens de publicité déjà énumérés plus haut.

969. Par la remise provisoire des titres et les décisions de l'administration des domaines rendues sur les conclusions du commissaire enquêteur, le rôle de l'administration est clos. Les parties sont ou nanties d'un titre, ou mises en demeure de faire valoir les droits qu'elles prétendent. A cet effet, un délai de trois mois leur est acordé pour saisir les tribunaux civils, juges ordinaires en matière de propriété. Les contestations que les parties ont qualité pour soutenir peuvent porter aussi bien sur les attributions ou les refus d'attribution de propriété faites par l'administration que sur la régularité même des opérations du commissaire enquêteur. Quoique en principe, les tribunaux administratifs seuls connaissent des actes administratifs des agents du gouvernement, on a pensé que ceux du commissaire enquêteur avaient un caractère judiciaire civil plutôt qu'administratif, et on a attribué l'appréciation de leur validité aux juges de droit commun.

970. Il va sans dire que ces juges de droit commun sont les juges français seuls, et non les magistrats musulmans; bien que les parties, la plupart du temps, soient indigènes et qu'il s'agisse d'un sol arabe et de titres musulmans; ce sont des actes d'administrateurs français qu'il y a lieu d'apprécier et des documents français qu'il faut examiner, dont seuls, aux termes de la législation générale, les tribunaux français peuvent connaître. On doit, en outre, considérer, que par la remise d'un titre émanant de l'administration du domaine on donne une constitution française au droit de propriété constaté. Mais cette compétence des tribunaux français ne commence qu'après la remise des titres provisoires; jusque-là les indigènes conservent la faculté d'introduire les actions réelles qui leur incombent relativement aux immeubles soumis aux opérations, et les tribunaux musulmans sont compétents pour statuer sur ces actions (1).

971. Les actions judiciaires pour lesquelles un délai de trois mois est accordé doivent avoir pour objet des droits réels,

(1) Alger, 22 mars 1875, Amar ben Saïd Ali Bounzcah.

c'est-à-dire portant sur des questions de propriété de jouissance des eaux, des servitudes — ou bien sur la validité des opérations du commissaire enquêteur et les attributions faites sur les conclusions du commissaire enquêteur par l'administration des domaines(1).

972. Dans quels cas les opérations du commissaire enquêteur peuvent-elles être annulées? La loi est muette à cet égard. Les cas d'annulation sont donc abandonnés à l'arbitraire des tribunaux.

Il nous paraît, dès lors, que la nullité des opérations ne saurait être poursuivie que lorsque par la négligence d'une formalité spéciale, ou par l'omission de prononcer sur une réclamation produite, le commissaire enquêteur a porté une atteinte sérieuse au droit des parties intéressées.

973. Le délai de trois mois laissé par la loi de 1873 pour contester les opérations de constitution de la propriété individuelle, est un délai de rigueur. Cela résulte des termes employés par le législateur dans le § 2 de l'article 18. *A l'expiration de ce délai, les titres non contestés deviennent définitifs.*

974. A l'expiration du délai, les titres non contestés et devenant *de plein droit* définitifs sont immédiatement enregistrés et transcrits aux frais des titulaires par les soins de l'administration des domaines. Quant aux titres contestés, ils sont ou maintenus ou remplacés selon les décisions judiciaires qui interviennent.

975. Le titre transcrit, *un droit nouveau de propriété est établi.* Il ne peut plus être remis en question à l'encontre du bénéficiaire du titre, qui est désormais seul propriétaire. Quant aux tiers qui ont omis de faire valoir leurs droits, prévenus par la publicité des opérations du commissaire enquêteur, ils n'ont qu'à s'en prendre à leur négligence du préjudice qu'ils peuvent avoir éprouvé (2).

976. Nous avons vu que les tiers qui prétendent au droit de propriété sur une parcelle faisant l'objet des opérations du commissaire enquêteur, ont un délai de trois mois pour réclamer devant les tribunaux. Ce court délai a été imposé parce

(1) L. 26 juillet 1873, art. 18, § 1.
(2) L. 26 juillet 1873. art. 18, Robe, p. 176

qu'il est d'un intérêt général que la propriété ne soit jamais incertaine ; mais les tiers qui, sans prétendre à la propriété même d'une parcelle, ont simplement à faire valoir un droit réel sur l'immeuble, ne sauraient être forclos par l'expiration du délai fixé. Ils peuvent faire inscrire ou transcrire leurs titres au bureau des hypothèques jusqu'à la transcription du titre français délivré au titulaire de la propriété (1).

977. Les titres qui doivent être inscrits sont ceux dont l'inscription est exigée aux termes de la loi du 23 mars 1855 (2).

978. Examinons maintenant les opérations diverses que doit exécuter le commissaire enquêteur lorsqu'il constate l'existence d'une propriété collective.

Les formalités de l'enquête à laquelle il doit procéder sont exactement les mêmes que celles qui ont précédé la reconnaissance de l'existence d'une propriété individuelle. En effet, on sait déjà que le commissaire enquêteur a fait une expertise générale et que ce n'est qu'après avoir recueilli tous les titres qu'il a divisé son travail, et rédigé deux rapports, le premier s'appliquant aux propriétés reconnues individuelles et le second aux propriétés collectives (3).

979. Sont considérées comme propriétés collectives toutes les terres originairement *melk* et *arch*; les premières parce que de tout temps, elles ont été considérées comme faisant l'objet d'un droit primitif absolu; les autres parce qu'en vertu du sénatus-consulte de 1863, elles ont été *déclarées propriété* des tribus qui en jouissaient : ne sont pas propriétés collectives les terres *azel*.

980. Le commissaire enquêteur ayant reconnu l'existence d'une propriété collective, dresse d'après les documents qu'il a pu recueillir un projet de partage du territoire entre tous les ayants droit ; il établit, en même temps, un plan parcellaire et un registre terrien. Le plan parcellaire figure l'allotissement projeté, et le registre terrien renferme la désignation et l'évaluation de chaque parcelle. Il transmet ensuite au gouverneur géné-

(1) L. 26 juillet 1876.
(2) Robe, p. 197.
(3) L. 26 juillet 1873, art. 8, 9, 10, 11 et 20.

ral avec son procès-verbal, le dossier de l'enquête, le plan parcellaire et les registres terriens.

981. Le procès-verbal, en ce cas, n'est pas soumis au dépôt prescrit, par l'article 13 (1); son contenu n'est pas révélé aux intéressés, qui n'ont donc ni observation, ni réclamation à présenter.

982. Le gouverneur général, en conseil de gouvernement, statue sur les propositions du commissaire enquêteur, dans un délai de deux mois.

983. La décision du gouverneur général rendue, l'administration des domaines procède à l'établissement des titres nominatifs de propriété *définitifs*, et dresse à l'appui de chaque titre un plan. En cas d'indivision contestée, les titres expriment en regard du nom de chaque propriétaire la quote-part à laquelle il a droit, sans appliquer néanmoins cette quote-part à aucune des parties de l'immeuble (2).

984. Le législateur, qui n'a pas craint d'appeler le contrôle des parties intéressées et des tribunaux civils sur les constatations de propriétés individuelles, n'a pas voulu soumettre à de longs débats, l'établissement des propriétés collectives et le partage de ces propriétés en propriétés individuelles. Dans un intérêt supérieur d'ordre public, il a voulu éviter les agitations auxquelles cette constitution des droits individuels aurait pu donner lieu dans certaines tribus populeuses et guerrières. L'opération, en ce cas, revêt un caractère purement politique et administratif.

985. La propriété, en Algérie comme en France, est inviolable (3). Cependant, cette inviolabilité, à l'égard des indigènes, n'est pas absolue s'ils se révoltent, ou s'ils allument des incendies. Leurs biens peuvent, dans ce cas, être frappés de séquestre et même confisqués (Voir nos 1069 et s.).

986. En Algérie comme en France, l'État a le droit d'exiger le sacrifice d'une propriété particulière pour cause d'utilité publique légalement constatée et moyennant une juste

(1) En fait et par décision du gouverneur général, le procès-verbal est déposé et soumis aux observations et réclamations des parties intéressées.
(2) L. du 26 juillet 1873, art. 28.
(3) L. du 16 juin 1851, art. 10.

et préalable indemnité (1); mais les formes et les règles de cette expropriation ne sont par celles qui régissent la métropole.

987. L'expropriation peut être prononcée pour les causes suivantes : pour la fondation des villes, villages, hameaux, ou pour l'agrandissement de leur enceinte ou de leur territoire ; pour l'établissement des ouvrages de défense et des lieux de campement des troupes ; pour l'établissement de fontaines, aqueducs, abreuvoirs ; pour l'ouverture de routes, chemins, canaux de dessèchement, de navigation ou d'irrigation et l'établissement de moulins à farine ; enfin pour toutes les autres causes prévues et déterminées par la loi française (2).

988. En Algérie, comme en France, la procédure d'expropriation comprend une période préparatoire à la déclaration d'utilité publique et d'expropriation ; le règlement de l'indemnité et son payement ; mais les formalités de chacune sont fort abrégées et simplifiées.

989. Il aurait été difficile, dans un pays où le cadastre n'existe pas et où l'assise de la propriété est souvent incertaine, de dresser le plan parcellaire et la liste des propriétés atteintes, comme le veulent les articles 4 et suivants de la loi du 3 mai 1841; aussi l'administration peut-elle se contenter, lorsqu'il y a lieu de déclarer l'utilité publique, d'insérer dans le *Journal officiel* et d'afficher à la porte de la justice de paix, ou, à défaut de justice de paix, à la mairie des communes intéressées, un avis indiquant la nature et la situation des travaux à entreprendre et des établissements à former.

990. Pendant dix jours à partir de ces insertions et affiches, les propriétaires et autres intéressés sont admis à consigner leurs observations sur un registre ouvert à la préfecture du département ou au chef-lieu administratif le plus voisin et de la situation des biens Les observations des propriétaires et autres intéressés sont soumises au conseil de préfecture qui en constate sommairement les résultats.

991. Le délai de dix jours laissé aux parties intéressées court *du jour* des publications et affiches, mais ce n'est pas un

(1) L. du 16 juin 1851, art. 18.
(2) L. du 16 juin 1851, art 19.

délai franc; ces mots, en effet, *pendant* dix jours, *à partir*, etc., indiquent évidemment que le jour de l'affichage et le dixième jour sont les seuls qui puissent former et le point de départ et celui de clôture de l'enquête (1).

992. On voit qu'il n'existe en Algérie ni commissions de conseils généraux, ni consultation obligatoire des conseils municipaux, ni commission spéciale de notables propriétaires et industriels. Au moment où a été rédigée l'ordonnance de 1844, les conseils municipaux étaient nommés par le gouvernement et les conseils généraux n'existaient pas. Les communes et les départements algériens étant aujourd'hui gérés par des conseils électifs, il y a lieu de se demander si les dispositions de la loi de 1844 ne devraient pas être modifiées ?

La déclaration d'utilité publique est ensuite rendue par le gouverneur général, statuant sur l'avis du conseil du gouvernement (2).

993. En France, aux termes de l'article 2 de la loi du 3 mai 1841, la loi ou le décret qui déclare l'utilité publique est suivi : 1° d'un acte du préfet qui désigne les territoires sur lesquels les travaux doivent avoir lieu ; 2° d'un arrêté ultérieur pris après une nouvelle enquête et par lequel le préfet détermine les propriétés particulières auxquelles l'expropriation est applicable. L'expropriation est ensuite prononcée par les tribunaux. En Algérie, ces deux formalités se confon-

(1) Ord. du 1er octobre 1844, art. 26. Décret du 8 septembre 1859, art. 1 et 2.

(2) Ord. du 1er octobre 1844, art. 26. Déc. 10 décembre 1860; Cons. d'Et. cont. 11 juillet 1867. Cons. que l'art. 1 de notre décret du 10 décembre 1860 dispose que le gouvernement et la haute administration de l'Algérie sont centralisés à Alger sous l'autorité du gouverneur général; qu'il résulte de cette disposition que le gouverneur exerce en matière d'expropriation, les pouvoirs qui appartenaient autrefois au ministre de la guerre, et qui avaient été transférés en 1858, au ministre de l'Algérie ; — Cons. que la nature et la situation des travaux en vue desquels était faite l'expropriation étaient indiquées dans l'avis affiché et inséré dans les journaux avant l'enquête, qu'en déclarant après le 30 janvier 1865, après cet avis et cette enquête ; et après l'accomplissement des autres formalités prescrites, l'utilité publique de l'expropriation, le gouverneur général a déclaré l'utilité publique des travaux entraînant cette expropriation ; qu'il suit de là que le gouverneur général n'a pas commis un excès de pouvoirs, en prononçant par arrêt du 5 avril 1865, l'expropriation des terrains appartenant aux requérants et en refusant le 16 décembre de rapporter cet arrêté. — Rejet.

dent, la première avec la déclaration d'utilité publique, la seconde avec la décision administrative qui ordonne l'expropriation. Mais cette décision doit toujours être précédée d'une enquête sur le mode d'exécution des travaux ordonnés. Cette enquête est semblable à celle qui a été suivie pour arriver à la déclaration d'utilité publique.

A cet effet, un extrait de la décision portant déclaration d'utilité publique et indiquant, en outre, les immeubles qui doivent être soumis à l'expropriation, leur nature, leur situation et leurs propriétaires s'ils sont connus, est inséré dans le *Journal officiel* de l'Algérie et affiché aux lieux ci-dessus déterminés. Le plan parcellaire des immeubles compris dans la déclaration est tenu à la disposition des intéressés. Les observations des propriétaires et autres parties intéressées sont reçues dans les mêmes formes et les mêmes délais. Elles sont ensuite soumises au conseil de préfecture (1).

994. L'expropriation, au lieu d'être prononcée comme en France par le tribunal, l'est par une décision du gouverneur général, sur l'avis du général ou du préfet, rendu en conseil de préfecture (2).

995. Peut-on attaquer la décision qui prononce l'expropriation ? En France, cette décision émane du tribunal civil, et l'article 20 de la loi du 3 mai 1841 établit qu'elle peut être frappée de pourvoi en cassation, pour incompétence, excès de pouvoir ou vice de forme. En Algérie, l'ordonnance de 1844 est muette. Ne semble-t-il pas, dès lors, que le droit commun est applicable, et que la décision du gouverneur général peut être attaquée devant le Conseil d'État (3) ?

996. L'expropriation prononcée, extrait de la décision portant indication des immeubles expropriés, avec les désignations nécessaires, est publié et affiché sans délai, de la même manière que la déclaration d'utilité publique. Pareil extrait est notifié aux propriétaires expropriés (4).

---

(1) Ord. du 10 octobre 1844, art. 27 et 28. Décret du 8 sept. 1859, art. 1, 2 et 3. Décret du 10 décembre 1860.

(2) Ord. 1 oct. 1844, art. 2. Décret, 8 sept. 1859, art. 1.

(3) En ce sens, Dareste, p. 186.

(4) Ord. 1 oct. 1844, art. 28.

997. Lorsque la décision prononçant l'expropriation a été publiée, affichée et transcrite, ainsi que le prescrit l'ordonnance, la propriété des immeubles qui s'y trouvent désignés est transférée à l'État, à la charge de payer à l'exproprié l'indemnité qui sera ultérieurement fixée par le tribunal civil. L'exproprié devient ainsi créancier de cette indemnité. Et il a été jugé, dès lors, que l'administration ne peut, sans excéder ses pouvoirs, et par la raison qu'elle a modifié ses projets ou les a abandonnés, ordonner par une décision postérieure que l'exproprié sera tenu, nonobstant toute opposition de sa part, de reprendre l'immeuble et de consentir l'abandon de ses droits acquis à l'indemnité (1).

998. On a vu plus haut que l'extrait de la décision portant expropriation doit contenir, avec l'indication des immeubles atteints, les noms des propriétaires *s'ils sont connus*. Cette restriction était nécessaire dans un pays où l'on ignore trop souvent quel est le réel propriétaire. Aussi a-t-il été décidé que l'arrêté d'expropriation produit tous ses effets du moment qu'il a été rendu à l'égard d'un propriétaire apparent, bien que ce propriétaire apparent ne fût pas le propriétaire réel (2).

999. En Algérie comme en France, et bien qu'aucun texte ne le dise, il est bien évident que toutes les formalités ci-dessus établies sont inutiles quand les propriétaires expropriés, maîtres de leurs droits, consentent à l'amiable à la cession de leurs biens. Mais en France, cette cession amiable peut être consentie par tous les administrateurs légaux ou représentants d'incapables, sous la seule condition d'être autorisés par le tribunal. Cette disposition, qui est nécessaire quand l'indemnité doit être fixée par le jury, devient inutile dans un système où le règlement de l'indemnité appartient au tribunal (3).

1000. Quoique dans des termes stricts, les articles 25, 27 et 28 de l'ordonnance de 1842 ne parlent que des expropriations prononcées à la requête de l'administration, il est certain que les dispositions en sont applicables à toutes les expro-

(1) C. d'Ét. Cont. 2 déc. 1858. D. 58, 680.
(2) Alger, 2 février 1866.
(3) Ord. du 1 oct. 1844, art. 30.

priations pour cause d'utilité publique, que les travaux soient exécutés par l'État ou par des concessionnaires. En concédant l'exécution de travaux publics, l'Etat se substitue les concessionnaires avec les droits et les obligations dont il jouissait et qui lui incombent.

1001. La décision portant expropriation notifiée doit être transcrite sans frais au bureau de la conservation des hypothèques, en conformité de l'article 2181 du Code civil.

Dans la quinzaine de la transcription, les privilèges et les hypothèques conventionnelles, judiciaires ou légales sont inscrits. A défaut d'inscription dans ce délai, l'immeuble exproprié est affranchi de tous privilèges et hypothèques de quelque nature qu'ils soient, sans préjudice des droits des femmes, mineurs et interdits, sur le montant de l'indemnité, tant qu'elle n'a pas été payée ou que l'ordre n'a pas été réglé définitivement entre les créanciers. Les créanciers inscrits n'ont, dans aucun cas, la faculté de surenchérir, mais ils peuvent exiger que l'indemnité soit fixée par l'autorité judiciaire.

Les actions en résolution, en revendication, et toutes autres actions réelles, ne peuvent arrêter l'expropriation ni en empêcher l'effet. Le droit des réclamants sera transporté sur le prix, et l'immeuble en demeurera affranchi (1).

1002. En France, on n'exige pas du propriétaire réel qu'il prouve sa propriété ; si son droit en cette qualité est contesté, il l'est par des tiers qu'on renvoie à se pourvoir devant les tribunaux ; il n'en est pas de même en Algérie. Le fait de la propriété n'a ni la même évidence, ni la même authenticité. De là la nécessité de demander au propriétaire la justification de sa qualité ; de là, pour le domaine, le droit d'intervenir et de mettre l'intéressé en demeure de montrer ses titres et de prouver son droit.

En conséquence, le propriétaire qui veut faire valoir ses droits à l'indemnité est tenu de justifier de son droit de propriété. Les titres et autres documents qu'il produit sont communiqués au directeur des domaines qui procède à leur

(1) Ord. du 1 oct. 1844, art. 31.

examen et provoque telles mesures qu'il croit convenables pour la conservation des droits du domaine (1).

1003. Dans la huitaine qui suit la notification prescrite par l'article 15, le propriétaire est tenu d'appeler et de faire connaître à l'administration, les fermiers, locataires, ceux qui ont des droits d'usufruit, d'habitation ou d'usage, tels qu'ils sont réglés par le Code civil, et ceux qui peuvent réclamer des servitudes résultant des titres mêmes du propriétaire ou d'autres actes dans lesquels il serait intervenu ; sinon il reste seul chargé envers eux des indemnités que ces derniers pourront réclamer. Les autres intéressés sont mis en demeure de faire valoir leurs droits par l'avertissement énoncé en l'article 6, et tenus de se faire connaître à l'administration dans le même délai de huitaine, à défaut de quoi ils sont déchus de tous droits à l'indemnité (2).

1004. Les usufruitiers et les créanciers sont tenus aux mêmes justifications que les propriétaires.

1005. L'administration doit, dans le délai de huitaine après la notification de l'arrêté d'expropriation aux propriétaires et aux intéressés, faire des offres. Les propriétaires et intéressés ont quinze jours pour accepter ou pour indiquer leurs demandes. Les offres, en Algérie, peuvent n'être ni publiées, ni affichées.

1006. Les propriétaires expropriés pour partie seulement, d'un immeuble, peuvent-ils requérir, comme en France l'expropriation de la totalité, s'ils se trouvent dans les conditions de l'article 50 de la loi du 3 mai 1841 ? La négative n'est pas douteuse. L'article 36 de l'ordonnance ne donne ce droit au propriétaire exproprié que si l'expropriation touche une portion seulement d'un bâtiment.

1007. Si les offres de l'administration ne sont pas acceptées dans les délais, l'administration cite devant le tribunal civil de la circonscription de l'immeuble exproprié, les propriétaires et tous les autres intéressés qui auront été désignés, ou qui seront intervenus, pour qu'il soit procédé au règlement des

---

(1) Ord. du 1 oct. 1844, art. 32.
(2) Ord. du 1 oct. 1844, art. 33.

indemnités. La citation contient l'énonciation des offres qui ont été refusées.

1008. La substitution du tribunal civil au jury constitue la plus importante des différences existant entre la législation de la France et celle de l'Algérie. Elle se justifiait, au moment où est intervenue l'ordonnance de 1844, par cette raison péremptoire qu'aucune liste de jury n'existait encore. Le justifie-t-elle encore aujourd'hui où le jury criminel a été introduit, et où le nombre des citoyens français dans chaque département serait suffisant pour en assurer le fonctionnement? On peut encore le soutenir si l'on veut bien comparer les conditions de la formation des jurys d'expropriation en France avec celles que cette même fonction rencontrerait en Algérie. En France, aux termes de l'article 29 de la loi du 3 mai 1841, le jury d'expropriation est constitué d'un certain nombre d'électeurs ayant leur domicile réel dans l'arrondissement. Cette disposition ne présente que de médiocres inconvénients; les arrondissements français sont tous d'une assez faible superficie, et les déplacements des jurés sont faciles ; en outre, la population des électeurs français suffit toujours pour assurer le choix des magistrats. Il n'en est pas ainsi dans la plupart des arrondissements civils de l'Algérie. La plupart s'étendent sur un vaste territoire quelquefois supérieur à la contenance de plusieurs départements français ; les habitations y sont souvent éloignées les unes des autres ; les transports d'un nombreux jury y seraient souvent difficiles ; enfin, en quelques lieux, le roulement du jury n'y pourrait être assuré.

1009. Une autre dissemblance importante consiste dans le mode d'instruction des demandes d'indemnité suivi devant le tribunal civil. La loi de 1841 établit en principe, par les articles 37 et 38, que le débat doit être oral et public, les articles 37, 38 et 39 de l'ordonnance de 1844 exigent au contraire que l'administration et les indemnitaires signifient par écrit et leurs offres et leurs demandes, et fassent connaître ainsi les moyens à l'appui. L'instruction est ainsi tout entière écrite, et l'ordonnance ne paraît autoriser aucune discussion orale.

1010. En Algérie, le tribunal peut, comme le jury en

France, ordonner un transport sur les lieux et entendre toutes personnes qui peuvent l'éclairer (1).

1011. Le tribunal est juge de la sincérité des titres et de l'effet des actes qui seraient de nature à modifier l'évaluation de l'indemnité (2).

1012. Si l'exécution des travaux doit procurer une augmentation de valeur immédiate et spéciale au restant de la propriété, cette augmentation est prise en considération dans l'évaluation du montant de l'indemnité (3).

La plus-value peut être admise jusqu'à concurrence du montant total de l'indemnité, mais dans aucun cas, elle ne peut motiver le payement d'une soulte par le propriétaire exproprié (4).

1013. L'ensemble de ces dernières dispositions de l'ordonnance de 1844 forme sur le fond même du droit en matière d'expropriation une différence capitale entre la législation algérienne et la législation métropolitaine. La jurisprudence française est en effet fixée en ce sens, que dans le cas d'expropriation partielle, la plus-value ne peut jamais se compenser entièrement avec l'indemnité, en sorte que toute espèce d'indemnité soit refusée au propriétaire exproprié. L'article 38 de la loi de 1841 donnant au jury la mission de fixer l'indemnité, on a pensé que l'article n'autorisait pas le jury à ne fixer aucun chiffre d'indemnité. En Algérie, le législateur a décidé le contraire. Il a estimé que la plus-value résultant de travaux d'utilité publique était bien plus considérable, et que plus d'un terrain reçoit souvent toute sa valeur des travaux exécutés dans le voisinage aux frais de l'État. Mais réciproquement, si l'exécution des travaux doit occasionner un préjudice, le tribunal est compétent pour l'apprécier (5).

---

(1) Ord. 1 oct. 1844, art. 38 et 39.

(2) Ord. 1 oct. 1844, art. 40.

(3) Ord. 1 oct. 1844, art. 41.

(4) L. du 16 juin 1865, art. 20.

(5) Cons. d'Et. cont. 10 juin 1857. Cons. que la demande du sieur Lavie, qui fait l'objet de l'arrêté de conflit, tend à ce que dans le règlement de l'indemnité qui lui est due pour l'expropriation d'une partie du domaine qu'il possède auprès des chutes de Rumoul, il lui sera tenu compte de la dépréciation qui résulterait de l'établissement de la poudrerie de Constantine, pour la partie de son immeuble qui n'est pas atteinte par l'expropria-

1014. Cette manière de voir est, du reste, conforme à la pratique des choses. Tous les actes de concessions accordées par l'administration stipulent, en faveur des travaux publics, que pendant un certain nombre d'années à partir de la prise de possession, l'État pourra s'emparer, sans indemnité, des terrains même cultivés, qui pourraient être nécessaires à l'exécution des travaux.

1015. Les constructions, plantations et améliorations ne donnent lieu à aucune indemnité, lorsque, à raison de l'époque où elles ont été faites ou de toutes autres circonstances dont l'appréciation lui est abandonnée, le tribunal acquiert la conviction qu'elles ont été faites dans la vue d'obtenir une indemnité plus élevée (1).

1016. Si, dans les six mois de l'arrêté d'expropriation, l'administration ne poursuit pas la fixation de l'indemnité, les parties peuvent exiger qu'il y soit procédé. Quand l'indemnité aura été réglée, si elle n'a été ni acquittée, ni consignée, les intérêts courent de plein droit à l'expiration de ce délai (2).

1017. Le tribunal prononce des indemnités distinctes en faveur des parties qui les réclament à des titres différents, comme propriétaires, fermiers, locataires, usagers ou toute autre qualité. Dans le cas d'usufruit, une seule indemnité est fixée, eu égard à la valeur totale de l'immeuble; le nu propriétaire et l'usufruitier exercent leurs droits sur le montant de l'indemnité au lieu de l'exercer sur la chose. L'usufruitier

---

tion; — Cons. que d'après les dispositions législatives ci-dessus rappelées, l'autorité judiciaire chargée de faire le règlement de l'indemnité en cas d'expropriation pour cause d'utilité publique en Algérie, ne doit pas seulement apprécier la valeur de l'immeuble exproprié; qu'elle doit toujours tenir compte de la plus-value résultant de l'exécution des travaux pour la partie de l'immeuble qui n'est pas atteinte par l'expropriation, et que, pour déterminer la plus-value dont cette partie est susceptible, il est nécessaire d'apprécier tout à la fois les avantages et le préjudice que l'exécution des travaux peut lui occasionner; que la demande du sieur Lavie ayant pour objet de faire apprécier le préjudice qui serait la conséquence de l'expropriation d'une partie de son domaine et que de l'établissement sur cet immeuble de la poudrerie de Constantine, c'est au tribunal chargé de faire le règlement de l'indemnité d'expropriation, qu'il appartient de prononcer sur cette demande; que dès lors, c'est à tort que le conflit d'attribution a été élevé par le préfet de Constantine; — Annulation.

(1) Ord. 1 oct. 1844, art. 41.

(2) Ord. 1 oct. 1844, art. 42; Cons. d'Et. Cont. 18 déc. 1862, L. 62, 804.

est tenu de donner caution; les père et mère ayant l'usufruit légal des biens de leurs enfants en sont seuls dispensés. L'indemnité allouée par le jury ne peut, en aucun cas, être inférieure aux offres de l'administration, ni supérieure à la demande de la partie intéressée (1).

1018. La décision du tribunal, comme celle du jury d'expropriation est, en ce qui concerne la fixation du montant de l'indemnité, souveraine et sans appel (2). Mais bien que sans appel, elle peut cependant être attaquée par la voie du recours en cassation. Ce recours est, en effet, de droit commun et il doit avoir lieu dans les formes ordinaires, l'ordonnance de 1844 n'ayant pas reproduit les formes tracées par la loi du 3 mai 1841, articles 42 et 20. Quant aux décisions par lesquelles le tribunal statue sur d'autres questions que celle du montant de l'indemnité, elles sont soumises au droit commun relativement à l'appel et au pourvoi en cassation (3).

1019. En tout cas, il importe de ne pas étendre au delà de ses termes la prohibition d'appel de l'article 45 de l'ordonnance de 1845. Ce n'est qu'en cas d'*expropriation*, c'est-à-dire quand l'administration a suivi les règles et la procédure prescrites, que le jugement qui intervient sur la de-

(1) Ord. 1 oct. 1844, art. 43 et 44.

(2) Ord. 1 oct. 1844, art. 45.

(3) Dareste, p. 194; — Req. 22 août 1864. Cir. 6 déc. 1864. D. P. 65, 5, 168. Cass. Req. 2 janv. 1866. La Cour, att. que l'expropriation pour cause d'utilité publique en Algérie est réglée par une législation spéciale et notamment par l'ordonnance du 1er oct. 1844;— Att. qu'aux termes de l'art. 45 de cette ordonnance, les jugements rendus en cette matière par les tribunaux de l'Algérie ne sont souverains et sans appel qu'en ce qui concerne la fixation du montant de l'indemnité; qu'en dehors de cette exception formellement exprimée, ils restent soumis à toutes les voies de recours de droit commun et, spécialement, l'appel; — Et att. que le jugement attaqué, avant de fixer le montant de l'indemnité à allouer au demandeur a statué préalablement sur différents points de contestations soulevées entre les parties et relatifs soit à la destruction de plantations, existant sur le terrain exproprié, soit à une prétendue dépréciation résultant de ce que l'expropriation d'une portion de la propriété divise le surplus du terrain en deux parties séparées, soit enfin à des dégâts commis par des ouvriers sur des parcelles non expropriés, par suite des travaux exécutés sur la portion acquise par l'expropriation; — Att. qu'aux termes de l'art. 42, précité, la solution de ces questions contre laquelle est dirigé le pourvoi, était attaquable par la voie de l'appel et ne pouvait, dès lors, être déféré, *omisso medio*, à la Cour de cassation. — Non recevabilité.

mande d'indemnité peut être souverain. Si l'administration a pris possession d'un immeuble par un acte de violence, ou sans recourir à la voie de l'expropriation régulière, bien que dans un intérêt public, la décision qui fixe l'indemnité qu'elle peut devoir, est susceptible d'appel (1).

1020. Le règlement des frais nécessités par le jugement d'expropriation, s'établit en Algérie sur les mêmes bases qu'en France (2).

1021. La liquidation de l'indemnité a toujours lieu en France au moyen d'une somme d'argent. Il n'en est pas toujours ainsi en Algérie. Dans les premiers temps de la conquête, l'aliénation d'un immeuble à charge de rente était très fréquente; pour remédier aux inconvénients de cet état de choses, l'ordonnance du 10 octobre 1844 avait décidé que les rentes perpétuelles seraient rachetables, conformément aux prescriptions de l'article 330 du Code civil. L'ordonnance devait tenir compte de cette situation spéciale, et, en conséquence, quand un immeuble exproprié est grevé d'une rente constituée pour prix de la transcription du fonds, la rente n'est pas comprise dans la liquidation. L'indemnité consiste dans la somme que l'immeuble est jugé valoir en sus de la vente. L'administration a l'option de continuer le service de la rente ou de la racheter au taux légal (3).

1022. La prise de possession du terrain exproprié et le payement du montant de l'indemnité se font en Algérie et en France de la même manière (4).

1023. L'ordonnance du 1er octobre 1844, contenait un ensemble de dispositions relatives à l'occupation temporaire des terrains nécessaires à l'exécution des travaux publics et à l'expropriation en cas d'urgence. Ces dispositions ont été modifiées; celles relatives à l'occupation temporaire, par un décret du 5 décembre 1855 et par un décret du 11 septembre 1859, et celles relatives à l'expropriation d'urgence par un décret du 11 juin 1858. Mais la légalité de ces trois derniers décrets

(1) Alger, 28 fév. 1866.
(2) L. 3 mai 1841, art. 40; ord. 2 oct. 1844, art. 46.
(3) Ord. 10 oct. 1844, art. 47.
(4) L. 3 mai 1841, art. 5 et 54, ord. 1 oct. 1844, art. 48 et 49.

a été contestée. En effet, la loi du 16 juin 1851 porte que jusqu'à ce qu'il en ait été *autrement ordonné par une loi*, l'ordonnance du 10 octobre 1844, continuera à être exécutée en ce qui touche les formes à suivre en matière d'occupation temporaire ou d'expropriation. Il semble donc qu'une loi seule aurait pu modifier les prescriptions de l'ordonnance de 1844. Mais d'un autre côté, au moment ou sont intervenus les décrets de 1855, 1858 et 1869, la constitution de 1852 avait replacé l'Algérie sous l'empire des décrets. Et il y a lieu de se demander si, en conséquence, un décret ne pouvait modifier ce qu'une ordonnance avait organisé (voy. plus haut, n° 67 et suivants). La question s'est présentée et devant la Cour de cassation et devant le Conseil d'État, mais l'une et l'autre de ces deux hautes juridictions ont évité de la résoudre (1).

Quoi qu'il en soit, dans la pratique des choses et sans qu'il semble que depuis vingt ans le débat ait été à nouveau soulevé, on a cessé d'appliquer les dispositions de l'ordonnance de 1844 et on les a remplacées par celles des décrets ci-dessus visés. Ce sont ces derniers que nous allons rapidement examiner.

1024. Lorsqu'il y a lieu en Algérie d'acquérir par voie d'expropriation et d'occuper immédiatement tout ou partie d'une ou plusieurs propriétés immobilières bâties ou non bâties, pour l'exécution de travaux de nature à autoriser une expropriation publique aux termes de la loi du 16 juin 1851, et que l'urgence ne permet pas d'accomplir les formalités prescrites par l'ordonnance de 1844, le gouverneur général peut, en approuvant les travaux, déclarer qu'il y a urgence ; un avis indiquant la nature et la situation des travaux à entreprendre ou des établissements à former, la désignation des immeubles qui doivent être soumis à l'expropriation, leur nature, leur situation et les noms de leurs propriétaires, s'ils sont connus, est inséré à la diligence du préfet en territoire civil, et du général commandant la division en territoire militaire, dans le journal officiel de l'Algérie et dans le journal,

---

(1) Civ. cass. 3 déc. 1862, D. P. 63, 1, 40; cass. 26 août 1858, D. P. 60, 5. 395. Cons. d'Et. cont. 15 juin, 18 janv. 1860. D. P. 60. 3, 29, 15 juin 1861, D. P. 61. 3, 52.

de la localité la plus rapprochée, désigné pour recevoir les annonces judiciaires.

Il est affiché dans la commune de la situation des lieux; et s'il s'agit d'immeubles situés dans la circonscription d'une localité non érigée en commune, à la résidence du commandant de ville ou de place. Cet avis fait connaître qu'il y a lieu de prendre possession d'urgence.

1025. Pendant dix jours, à partir de ces annonces et affiches, les propriétaires et autres intéressés sont admis à consigner leurs observations sur un registre ouvert à cet effet dans le lieu ou l'affiche a été apposée. Ces observations sont soumises au conseil de préfecture qui en constate sommairement le résultat.

1026. Le gouverneur général par sa seule décision déclare et l'utilité publique et l'expropriation d'urgence (1).

1027. La déclaration d'urgence est notifiée au président du tribunal civil avec invitation de désigner, dans les vingt-quatre heures, trois experts qui prêtent serment.

1028. Les experts visitent les lieux et procèdent, dans un délai de dix jours, à la rédaction d'un procès-verbal indiquant la nature et la contenance des cultures, plantations, bâtiments, clôtures et autres accessoires des fonds à exproprier. Cet état descriptif doit être assez détaillé pour pouvoir servir de base à l'appréciation de la valeur foncière, et en cas de besoin, de la valeur locative, ainsi que des dommages-intérêts qui peuvent résulter des changements ou dégats occasionnés au surplus de la propriété. Il doit, en un mot, contenir tous les renseignements nécessaires pour la fixation de l'indemnité. Les experts indiquent dans leur procès-verbal, la valeur approximative de chaque immeuble, les motifs des évaluations diverses et le temps qu'il paraît nécessaire d'accorder aux occupants pour évacuer les lieux (2).

1029. La déclaration d'urgence est, dans tous les lieux ou la publicité peut être utilement faite, affichée pendant au

(1) Décret du 11 juin 1858, art. 2. Déc. 8 sept. 1859, art. 2.
(2) Déc. 11 juin 1858, art. 3.

moins trois jours. La publication fait connaître l'époque de la visite des trois experts (1).

1030. La déclaration d'urgence est, en même temps, notifiée au propriétaire, si son domicile est connu, et en tout cas à celui qui occupe l'immeuble, à quelque titre que ce soit (2).

1031. Le président du tribunal civil, aussitôt que le procès verbal des experts lui a été remis, ordonne la prise de possession, et la consignation de l'indemnité approximative de dépossession. La consignation, outre les sommes principales, assure le payement, pendant deux ans, des intérêts au taux légal (3).

1032. Le président détermine, sans qu'il puisse excéder sept jours, le délai dans lequel les détenteurs sont tenus d'abandonner les lieux. Le délai part du jour de la rectification *administrative* de l'ordonnance et du procès-verbal de consignation de l'indemnité (4).

1033. L'indemnité est ensuite réglée définitivement selon les formalités prescrites par l'ordonnance de 1844 (5).

1034. L'occupation temporaire des terrains nécessitée par l'exécution des travaux publics, se pratique en Algérie en suivant les mêmes formalités qu'en France (6). La seule différence existant dans la pratique administrative consiste en ce que dans les territoires ou la propriété collective des tribus existe encore, les décrets d'occupation pris par le préfet ou le général commandant la division, qui ne peuvent être notifiés au propriétaire, sont notifiés soit au président de la commission mixte, soit au président de la djemâa, soit au chef de famille, selon les cas.

Il est alors procédé, sous la direction, selon la nature des travaux, de l'officier du génie ou de l'ingénieur qui les dirige, à une expertise contradictoire entre l'entrepreneur des travaux et le détenteur de l'immeuble qui doit être occupé. Un

(1) Déc. 11 juin 1858, art 3.
(2) Déc. 11 juin 1858, art. 3.
(3) Déc. 11 juin 1858, art. 4.
(4) Déc. 11 juin 1858, art. 4.
(5) Déc. 11 juin 1858, art. 4.
(6) Déc. 8 février 1868 (V. travaux publics; Déc. du 11 sept. 1869).

intervalle de dix jours au moins entre la notification de l'arrêté d'occupation et la visite des lieux, est nécessaire (1).

1035. L'inspection et l'occupation du terrain ont lieu d'ailleurs suivant les formes du décret du 8 février 1868.

SECTION VII.

Domaine collectif des indigènes.

§ 1. Domaine cultivé.

1036. On a vu qu'en Algérie, et selon les règles du droit musulman, la propriété chez les indigènes etait individuelle ou collective ; et qu'elle portait et sur le fonds et sur la jouissance ou sur la jouissance seulement, c'est-à-dire qu'elle était ou *melck* ou *arch*. On a vu enfin que le senatus-consulte du 22 avril 1863 avait décidé en principe que toutes les propriétés *arch* deviendraient *melk*: et que toutes les propriétés collectives seraient ensuite divisées entre les ayants droit ; on a vu enfin que le législateur trouvant, en 1870, les opérations diverses prévues par le senatus-consulte, exécutées dans un grand nombre de tribus, en la partie qui avait pour objet d'arriver à la constitution de la propriété collective des tribus et des douars, mais non exécutées en la partie qui prévoyait la constitution de la propriété individuelle, avait par la loi du 23 juillet 1873, décidé que l'on procéderait immédiatement dans les tribus *sénatus consultées* aussi bien que dans celles qui n'avaient encore été l'objet d'aucune procédure, à la formation de la propriété individuelle.

Il résulte des dispositions de cette loi que les diverses propriétés collectives *melk* ou *arch* doivent un jour ou l'autre disparaître et faire place à une propriété individuelle semblable à celle qui fait le régime normal des divers états européens. Mais ce jour est encore éloigné malheureusement. Les Arabes possèdent dans le Tell à titre *melk* ou *arch*, plus de dix millions d'hectares, la délimitation, la reconnaissance,

(1) Déc. 11 sept. 1863, art. 3. à 8.

le classement et le partage des terres dans chaque tribu exige un temps et des délais fort longs, qui ne permettent guère d'espérer avant plusieurs années une constitution régulière et ferme de la propriété individuelle.

On doit donc examiner qu'elle est la législation applicable au domaine collectif des tribus indigènes, comme si ce domaine n'était pas encore prêt de disparaître.

1037. La législation varie selon que la tribu a été *sénatus consultée* ou bien qu'elle tient ses droits de propriété ou de jouissance de titres spéciaux.

1038. Au premier cas, les dispositions des articles 23 et 24 du règlement du 22 mai 1863 sont toujours applicables. L'article 23 décide que les terrains de culture dont jouissent les membres des douars ne peuvent être aliénés tant que la propriété individuelle n'a pas été constituée.

La restriction apportée par cet article au droit général de disposer, appartenant à tous propriétaires, découle de l'interprétation qui a été donnée à l'article 3 du senatus-consulte, combinée avec celle de l'article 6. Ce dernier article établit, en effet, que la propriété individuelle qui sera établie au profit des membres du douar ne pourra être aliénée que du jour ou elle aura été régulièrement constituée par la délivrance des titres. Or, dans les tribus *senatus consultées* la propriété des terres a bien été établie collectivement, il est vrai, au profit du douar, mais non au profit des individus ; l'aliénation par ceux-ci n'est donc pas possible. Et d'un autre côté, si le douar est propriétaire collectif, les familles, en réalité, usent des biens à titre privatif. Si elles étaient dépossédées par le douar, elles devraient être indemnisées, soit en argent, soit par des compensations en nature. Or, l'attribution d'une indemnité en argent aux détenteurs dépossédés préjugerait des droits qui ne peuvent être déterminés que par le partage, et d'un autre côté une compensation en nature troublerait l'assiette de la possession des autres occupants (1).

1039. Au second cas, la législation applicable est celle qui résulte en ce qui concerne la jouissance des biens par chaque

(1) Inst. générale du 11 juin 1863.

famille, des règles générales du droit musulman tel qu'il est pratiqué en Algérie, et en ce qui concerne l'aliénation de ces mêmes biens, des dispositions de la loi de 1851 (art. 14) modifiées par le senatus-consulte de 1863 (art. 6.).

Or, voici comment, en général, les terres collectives sont exploitées en Algérie. Elles ne sont pas l'objet d'une répartition annuelle abandonnée à l'arbitraire des chefs; elles sont, au contraire, détenues en grande partie par les mêmes familles, qui se les transmettent héréditairement tant qu'elles se perpétuent sur les lieux et qu'elles ont les moyens de les exploiter. Il convient d'ajouter que lorsqu'une famille s'éloigne ou quitte le douar, ses terres font retour à la communauté. Il en est de même des terres qu'une famille laisse tomber en friche. Le douar dispose alors des terres en faveur d'autres exploitants (1).

Quant à l'aliénation, si la terre est possédée par la tribu, soit à titre de *melk*, soit à titre de *arch*, elle peut être librement faite, soit en faveur d'indigènes, soit en faveur d'européens. Avant la loi de 1851, les aliénations des terres indigènes avaient été, à peu près, absolument prohibées. La loi du 16 juin 1851, article 14, avait conservé en principe, le droit pour chacun de jouir et de disposer de sa chose de la manière la plus absolue, en se conformant à la loi, mais les paragraphes 2 et 3 avaient fait de ce droit pour les tribus arabes, un droit absolument illusoire, en décidant que « néanmoins, aucun droit de propriété ou de jouissance portant sur le sol du territoire d'une tribu ne pourrait être aliéné au profit de personnes étrangères à la tribu » et « qu'à l'État seul était réservée la faculté d'acquérir ces droits, dans l'intérêt des deniers publics ou de la colonisation, et de les rendre, en tout ou en partie, susceptibles de libre transmission. » Mais ces deux paragraphes ayant été expressément abolis par l'article 6 du senatus-consulte, il en résulte que le paragraphe premier subsiste seul, et que la liberté d'aliéner peut paraître complète.

1040. Mais afin d'assurer la régularité de ces transmissions

---

(1) Inst. générale du 11 juin 1863.

immobilières, la loi de 1873 a prescrit, pour leur validité, une procédure et des formalités spéciales (1).

Toute transmission d'immeubles indigènes doit d'abord être signifiée à l'administration des Domaines. L'acte doit ensuite être inséré, en extraits, deux fois au moins, en français et en arabe, dans le *Mobacher* (2), et dans l'un des journaux de l'arrondissement, ou à défaut, du département ou se trouvaient les biens acquis. Pareil extrait en français et en arabe doit être transmis au procureur de la République de l'arrondissement, lequel en fait opérer le dépôt entre les mains du juge de paix, et à défaut du juge de paix, du maire ou de l'administrateur français de la circonscription ; et encore entre les mains du président de la djemâa ou de l'adjoint indigène, et, à défaut de président de djemâa ou d'adjoint indigène, entre les mains du cadi. Les magistrats du parquet doivent faire publier ces dépôts dans les principaux marchés de la tribu et les afficher en français et en arabe à la mairie de la commune et partout ou besoin est, dans le délai de trois mois à partir de la publication, des réclamations sont formulées entre les mains des dépositaires des extraits, avis de ces réclamations est donné au procureur de la République qui doit en donner connaissance aux parties intéressées ; si aucune réclamation ne survient dans le délai fixé, le procureur de la République délivre un certificat négatif sur papier libre.

1041. Les réclamations produites peuvent porter sur tout ou partie de la propriété vendue, et provenir de tiers ayant, d'après le droit musulman, un droit réel sur l'immeuble du prétendant ou des droits énoncés dans l'article 2 de la loi française du 23 mars 1855 sur la transcription, c'est-à-dire ayant un droit d'antichrèse, de servitude, d'usage ou d'habitation ou de bail. Si les droits réclamés affectent, non le prix, mais les *conditions même du contrat* (3), et s'ils sont reconnus par le

---

(1) L. du 26 juillet 1873 art. 25 et suiv.

(2) Le *Mobacher* est un journal officiel publié, en arabe, à Alger, par les soins du gouverneur général.

(3) Les expressions de l'art. 29 de la loi de 1873 sont évidemment impropres et signifient seulement *portent sur la propriété même ou l'un de ses démembrements.*

vendeur, l'acquéreur a la faculté, soit de persister dans son acquisition, en demeurant soumis aux charges et conditions qui y sont manifestées, soit d'y renoncer, sauf son recours contre tout vendeur pour les frais et loyaux coûts exposés et tous dommages-intérêts s'il y a lieu.

Si au contraire, les droits révélés sont contestés par le vendeur, celui-ci est tenu d'introduire, dans le délai d'un mois, l'instance destinée à purger l'immeuble à peine de résiliation de la vente.

1042. Si aucune réclamation n'est produite à l'expiration du délai d'opposition ci-dessus fixé, le contrat de vente reçoit sa pleine exécution. Seulement si le prix n'a pas été payé, et si des réclamations tardives se produisent, les réclamants peuvent, bien entendu, faire valoir leurs prétentions sur le prix qui est attribué ou distribué selon la nature du droit prétendu (1). Si le prix est payé il ne reste aux réclamants que l'action personnelle contre le vendeur, en dommages-intérêts, rectification de prix, etc.

Mais, du moment qu'aucune réclamation n'a été faite dans le délai, sur le vu du certificat négatif délivré par le Procureur de la République, l'administration des Domaines doit délivrer à l'acquéreur un titre français, enregistré en duplicata et mentionné en marge de la transcription de l'acte de vente notarié. Le titre ainsi délivré forme le titre unique de la propriété à l'exclusion de tous droits antérieurs.

1043. Les formalités que nous venons d'énumérer ne sont pas une condition de la validité de la vente; elles constituent seulement une purge extraordinaire, particulière, dans l'intérêt de l'acquéreur et que celui-ci a la faculté d'accomplir ou de ne pas accomplir (2). S'il l'accomplit, il libère l'immeuble, consolide les droits sur sa tête et obtient un titre administratif inattaquable, opposable aux tiers. S'il la néglige, il reste exposé à une action en revendication, et ne bénéficie que des effets ordinaires de la transcription de la loi du 23 mars 1855, et de la purge des hypothèques telle qu'elle est réglée par le Code civil.

---

(1) Robe p. 267 ; — (Alger, 15 mai 1875).

(2) Robe p. 245. — Alger 25 juillet 1878. D. P. 80.1.171.

1044. La loi de 1873 n'édicte l'observation des formalités ci-dessus établies que pour la transmission de biens faite par des indigènes à des européens : on s'est demandé si, en cas d'acquisitions de biens indigènes, faites par les indigènes, les acquéreurs pouvaient suivre cette procédure spéciale et si les mêmes effets spéciaux lui étaient attachés, M. Robe soutient la négative ; en autorisant la purge pour les transmissions d'immeubles indigènes à des européens, dit-il, la loi de 1873 *l'interdit* virtuellement pour les ventes d'indigène à indigène. Cette opinion ne nous semble pas juridique. Quoique le texte de l'article 25 ne parle que des transmissions d'immeubles indigènes à des européens, il importe de ne pas oublier que la même loi dans son article 1 a pris soin d'établir qu'à l'avenir toute transmission contractuelle d'immeubles et de droits immobiliers sont régis par la loi française, *quels que soient les propriétaires*. De ces dispositions générales, il résulte bien certainement que le législateur a entendu désormais supprimer, lorsqu'il s'agit de régime immobilier, toute distinction entre les transmissions faites à des européens ou à des indigènes ; la loi qui régit les conventions des uns et des autres est la loi française, c'est-à-dire la loi de 1873. Si dans l'article 25, il n'est fait mention que des acquisitions faites par des européens à des indigènes, c'est que, le législateur était surtout préoccupé d'assurer la validité de ces ventes qui pendant un grand nombre d'années avaient été interdites.

1045. Quoique le titre de propriété remis à l'acquéreur d'un immeuble indigène soit dressé et délivré par l'administration des Domaines, on ne peut évidemment le considérer comme constituant un acte administratif ; c'est un titre de propriété dont l'appréciation appartient à l'autorité judiciaire (1).

1046. Il a été dit plus haut que les indigènes des tribus dans

---

(1) Alger 25 juillet 1858 ; D. P. 80.1.171. — Cass. Req. 28 juillet 1879. — Att. que Renaud à la suite d'acquisitions par lui faites en Algérie, a obtenu un titre de l'administration des Domaines ; que l'arrêt attaqué a pu sans violer le principe de la séparation des pouvoirs, apprécier la régularité d'un titre ; qu'en effet, toutes les dispositions de la loi du 26 juillet 1873, tendent à faire passer les immeubles indigènes sous l'empire du droit français, lequel proclame la compétence des tribunaux ordinaires en matière de propriété.

lesquelles le senatus-consulte avait été appliqué, ne pouvaient procéder à leur vente, tant que la propriété individuelle n'était pas établie ; mais ne pouvaient-ils pas tout au moins les louer, soit à des européens, soit à des indigènes étrangers à la tribu? Dans une circulaire en date du 25 janvier 1873 (1), le Gou-

---

(1) Circulaire du 25 janvrier 1873.

Monsieur le....... Mon attention a été appelée sur un certain nombre de locations à long terme consenties par des indigènes, *en terre arch*, et j'ai, par suite, à me prononcer sur une question qui a été posée à l'administration supérieure, dans les termes suivants :

Un indigène a-t-il le droit de louer lui-même à un européen ou à un indigène étranger à la tribu, les terres collectives de culture qu'il détient à titre d'usufruitier, ou cette location ne peut-elle être consentie qu'avec l'autorisation de la djemmâa ?

Dans l'une et l'autre hypothèse, je n'hésite point à répondre par la négative ; en voici les raisons :

1° Dans les terres collectives de culture, telles qu'elles ont été déterminées par l'application du sénatus-consulte, il n'existe au profit d'aucun des membres d'une tribu *arch* ou *sabega*, un droit privé et défini d'usufruit. La preuve en ressort avec évidence, notamment :

Du rapport de M. Casabianca au Sénat : « ..... Nous avons cru devoir interdire *le trafic prématuré des droits éventuels* afférents aux Arabes sur les territoires à répartir, jusqu'à ce que la propriété nouvelle soit régulièrement constituée par la délivrance des titres. »

De l'article 6 du sénatus-consulte du 22 avril 1863 : la proprieté individuelle qui sera établie au profit des membres des douars, ne pourra être aliénée que du jour où elle aura été régulièrement constituée par la délivrance des titres.

Enfin, des règles tracées par le titre V des institutions générales du 11 juin 1863, pour la constitution ultérieure de la propriété individuelle, tout en affirmant, d'une façon générale, le respect dû aux occupations de fait, les dispositions de ce titre consacrent effectivement bon nombre d'exceptions, tantôt à l'encontre et tantôt au profit de certaines catégories de personnes.

En résumé, on peut dire, avec l'autorité de textes précis, que jusqu'à la constitution de la propriété individuelle, tous les droits particuliers au partage de la terre collective de culture, comme tous les faits de possession, restent en l'état et sans sanction : il est clair qu'une telle situation ne comporte, sous l'autorité de la loi, aucune transaction privée.

2° La djemmâa, pas plus que es particuliers, n'a le droit de traiter pour les terres collectives de culture : le titre IV, dernier alinéa, des instructions générales precitées du 11 juin 1863, est formel sous ce rapport, il y est dit :

La restriction apportée par l'article 24 du règlement d'administration publique du 23 mai 1863, au droit d'aliénation des douars, découle de l'interprétation de l'article 3 du sénatus-consulte, combinée avec celle de l'article 6 ; elle s'applique spécialement aux terres de culture. La propriété de ces terres a été consacrée collectivement, il est vrai, au profit du douar ; mais, en réalité, les familles en usent à titre privatif, et si celles-ci étaient dépossédées par le douar ; elles devraient être indemnisées, soit en argent, soit par des compensations en nature.

verneur général s'est prononcé pour la négative par les raisons suivantes :

1° Dans les terres collectives de tribu, il n'existe au profit d'aucun des membres d'une tribu *arch* ou *sabega*, un droit privé

Or, l'attribution d'une indemnité en argent, aux détenteurs dépossédés *préjugerait des droits qui ne peuvent être déterminés que par le partage*, et, d'un autre côté, une compensation en nature troublerait l'assiette de la possession des autres occupants.

Les djemmâas, pas plus que les particuliers, n'ont donc la faculté de disposer des terres collectives de culture, qu'il ne faut pas confondre avec les communaux pour l'amodiation ou l'aliénation desquels les djemmâas sont, au contraire, investies des droits analogues à ceux des conseils municipaux en France.

On a quelquefois émis l'opinion que si le sénatus-consulte prohibait effectivement l'aliénation des terres collectives de culture, jusqu'à leur partage en propriétés individuelles, il restait muet, quant au droit de location, et, dans cet ordre d'idées, on a invoqué l'article 595 du Code civil, qui permet à l'insufruitier de donner son droit à ferme.

L'article 595 du Code civil n'a pas d'application dans les terres collectives de culture, où il ne se rencontre pas d'usufruitier, dans l'acception légale du mot. Aucun droit privé, je ne puis trop le répéter, n'est reconnu dans les périmètres dont il s'agit ; il n'existe, à l'heure actuelle, que des occupations de fait, *des droits éventuels* et des compétitions qu'à défaut du sénatus-consulte, la loi projetée sur la propriété indigène aura pour objet de déterminer et de régler.

Je vous prie de vouloir bien rappeler les principes qui précèdent partout où besoin est, afin d'éviter que les intérêts particuliers ne s'engagent dans un mouvement de transactions vers lequel ils pourraient être entraînés, et où ils ne rencontreraient pas la sanction de la loi.

Je saisis cette occasion pour appeler votre attention sur un autre point très important. Je suis informé que quelques fractions de tribus auraient été, sur leur demande et avec l'adhésion des djemmâas, placées sur des terres collectives de culture appartenant à d'autres tribus.

Vous n'ignorez pas que dans l'esprit du sénatus-consulte, qui ne saurait, d'ailleurs, s'appliquer, en ceci, aux diverses mesures proposées ou édictées, en matière de séquestre, *les indigènes originaires d'un douar ou qui n'y sont pas domiciliés* (titre V des instructions générales), n'ont généralement pas droit au partage ultérieur des terres de culture de ce douar ; d'un autre côté, si la future loi sur la propriété indigène est votée telle qu'elle a été présentée, l'Etat sera fondé à revendiquer, dans les tribus *arch*, à titre de biens vacants, les surfaces qui excéderaient à la fois l'etat des possessions, les moyens d'exploitation réels et les besoins de subsistance des habitants.

C'est donc avec la plus grande circonspection que les déplacements de populations auxquels je fais allusion, doivent être sanctionnés par l'autorité française, et je désire qu'en raison de l'importance des intérêts qu'elle engage, cette sanction soit toujours réservée au Gouvernement : on ne saurait, en pareille matière, tracer des règles inflexibles ; mais l'écueil à éviter est de créer, par des mesures partielles, des droits qui, sans nécessité absolue, auraient indirectement pour résultat d'accroître encore la libéralité avec laquelle le sénatus-consulte a été appliqué aux populations indigènes.

et défini d'usufruit. La preuve en ressort avec évidence du rapport présenté au Sénat en 1863, de l'article 5 du senatus-consulte du 22 avril 1863, et enfin des règles tracées par le titre 5 des instructions générales du 11 juin 1863. En résumé on peut dire, avec l'autorité du texte précis, que jusqu'à la constitution de la propriété individuelle tous les droits particuliers au partage de la terre collective de culture, comme tous les faits de possession, restent en l'état et sans sanction; il est clair qu'une telle situation ne comporte, sans l'autorité de la loi, aucune transaction privée.

2° La djemmaâ, pas plus que les particuliers, n'a le droit de traiter pour les terres collectives de culture, qu'il ne faut pas confondre avec les communaux; pour l'association et l'aliénation desquels les djemaâs sont, au contraire, investies de droits analogues à ceux des conseils municipaux de France.

1047. On a quelquefois émis l'opinion que si le senatus-consulte prohibait effectivement l'aliénation de terres collectives de culture, jusqu'à leur partage en propriétés individuelles, il restait muet quant au droit de location, et dans cet ordre d'idées on a invoqué l'article 595 du Code civil qui permet à l'usufruitier de donner son droit à ferme. L'article 595 du Code civil n'a pas d'application dans les terres collectives de culture, où il ne se rencontre pas d'usufruitiers, dans l'acception légale du mot. Aucun droit privé n'est reconnu dans les périmètres dont il s'agit, il n'existe que des occupations de fait, des droits éventuels et des compétitions.

§ 2. Domaine collectif indigène de parcours.

1048. L'Algérie est divisée géographiquement en trois régions : le Tell, les Hauts-Plateaux et le Sahara. Chacune de ces divisions correspond à un état différent de l'exploitation de la terre. On a vu que le Tell était à peu près tout entier terre de culture. Les Hauts-Plateaux, qui comprennent une étendue de territoire d'environ 400 kilomètres de longueur sur près de 170 kilomètres de largeur et une superficie de 5 ou 6 millions d'hectares, forment ce que l'on appelle les terres à alfa. Les Hauts-Plateaux sont habités par des tribus *sédentaires*, habitant sous la tente, et qui vivent du produit à peu près exclusif de leurs troupeaux, que des bergers promènent dans ces vastes steppes.

Le Sahara, dont l'étendue ne se mesure pas, n'est point partout improductif, il est habité par des tribus *nomades*, habitant également sous la tente et vivant aussi du produit d'immenses troupeaux de moutons et de chameaux. L'hiver, elles descendent dans les prairies ou *dayas* du Sahara, et l'été remontent sur les Hauts-plateaux, mêlant les parcours de leurs bestiaux à ceux des tribus sédentaires des Hauts-Plateaux.

Sauf quelques jardins autour des douars fixes des Hauts-Plateaux et des sources des oasis du Sahara, aucune parcelle de ces immenses espaces n'est cultivée.

A qui appartiennent ces plaines? Les tribus qui les exploitent depuis des siècles ne les ont jamais *vivifiées*, pour employer l'expression énergique du droit musulman, mais forment-elles des terres *mortes* appartenant au beylick? La question n'a pas encore été juridiquement examinée; il ne semblait pas que de longtemps même il fût nécessaire de lui donner une solution. Mais l'industrie qui chaque jour étend son domaine a fait une de ses branches importantes de commerce de ce produit à peu près unique des plateaux, l'alfa; et des chemins de fer partant des ports de mer du Tell ont gravi les pentes de l'Atlas pour aller l'y chercher. Et les temps ne sont pas éloignés où les tribus arabes revendiqueront, comme une constatation de leurs droits de disposer du fonds, leur jouissance séculaire des terrains de parcours. Il importe donc de rechercher, dès maintenant, sur quelle tête, depuis la conquête musulmane, repose la propriété.

1049. Essentiellement, il nous semble, quant à nous, que les grandes règles de la loi musulmane sont les seules qui doivent être appliquées. Toutes les terres des Hauts-Plateaux et du Sahara sont terres de conquête; et jamais le sultan n'a modifié le caractère primitif de la possession des détenteurs, soit par des concessions, soit par des inféodations, soit par des locations, soit par des donations. Il ne saurait donc y avoir ni *melk*, ni *arch*, ni *azel*, ni *maghzen*, mais simplement *kharadjyet*. Or, la terre de conquête, dans l'islamisme, est bien du domaine du beylick.

En outre, on a vu que les terres se divisaient d'après la législation du Koran en terres de culture et terres mortes. Toute terre morte est bien du beylick, et les produits naturels appartiennent au premier occupant. Si la terre morte est vivifiée, elle devient la propriété privée du cultivateur. C'est à ce titre que l'État a fait sien en Algérie le domaine incultivé des forêts et des dunes. Or, sur les hauts plateaux et dans le Sahara, presque tout est terre morte, puisque presque partout le sol abandonné à lui-même n'y donne que les fruits dont la nature seule assure la production ; presque tout appartient donc au beylick.

SECTION VIII.

Des monuments publics.

1050. Si l'Algérie ne possède qu'un petit nombre de monuments modernes qui, par leur style et leur caractère, méritent d'être compris parmi ceux qui intéressent l'histoire de l'art, il n'en est pas de même des monuments anciens. Carthage, Rome et Constantinople ont laissé des traces nombreuses et puissantes de leur domination. Des temples, des arcs de triomphe, des villes entières même à demi respectées par les injures des hivers ont échappé aux ravages des Arabes. Et ceux-ci en quelques points ont élevé, au temps de leur gloire et de leur civilisation, des monuments religieux et des palais encore debout, qui font l'admiration des curieux et des artistes.

En France, on sait qu'il n'existe qu'une législation imparfaite destinée à la protection des monuments offrant un intérêt sérieux pour l'art ou l'histoire. On s'en fie, à cet égard, à l'intérêt des particuliers ou des administrations publiques propriétaires des monuments. Une loi préparée par le Conseil d'État et soumise à l'approbation des Chambres, assurera peut-être, à l'État, dans un avenir peu éloigné, les moyens de préserver de la ruine ou de la dévastation les monuments dignes de l'attention publique. Un article de cette loi réserve, en Algérie, la propriété des monuments historiques, des statues, des médailles et des inscriptions qui pourraient exister dans les propriétés appartenant ou ayant appartenu au domaine et aliénées par lui. Mais, en attendant, il n'existe aucune législation. Cependant, par un accord tacite des habitants européens et de l'administration, on respecte, à peu près partout, les nombreuses ruines qui existent et que défendent contre les destructions des indigènes, un respect superstitieux.

1051. Une clause d'usage dans tous les actes de concession réserve à l'État la propriété des monuments et des objets d'art qui pourraient y exister. Cette clause assure les droits de revendication de l'État. Mais elle est malheureusement à peu près inobservée.

1052. Quant à la main de l'administration pour la recherche et la conservation des monuments historiques, elle ne s'est fait sentir en Algérie que par l'envoi de trois circulaires des 25 mars 1844 (1), 26 août 1845 et 31 décembre 1858, recomman-

---

(1) Circulaire 25 mars 1844. — J'ai reçu de M. le ministre de la guerre les instructions ci-après touchant les dispostions à prendre pour la conservation des monuments anciens et restes d'antiquités en Algérie. Je m'empresse de les mettre textuellement sous vos yeux en vous invitant à concourir, en ce qui vous concerne, à leur exécution.

« Une suite de lois et de dispositions administratives (voir, notamment, au *Recueil des actes du ministère de l'intérieur*, la circulaire du 8 avril 1819) assurent en France la conservation des monuments anciens qui sont considérés comme propriétés de l'Etat. Aucune mesure n'a, jusqu'à ce jour, été prise en Algérie pour préserver de la destruction les précieux débris d'antiquités qu'on y découvre à chaque pas; aussi n'ont-ils pas toujours été respectés. Dans plusieurs localités, leurs matériaux ont servi à des constructions publiques et même privées sans que l'autorité ait été préalablement consultée sur l'opportunité de conserver les ruines intactes ou de les consacrer à quelque usage.

« Mon intention est qu'à l'avenir, et à l'instar de ce qui se pratique dans la métropole, les fonctionnaires et agents d'aucun service ne disposent des monuments anciens ou débris d'antiquités, sous quelque prétexte que ce soit et quel que soit d'ailleurs leur peu d'importance apparente, sans avoir satisfait à des conditions qui en garantissent la conservation et réservent les droits de l'administration.

« En conséquence, à l'exception des cas urgents et de force majeure, qui se présentent d'ailleurs très rarement, les restes d'antiquités ne pourront être ni démolis, ni même restaurés que sur la proposition d'un fonctionnaire, soit militaire, soit civil, suivant les localités, sur l'avis du conseil d'administration ou de la commission administrative et avec mon approbation.

« Je désire que vous fassiez connaître mes intentions à cet égard aux officiers généraux et fonctionnaires civils, en les invitant à donner aux officiers de toutes armes, ingénieurs des ponts et chaussées, architectes, géo-

dant aux officiers de l'armée et aux fonctionnaires publics de rechercher les objets d'art ou d'histoire et de les signaler à l'attention de l'autorité. Mais les meilleurs agents de la science archéologique ou historique et de la conservation des œuvres d'art ont été et sont encore les sociétés libres d'histoire et d'archéologie qui se sont formées à Alger et à Constantine, et dont l'œuvre mérite d'être signalée. Ces sociétés, sans mandat officiel, poursuivent partout leurs recherches et partout leur action bienfaisante se fait sentir.

---

mètres, agents forestiers et autres agents militaires ou civils sous leurs ordres, les instructions les plus précises à cet égard.

« Pour arriver à constater aussi exactement que possible l'existence et l'état actuel des monuments, ruines et restes d'antiquités sur les parties occupées du territoire et dans le but d'en donner le catalogue, les officiers d'état-major et du génie, les ingénieurs des ponts et chaussées ou les architectes du service des travaux coloniaux, seront invités à faire les dessins (plan, coupe et élévation) de tous ceux qui se trouveraient dans leurs arrondissements respectifs ou dont ils feraient ultérieurement la découverte, et à accompagner ces dessins de notes renfermant les indices qu'ils pourront se procurer sur leur origine et les souvenirs historiques qui s'y rattacheraient. Dans ce travail devront être compris les restes de monuments anciens qui auraient été restaurés et appropriés à l'usage des services civils ou militaires.

« Je verrai avec satisfaction l'empressement que l'on mettra à accomplir une tâche agréable et instructive et que je recommande dans l'intérêt de l'art et de l'histoire.

« Lorsque ces documents me seront parvenus et que, par l'examen qui en sera fait, j'aurai pu me former une idée de l'importance des monuments anciens répandus sur le sol de l'Algérie, je compléterai mes instructions à l'effet de régulariser, à l'instar de ce qui se fait en France depuis plus de cinquante ans, la recherche des antiquités, d'assurer leur conservation et de poursuivre leur restauration, s'il y a lieu.

« Alors je distinguerai d'une manière particulière les fonctionnaires, officiers, ingénieurs, architectes et agents de tout rang qui auront concouru avec zèle à cette utile entreprise. »

Recevez, etc.

Maréchal BUGEAUD.

Circulaire 31 décembre 1858. — l'Algérie a gardé de nombreux vestiges de la domination romaine; malheureusement ces curieux débris disparaissent chaque jour, et les notions précises qu'ils pouvaient fournir sur l'organisation politique et administrative des colonies romaines s'anéantissent avec eux. Je m'intéresse particulièrement aux études qui ont pour objet de reconstituer l'histoire du passé de notre colonie, et je désire que mon administration contribue à leur progrès. Je vous transmets dans ce but les indications qui me sont communiquées par un savant archéologue, M. Renier, de l'Institut, sur la direction à donner aux recherches, la méthode à suivre pour le relèvement des inscriptions et la conservation des antiquités découvertes. Les indications de M. Renier vous serviront de guide

CHAPITRE III.— De la propriété et de la conservation des forêts.

1053. Les derniers relevés du service des forêts, portent à 2,360,747 hectares l'étendue de la propriété boisée en Algérie. Cette contenance, malgré l'apparence d'exactitude qui semble résulter de la précision des chiffres n'est rien moins qu'approximative. Elle ne comprend, en effet, aucun des bois des dayas du Sahara, bois peuplés de pistachiers de l'Atlas (*betoum*), de jujubiers, de lotophages et de tamaris, qui atteignent, dans le pays d'où ils sont originaires de véritables proportions forestières; elle ne comprend, non plus, qu'une faible partie des terrains, jadis peuplés en bois d'essences forestières, incendiés et convertis en simples broussailles par les usages arabes.

---

et je ne doute pas que vous ne trouviez dans le personnel instruit que vous dirigez un grand nombre d'aides intelligents.

Les travaux d'utilité publique et privés qui s'exécutent ou vont s'exécuter en Algérie permettront, sans dépense spéciale, de faire de nombreuses fouilles et de retrouver beaucoup d'inscriptions précieuses pour l'histoire et la géographie. Toutes ces inscriptions devront être relevées avec le plus grand soin, et je vous prie de m'en envoyer exactement des copies ou des estampages. Quant aux monuments eux-mêmes, lorsqu'ils ne seront pas comme les bornes milliaires, de nature à rester en place, ils devront être transportés dans le centre de population le plus voisin. Jusqu'ici la plupart des antiquités découvertes ont été, au prix de dépenses considérables, et au grand dommage de ces antiquités elles-mêmes, transférées au musée d'Alger. Cette concentration ne doit pas être poursuivie. Chaque localité doit conserver les monuments relatifs à son histoire particulière.

Les municipalités devront assurer la conservation des débris historiques recueillis sur leur territoire et en former des collections publiques. Lorsque ces collections seront assez considérables, comme elles le sont déjà à Constantine, à Philippeville, à Guelma, à Souk-Harras, à Sétif, à Cherchell, à Aumale, la garde en devra être confiée à un conservateur spécial, lequel sera en même temps chargé de veiller à la conservation des monuments d'architecture subsistant encore dans la ville ou dans les environs. — La formation et l'entretien de ces collections devront, en tout état de cause, rester à la charge des municipalités. — Je recommande aux officiers des bureaux topographiques de noter avec soin, sur les cartes et plans de leur subdivision, la direction des voies romaines, l'emplacement des bornes milliaires, et de tous les monuments qu'on pourra découvrir. Ce travail sera d'une grande utilité pour les études archéologiques, et permettra, dans un prochain avenir, d'asseoir d'une manière définitive les bases d'une géographie complète de l'Afrique romaine.

Jérôme Napoléon.

Ces 2,360,000 hectares sont distribués en deux bandes qui courent parallèlement à la mer, l'une dans le Tell, l'autre sur les hauts plateaux et réunies par des massifs qui s'étendent le long de la frontière tunisienne. Cette distribution géométrique tient à ce que les forêts s'étendant sur deux chaînes de montagnes, tout ce sol, pas plus que celui de la frontière tunisienne n'a pu être défriché. On ne trouve, en effet, de forêts en Algérie que sur les points où le défrichement n'a pas été possible parce qu'ils faisaient partie du *bled el baroud*, ou sur ceux où les terres défrichées n'eussent pas été propices à la culture.

Les traditions qui représentent l'Algérie au moment de la conquête musulmane comme un immense verger qui lui avait valu le surnom d'*El Hadrah* (la verte), la présence d'arbres isolés au milieu de plaines immenses conservés par les croyances religieuses comme les témoins d'une ancienne végétation disparue, les observations sur la disparition récente des forêts importantes, font admettre que l'Algérie était autrefois fort boisée. Dans les parties où le sol ne pouvait donner, sans engrais, une suffisante récolte pendant de longues années, les indigènes attaquaient par le feu, qui était, et qui est encore, malheureusement, leur principal mode de défrichement, une autre portion de forêt; c'est ce qui explique comment la superficie défrichée n'est pas en rapport avec le nombre des habitants de l'Algérie quelque soit l'époque à laquelle on se reporte.

Les terrains qui, après le défrichement, n'étaient plus cultivés, servaient de pâturage : aussi ne se sont-ils plus repeuplés.

Ces quelques notions rapides peuvent expliquer les difficultés spéciales que la législation relative aux forêts rencontre en Algérie.

1054. D'après la loi musulmane, les forêts étaient la propriété du beylick, et c'est en se basant sur ce principe que les différents actes qui ont constitué la propriété en Algérie ont toujours considéré les forêts comme appartenant toutes de droit à l'État, et mis ainsi à la charge des indigènes formant des revendications à leur égard, la preuve de leur droit de propriété. C'est ainsi que l'article 4 de la loi du 16 juin 1851 a déclaré que le domaine de l'État se compose « 4° *des bois et forêts* sous la réserve des droits de propriété et d'usage régulièrement acquis. » — C'est ainsi que le sénatus-consulte du 22 avril 1863 a réservé dans son article 5 le domaine de l'État *notamment en ce qui concerne les bois et forêts*. Mais on comprend, en même temps, étant donnée cette habitude des indigènes de brûler pour défricher et de défricher pour convertir en terres de pâturages, quelles contestations peuvent surgir des prétentions réciproques de l'administration des forêts et des indigènes pour établir leurs droits, dans un pays où les titres écrits de propriété, fort rares toujours, sont le plus souvent faux et mensongers et où la tradition orale est le plus souvent contradictoire.

Quoiqu'il en soit, et d'après les données acceptées aujourd'hui les 2,360,000 hectares de forêts reconnus appartenant à l'État sont répartis de la manière suivante :

A l'Etat 1,969,247 hectares.

Aux communes 77,749.

Aux particuliers 313,651.

Les biens forestiers des communes et ceux des particuliers proviennent tous, ainsi qu'il sera expliqué plus loin, de concessions faites par l'État.

1055. Les forêts qui devraient régulièrement, et aux termes de la législation française, être soumises à l'action du service forestier comme bois domaniaux ou bois communaux ont donc une contenance de 2,046,996 hectares. Mais une partie de ces massifs se trouve ou dans une situation excentrique, de sorte que le service forestier ne peut y exercer sa surveillance que d'une manière fictive, ou bien sur des frontières dont la sécurité n'est pas assurée. Dans ces conditions et dans le but de dégager complètement la responsabilité du service forestier, le gouverneur général de l'Algérie a pris, à la date du 22 décembre 1875, un arrêté qui a eu pour résultat de distraire provisoirement un certain nombre de massifs forestiers de la direction du service forestier. La surveillance en est confiée à l'autorité militaire et les généraux commandant les divisions sont chargés de réprimer par les moyens dont ils disposent, les contraventions et les délits qui y sont commis.

1056. D'une façon générale, les forêts algériennes sont soumises aux dispositions du code forestier qui a été déclaré applicable, sans promulgation spéciale, en vertu des principes ci-dessus établis relatifs aux lois générales de la métropole antérieures à 1834 (1). Mais cette législation générale aurait été insuffisante dans un pays où les délits forestiers sont d'une nature particulière et où certains délits, par suite du climat et de la végétation, présentent des dangers inconnus en France; aussi, en dehors des lois qui régissent la métropole en existe-t-il plusieurs propres à la colonie, que nous devons rapidement examiner.

1057. L'Algérie est partagée, ainsi qu'il a été dit plus haut, en trois zones forestières : la première comprend les forêts situées en territoire civil. La surveillance de ces massifs et la poursuite des délits qui y sont commis s'exerce à la diligence de l'administration forestière comme dans la métropole. — La seconde comprend les forêts du territoire militaire soumises au régime forestier. La surveillance en appartient au service forestier, et les gardes constatent par les procès-verbaux réguliers les contraventions et les délits qui y sont commis. Toutefois comme les délits commis en territoire militaire par les indigènes musulmans sont jugés par les conseils de guerre, les procès-verbaux dressés dans ces territoires contre des indigènes sont adressés aux généraux de division commandant la province, qui sont chargés de prendre les mesures — transaction ou poursuites — que leur paraît comporter chaque affaire (2). La troisième zone est celle des territoires de commandement, où en vertu de l'arrêté gouvernemental du 22 décembre 1875 la surveillance des bois est entièrement remise aux soins de l'administration militaire.

1058. Dans ces territoires de commandement, l'administration forestière n'intervient que lorsqu'il s'agit de délivrance de bois à des indigènes, des agents ou à des services publics; l'autorité militaire doit alors réclamer l'intervention des agents forestiers qui restent chargés de marquer les arbres à abattre

---

(1) Crim. Cass. 17 nov. 1865. (V. n° 70.)
(2) Arrêté du 3 janvier 1876, art. 1 et 2.

et d'indiquer les mesures à prendre pour assurer l'aménagement des massifs (1).

1059. Les forêts de l'Algérie, outre cette division générale en trois zones, sont, en outre, et selon la nature des essences forestières qui forment le fonds des forêts, divisées en forêts exploitées pour leurs produits ligneux et forêts exploitées pour leurs écorces, soumises les unes et les autres à une législation commune et chacune en outre à une législation particulière.

1060. La législation générale consiste d'abord dans l'application du Code forestier dont il a été parlé ci-dessus, et, en outre, dans la loi du 17 janvier 1874, ayant pour objet de prévenir les incendies dans les régions boisées de l'Algérie. Quelques mots à cet égard sont nécessaires.

1061. Le sol des forêts algériennes se couvre en hiver et au printemps de fougères et de bruyères qui s'élèvent à une hauteur inconnue en France; lorsqu'arrivent les premières chaleurs de l'été, ces arbustes qui ont épuisé leur végétation annuelle se dessèchent, et présentent sous le couvert des arbres une suite non interrompue de branchages inflammables, formant un inextricable et épais fouillis. Vienne la moindre étincelle et un incendie immense se propage au gré du vent, courant à la surface de la terre. Les arbres, au mois de juin, n'ont qu'une sève rare, et des feuilles à moitié jaunies. Ils ne tardent pas à leur tour à *flamber*, et on a vu souvent, en moins de six heures, des espaces de plus de vingt mille hectares dévorés par le feu. On comprend donc que des mesures spéciales aient été prises par le législateur pour défendre les bois contre les désastres qui les menacent.

Mais l'imprudence n'est pas seule à craindre. Les Arabes ont remarqué que lorsque l'incendie a détruit les bruyères et les fougères et éclairci l'ombre naturelle des arbres, une épaisse et riche végétation de pâturage s'emparait pendant plusieurs années du sol, et ils ont partout contracté la funeste habitude d'allumer des feux volontaires, d'autant plus redoutables que leur effort est concerté.

---

(1) Arrêté du 22 décembre 1875, art. 1. — Décret du 10 octobre 1874.

1062. Un arrêté du gouverneur général du 21 juillet 1821 avait tenté de défendre cette pratique dangereuse, en édictant, contre les indigènes qui s'y livraient, des pénalités particulières.

Des incendies considérables allumés en 1863, en 1865, en 1868 et en 1871 ayant détruit plus de trois cent mille hectares, le législateur a dû intervenir (1).

1063. Dans toute l'étendue de l'Algérie, du 1er juillet au 1er novembre de chaque année, il est interdit d'allumer des feux dans l'intérieur ou à 200 mètres des bois et forêts, même par la fabrication du charbon, l'extraction du goudron, et la distillation de la résine. Cette interdiction ne souffre aucune exception et s'applique même aux propriétaires de bois et forêts.

1064. La loi va même plus loin, et elle ne permet d'allumer des feux, dans l'intérieur des maisons situées en forêts, qu'en prenant des précautions prescrites par un règlement d'administration publique (2).

1065. Pendant la même période d'été, nul ne peut, dans un rayon de quatre kilomètres des massifs forestiers, mettre le feu aux broussailles, aux herbes, aux végétaux sur pied, sans avoir obtenu la permission expresse de l'autorité administrative locale. L'arrêté d'autorisation détermine le jour et l'heure de la mise à feu. Cet arrêté est publié et affiché dans les communes limitrophes au moins quinze jours à l'avance. S'il s'applique à des terrains situés à moins de 1 kilomètre des forêts, l'avis de l'administration forestière est préalablement réclamé; l'arrêté impose spécialement toutes les mesures de précaution à prendre, et, s'il y a lieu, l'ouverture préalable de tranchées, destinées à empêcher la communication du feu (3).

1066. L'absence de force armée dans le voisinage des forêts au moment où les incendies sont à redouter a souvent encouragé les arabes à allumer leurs incendies.

---

(1) On ne saurait espérer que la loi du 17 juillet 1874 produise des résultats satisfaisants.

(2) L. 17 juill. 1874, art. 1.

(3) L. 17 juill. 1874, art. 2.

Le gouverneur général peut désigner un ou plusieurs officiers ou sous-officiers commandant une force publique auxiliaire, pour concourir avec les agents forestiers à l'exécution des mesures légalement prises contre les incendies. Les officiers et sous-officiers délégués sont placés auprès de l'autorité administrative locale, et investis des attributions de police judiciaire qui appartiennent à la gendarmerie. Les règlements de cette arme leur sont applicables dans leurs rapports avec les autorités administratives et judiciaires (1).

1067. Une surveillance particulière est en même temps exercée sur les indigènes qui habitent le voisinage des forêts.

Les populations indigènes dans les régions forestières sont, pendant la même période, astreintes à un service de surveillance réglé par le gouverneur général (2).

1068. Il importe de prévenir non seulement les incendies qui menacent, mais il est également nécessaire quand l'incendie a éclaté d'assurer le repeuplement de la forêt atteinte. C'est pour assurer des pâturages à leurs troupeaux que les arabes, en général, mettent le feu aux parties boisées. La loi devait donc interdire et a interdit tout pâturage, au profit des usagers, pendant six mois au moins, sur toute l'étendue des bois incendiés (3).

1069. Les pénalités édictées par la loi de 1874 sont assez rigoureuses. Dans l'impossibilité ou l'on est souvent, dans les vastes espaces à peu près déserts qui entourent les forêts algériennes, de trouver les coupables qui ont mis volontairement le feu, la loi a dû frapper et la faute et la négligence et même le simple intérêt que peuvent avoir les individus à l'anéantissement de la forêt. Aussi tout européen ou indigène requis pour un service de secours organisé contre l'incendie et qui refuse son concours sans motifs légitimes est-il puni d'une amende de 20 à 500 francs et de six jours à six mois d'emprisonnement (4), sans préjudice, au regard des usagers, de

(1) L. 19 juill. 1874, art. 3.
(2) Loi 17 juill. 1874, art. 4.
(3) Loi 17 juill. 1874, art. 7.
(4) Loi 17 juill. 1874, art. 4.

l'article 149 du code forestier relatif à la privation des droits d'usage, laquelle sera prononcée par le juge de paix.

En tout territoire, civil ou militaire, indépendamment des condamnations individuelles encourues par les auteurs ou complices des crimes délits ou contraventions, en cas d'incendie de forêts, les tribus et les douars peuvent être frappés d'amendes collectives.

Ces amendes sont prononcées par le gouverneur général en conseil de gouvernement sur le vu des procès-verbaux, rapports et propositions de l'autorité administrative locale, les chefs de tribu ou de douar préalablement entendus.

Le produit des amendes est versé au Trésor ; il peut être affecté, en tout ou en partie, à la réparation du préjudice causé par les incendies. Dans ce cas, le gouverneur général dresse l'état de répartition et le notifie aux parties lésées ; le recours au Conseil d'État est ouvert à celles-ci, dans le délai de deux mois à partir de la notification contre les décisions prises par le gouverneur général à leur égard.

Lorsque les incendies, par leur simultanéité ou leur nature, dénotent de la part des indigènes un concert préalable, ils peuvent être assimilés à des faits insurrectionnels et, en conséquence, donner lieu à l'application du séquestre conformément aux dispositions de l'ordonnance royale du 31 octobre 1845 (1).

1070. Les gardes forestiers et tous les officiers de police judiciaire sont chargés de rechercher et contrôler les délits et contraventions. On comprend en effet, que la gravité des faits nécessite l'attention de tous les agents chargés d'assurer le maintien de la sécurité publique (2).

1071. Le service de surveillance auquel les populations indigènes, dans les régions forestières, sont astreintes par l'article 4 de la loi de 1874, a été organisé par un arrêté du gouverneur général en date du 5 juillet 1881.

Des postes-vigies établis dans chaque douar, du 1er juillet au 1er novembre, doivent signaler les incendies et prévenir au premier indice de feu, l'autorité administrative locale et

(1) L. 17 juill. 1874, art. 5 et 6.
(2) L. 17 juill. 1874, art. 9.

l'autorité forestière. Ils doivent travailler sans retard à l'extinction du feu.

Le service des postes-vigies dure vingt-quatre heures, et fonctionne le jour et la nuit. Tous les indigènes y sont assujettis : ils sont passibles, en cas de manquement à leurs obligations, des dispositions ci-dessus visées de l'article 8 de la loi de 1874 (1).

---

(1) Arrêté 6 juillet 1881. — Art. 1. Chaque année, il est organisé dans chaque douar, dans les régions boisées de l'Algérie un service spécial des postes-vigies qui doit durer du 1er juillet au 1er novembre et auquel sont astreintes les populations indigènes riveraines.

Art. 2. Le nombre et la répartition des postes-vigies sur les points les plus propres à assurer la sécurité seront déterminés, dans chaque département, par arrêté du préfet ou du général, commandant la division, selon le territoire, sur les propositions formulées par les administrateurs civils ou militaires et par les inspecteurs des forêts.

Art. 3. Les arrêtés pris en vertu de l'article précédent seront notifiés, un mois avant le commencement de la période de surveillance, au conservateur des forêts et aux inspecteurs des circonscriptions forestières intéressés, ainsi qu'aux autorités administratives civiles ou militaires, lesquelles sont chargées d'assurer immédiatement le service des postes vigies.

Art. 4. — Le service des postes-vigies consiste à prévenir immédiatement au premier indice d'incendie, l'autorité administrative locale désignée par l'administration et le représentant du service forestier le plus rapproché, et à travailler sans retard à éteindre le feu.

Il devra être assuré jour et nuit au moins par deux piétons et un cavalier et durera vingt-quatre heures. Toutefois, les gardes ne devront pas quitter leur poste avant d'avoir été relevés.

Art. 5. — Tous les indigènes valides, inscrits aux rôles des prestations, sont astreints au service des postes-vigies. Cependant, ceux qui, pour une cause quelconque, ne voudront pas faire ce service, pourront se faire remplacer en prévenant l'autorité locale, mais ils seront toujours civilement responsables.

Art. 6. — Les administrateurs locaux, civils ou militaires, désigneront dans chaque commune mixte, douar ou tribu, les jours de garde, les points à occuper par les postes-vigies. Le tableau de service ainsi arrêté, sera immédiatement communiqué aux agents chargés de la surveillance et du contrôle désignés dans l'article 7.

Art. 7. — La surveillance et le contrôle des postes-vigies seront exercés par les administrateurs civils et militaires, et leurs adjoints, les maires et adjoints, les officiers et sous-officiers dont la désignation est prévue par l'article 3 de la loi, les chefs indiqués, les gendarmes, les gardes champêtres, et par les agents et préposés forestiers. Ces divers fonctionnaires ou officiers de police judiciaire devront constater par procès-verbaux, sur le vu du tableau dressé en exécution de l'article 6, l'absence des indigènes aux postes installés, ou le retard que les gardes auraient mis à signaler les incendies. Les peines encourues sont celles édictées par l'article 8 de la loi du 17 juillet 1874, ainsi conçu : Toutes les contraventions aux prescriptions de la présente loi et à celles des règlements et arrêtés rendus pour son exécution, notamment en vertu de l'article 11, seront punis

1072. Le code forestier et la loi du 17 juillet 1874 forment la législation générale des forêts de l'Algérie. Mais l'œuvre du législateur a été complétée par deux arrêtés du gouverneur général, ayant le premier, pour but de défendre le domaine encore mal défini et inconnu de l'État contre les empiétements des cultivateurs européens et indigènes, le second pour objet de compléter par des mesures de police les moyens employés contre les incendies volontaires.

1073. Le premier est en date du 11 juillet 1838 (1) : il défend sans une autorisation préalable du préfet, de défricher, arracher ou exploiter en tout ou en partie les terres ou bois taillis en broussailles, dont la contenance excède 2 hectares. Cette prohibition s'applique :

1° Aux parcelles de fonds, qui pour le défrichement, l'arrachement ou l'exploitation, seraient détachées d'une contenance excédant deux hectares et appartenant au même propriétaire.

2° Aux terres indivises, un an après le partage effectué : l'autorisation du défrichement doit prescrire, s'il y a lieu, les précautions nécessaires pour la conservation, la plantation et le repeuplement des bois. Toute infraction à ces dispositions est punie de la saisie des bois détachés du sol et d'une amende égale à leur valeur ; sans qu'en aucun cas l'amende puisse être inférieur à trente francs. Les dispositions de l'article 463 ne sont pas applicables aux délinquants. Les délits sont jugés correctionnellement sur la constatation de tous officiers de police judiciaire, maires, gardes forestiers, gardes champêtres, gendarmes et préposés de toute nature institués ou reconnus, par l'autorité française. (2)

---

d'une amende de 20 à 500 francs et pourront l'être, en outre, d'un emprisonnement de six jours à six mois.

L'article 463 sera applicable.

Art. 8. — Les procès-verbaux ainsi dressés, seront transmis sans délai, par l'intermédiaire des autorités administratives ou des inspecteurs du service forestier, au procureur de la République ou au général commandant la division chargée des poursuites devant la juridiction compétente.

(1) Cet arrêt est toujours en vigueur, mais il est fort souvent inexécuté.

(2) Arrêté du 11 juillet 1838, articles 1, 2, 4, 6 et 7.

Art. 1er. — Nul ne pourra, sans une autorisation préalable de l'intendant civil, défricher, arracher ou exploiter en tout ou en partie, les terres

1074. Le second, en date du 23 juin 1870, interdit la vente de tous bois atteints par le feu, sous peine de saisie et de confiscation au profit d'établissements publics, de bienfaisance ou autres, sans préjudice de l'application aux délinquants des dispositions des articles 471 et 474 du Code pénal. Cette prohibition peut être levée par l'administration sur la demande des parties interessées, après qu'une enquête a établi les causes de l'incendie. L'autorisation de vente délivrée, doit faire connaître : le lieu où les bois sont situés et la du-

---

ou bois, taillis ou broussailles, dont la contenance excédera deux hectares.

Cette prohibition s'applique :

1° Aux parcelles de fonds qui, pour le défrichement, l'arrachement ou l'exploitation, seraient détachées d'une contenance excédant deux hectares et appartenant au même propriétaire ;

2° Aux terres actuellement indivises, même après le partage qui en serait ultérieurement effectué.

Art. 2. — L'autorisation qui sera accordée sur une declaration faite deux mois à l'avance, pour la province d'Alger, à l'intendant civil, et partout ailleurs, au sous-intendant de la province, prescrira, s'il y a lieu, les précautions jugées nécessaires pour la conservation, la plantation ou le repeuplement des bois.

Art. 3. — Il est interdit de mettre, pour quelque cause que ce soit, le feu aux bois taillis, broussailles, haies vives, herbes et végétaux sur pied.

Art. 4. — Toute infraction aux dispositions des articles 1 et 2 sera punie de la saisie des bois détachés du sol et d'une amende égale à leur valeur sans qu'en aucun cas, l'amende puisse être au-dessous de 50 francs.

Si les bois ne peuvent être saisis, le délinquant sera condamné au payement de leur valeur qui sera arbitrée par le jugement, mais ne pourra jamais être inférieure au minimum de l'amende.

Art. 5. — Le délit prévu en l'article 3, sera puni d'un emprisonnement de six jours à deux mois, et d'une amende de 20 à 200 francs, sans préjudice des dommages-intérêts au profit des parties lésées et des poursuites criminelles dans les cas prévus par la loi.

Art. 6. — Les dispositions de l'article 463 du Code pénal ne seront pas applicables aux délits prévus par le présent arrêté. Néanmoins, et selon les circonstances, l'emprisonnement et l'amende pourront être prononcés cumulativement ou séparément.

Art. 7. — Les délits seront jugés correctionnellement ; ils seront constatés par les officiers de police judiciaire, les maires, gardes forestiers, gardes champêtres et gendarmes, dans les limites de la juridiction des tribunaux ordinaires : en dehors de ces limites par tous agents, ou chefs français ou indigènes préposés, institués ou reconnus par l'autorité française.

Ces constatations feront foi en justice jusqu'à preuve contraire ; elles seront, au besoin, suppléées ou complétées par la preuve testimoniale.

Art. 8. — L'intendant civil et le procureur général sont chargés, chacun en ce qui le concerne, de l'exécution du présent arrêté.

rée du permis de vente. Tout individu transportant ou vendant des bois atteints par le feu est tenu d'exhiber l'autorisation délivrée (1).

1075. La législation spéciale à certaines forêts de l'Algérie est ainsi que nous l'avons dit, applicable aux bois à raison de leurs produits ligneux ou fruitiers, ou à raison de leurs écorces.

1076. En ce qui concerne les produits ligneux ou fruitiers, elle protège les plantations d'oliviers; un arrêté du maréchal Bugeau, en date du 8 avril 1844, a interdit sous peine de saisie et de confiscation au profit des hôpitaux, la mise en vente du bois vert provenant de l'olive (2).

1077. En ce qui concerne les produits de l'écorce des

---

(1) Arrêté du 23 juin 1850.

Art. 1er. -- La vente des bois atteints par le feu sera interdite à partir du 1er octobre 1850.

Art. 2. — Ces bois, exposés en vente ou transportés, seront saisis et livrés aux établissements de bienfaisance ou, à défaut, à d'autres établissements publics, sans préjudice de l'application aux délinquants des peines prévues par l'article 471, §§ 1er et 15, et par l'article 474 du Code pénal.

Art. 3. — Toutefois, les préfets, les sous-préfets et les commissaires civils, dans les territoires civils, et les généraux commandant les divisions, les commandants des subdivisions et les commandants des cercles, dans les territoires militaires, pourront, sur la demande des parties intéressées et après une enquête administrative sur les causes de l'incendie, autoriser le transport et la mise en vente des bois incendiés.

Art. 4. — L'autorisation délivrée à cet effet fera connaître :

1° Le lieu où les bois sont situés;

2° La durée du permis.

Art. 5. — Quiconque sera rencontré transportant ou vendant des bois portant les traces du feu, sera tenu d'exhiber, à toute réquisition des agents de la force publique, l'autorisation mentionnée en l'article précédent, sous peine d'être considéré comme délinquant.

Art. 6. — Les généraux commandant les divisions, le procureur général et les préfets sont chargés d'assurer, chacun en ce qui le concerne, l'exécution du présent arrêté, qui sera traduit en arabe et affiché dans toutes les localités de l'Algérie.

(2) Arrêté du 8 avril 1844.

Art. 1er. — La vente du bois vert provenant de l'olivier est interdite sur tous les marchés de l'Algérie, à partir du 1er mai prochain.

Art. 2. — Le bois vert provenant de l'olivier trouvé circulant sur les routes, ou exposé en vente sur les marchés sera saisi, confisqué et livré à l'administration militaire pour les hôpitaux et pour les troupes.

Art. 3. — Les directeurs de l'intérieur et des finances, et les commandants supérieurs dans les localités administrées par l'autorité militaire sont chargés de l'exécution du présent arrêté.

arbres, la législation spéciale se compose d'un certain nombre d'actes applicables aux écorces de chênes liège et aux écorces à tan. Ces deux industries ont, en Algérie, une importance particulière.

1078. On a dû réglementer spécialement l'exploitation des forêts de chênes liège, qui s'étendent sur 430,710 hectares. Une partie de ces massifs a été concédée à des sociétés industrielles et à des particuliers (V. n° 1098). L'autre partie conservée par le domaine de l'État peut être mise en ferme, en vertu d'un décret du 22 juillet 1876, par voie d'adjudication publique et pour une durée qui ne peut excéder dix-huit années.

1079. On a dû surtout, protéger l'exploitation des concessionnaires et des fermiers réguliers contre les vols et les déprédations que commettent, sans cesse, les indigènes avoisinant les bois mis en culture.

Un décret du 10 octobre 1861 a pris, à cet égard, des mesures dans le détail desquelles nous devons entrer.

1080. Toute exploitation du liège dans les forêts de l'État soumises ou non au régime forestier doit être autorisée par le gouverneur général (1).

1081. La levée des lièges dans les bois et portions de bois de trop minime importance pour être l'objet d'une concession ou d'une mise en ferme peut être autorisée par le gouverneur général, à charge par le permissionnaire de se conformer aux conditions imposées par le service forestier, et de déposer une redevance domaniale fixée d'après l'avis du chef du service des forêts et les propositions du général et du préfet (2).

1082. Le colportage et la vente des lièges ne provenant ni d'une forêt concédée, ni d'une propriété privée, ni d'une exploitation régulièrement autorisée, sont interdits. A cet effet, l'origine des lièges trouvés en état de transport doit être justifiée par un certificat émanant soit du service de forêts, soit du propriétaire du massif ou du bois (3).

1083. Les lièges dont la provenance ne peut être justifiée

---

(1) Déc., 10 oct. 1861, art. 1.
(2) Déc., 10 oct. 1861, art. 2.
(3) D., 10 oct. 1861, art. 3.

peuvent être saisis *en quelques endroits qu'ils se trouvent* et placés sous séquestre jusqu'à ce que le tribunal, statuant sur la question de propriété des lièges, prononce, s'il y a lieu, la main levée de séquestre ou en ordonne la restitution soit à l'État, soit aux concessionnaires, soit aux propriétaires, selon qu'ils proviennent d'une forêt domaniale non affermée ou affermée, ou d'une forêt possédée en propriété privée. Dans ce cas, application est faite aux délinquants, à leurs complices ou aux détenteurs des lièges de provenance irrégulière, des articles 192, 196, 197, 200, 201, 202, 203 et 204 du Code forestier (1).

1084. Les dispositions de cet article ont donné lieu à de nombreuses difficultés. Le sénatus-consulte de 1863 et la loi du 26 juillet 1873 ont, en effet, par l'application pratique qui en a été faite, rendu fort difficiles les constatations d'origine des lièges vendus ou transportés sur le territoire algérien. On a vu que les bois et les forêts appartenaient toutes en principe au domaine de l'État; mais les indigènes jouissant des droits d'usage, on a cru pouvoir, pour racheter ces droits, abandonner, soit à des propriétaires melk, soit à des tribus, la propriété de bouquets de bois ou même de forêts dont un certain nombre étaient peuplés en chênes liège. Il en est résulté, faute de réglementation suffisante sur la façon dont l'origine de la propriété des lièges devait être constatée, que tout propriétaire croit pouvoir se délivrer à lui-même un certificat de provenance, dont l'administration forestière n'est pas le plus souvent en état de contrôler la sincérité. On comprend à quelles fraudes de tels usages peuvent donner lieu, étant donné la facilité malheureuse avec laquelle les Arabes se livrent à la fabrication des faux certificats.

1085. Une autre difficulté est la disposition qui ordonne de placer sous séquestre les lièges saisis. Le séquestre est une mesure qui a pour objet de mettre une chose litigieuse, soit mobilière, soit immobilière, entre les mains d'un tiers qui s'oblige de la garder et de la restituer, après la contestation terminée, à celui auquel elle aura été adjugée (2). Le séquestre suppose donc une contestation sur la propriété d'une chose,

(1) Déc., 10 oct. 1861, art. 4.
(2) C. civ., art. 1956.

engagée préalablement entre deux prétendants. Or le séquestre que l'article 4 de l'arrêté du 6 octobre 1861 permet d'apposer sur des lièges transportés sans certificat d'origine, peut être apposé, à la requête de tout officier de police judiciaire, sans que le propriétaire des lièges, qui peut être soit un concessionnaire, soit un fermier, puisse être mis en cause; s'il n'intervient pas volontairement, il n'est donc pas possible, en l'absence de cette intervention, que le tribunal prononce la restitution au véritable propriétaire. Que deviennent, en ce cas, les liéges saisis? Peuvent-ils, à défaut de revendication régulière, être réclamés par l'État? Peuvent-ils même être restitués aux contrevenants?

1086. Une troisième difficulté a encore été soulevée à l'égard des détenteurs de lièges. Par les termes juridiques et absolus dont se sert l'article 4 du décret de 1861, il semble que la saisie des lièges puisse être pratiquée d'où que viennent les produits, du moment qu'ils ne sont pas accompagnés d'un certificat d'origine. Il semble cependant difficile qu'un semblable certificat puisse être exigé des détenteurs de provenance étrangère?

1087. Les délits commis en contravention du décret de 1861 sont constatés, conformément aux prescriptions ordinaires du code d'instruction criminelle et du code forestier, selon le cas, par les officiers de police judiciaire, les agents du service forestier, et les gardes particuliers assermentés. Les prévenus sont, suivant leur nationalité, et selon la compétence locale ou juridictionnelle, traduits devant les tribunaux de police correctionnelle, les tribunaux de simple police ou les conseils de guerre (1).

1088. La protection des forêts où se récoltent les écorces à tan, n'est peut être pas suffiisamment assurée par la législation algérienne.

L'écorce à tan, ayant sous un volume relativement petit une valeur considérable, est un des produits des forêts de l'Algérie dont l'exploitation est la plus avantageuse ; aussi, en dehors de la consommation locale qui est fort importante, en exporte-t-on de grandes quantités.

---

(1) Déc. 10 oct. 1861, art. 5.

L'écorce à tan se récolte d'une manière différente dans chacune des trois provinces de l'Algérie. — Dans celle d'Alger, elle est fournie par l'écorçage des taillis de chênes verts, dont le bois est utilisé, comme chauffage, ou converti en charbon. Les quantités données par les forêts soumises au régime forestier en sont presque insignifiantes. — Dans la province d'Oran, on la prend uniquement sur les racines des chênes-kermès ou faux kermès ; une exploitation d'écorce à tan équivaut alors à un défrichement. Dans la province de Constantine, l'écorce à tan est donnée pour une petite partie par les forêts de pins d'Alep, et en presque totalité par les forêts de chênes-liège.

Pour se procurer les écorces, les indigènes livrent les forêts à une véritable dévastation, dans le département de Constantine surtout, où l'écorce de pin d'Alep a une valeur très considérable. Les tanneurs indigènes se servent uniquement de cette matière, qui peut seule donner à leurs cuirs la couleur caractéristique. Aussi, rencontre-t-on dans les forêts de pin d'Alep de notre frontière tunisienne, de vastes cantons dont les arbres restant sur pied sont dépouillés de leur écorce.

Afin d'arrêter ces dévastations, le gouverneur général a pris un arrêté interdisant le colportage des écorces sans certificat d'origine, mais cette mesure a été jugée insuffisante ; les indigènes de la Tunisie venaient enlever les écorces de nos forêts, les emportaient chez eux, se faisaient délivrer par leurs caïds des certificats d'origine tunisienne, et vendaient nos écorces sur le marché de Tébessa. — Pour mettre fin à ces désordres le gouvernement général a provoqué un décret qui interdit l'entrée en Algérie, par voie de terre, des écorces de provenance tunisienne (1).

1089. Nous avons vu que les forêts faisaient, en principe, partie du domaine de l'État, sous la réserve des droits d'usage légalement acquis (2). La loi du 16 juin 1851 n'a pas expliqué quels étaient les droits d'usage, elle en a réservé la définition à un règlement d'administration publique qui n'a jamais été promulgué. A défaut d'un texte législatif, la jurisprudence n'a

(1) Déc., 14 avril 1875.
(2) L., 16 juin 1851, art. 4.

osé ni risquer des définitions difficiles à fixer, ni consacrer des habitudes plus ou moins admises. La question de la légitimité des droits d'usage dans les forêts de l'Algérie au profit des riverains est, en effet, fort contestable. Ces droits constituent-ils, comme en France, une sorte de propriété ? ne sont-ils, au contraire, que de simples tolérances ? La Cour de cassation, dans un arrêt dont la doctrine nous paraît discutable, est allé jusqu'à dire que les droits d'usage des indigènes pouvaient comprendre la faculté de couper du bois pour le vendre (1). Cet arrêt se fonde sur ces deux motifs qu'un règlement d'administration n'a pas déterminé le mode d'exercice des droits d'usage dans les forêts de l'État, et qu'il est certain, en fait, qu'avant la conquête les indigènes usaient des forêts ainsi qu'il leur convenait. Or, ni l'une ni l'autre de ces considérations ne nous semble justifier la décision de la Cour suprême. La loi du 16 juin 1851 n'a conservé aux indigènes que les droits d'usage et de propriété régulièrement acquis. Le règlement d'administration publique prévu par cette loi aurait recherché ces droits acquis, mais il n'en pouvait créer de nouveaux ni en retrancher d'anciens. A défaut de ce règlement les droits d'usage sont restés indéfinis; mais il

(1) Cas. crim., 29 déc. 1870. — La cour att. que l'arrêt attaqué constate, souverainement, en fait que le bois saisi comme provenant de déprédations commises dans les forêts de l'État et constitutives des délits, avait été acheté à des indigènes qui l'avaient coupé dans lesdites forêts; — att. que la conquête et l'occupation françaises ont laissé subsister en Algérie tous les droits de propriété qui existaient sous la domination arabe; — att. que l'art. 4 de la loi du 16 juin 1851 qui réglemente la propriété en Algérie dispose que le domaine de l'État se compose notamment des bois et forêts sous la réserve des droits de propriété et d'usage régulièrement acquis avant promulgation de la présente loi et qu'un règlement d'administration publique déterminerait le mode d'exercice des droits d'usage; — att., d'une part qu'aucun règlement d'administration publique n'a déterminé le mode d'exercice des droits d'usage dans les forêts de l'État en Algérie; — att., d'autre part que l'arrêt attaqué constate souverainement, en fait, qu'avant l'occupation française les indigènes avaient un droit absolu d'usage et de jouissance dans les forêts et massifs boisés avoisinant leurs forêts et leurs douars, et que ces droits n'étaient soumis à aucune des restrictions qu'impose aux usagers notre code forestier;—att. qu'il suit de ces constatation que le bois saisi a été vendu en vertu d'un droit acquis antérieurement à la conquête; — att. que quelque excessif que puisse être le droit d'usage exercé dans de telles conditions, il doit être respecté tant qu'un règlement d'administration publique n'en aura pas autrement réglé l'exercice. Rejette.

n'en saurait exister en dehors de ceux que la loi musulmane admet. Sans doute, les arabes usaient avant la conquête des fôrêts comme ils l'entendaient, ils coupaient les arbres, les incendiaient et les dévastaient. Peut-il résulter de leurs actes de violence un droit régulièrement acquis? Non : pas plus qu'il ne pouvait résulter, pour chaque tribu, un droit de propriété de l'usage où elle était de razzier ses voisins. En droit musulman, les forêts sont terres de beylick ou terres de Beit-el-Mal, puisque les deux mots sont synonymes ; elles étaient, à ce titre, administrées, fort mal, il est vrai, ou fort peu, par le service public, connu sous le nom de Beit-el-Ganimet. Or, il était de principe que les biens du Beit-el-Mal étaient imprescriptibles et que les usages qu'en pouvaient faire des occupants ne pouvaient constituer en leur faveur que de simples tolérances (1). Ce n'est donc qu'à titre de tolérance que les arabes coupaient du bois, incendiaient ou paissaient leurs troupeaux, et la constatation de cette tolérance séculaire ne pouvait leur attribuer aucun droit acquis.

1090. La loi du 26 juillet 1873 nous semble, d'ailleurs, avoir pour l'avenir, renfermé, dans leurs limites naturelles, les droits que les indigènes peuvent prétendre sur les forêts, et qu'aura à consacrer le règlement d'administration publique prévu par la loi de 1851, quand il sera délibéré. Cette loi de 1873, dans son article 1er, § 2, déclare *abolis* tous *droits réels* ou *servitudes quelconques* fondés *sur le droit musulman ou kabyle* qui *seraient contraires à la loi française*. On ne saurait, par suite, étendre au delà des bornes tracées par le code forestier français, les droits d'usage et de servitude dont pouvaient désormais jouir, en Algérie, les indigènes habitant les forêts ou les territoires limitrophes.

1091. Mais si les droits d'usage des indigènes n'ont pas de base légale sérieuse, on doit cependant reconnaître que, dans la pratique des choses, la solution même de la question est peu importante. Les indigènes ne peuvent se passer, pour la satisfaction de leurs besoins et pour le pâturage de leurs bestiaux, des forêts qui se trouvent sur le territoire de leur tribu ; ils ont joui d'une manière constante de ces produits sous la

(1) Alger 14 avril 1854.

domination des Turcs, et il est impossible, d'après la marche générale de la politique française, en Algérie, de les leur refuser. Aussi, lors des opérations relatives à l'application du sénatus-consulte du 22 avril 1863, les commissions se sont-elles toujours préoccupées de la question de savoir si les indigènes usaient des produits des forêts situées dans leur territoire, soit pour consacrer ces droits, soit pour en reconnaître l'existence.

1092. Les indigènes exercent, de la manière suivante, leurs droits d'usage dans les forêts où ils n'ont pas été cantonnés et qui sont situées soit en territoire civil, soit sur la partie du territoire militaire sur laquelle le service des forêts conserve son action.

1° *Droits d'usage au bois* : Les indigènes adressent chaque année à l'autorité de laquelle ils relèvent, des demandes indiquant la nature et la quantité de bois qui leur sont nécessaires, ainsi que le nom de la forêt dans laquelle ils désirent les prendre. Ces demandes sont vérifiées par les administrateurs locaux qui font figurer par douar ou fraction de douar, sur un état collectif, les quantités de bois de chaque catégorie dont les indigènes ont besoin. Cet état est adressé, suivant le territoire, au préfet ou au général commandant la division, qui l'envoie, avec ses observations à l'inspecteur des forêts de la circonscription. Ce chef de service après avoir examiné la nature et l'étendue des demandes, au point de vue de l'état et de la possibilité des forêts désignées il fait modifier, s'il y a lieu, par l'autorité administrative, l'importance des demandes, procède à la désignation et au martelage des bois. L'exploitation a lieu collectivement par les indigènes sous la surveillance des gardes et la conduite du chef de la fraction qui est responsable des délits commis. L'indigène, qui ne se présente pas au jour indiqué pour l'abatage des bois, est rayé de la liste et exclu, pour l'année, des délivrances autorisées.

2° *Droits d'usage au pâturage* : L'introduction des troupeaux en forêts est considérée, en Algérie, comme une mesure de nécessité absolue, et, par conséquent, comme permise si une mesure spéciale ne l'interdit pas ; aussi la règle s'est-elle introduite, non de déclarer défensables les cantons où les troupeaux peuvent entrer, mais bien de faire connaître aux indigènes par l'autorité administrative, la désignation des cantons qui, pour des motifs particuliers, ne peuvent pas être livrés au parcours (1).

1093. L'exploitation des forêts algériennes constitue un des

---

(1) Cir., 8 février 1876. — En attendant qu'il ait été statué sur le projet de loi relatif au rachat des droits d'usage dans les massifs boisés de l'Algérie, il m'a paru utile de soumettre l'exercice de ces droits à des conditions qui, tout en satisfaisant aux besoins légitimes des populations indigènes, permettent de mettre un terme à des abus possibles.

J'ai, en conséquence, décidé qu'à l'avenir les indigènes usagers adresseront, à l'autorité de laquelle ils relèvent, des demandes indiquant la nature et la quantité des bois qui leur seraient nécessaires,ainsi que le nom de la forêt dans laquelle ils désirent la prendre.

Ces demandes seront vérifiées par des administrateurs locaux, qui les feront figurer par douar ou fraction de douar, sur un état collectif indiquant :

1° Les noms des indigènes demandeurs ;

2° Leur domicile et le nom du douar auquel ils appartiennent ;

3° La quantité et la nature des produits dont ils ont besoin ;

4° Le nom de la forêt et du canton où il conviendrait d'effectuer les délivrances

Ces états qui devront vous être remis au 1er février et au 1er août de chaque année, seront transmis par vos soins, avec les observations dont vous jugerez devoir les accompagner, à l'inspecteur des forêts de la circonscription, qui les rendra exécutoires s'il y a lieu, et désignera la forêt où les exploitations devront être exécutées.

Dans le cas ou les renseignements du service forestier démontreraient l'exagération des demandes, ou bien si la possibilité des forêts ne permettait pas la délivrance de la totalité des produits demandés, il vous serait rendu compte et vous statueriez sur les mesures à adopter.

Le service forestier procédera dans le courant des mois de mars et septembre de chaque année à l'assiette et au martelage des coupes dont les produits sont destinés à donner satisfaction aux besoins des usagers, et fixera l'époque de leur exploitation suivant la nature des produits.

Sur l'avis qui lui en sera donné par le service forestier, l'administration locale informera les indigènes du jour ou ils pourront commencer, sous la surveillance des gardes, l'exploitation des bois qui leur seront nécessaires.

Ils procéderont à cette exploitation collectivement sous la conduite du chef de portion, qui sera responsable des dégâts commis dans la coupe dus à l'acier de la cognée, et tout usager qui ne se présentera pas au jour indiqué pour l'abatage des bois,sera rayé de la liste et exclu pour l'année des délivrances autorisées.

On ne saurait admettre que les indigènes, sous prétexte de se procurer les bois nécessaires à leurs besoins, puissent obtenir des quantités considérables de produits forestiers pour se procurer des bénéfices en les vendant.

Une trop grande facilité à consentir les délivrances exagérées aurait pour résultat de compromettre l'avenir de nos forêts. Il serait à craindre, d'un autre côté, que lors de la réglementation ou du rachat des droits d'usage, les indigènes ne fussent portés à soulever des prétentions exagérées en se fondant sur la tolérance dont l'administration aurait usé à leur égard.

problèmes les plus importants et les plus graves de l'administration. L'étendue des forêts déjà existantes est considérable, mais elle est insuffisante, eu égard aux conditions climatériques du pays. Il ne pleut qu'en hiver, il est donc nécessaire qu'un grand nombre de terrains boisés, sur les montagnes, retiennent et absorbent les eaux pendant la saison des pluies, pour les répartir ensuite au moyen de sources sur toute la surface des plaines et des vallées. L'aménagement des forêts qui ont échappé aux incendies, le développement, l'accroissement, la création de forêts nouvelles, sur les terrains en pente, s'imposent à l'attention du gouvernement, et cependant le personnel est insuffisant, et les produits des exploitations de l'État presque insignifiants. La plupart des massifs boisés sont situés sur des montagnes éloignées de la mer ou dépourvues de voies de communications; or, le bois est une marchandise qui n'a, sous un poids et surtout sous un volume considérable, qu'une valeur peu importante, il est donc impossible de la grever de frais de transport énormes d'un autre côté, tant à cause du peu de densité de la population, qu'à cause de la douceur même du climat, les bois de chauffage qui forment près de la moitié du produit exploitable, ne peuvent être utilisés sur place; ils ne peuvent être avantageusement convertis en charbon à cause de l'état des routes; ils sont donc une cause d'embarras et non une ressource pour l'exploitation. Les arbres morts et ceux abattus pour des causes quelconques, encombrent souvent les forêts, et fournissent au feu des éléments dangereux.

1094. Les seules exploitations forestières pratiquées en Algérie sont donc celles qui présentent un caractère industriel plutôt qu'agricole. Elles portent sur les bois résineux propres à faire du goudron, et sur les lièges et les écorces à tan.

1095. Les massifs à résine goudronneuse sont fort considérables; ils couvrent plus de 800,000 hectares; mais ils ne sont guère exploités que dans une partie de la province de Constantine et par les indigènes. L'administration délivre des permis individuels, moyennant une redevance fixe et sous condition de ne livrer à la distillation que des arbres morts ou coupés sous sa surveillance.

1096. Les massifs où se récoltent l'écorce à tan sont également très importants ; dans la province d'Oran, les forêts exploitées, dans ce sens, sont celles de chênes-kermès ou faux kermès ; dans la province d'Alger, ce sont celles de chênes verts ou chênes-liège ; dans la province de Constantine, ce sont celles de chênes-liège, de chênes-zeen et de pins d'Alep. Or, le commerce d'écorces à tan exportées dépasse 20 millions de kilogrammes chaque année, et la consommation locale est également fort considérable. Faute de possibilité de semaille, l'administration voit chaque année de vastes cantonnements forestiers menacés dans leur existence, et les temps sont proches, où pour défendre le domaine de l'État menacé, le législateur devra prendre des mesures particulières.

1097. Les massifs de chênes-liège occupent près de 500,000 hectares. Ceux qui appartiennent au domaine de l'État dépassent 265,000 hectares ; mais aucun n'est directement mis en valeur par lui ou pour son compte.

1098. 150,000 hectares de chênes-liège environ, sont aujourd'hui l'objet de propriétés concédées à des Européens ; ces bois avaient été affermés, à l'origine, à des sociétés industrielles pour une période de 40 années d'abord (1), et de 90 années ensuite (2), sous certaines conditions de redevance, d'exploitation et de mise en valeur déterminées par un cahier des charges générales, en date du 10 juin 1861. Mais des incendies considérables ayant dévasté les massifs affermés, le Gouvernement a cru devoir, pour faire cesser la sorte de solidarité qui existait entre l'État et les fermiers, abandonner à ceux-ci la pleine propriété de leurs anciennes concessions, sous certaines conditions formulées dans un décret du 2 février 1870.

1099. L'article 1er autorise la cession des forêts de chênes-liège appartenant à l'État, en Algérie, concédées par baux de quatre-vingt-dix ans, aux titulaires de ces concessions qui en ont fait la demande avant le 1er juillet 1870.

1100. L'article 2 fait cession gratuite aux concessionnaires : « 1° des *parties de forêts atteintes par le feu* depuis le 1er janvier 1863 jusqu'au 30 juin 1870 ; 2° du tiers des forêts ou par-

(1) Arr., 5 mai 1849.
(2) Arr., 2 mai 1862.

ties de forêts *non atteintes par le feu*. La détermination des *parties de forêts atteintes par le feu* attribuées gratuitement, doit se faire contradictoirement entre l'administration et le concessionnaire. En cas de désaccord, il doit être statué par le ministre de la guerre (aujourd'hui des finances), sur l'avis du gouverneur général, rendu en conseil de gouvernement, les intéressés entendus. »

1101. La question s'est élevée entre les propriétaires de forêts de chênes-liège et l'administration du Domaine sur la délimitation des parties de forêts atteintes par le feu. Par ces mots : *parties de forêts atteintes par le feu*, doit-on entendre les parties de forêts atteintes par le feu, exploitées ou non, ou seulement les parties de forêts composées d'arbres démasclés, détruits par le feu. Dans le sens de ce dernier avis, on fait remarquer que la concession de la propriété des forêts a été le prix des sacrifices faits par les industriels qui s'étaient chargés des frais de l'exploitation des forêts et qui avaient été victimes des désastres occasionnés par le feu ; le gouvernement n'avait aucune raison de faire une donation gratuite, or, on peut considérer comme une véritable donation gracieuse la concession de terrains boisés sur lesquels aucune dépense n'a été faite. Dans un sens contraire, on fait observer, que pour limiter aux parties cultivées, détruites par le feu, la cession autorisée par l'article 2, il est nécessaire d'ajouter, dans le texte du décret, un mot qui ne s'y trouve pas, le mot *démasclé* ou *exploité*, et de substituer un mot à un autre mot qui s'y rencontre, le mot *détruit* au mot *atteint*. Cet argument de texte, qui paraît péremptoire, s'appuie sur un autre argument d'équité et de raison qui ne le paraît pas moins. La cession gratuite des parties de forêts atteintes par le feu a été consentie parce que l'administration des forêts a reconnu que le chêne-liège touché par la flamme est impropre à la production avant d'avoir réparé par une végétation de plusieurs années l'effet désastreux de la chaleur. Or, qu'un chêne-liège ait été, antérieurement à l'incendie, démasclé ou bien qu'il soit demeuré vierge, le concessionnaire n'en est pas moins obligé d'attendre que l'action de la nature ait fait disparaître la blessure pour se livrer à une opération de démasclage qui n'a pour objet que de provoquer la formation d'une écorce marchande nouvelle. Or, pendant ces années d'expectative, les capitaux demeurent improductifs. La gratuité de la cession est le prix, non du travail disparu, mais du travail qui est à faire.

1102. L'article 2 donne aux concessionnaires de chênes-liège qui antérieurement au 1er juillet 1870 ont demandé la délivrance définitive de leur concession un droit absolu auquel l'administration ne peut se refuser (1). Cette délivrance doit être opérée par le Ministre des finances et non par le gouverneur général, en cas de contestation entre l'administration et le concessionnaire (2).

Mais tant que la délivrance du titre de propriété n'a pas été effectivement faite au concessionnaire de chênes-liège par le service du Domaine, celui-ci se trouve dans la situation d'un simple locataire d'un bien domanial lié par les conditions de son cahier des charges et soumis à la surveillance, au contrôle de l'administration et à la juridiction des tribunaux administratifs (3). Il ne peut donc agir en justice comme pro-

---

(1) C. d'Et. cont., 21 juin 1878, L. 78, 591.

(2) Cons. d'Et. cont., 21 juin 1878. — Le Conseil en ce qui concerne la décision du gouverneur général de l'Algérie du 21 juin 1877 et la décision du ministre des finances du 20 novembre 1877, cons. qu'il résulte des dispositions des art. 2 et 11 du décret du 2 février 1876, combinées avec celles du 30 juin 1876, qu'en cas de contestation entre l'administration et les concessionnaires de forêts de chênes-liège sur l'exécution des disposition du décret du 2 février 1870, c'est au ministre des finances qu'il appartient de statuer; — qu'il suit de là d'une part, que la décision par laquelle le gouverneur général de l'Algérie a refusé de délivrer aux époux de Noireterre le titre de propriété des forêts de chêne-liège, dont l'exploitation avait été concédée en 1862 au sieur Duprat, leur auteur, n'est qu'un acte d'administration pris par le gouverneur général dans la limite de ses attributions, et qui a pu, par suite, être l'objet d'un recours direct pour excès de pouvoir devant le Conseil d'État; d'autre part que c'est à tort que le ministre des finances s'est déclaré incompétent sur la réclamation formée devant lui contre cette décision par le sieur de Noireterre. —Annulation.

(3) Cons. d'Et cont., 18 février 1876. — Cons. que le décret du 28 mai 1862 a réglé les conditions auxquelles serait désormais concédé l'exploitation des forêts de chêne-liège en Algérie ; qu'aux termes de l'art. 78 du cahier des clauses et conditions générales y annexé, les contestations relatives au sens et à l'exécution de contrats de concessions entre l'administration et les commissionnaires seront jugés par le conseil de préfecture ; — cons. que c'est en vertu des dispositions de ce décret que les concessions des forêts de chênes-liège qui fait l'obget du litige a été fait aux sieurs Lucy Tolien, par décret du 7 juillet 1862; que la demande

priétaire et intenter aucune action qui aurait pour objet soit un droit réel, soit une servitude, soit la revendication même d'une partie du sol forestier (1).

1103. L'article 3 du décret a pour objet de fixer le prix des deux tiers qui ne sont pas cédés gratuitement. Ce prix est de 60 francs par hectare. Il doit être payé en vingt annuités qui commencent à courir à partir de la deuxième année qui suit la vente, c'est-à-dire le 1er juillet 1880. Le montant des dix premières annuités est de 2 francs par hectare et par an. Ce chiffre est de 4 francs par hectare et par an pendant les dix dernières annuités. Les annuités sont payables, sans intérêt, à la caisse du receveur des domaines dans la circonscription duquel est situé l'immeuble, en espèces métalliques ou valeurs ayant cours légal.

---

présentée par eux avait pour objet d'obtenir, par application de l'art. 75 du cahier des charges, et à raison des incendies survenues pendant les années 1863 à 1865, la diminution du prix de leur jouissance, que cette demande rentrait dans celles dont la connaissance a été attribuée au conseil de préfecture par la disposition qui précède, et que dès lors en refusant d'en connaître le conseil de préfecture de Constantine a méconnu sa compétence et qu'il y a lieu d'annuler son arrêté. — Annulation. — En ce sens également, Cons. d'Ét. cont., 11 mai 1877, L. 77, cass. civ., 10 déc. 1879, déc., 80, 1, 241. — Cons. d'Ét. cont., 16 nov. 1880, L. 80.

(1) Cons. d'Ét. cont., 11 mai 1877. — Au fond, cons. que dans leur recours les époux Jumel de Noireterre prétendent agir non comme concessionnaires des forêts de l'Oued-el-Aneb, l'acte de concession en faveur du sieur Duprat, leur auteur, du 7 juillet 1862, ayant expressément refusé aux concessionnaires tous droits sur les mines, minières, carrières et autres produits, du sous-sol, mais en se fondant sur ce qu'ils auraient acquis la propriété définitive desdites forêts par effet du décret du 2 février 1870; — Cons. que si l'art. 1 du décret précité dispose que les forêts de chênes-liège concédées par baux de quatre-vingt-dix ans doivent être cédées en toute propriété aux titulaires des concessions qui en ont fait la demande avant le 1er juillet 1870, il résulte de l'art. 10 que des actes de vente et de cessions doivent être passés par le directeur des domaines et approuvés par le gouvernement général; que ce sont seulement aux termes du même article que lesdits actes emportent résolution du contrat de concession, sauf aux effets de la vente à rétroagir jusqu'au 1er juillet 1870, conformément à l'art. 18; — Cons. qu'il est reconnu que jusqu'à ce moment aucun acte de vente n'a été passé en faveur des époux Jumel de Noireterre et que la compagnie de Mokta et Hodid est fondée a prétendre que tant que les actes dont il s'agit ne seront pas intervenus, les requérants son non recevables à agir comme propriétaires des forêts de l'Oued-el-Aneb, et à se pourvoir en cette qualité, contre l'arrêté du gouverneur général de l'Algérie ayant autorisé la société défenderesse à faire des recherches de mines au lieu dit *Manouania*, dans le périmètre de la forêt. — Rejet.

1104. L'article 4 autorise le gouverneur général, en conseil de gouvernement, à attribuer, en outre, sur d'autres points aux concessionnaires sinistrés, qui en ont fait la demande avant le 1er juillet 1880, des forêts ou parties de forêts de chênes-liège d'une contenance égale à la contenance atteinte par le feu, s'il reconnaît qu'il y a lieu de les indemniser de leurs travaux et de leurs dépenses par cette attribution supplémentaire.

Les dispositions de cet article 4 ouvrent à l'administration l'exercice d'une simple faculté à laquelle elle ne saurait être contrainte par la voie contentieuse (1).

1105. L'article 5 stipule que toute annuité non payée à l'échéance porte intérêt à 5 0/0 de plein droit et sans mise en demeure, et réserve aux concessionnaires la faculté de se libérer par anticipation moyennant une bonification d'intérêt de 3 0/0 sur chaque payement anticipé.

1106. L'article 6 accorde au Domaine le droit de poursuivre la révocation de la cession gratuite contre les concessionnaires qui dans un délai de cinq ans n'auraient pas exploité effectivement leur concession sur le quart au moins de son étendue, et contre ceux qui ayant été sinistrés n'auraient pas, dans le même délai, exploité le quart au moins des parties de forêts qui leur auraient été attribuées en vertu de l'article 4.

1107. Les articles 7 et 8 constituent et organisent, au profit de l'État, une sorte de caisse d'assurances dont les annuités sont payées par les propriétaires de forêts, et que l'on doit

---

(1) Cons. d'Ét. cont. 25 mai 1877. — Le Conseil, cons. que le décret du 2 février 1870, après avoir réglé dans ses trois premiers articles les droits des concessionnaires sinistrés à être indemnisés des dommages causés à leurs concessions par l'incendie, dispose dans son article 4, que le gouverneur général, en conseil de gouvernement, est, en outre autorisé à attribuer sur d'autres points aux concessionnaires qui en feront la demande avant le 1er juillet 1870 des forêts ou partie de forêts de chêne-liège d'une contenance égale à la contenance atteinte par le feu, s'il reconnait qu'il y a lieu de les indemniser de leurs travaux et de leurs dépenses par cette attribution supplémentaire; — que cet article s'est borné à donner à l'administration une facilité dont l'exercice entre dans l'appréciation du gouverneur général en conseil de gouvernement, et qu'ainsi les décisions rendues par le gouverneur général en exécution de cette disposition ne soit pas de nature à être déférées au conseil par la voie contentieuse. — Non recevabilité.

appeler le *fonds commun*. L'État, en recouvrant chaque année, par hectare *vendu*, une somme de 50 centimes, constitue un capital destiné à assurer le paiement des hectares incendiés depuis 1870. Si le propriétaire incendié n'a pas payé son prix d'acquisition, l'État prélève sur ce capital la somme nécessaire pour payer la valeur des hectares brûlés; si le propriétaire a payé, l'État lui rembourse le prix qu'il a payé, en distrayant du fonds commun une somme suffisante. La répartition doit être faite par les soins d'un comité nommé par les propriétaires des forêts. Tous les propriétaires sont tenus de payer l'annuité de *cinquante centimes* par hectare vendu, qu'ils aient été ou non victimes d'un incendie, et ils doivent continuer à payer, même après que les vingt années fixées pour l'entier acquittement du prix des forêts aliénées se seront écoulées, si à ce moment le capital constituant le fonds commun est insuffisant pour solder la valeur des hectares incendiés depuis 1870.

1108. L'établissement et le fonctionnement de ce *fonds commun* ont donné lieu à de nombreuses critiques et à d'assez grosses difficultés administratives. On a fait contre les dispositions de ces articles deux critiques graves : la première, c'est qu'elle fait payer par les propriétaires des forêts non incendiés le prix des forêts incendiées. En effet, les premiers, outre leur prix d'acquisition, fixé à 60 francs par hectare, doivent verser chaque année une cotisation de 50 centimes par hectare dans les caisses de l'État, destinée à garantir la créance de l'État sur les hectares incendiés. Ils payent donc, non pas 60 francs, mais 60 francs plus trente annuités de 50 centimes, tandis que les propriétaires incendiés ne payent que l'annuité de 50 centimes. Et si dans le courant de vingt années fixées pour la libération de nouveaux incendies ont éclaté, le prix ci-dessus établi s'augmentera d'autant d'annuités de 50 centimes qu'il faudra d'années pour payer l'État. — La deuxième et la plus grave des critiques est que la constitution du fonds commun constitue une véritable prime donnée à l'incurie et à la négligence des propriétaires de forêts. En effet, qu'un propriétaire attentif protège sa forêt contre les incendies, qu'il ouvre des tranchées de défense, qu'il arrache les broussailles et débarrasse le sol des bois morts, qu'il exerce par ses gardes une surveillance active, ses arbres pourront n'être pas atteints par le feu. En revanche, il payera le prix d'acquisition intégralement et, chaque année, il sera tenu de verser à une caisse publique les 50 centimes par hectare de son annuité. Mais qu'un propriétaire insouciant n'établisse aucune tranchée de défense, qu'il laisse pousser en paix les bruyères, qu'il abandonne ses bois au maraudage des Arabes, et sa forêt bientôt atteinte disparaîtra pendant plusieurs années. Celui-là ne payera pas son prix d'acquisition, et s'il l'a payé, il en sera remboursé.

1109. L'article 9 du décret accorde aux concessionnaires la faculté de défricher les parties de forêts atteintes par le feu dont il leur aura été fait cession gratuite et d'y introduire tous les genres de cultures qu'ils jugeront convenables.

1110. L'article 10 établit que les actes de cession et de vente emportent résiliation pure et simple du contrat actuel de concession. Ils sont dressés par le directeur des Domaines de la situation des immeubles et approuvés par le gouverneur général (1).

1111. L'article 13 déclare que les forêts aliénées le sont avec toutes les servitudes actives et passives, charges et contributions qui les grèvent ou pourront les grever ultérieurement. Nous avons dit plus haut que la loi du 26 juillet 1873, avait réduit l'exercice des servitudes passives forestières, en Algérie, aux droits d'usage admis, en France, par le code forestier.

1112. L'article 14 écarte toute responsabilité de l'État en cas d'incendie ou d'événement de force majeure.

1113. L'article 15 réserve à l'État la propriété des sources et cours d'eau existant sur le sol, en attribuant seulement la ouissance à l'acquéreur des forêts.

1114. L'article 16 affecte, avec hypothèque, à la sûreté des droits de l'État, jusqu'à parfait payement, la partie de forêt vendue. Toutefois, lorsque l'acquéreur a payé le tiers au moins du prix total d'acquisition, l'hypothèque est réduite

---

(1) Voir plus haut Cons. d'Ét. cont., 11 mai 1877.

au nombre d'hectares nécessaire pour garantir à l'État le payement des sommes restant dues.

L'article 17 donne au Domaine, à défaut du payement de trois termes sur le prix de la vente, le droit de poursuivre par les voies de droit soit le payement immédiat de la totalité du prix restant dû, soit la résolution du contrat, trois mois après signification d'une contrainte administrative demeurée sans résultat. Les travaux exécutés dans la propriété demeurent acquis à l'État sans indemnité ; en ce qui concerne les constructions, l'État en peut demander la suppression ou les conserver en remboursant la valeur des matériaux et le prix de la main-d'œuvre.

1115. Les massifs de chênes-liège qui font encore partie du domaine de l'État ne sont pas exploités, avons-nous dit plus haut, par l'administration forestière; le gouvernement cependant a cherché à ne pas les laisser improductifs. Un décret, en date du 22 juillet 1876, a autorisé, à cet effet, le gouverneur général à les affermer, par voie d'adjudication publique et pour une durée qui ne peut excéder dix-huit ans. Les conditions de l'exploitation, le mode et les détails de l'adjudication publique sont réglés par le gouverneur général qui statue, en conseil de gouvernement, sur la formation des articles d'adjudication et sur les demandes tendant à la réunion de plusieurs des articles formés entre les mains d'un même adjudicataire. L'acte d'adjudication ne donne lieu qu'à la perception d'un droit fixe et non d'un droit proportionnel sur le prix de fermage et des frais accessoires (1).

Les adjudications doivent avoir lieu publiquement, aux enchères, sur soumissions cachetées. L'adjudication devient définitive par le visa d'approbation apposé sur le procès-verbal par le gouverneur général. Dans le cas toutefois où la même personne s'est rendue adjudicataire de plusieurs lots, l'adjudication n'est définitive qu'après avoir été approuvée par un décret rendu en Conseil d'Etat. La réunion, en tout ou en partie, par voie de cession, d'acquisition, d'association ou de toute autre manière, des lots adjugés, ne peut être égale-

(1) Déc., 22 juillet 1876, art. 2 et 3.

ment autorisée que par un décret délibéré en Conseil d'État. Tous actes de réunion opérés sans l'approbation du gouverneur sont nuls et peuvent entraîner la déchéance de l'adjudicataire (1).

1116. Les dunes sont soumises, en Algérie, à la même législation qu'en France. Le décret du 14 décembre 1810, leur a été déclaré applicable (2); mais les attributions dévolues au Ministre des finances y sont remplies par le gouverneur général (3).

---

(1) Déc., 9 août 1864, art. 4, 5 et 6.
(2) Déc., 1er mai 1861.
(3) Déc., 21 juillet 1862.

CHAPITRE IV. — Propriété et conservation des mines et carrières.

§ 1. Mines.

1117. Les mines, minières et carrières sont réglées, en Algérie, par la législation générale de la France, en vertu de l'article 5 de la loi du 16 juin 1851 sur la constitution de la propriété.

Il y a eu une exception temporaire à cette législation en ce qui concerne les minières de fer et les gîtes de fer en filons ou en couches exploitables à ciel ouvert, par suite d'un arrêté du chef du pouvoir exécutif du 9 octobre 1848 et des décrets du 6 janvier 1852 et du 5 janvier 1855 ; on sait qu'en France les minières exploitables à ciel ouvert appartiennent au propriétaire du sol et peuvent être exploitées par lui sous la seule condition d'une déclaration préalable au préfet (V. Mines) (1). Les actes que nous venons d'énumérer avaient eu précisément pour objet de placer les minières de l'Algérie dans une situation différente en les assimilant aux mines proprement dites. L'arrêté du 9 octobre 1848 avait déclaré inapplicable à l'Algérie la législation française relative aux minières et cet arrêté, un instant abrogé par la loi du 16 juin 1855, avait été remis en vigueur par le décret du 6 février 1852. Mais cette anomalie que l'on ne s'est jamais bien expliquée a disparu depuis le décret du 23 juin 1866.

Ces modifications de législation, qui n'ont pu se faire qu'en réservant les droits acquis des tiers, n'ont pas été sans apporter un certain trouble dans les relations des propriétaires du sol avec ceux des minières concédées, troubles qui se sont traduits

---

(1) L. du 21 avril 1810, art. 3.

par des réclamations administratives et des instances judiciaires nombreuses.

Les propriétaires du sol s'appuyant sur les termes de l'article 69 de la loi de 1810, et sur l'interprétation donnée à cet article par la jurisprudence française, prétendaient que l'État, en concédant les mines situées sur leur territoire, n'avait concédé que la partie non exploitable à ciel ouvert, et que dès lors la portion exploitable à ciel ouvert leur appartenait. Les propriétaires de mines soutenant, au contraire, qu'au moment où les concessions leur avaient été délivrées, le droit de l'État s'étendait à toutes les parties où le minerai est déposé soit en filons, soit en minières, réclamaient le droit exclusif d'exploiter ces derniers comme un annexe de leur décret de concession. Le Conseil d'État, saisi du débat, s'est prononcé en faveur de ces derniers par un arrêt du 30 janvier 1880 (1).

1118. De nombreuses réclamations ayant été adressées au gouvernement contre les réunions de mines opérées par des concessionnaires de mines en Algérie, un décret du 28 octobre 1852 a fait défense à tous concessionnaires de mines de quelque nature qu'elles soient, de réunir leurs concessions à d'autres concessions de même nature, par acquisition, association

---

(1) Cons. d'Et. Cont. 30 janvier 1880.—Le Conseil, vu l'ordonnance du 9 nov. 1845, portant concession au profit du sieur J. Ralobot des mines de fer sises dans le mont Edough, au nord du lac de Fetzara ; vu la loi du 21 avril 1810; — Cons. que l'ord. du 9 nov. 1845 par laquelle concession est faite au sieur Ralobot des mines de fer sises dans le mont Edough, au nord du lac Fetzara, a été rendue, conformément à la demande formée par les pétitionnaires et aux propositions et avis émis sur ladite demande par les agents de l'administration, notamment aux rapports de l'ingénieur des mines en date du 5 novembre 1845 ; — Cons. qu'il résulte de l'ensemble de ces documents que le gisement de fer oxydulé magnétique de Mokta-el-Hadid, en vue duquel la concession a été sollicitée et obtenue, avait été signalée à l'administration supérieure comme pouvant être exploitée à ciel ouvert, et que l'ordonnance du 9 novembre 1855, en accordant lesdites concessions, n'a eu ni pour but ni pour effet, d'en exclure les parties du gisement exploitable à ciel ouvert; — Cons. qu'il suit de là que, si par l'art. 5 de l'ordonnance précitée, réserve a été faite des droits qui résulteront pour les propriétaires de la surface, soit l'État, soit les particuliers, des art. 59 et 60 de la loi du 20 avril 1810, tant à l'égard du minerai de fer dits d'alluvion, que relativement aux minerais en filons ou en couches qui seraient situés près de la surface et susceptibles d'être exploités à ciel ouvert, ladite réserve ne saurait être entendue comme s'ap-

ou de toute autre manière, sans l'autorisation du gouvernement et ce sous peine de nullité de la réunion et même de retrait de la concession.

1119. Comment doivent être autorisées les recherches des mines en Algérie? Une circulaire du gouverneur général du 14 juillet 1856 a donné à cet égard sur les recherches opérées en territoire militaire, des instructions dont les prescriptions sont toujours en vigueur. Elles ont surtout pour objet de constituer l'autorité à laquelle les demandeurs en recherches doivent s'adresser lorsque les fouilles doivent être opérées sur un de ces territoires si nombreux, en Algérie, où la propriété n'est pas régulièrement établie. Aux termes de cette circulaire, dans ces cas, la déclaration de demande doit être notifiée au parquet du procureur de la République du tribunal dans le ressort duquel se trouve le lieu où une recherche doit être faite (1).

1120. Le gouverneur général de l'Algérie, s'appuyant sur les mots suivants de l'article 10 de la loi du 21 avril 1810: à

---

pliquant au gisement de fer oxydulé magnétique de Mokta-el-Hadid. — ... Art. 2. Il est déclaré que de l'ord. du 9 nov. 1845, il résulte que le gisement de fer oxydulé magnétique de Mokta-el-Hadid, y compris les parties superficielles de ce gisement, exploitables à ciel ouvert, a été concédé par ladite ordonnance au sieur Ralobot et que la réserve des droits des propriétaires de la surface mentionnée dans l'art. de l'ordonnance n'est pas applicable audit gisement.

(1) Circ. 14 juill. 1856. — Aux termes de la loi du 21 avril 1810, des recherches de mines ne peuvent être entreprises qu'avec le consentement du propriétaire de la surface du sol, ou à défaut de ce consentement, en vertu d'une autorisation donnée par le gouvernement, après que le propriétaire a été entendu. — Des doutes se sont élevés relativement à la manière dont cette disposition devait recevoir son application au territoire militaire. —Voici ,d'après les règlements sur les mines et le droit commun, la marche qu'il convient de suivre.

Lorsqu'il ne se présente qu'un indigène comme propriétaire, c'est à l'explorateur, s'il veut agir prudemment, à s'assurer près de l'autorité locale de la validité du titre de propriété de cet indigène, avant de traiter à l'amiable avec lui, pour la cession de son droit de recherches. Si le titre est reconnu valable, l'art. 10 de la loi sus indiquée donne actuellement le moyen de résoudre la question de recherches, soit avec le consentement du propriétaire, soit s'il ne consent pas avec l'autorisation du gouvernement, à la charge d'une préalable indemnité envers le propriétaire, après qu'il aura été entendu. — Si le titre n'est pas reconnu valable, le terrain étant alors supposé domanial, l'administration se trouvera en position de donner le permis d'exploration.

Quant aux contestations qui peuvent s'élever entre plusieurs individus, relativement à la possession d'un terrain, il est évident qu'elles ne sau-

défaut de consentement du propriétaire de la surface les recherches ne peuvent être entreprises qu'en *vertu d'une autorisation du gouvernement*, a longtemps prétendu qu'en Algérie, c'était à lui, représentant du gouvernement qu'il appartenait de délivrer les permissions de recherches. On sait qu'en France ces mêmes mots sont interprétés comme signifiant que le droit d'autoriser les recherches appartient au chef de l'État. Cette prétention a été condamnée par le Conseil d'État par un arrêt du 11 janvier 1878 (1).

---

raient entraver en rien l'exercice du droit conféré à l'administration par l'art. 10 de la loi, d'autoriser, si elle le juge convenable, les tiers à exécuter des recherches dans ce terrain. — Toutefois, dans ce dernier cas, la personne ou la Société qui veut entreprendre les recherches doit adresser au fonctionnaire investi de l'autorité judiciaire, une déclaration constatant son intention d'exploiter le terrain en litige, avec l'offre de consigner la somme nécessaire pour le payement des indemnités qui pourront être dues pour les dégâts et non-jouissance des terrains, occasionnées par les travaux de reconnaissance. Lorsque le domaine de l'État sera au nombre des prétendants à la propriété de l'immeuble, la déclaration devra être faite, conformément à l'art. 13 de la loi du 16 juin 1851, au procureur impérial près le tribunal civil le plus rapproché de la situation des biens.

Ensuite la personne ou la Société présentera à l'administration locale sa demande en autorisation de recherches, accompagnée d'une copie de la déclaration et contenant les indications prescrites par l'instruction ministérielle du 3 août 1810, et la demande sera inscrite suivant les règles de la matière. — Si l'autorisation est accordée, elle sera notifiée, de même que la déclaration, à l'autorité judiciaire devant laquelle les prétendants seront renvoyés à se pourvoir pour faire décider auquel d'entre eux doivent appartenir les indemnités à payer, s'il y a lieu, par le permissionnaire. L'essentiel de la part de l'administration est de veiller à ce qu'avant de commencer les travaux, celui-ci dépose, à titre de consignation la somme nécessaire à cet égard, ainsi que cela se fait habituellement pour les recherches que le gouvernement autorise sur le refus des propriétaires de la surface.

Ces diverses formalités une fois remplies, il est du droit comme du devoir de l'administration d'assurer par tous les moyens en son pouvoir, l'exécution de l'acte administratif qui a délivré le permis d'exploration. — Du reste, on doit espérer que les mesures dont il s'agit, en conciliant, selon les droits, les divers intérêts, permettront à l'administration d'atteindre complètement le but qu'elle se propose, c'est-à-dire de faciliter et d'activer les recherches de mines, en les dégageant de toute espèce d'entraves.

Comte RANDON.

(1) Cons. d'Ét. Cont., 11 janvier 1878. — Au fond, considérant qu'il résulte de l'article 10 de la loi du 21 avril 1810, que les recherches pour découvrir des mines, à défaut de consentement des propriétaires du sol, ne

1121. Aux termes de la loi de 1810, article 47, les inspecteurs des mines, exercent, sous les ordres du ministre des travaux publics et des préfets, une surveillance de police sur l'exploitation des mines, surveillance dont les effets peuvent aller aux termes de l'article 10 de la loi du 25 avril 1838, jusqu'au retrait de la concession, dans certains cas déterminés. Le droit de surveillance appartient-il, en Algérie, au gouverneur général ou au ministre des travaux publics? Le Conseil d'État, saisi de la difficulté a émis l'avis que le gouverneur général, depuis le décret du 10 décembre 1860 (V. nos 100 et suivants), exerçait les pouvoirs de décision qui, aux termes des lois de 1810 et de 1838 appartiennent, en France, au ministre des travaux publics. Le décret du 30 juin 1876 en transportant du ministre de l'intérieur au ministre des travaux publics le contreseing des décrets relatifs aux travaux publics en Algérie n'a pas eu pour effet de modifier les attributions spéciales du gouverneur général (1).

1122. Un assez grand nombre de mines en Algérie sont situées sur les frontières de la Tunisie et du Maroc, et nécessitent des mesures de précautions spéciales. L'administration leur assure sa protection militaire, mais en revanche, les cahiers des charges des concessions imposent aux sociétés qui entreprennent l'exploitation des mines, la nécessité de pourvoir, à leurs frais, aux mesures défensives militaires nécessaires et au baraquement des garnisons que l'administration militaire juge indispensables (2).

1123. Comme en France, l'exploitation des mines de l'Algérie est soumise à une redevance proportionnelle, qui a

---

peuvent être autorisées que par le gouvernement ; qu'ainsi il doit être statué par décret du Président de la République ; — que la loi du 21 avril 1810 a été déclarée applicable à l'Algérie par la loi du 16 juin 1851, et qu'aucune disposition particulière n'a délégué au gouverneur général pour l'Algérie les attributions qui, en France, appartiennent au chef de l'Etat en vertu de l'article précité de la loi du 21 avril 1810; qu'il suit, de là que par l'arrêté attaqué en autorisant les sieurs Domingo et consorts à exécuter des recherches de mines à Aïn Zelaf, le gouverneur général à excédé ses pouvoirs. — Annulation.

(1) Cons. d'Ét., 27 déc. 1877.

(2) Cons. d'Ét., 9 août 1877.

été fixée par le décret du 11 février 1874 à 5 0/0 du produit net, non compris dix centimes pour fonds de non valeurs.

§ 2. Carrières.

1124. Les carrières de l'Algérie sont soumises à la même législation que celles de la France, législation qui consiste dans les articles 81 et 82 de la loi du 21 avril 1810. Mais plus heureuse, sous ce rapport, que la France, pour laquelle le règlement général promis par l'article 81 précité n'a jamais été établi, l'Algérie possède, depuis un arrêté ministériel du 29 janvier 1854, un règlement général dont les dispositions sont applicables sur toutes les parties du territoire.

1125. Tout propriétaire ou entrepreneur qui veut ouvrir l'exploitation d'une carrière, soit à ciel ouvert, soit par galeries souterraines, est tenu d'en faire la déclaration au maire de la commune où la carrière est située (1). L'exploitant doit

---

(1) Arrêté, 29 janvier 1864. — Art. 1er. Les carrières de toute nature, ouvertes ou à ouvrir en Algérie, sont soumises aux mesures d'ordre et police ci-après déterminées.

TITRE 1er. — DES DÉCLARATIONS.

Art. 2. Tout propriétaire ou entrepreneur qui voudra continuer l'exploitation d'une carrière, soit à ciel ouvert, soit par galerie souterraines, ou en ouvrir une nouvelle dans un terrain particulier ou dans un terrain domanial, est tenu d'en faire la déclaration au maire de la commune où la carrière est située.

Art. 3. La déclaration sera faite en deux expéditions, dont une sur papier timbré.

Elle contiendra l'énonciation des noms, prénoms et demeure du propriétaire ou entrepreneur, et de ses droits à la propriété, à la jouissance du fond où la carrière est située; elle fera connaître d'une manière précise l'emplacement de la carrière et sa situation par rapport aux habitations, bâtiments et chemins les plus voisins; elle indiquera la nature de la masse à extraire, l'épaisseur et la nature des terres ou bancs de rochers qui la recouvrent, le mode d'exploitation à ciel ouvert ou par galeries souterraines.

Art. 4. Si l'exploitation doit avoir lieu par galeries souterraines, il sera joint à la déclaration un plan des lieux également en deux expéditions et à l'échelle de deux millimètres par mètre: sur ce plan seront indiqués le périmètre du terrain sur lequel l'exploitant aura acquis le droit d'établir des fouilles, ainsi que ses tenants et aboutissants, les chemins, édifices, canaux, rigoles et constructions quelconques existant sur ledit

faire élection de domicile dans la commune où doit avoir lieu l'exploitation.

---

terrain ou dans son voisinage, dans un rayon de vingt-cinq mètres au moins, l'emplacement des orifices des puits ou des galeries projetées.

S'il existe des travaux souterrains déjà exécutés, ils seront figurés sur le plan en projection horizontale et en coupe verticale.

Art. 5. Si l'exploitation est entreprise par une personne étrangère à la commune ou la carrière est située, cette personne devra faire élection de domicile dans ladite commune.

Dans le cas où l'exploitation devrait se faire pour le compte d'une société, le représentant de la société devra faire également élection de domicile dans la commune.—Le domicile élu, dans l'un comme dans l'autre cas, sera indiqué dans la déclaration.

Art. 6. La déclaration sera faite : 1° pour les carrières actuellement en activité, dans le délai de deux mois, à dater de la promulgation du présent décret ; 2° pour les carrières nouvelles à ouvrir, un mois au moins avant le commencement des travaux. Sera considéré comme carrière nouvelle : 1° toute carrière abandonnée et dont on voudrait reprendre l'exploitation ; 2° toute carrière à ciel ouvert dans laquelle on voudrait introduire le mode d'exploitation par galeries souterraines.

Art. 7. Les déclarations seront classées dans les archives de la mairie. Un extrait de chacune d'elles, contenant les nom, prénoms et domicile du déclarant, l'indication de la situation de la carrière, de la nature de la masse à extraire et du mode d'exploitation, sera inscrite à la date de la réception sur un registre spécial. Une des expéditions de la déclaration et du plan qui y est joint, quand il s'agit de carrière souterraine, sera transmise sans délai au préfet par l'intermédiaire du sous-préfet de l'arrondissement ou du commissaire civil.

Art. 8. Faute par les propriétaires ou entrepreneurs d'avoir fait la déclaration ci-dessus prescrite, l'administration pourra ordonner la suspension provisoire des travaux illicitement entrepris sans préjudice de la peine encourue pour la contravention résultant du défaut de déclaration.

TITRE II. — Des règles de l'exploitation.

Section I. — Des carrières exploitées à ciel ouvert.

Art. 9. Les terres qui recouvrent la masse seront coupées en retraite par banquettes ou talus suffisant pour prévenir tout éboulement.

Art. 10. L'exploitation de la masse ne pourra être poursuivie que jusqu'à la distance horizontale de 10 mètres des chemins à voitures, édifices ou constructions quelconques, augmentée d'un mètre par chaque mètre d'épaisseur des terres de recouvrement.

La distance prescrite par le paragraphe précédent pourra être augmentée par le préfet du département, sur le rapport de l'ingénieur des mines, lorsque la nature des terres de recouvrement ou toute autre circonstance particulière l'exigeront.

Art. 11. Le préfet détermine par des arrêtés, pris sur l'avis du maire et le rapport de l'ingénieur des mines, les distances à observer par rapport aux sentiers de piétons et aux rigoles ou tuyaux de conduite des eaux. Lorsqu'il s'agira de rigoles ou tuyaux de conduite d'eau dépendant du

Est considérée comme carrière nouvelle toute carrière abandonnée dont on veut reprendre l'exploitation et toute car-

---

domaine national ou départemental, l'avis du maire ne sera plus obligatoire, mais l'ingénieur des ponts et chaussée sera nécessairement consulté.

Art. 12. Lorsque l'abord d'une carrière sera reconnu dangereux, il devra être garanti, soit par un fossé creusé au pourtour et dont les déblais seront rejetés du côté des travaux pour y former une berge, soit par un mur ou une palissade en bois de 1 mètre de hauteur au moins, soit par tout autre moyen de clôture qui sera reconnu offrir des conditions équivalentes de sécurité. Ces clôtures seront accompagnées, s'il y a lieu, d'une rigole pour détourner les eaux. Les dispositions qui précèdent seront, dans ce cas, à la charge du propriétaire du fonds dans lequel la carrière est situé, sauf son recours contre l'ancien exploitant.

Art. 13. Les procédés d'abatage de la masse exploitée ou des terres de recouvrement, qui seront reconnus dangereux pour les ouvriers, pourront. être interdits par des arrêtés du préfet rendus sur l'avis de l'ingenieur des mines. Dans le tirage à la poudre, l'exploitant se conformera à toutes les mesures de précaution et de sûreté qui lui seront prescrites par l'autorité. S'il est fait usage des mines à fourneaux chargées de un kilogramme ou plus de poudre, il sera placé, avant que l'on ne mette le feu, des signaux apparents pour prévenir les passants, dans un rayon de trois cents mètres au moins de distance du centre du fourneau. L'exploitant sera tenu, en outre, de prévenir, avant le chargement du fourneau, le maire de la commune, qui pourra prendre telles autres mesures de précaution qu'il jugera convenables, et même interdire le chargement, s'il pense que l'explosion puisse compromettre la solidité des chemins, édifices ou constructions quelconques, sauf recours au préfet de la part de l'exploitant. Le chargement du fourneau sera, en tous cas, ajourné jusqu'à la décision du préfet.

SECTION 2. — Des carrières souterraines.

Art. 14. Les voies par lesquelles on entrera dans les carrières, puits ou galeries, seront toujours maintenues en bon état. Leurs parois seront consolidées par des revêtements en bois ou en maçonnerie, quand il en sera besoin. Les puits seront garnis d'échelles construites et assujetties solidement, pour l'entrée et la sortie des ouvriers. Les machines, câbles et tonnes d'extraction seront solidement établis et constamment entretenus en bon état.

Art. 15. Aucune excavation souterraine ne pourra être ouverte ou poursuivie, sans une autorisation spéciale du préfet, que jusqu'à une distance horizontale de dix mètres des habitations, chemins, rivières, rigoles ou conduites d'eau, édifices et constructions quelconques existant à la surface. Cette distance sera augmentée de 1 mètre de hauteur de l'excavation.

Art. 16. Les exploitants se conformeront, pour tout ce qui concerne la sûreté des ouvriers et la solidité des travaux, notamment pour les moyens de consolidation des puits, galeries et autres excavations, les dispositions ou les dimensions de pilliers de masse et les précautions à prendre pour prévenir les accidents dans le tirage à la poudre, aux mesures qui leur seront prescrites par le préfet sur le rapport de l'ingénieur des mines.

rière à ciel ouvert dans laquelle on veut introduire le mode d'exploitation par galeries souterraines.

TITRE III. — DISPOSITIONS GÉNÉRALES APPLICABLES AUX CARRIÈRES A CIEL OUVERT ET AUX CARRIÈRES SOUTERRAINES.

Art. 17. Tout propriétaire ou entrepreneur de carrière est tenu : 1° de faciliter la visite de sa carrière à tous les fonctionnaires chargés de la surveillance des travaux ; 2° d'adresser au maire de la commune, toutes les fois qu'il en fera la demande, la déclaration du nombre d'ouvriers qu'il emploie et la liste nominative desdits ouvriers; 3° de n'employer que des ouvriers porteurs de livrets, aux termes de la loi du 22 germinal an XI et des règlements de l'Algérie; 4° de ne pas admettre dans ses travaux d'enfants au-dessous de dix ans.

TITRE IV. — DE LA SURVEILLANCE ADMINISTRATIVE.

Art. 18. L'exploitation des carrières est surveillée, sous l'autorité du préfet, par les ingénieurs des mines et les agents sous leurs ordres, et concurremment par les maires et autres officiers de la police municipale, conformément aux dispositions des articles 47, 48, 50, 81 et 82 de la loi du 21 avril 1810, de l'article 40 du décret du 17 novembre 1810, et du décret du 3 janvier 1813 sur la police souterraine.

Art. 19. Des ingénieurs des mines, gardes-mines et autres agents sous leurs ordres visiteront les carrières dans leurs tournées; ils rédigeront des procès-verbaux de ces visites et laisseront, s'il y a lieu, aux exploitants, des instructions écrites pour la conduite des travaux sous le rapport de la sûreté et de la salubrité. Les ingénieurs adresseront au préfet une copie desdits procès-verbaux ou instructions.

Art. 20. L'ingénieur des mines informera le préfet de tout vice ou abus qu'il aurait observé dans sa visite, et provoquera les moyens d'amélioration et les mesures d'ordre dont il aura reconnu l'utilité. Il sera statué par le préfet sur les propositions de l'ingénieur.

Art. 21. Dans le cas où, par une cause quelconque, l'exploitation d'une carrière compromettrait la sûreté publique, la conservation des puits, la solidité des travaux, la sécurité des ouvriers, celle du sol ou des habitants de la surface, le propriétaire ou entrepreneur sera tenu d'en donner immédiatement avis au maire de la commune où la carrière est située et au préfet du département.

Art. 22. L'ingénieur des mines, aussitôt qu'il sera prévenu par le préfet ou autrement, et à son défaut, le garde-mine se rendra sur les lieux, dressera procès-verbal de leur état et enverra ce procès-verbal au préfet en y joignant l'indication des mesures qu'il jugera convenables pour faire cesser le danger. Le maire pourra aussi adresser au préfet ses observations en ce qui concerne la sûreté des personnes et des propriétés. Le préfet statuera après avoir entendu l'exploitant, sauf recours au gouverneur général, le conseil du gouvernement entendu. En cas d'urgence, l'ingénieur en fera mention dans son rapport, et le préfet pourra ordonner que son arrêté soit provisoirement exécuté.

Art. 23. Si le propriétaire ou l'entrepreneur, sur la notification qui lui sera faite de l'arrêté du préfet, ne se conforme pas aux mesures pres-

1126. L'administration, outre son droit de poursuite à raison

---

crites dans le délai qui lui aura été fixé, il y sera pourvu d'office, et à ses frais, par les soins de l'administration.

Art. 24. En cas de péril imminent reconnu par l'ingénieur des mines dans la visite d'une carrière, cet ingénieur fera, sous sa responsabilité, les réquisitions nécessaires aux autorités locales pour qu'il y soit pourvu sur-le-champ, conformément à l'article 5 du décret du 3 janvier 1813. Le maire pourra toujours d'ailleurs, dans le cas prévu au présent article et en l'absence de l'ingénieur, prendre toutes les mesures que lui paraît recommander l'intérêt de la sûreté publique.

Art. 25. En cas d'accident survenu dans une carrière, et qui aurait occasionné la mort ou des blessures à une ou plusieurs personnes, ouvriers ou autres, le propriétaire ou l'entrepreneur est tenu d'en donner avis immédiatement au maire de la commune. Le maire en informera, sans délai, le préfet et l'ingénieur des mines ou le garde-mine de la résidence la plus rapprochée. En outre, il se transportera immédiatement sur le lieu de l'événement et dressera un procès-verbal qu'il transmettra au procureur impérial et dont il enverra copie au préfet. L'ingénieur des mines ou le garde-mine se conformera, pour les autres mesures à prendre, aux dispositions du décret du 3 janvier 1813. Sur le vu des pièces, le procureur impérial poursuivra, s'il y a lieu, les auteurs de l'accident devant le tribunal de police correctionnelle pour l'application des peines prononcées par les articles 319 et 320 du Code pénal, sans préjudice de tous dommages-intérêts.

Art. 26. Il sera procédé ainsi qu'il est dit aux art. 21, 26, 24 et 25 ci-dessus dans le cas où, à défaut d'avis donné par le propriétaire ou l'entrepreneur de la carrière, les faits seront parvenus autrement à la connaissance du maire et de l'adjoint, sans préjudice des poursuites qui pourront être exercées contre ledit propriétaire ou entrepreneur pour la contravention résultant du défaut d'avertissement.

Art. 27. Tout propriétaire ou entrepreneur de carrières souterraines sera tenu de faire dresser ou compléter le plan des travaux dès qu'il en sera requis par le préfet et dans le délai fixé par ce magistrat.

Art. 28. Lorsque des travaux auront été exécutés ou des plans levés d'office, dans les cas prévus par les art. 23 et 27 ci-dessus, le montant des frais sera réglé par le préfet, et le recouvrement s'en opérera contre qui de droit, comme en matière des contributions, sur des rôles rendus exécutoires par le préfet.

En cas de réclamation, le conseil de préfecture sera appelé à statuer, sauf recours au Conseil d'Etat.

Art. 29. Tout propriétaire ou entrepreneur qui voudra abandonner une carrière souterraine, est tenu d'en faire la déclaration au préfet par l'intermédiaire du maire de la commune où la carrière est située. Le préfet fera reconnaître les lieux par l'ingénieur des mines et prendra, sur son rapport, les mesures qu'il jugera nécessaires dans l'intérêt public.

Art. 30. Les dispositions des art. 22, 23 et 24 ci-dessus sont applicables à toute époque, aux carrières souterraines abandonnées, dont l'existence compromettrait la sécurité publique.

Les travaux prescrits seront, dans ce cas, soit à la charge du propriétaire du fonds dans lequel la carrière est située, soit à la charge de l'entrepreneur en terrain domanial, sauf recours contre l'ancien exploitant.

de la contravention, peut faire suspendre les travaux de

TITRE V. — De la constatation, de la poursuite et de la répression des contraventions.

Art. 31. Les contraventions aux dispositions du présent règlement et aux arrêtés préfectoraux rendus en exécution de ce règlement, commises par les propriétaires, entrepreneurs ou exploitants de carrières, seront constatées par les maires et adjoints, par les commissaires de police, gardes champêtres et autres officiers de police judiciaire, et concurremment par les ingénieurs des mines et les gardes-mines ou agents placés sous leurs ordres et ayant qualité pour verbaliser.

Art. 32. Les procès-verbaux seront visés pour timbre et enregistrés en débet : ils seront affirmés dans les formes et délais prescrits par la loi, pour ceux de ces procès-verbaux qui ont besoin de l'affirmation.

Art. 33. Lesdits procès-verbaux seront transmis en originaux à qui de droit, et les contrevenants poursuivis d'office devant la juridiction compétente, sans préjudice des dommages-intérêts des parties.

Copies des procès-verbaux seront transmises aux préfets.

Art. 34. Les contraventions aux dispositions du présent règlement, qui auraient pour effet de porter atteinte à la conservation des routes nationales et départementales, des canaux, rivières, ports ou autres ouvrages dépendant du domaine public, seront constatées et poursuivies par voie administrative, conformément à ce qui est prescrit par la loi du 29 floréal, an XI, et les décrets des 18 août 1810 et 11 décembre 1811.

Les procès-verbaux dressés par les ingénieurs ou conducteurs des ponts-et-chaussées, par les ingénieurs des mines et gardes-mines et par les autres fonctionnaires et agents désignés en l'art. 2 de la loi du 29 floréal, an X, seront visés pour timbre et enregistrés en débet : ils seront, après affirmation, s'il y a lieu, transmis sans délai au sous-préfet ou au commissaire civil, qui ordonnera par provision, et sauf recours au préfet, ce que de droit pour faire cesser le dommage.

Il sera statué définitivement par le conseil de préfecture, conformément aux lois et règlements.

TITRE VI. — Dispositions générales.

Art. 35. Les attributions conférées aux préfets, sous-préfets, commissaires civils et maires, seront remplies, en territoire militaire, par le général commandant la division et par les officiers investis sous ses ordres des commandements militaires, conformément à la législation de l'Algérie.

Art. 36. Les attributions conférées aux tribunaux de police correctionnelle, aux tribunaux de simple police et aux conseils de préfecture, seront remplies, en territoire militaire, par les juridictions correspondantes.

Art. 37. Par dérogation aux dispositions contenues dans les titres 4 et 5 du présent règlement, les attributions confiées par ces dispositions aux ingénieurs des mines, seront exercées respectivement par les ingénieurs des ponts et chaussées ou par les officiers du génie militaire pour les carrières du domaine de l'État, qui sont exploitées pour le compte du service des ponts et chaussées ou par celui du génie militaire.

toute carrière dont l'ouverture n'a pas été déclarée. (1).

1127. L'exploitation des carrières à ciel ouvert est soumise à l'application de certaines règles de police et de sûreté qui ont pour objet d'assurer la sécurité des ouvriers qui y travaillent ou celle des individus qui pourraient s'approcher des lieux où les travaux s'exécutent (2).

1128. L'exploitation des carrières souterraines est soumise à des règles plus sévères qui ont pour objet d'assurer, outre la sécurité de l'exploitation, la facilité de la retraite des ouvriers en cas d'accident.

Nulle carrière souterraine ne peut s'approcher de plus de 10 mètres d'une maison d'habitation, d'un chemin ou d'une rivière, sans une autorisation préfectorale spéciale (3).

1129. Les propriétaires et entrepreneurs de carrières sont tenus de faciliter la visite de la carrière à tous les fonctionnaires chargés de la surveillance des travaux ; d'adresser au maire de la commune la liste nominative des ouvriers qu'ils emploient ; de ne pas admettre dans leurs travaux des enfants au-dessous de dix ans (4).

1130. L'exploitation des carrières est surveillée, sous l'autorité des préfets, par les ingénieurs des mines et agents sous leurs ordres, et conjointement par les maires et les officiers de police municipale (5).

1131. Dans les cas, où pour une cause quelconque, l'exploitation d'une carrière compromet la sécurité publique, la conservation des puits, la solidité des travaux, la sécurité des ouvriers, celle du sol ou des habitations de la surface, le propriétaire ou l'entrepreneur est tenu d'en donner immédiate-

---

Art. 38. Dans les zones de servitude des places de guerre, les carrières ne peuvent être ouvertes sans l'autorisation préalable du génie militaire.

Art. 39. Le présent arrêté sera publié à la diligence du gouverneur général de l'Algérie et des préfets, et par les soins des maires dans les communes où il existe des exploitations de carrières. Il sera, en outre, donné connaissance spéciale par les maires aux entrepreneurs de carrières.

(1) Arrêté, 29 janv. 1854, art. 8.

(2) Ibid., art. 9 à 13.

(3) Ibid., art. 14 à 16.

(4) Ibid., art. 17.

(5) Ibid., art. 18.

ment avis au maire et au préfet. Ce dernier ordonne la visite de la carrière par le service des mines qui dresse procès-verbal de l'état des travaux et donne l'indication des travaux à exécuter. Le maire y joint ses observations, et le préfet statue après avoir entendu l'exploitant et sauf recours au gouverneur général. Le préfet peut ordonner l'exécution provisoire et d'urgence de son arrêté, même d'office (1).

1132. En cas d'urgence, le service des mines peut requérir les autorités locales de prendre telles mesures qu'il croit nécessaires. Le maire peut également faire tout ce que lui paraît comporter la sécurité publique (2).

1133. En cas d'accident, enquête doit être faite et par le maire et par le service des mines ; le résultat de cette enquête est transmis au procureur de la République (3).

1134. Les propriétaires et entrepreneurs de carrières doivent faire dresser un plan des travaux (4).

1135. Le propriétaire qui veut abandonner une carrière en doit faire la déclaration. Le service des mines examine les lieux et fait prendre par le préfet toutes les mesures que nécessite la sécurité publique (5).

1136. Le prix des travaux exécutés d'office est recouvrable contre le propriétaire de la carrière, comme en matière de contribution sur des rôles rendus exécutoires par le préfet (6).

1137. Les contraventions sont poursuivies selon leur nature devant les juridictions compétentes (7).

1138. Les attributions conférées aux préfets et aux maires sont, en territoire militaire, remplies par les généraux commandant la division ou les officiers chargés des commandements d'ordre civil (8).

1139. Le service des ponts et chaussées et celui du génie militaire, qui, en Algérie, exploitent souvent directement des

---

(1) Ibid., art. 21 à 23.
(2) Ibid., art. 24.
(3) Ibid., art. 25.
(4) Ibid., art. 27.
(5) Ibid., art. 29.
(6) Ibid., art. 28.
(7) Ibid., art. 31 à 34.
(8) Ibid., art. 35.

carrières ou en font exploiter, remplissent, dans ces carrières, les fonctions conférées ailleurs au service des mines (1).

1140. Dans les zones de servitude des places de guerre, les carrières ne peuvent être ouvertes sans l'autorisation préalable du génie militaire (2).

1141. La loi du 16 juin 1851 a rangé les lacs salés et les sources salées dans le domaine public (3) ; néanmoins elle a maintenu et reconnu, tels qu'ils existent, les droits de propriété, d'usufruit ou d'usage légalement acquis antérieurement à la loi, et les tribunaux ordinaires restent seuls juges des contestations qui peuvent s'élever sur ces droits. La même loi autorise le gouvernement à concéder l'exploitation et la jouissance des lacs et sources salés suivant les conditions tracées par un règlement d'administration publique.

1142. On voit qu'il n'est pas parlé des mines de sel gemme, qui sont, dès lors, soumises à la même législation que les mines de même nature en France, c'est-à-dire aux dispositions de la loi du 7 juin 1840. Mais on ne saurait penser que cette législation similaire puisse se maintenir longtemps. L'Algérie possède, en effet, un certain nombre de mines de sel d'une étendue et d'une importance telles que l'on ne pourrait leur appliquer le régime de la métropole. Ces mines qui forment de véritables montagnes s'étendent sur plusieurs kilomètres carrés, sont exploitables à ciel ouvert et sans préparation préalable ; elles semblent devoir rester pour la facilité de l'exploitation, dans le régime des carrières et des sablières.

(1) Ibid., art. 37.
(2) Ibid., art. 38.
(3) L. du 16 juin 1851, art. 2.

CHAPITRE V. — DES EAUX.

§ 1. Des eaux destinées à l'alimentation, à l'agriculture et à l'industrie.

1143. L'art. 538 du Code civil n'attribue au domaine public, en France, que les cours d'eau navigables ou flottables. La propriété de tous autres cours d'eau est, en général, attribuée aux riverains et celle des sources au propriétaire du fonds, sauf les droits d'usage et de servitude. En Algérie, l'article 2 de la loi du 16 juin 1851, § 3, a déclaré le domaine public propriétaire des lacs salés, des cours d'eau de toute sorte, et des sources ; tout en reconnaissant et maintenant les droits de propriété privée qui pourraient exister antérieurement à la promulgation de la loi.

1144. Cette disposition de la loi de 1851, qui peut paraître exorbitante aux jurisconsultes français, est conforme aux traditions du droit musulman et elle se justifie complètement si l'on veut bien réfléchir aux conditions spéciales de l'existence individuelle et de la production agricole dans les pays chauds. En Algérie, la vie, autant que la fortune de tous, sont intéressées au suprême degré à ce que les eaux ne puissent jamais être détournées de la masse des propriétés communes.

1145. En droit musulman, les eaux ne sont pas susceptibles de propriété privée. Le voisinage ou la longue jouissance d'une eau quelconque donne le droit d'en faire usage, et ce droit devient héréditaire dans la famille du possesseur, mais sans comprendre pourtant celui d'en disposer ou de l'affermer. La jouissance, qu'elle qu'en soit la durée, n'attribue pas au possesseur un droit exclusif. Il y a plus, les fontaines, les puits, les bassins qui sont des propriétés particulières doivent, *au besoin*, être mis à l'usage du public, surtout lorsqu'il y a disette d'eau dans la localité ou dans les environs et le kalife

Omar a décidé qu'en cas de refus du propriétaire, on pouvait, en temps de sécheresse, le contraindre même par la main militaire à laisser puiser à son puits et à sa citerne (1). La loi de 1851 n'a donc fait que conserver un état de choses déjà établi. Mais en même temps que la loi de 1851 a reconnu les droits du domaine public, elle a maintenu les droits de propriété, d'usufruit et d'usage légalement acquis antérieurement à la loi, et affirmé, à cet égard, la compétence des tribunaux civils.

L'usage des eaux, en droit musulman, reposant sur des besoins incontestables, est régi par des règles assez simples. Personne ne doit détourner et amener dans son terrain le cours d'une eau vive appartenant à son voisin. Lorsqu'il s'agit de partager une masse d'eau entre plusieurs propriétaires, leurs parts doivent être en raison de l'étendue de leurs terres. Mais si l'eau n'est destinée qu'à l'usage personnel, elle doit être également répartie proportionnellement au nombre des membres de chaque famille et aux bouches d'animaux. Lorsqu'un ruisseau commun ne fournit pas de l'eau en quantité suffisante, les voisins doivent s'entendre pour en faire usage à tour de rôle. Et dans ce cas, la coutume est que la jouissance procède du propriétaire du terrain inférieur au propriétaire du terrain supérieur, en remontant ainsi de proche en proche jusqu'à la source. Toutes les dépenses nécessaires pour l'entretien des canaux et la répartition des eaux doivent être à la charge de tous les propriétaires (2).

1146. Les seules rivières navigables et flottables appartiennent, en France, au domaine public, et la loi du 29 floréal an x les a rangées au nombre des routes et moyens de communication publics. En Algérie, aucune des rivières qui sillonnent le pays n'est ni navigable ni flottable ; en hiver et pendant quelques heures ce sont des fleuves torrentueux, mais, en été, ce sont de simples ruisseaux, dont le cours souvent souterrain ne se signale à la vue que par des dépôts de gra-

---

(1) Gillotte, p. 64. Ducaurroy, *Journal Asiatique*, années 1840 et 1849. — Alger, 23 juin 1874.

(2) Gillotte, loco cit°.

vier et des bordures de lauriers-roses. Doit-on cependant les classer parmi les voies de communication ? La jurisprudence des tribunaux tant civils qu'administratifs s'est prononcée pour l'affirmative (1).

Cette jurisprudence se fonde sur cette considération que les rivières navigables et flottables font partie du domaine public et qu'il y a lieu de protéger les biens de ce domaine de la même manière que les routes et les voies de communication, parce que les uns et les autres importent également à l'intérêt général. Ce n'est pas la navigabilité qui forme la raison d'être de la compétence spéciale qui est déterminée par la loi, c'est la classification des cours d'eau parmi les dépendances du do-

---

(1) Cons. d'Et. cont., 6 mars 1869 ; Cons. d'Et. cont. 13 juill 1877 ; Cons. d'Et. cont., 25 fevrier 1881. — Cons. qu'en vertu de l'article 2 de la loi du 16 juin 1851, les cours d'eau de toutes sortes de l'Algérie sont des eaux du domaine public ; qu'il suit de là que la répression des contraventions commises sur les cours d'eau doit avoir lieu par la voie administrative et être poursuivi devant le conseil de préfecture conformément à l'article 1 de la loi du 29 floréal an x ;— Cons. que le fait relevé aux procès-verbaux dressés contre le sieur Ismaël ben Magouach, consiste à avoir détourné pour les irrigations des eaux provenant de la rivière non navigable du Bou Merzoug ; que c'était au conseil de préfecture qu'il appartenait, d'après les dispositions ci-dessus rappelées des lois des 16 juin 1851 et 29 floréal an x de connaître des poursuites dirigées contre le requérant en vertu desdits procès-verbaux, et que le sieur Ismaël ben Magouach ne peut se fonder sur ce que le fait qui lui est reproché ne rentre pas dans un des cas spécialement énoncés par l'article 1 de la loi du 29 floréal an x pour soutenir que le conseil de préfecture n'était pas compétent ; — Rejet.

Alger, 9 février 1878.—Attendu, les faits étant posés, qu'il convient d'examiner si l'acte ci-dessus déterminé et imputé au prévenu Mohamed ben Diban, constitue un délit ou une contravention passible des peines édictées par l'ordonnance de 1669, modifiée par la loi de 1842 précitée et relève de la juridiction du conseil de préfecture ; — attendu que s'il fallait ne considérer que la question de navigabilité ou flottabilité du cours d'eau le Sefsef, d'où est dérivé le canal sur lequel porte le fait de détérioration imputé à Mohamed ben Diban, il est évident que la juridiction du conseil de préfecture serait incompétente, puisque le Sefsef, pas plus que tous les autres cours d'eau de l'Algérie, ne sont administrativement classés comme navigables ou flottables ; mais qu'il y a lieu de placer plus haut le principe de la compétence exceptionnelle dont il s'agit ; — qu'en effet dans les délits ou entreprises sur les cours d'eau navigables ou flottables, il en est qui ont pour résultat de nuire à la navigation, il en est d'autres dont le vrai caractère est l'atteinte à la propriété, à la conservation, à l'entretien d'une chose et de ses accessoires que la loi classe dans les dépendances du domaine public (art. 538 C.), c'est-à-dire servant à l'utilité de tous, sous le patronage et la réglementation de l'autorité administrative ; attendu que la compétence spéciale, en pareil cas, de la juridiction administrative s'explique par la nécessité pour l'Etat de conserver ce domaine libre de toutes les attein

maine public. Nous ne saurions accepter cette argumentation. Si le raisonnement était exact, il faudrait, d'une manière générale, appliquer les lois de grande voirie à tous les biens du domaine public et notamment aux portes, murs, fossés, remparts des places de guerre et des forteresses (C. civ. art. 540). Or les remparts et fossés d'une place de guerre sont soumis à une législation spéciale. Mais, en outre, il suffit de lire le texte de la loi du 29 floréal an X pour voir qu'il n'est pas possible

---

tes de l'intérêt et de la malignité privés qui le rendraient impropre à l'utilité publique, laquelle se manifeste tant par l'irrigation ou le fonctionnement des usines hydrauliques, que par les navigations proprement dites; — que la navigabilité ou la flottabilité n'est pas, à proprement parler, le caractère prédominant de cette compétence, mais plutôt la classification du cours d'eau et de ses accessoires comme dépendant du domaine public; qu'en effet, bien qu'un cours d'eau soit navigable et flottable, il est admis en jurisprudence que ce sont les tribunaux ordinaires qui doivent connaître de toutes contraventions par lesquelles les intérêts particuliers et non publics sont compromis; — que les tribunaux de simple police jugent les infractions aux intérêts qui n'ont pour objet que des questions de salubrité publique, qui sont applicables aux cours d'eau navigables et flottables; — mais, par contre, il est admis par la même autorité doctrinale que si des entreprises sont commises sur des bras ou canaux de communication non navigables, mais détachés de rivières navigables ou flottables, la répression a lieu non devant les tribunaux ordinaires, mais devant le conseil de préfecture; attendu que si le principe de la juridiction répressive administrative réside, tant sur le fait de la propriété publique des cours d'eau dits navigables et flottables, que sur la nécessité de protéger plus efficacement ce domaine par l'appréciation mieux entendue des dommages résultant des entreprises délictueuses sur cours d'eau, il est hors de doute qu'il doit régir, en Algérie, la répression des délits et des contraventions affectant l'intérêt public, et commis sur tous les cours d'eau, dont aucun n'est classé administrativement comme navigable ou flottable; qu'en effet aux termes de la loi du 16 juin 1851, art. 2, sur la propriété, le domaine public se compose : 1° des canaux d'irrigation et de dessèchement exécutés par l'État ou pour son compte dans un but d'utilité publique et des dépendances de ces canaux; 2° des cours d'eau de toutes sortes et des sources; — que, de plus, divers arrêtés préfectoraux, constituant des syndicats en Algérie pour l'irrigation et la marche d'usines comprises dans certaines circonscriptions concèdent aux syndicats, non la propriété, mais seulement la jouissance de tous les ouvrages et canaux qui, à la date de l'arrêté, servent à divers intéressés soit irrigants, soit usiniers; que particulièrement, dans l'espèce, les arrêtés du préfet d'Oran des 8 décembre 1862, 7 mars 1865, 20 juin 1867, édictent (art. 18) que la mission du syndicat, composé d'usiniers et d'irrigants, est d'entretenir en bon etat les canaux, bassins, aqueducs, vannes, ponceaux, etc. en un mot tous les ouvrages servant à la dérivation, conduite et distribution des eaux, dont il est chargé comme usufruitier pour la société des irrigants envers l'Etat propriétaire des dits ouvrages; —

de comprendre sous le nom de voirie autre chose que les voies de communication terrestres et fluviales, les routes et voies de terre, et les fleuves navigables ou *chemins qui marchent*. Voici, en effet, le texte de l'article 1er de la loi du 29 floréal : « Les contraventions en matière de grande voirie, telles qu'anticipation, dépôts de fumiers ou d'autres objets, et toutes espèces de détériorations commises sur les grandes routes, sur les arbres qui les bordent, sur les fossés, ouvrages d'art et matériaux destinés à leur entretien, sur les canaux, fleuves et rivières *navigables*, leurs chemins de halage, francs bords, fossés et ouvrages d'art, seront constatées, réprimées et poursuivies par voie administrative. » Ce que la loi a voulu atteindre, c'est évidemment l'empêchement à la circulation. En France, on a eu un moment l'idée d'assimiler la police des petits cours d'eau à celle des fleuves et rivières navigables, mais la loi proposée n'a pas été présentée à la suite d'un avis du Conseil d'État ainsi conçu : « Le Conseil d'État est d'avis que la loi proposée ne peut être adoptée, et que les contraventions aux règlements de police sur les rivières non navigables, canaux et autres petits cours d'eau doivent, selon les dispositions du Code civil et des lois existantes, être portées, suivant leur nature, devant les tribunaux de police municipale ou correctionnelle, et les contestations qui intéressent les propriétaires devant les tribunaux civils. » Ajoutons, que le système adopté par la jurisprudence dans un but de protection des eaux du domaine public, les protège moins, en appliquant les lois régissant en France la grande voirie, qu'elle ne le

---

attendu que si toutes les entreprises délictueuses, sur les cours d'eau de l'Algérie, étant du domaine public, sont justiciables des conseils de préfecture, par application des art. 4 de la loi du 28 pluviose an VIII, 1 et 2 de la loi du 29 floréal an X, ces mêmes entreprises sur les canaux d'irrigation ou d'amenée des eaux aux usines réglementées, lorsque ces travaux sont propriétés de l'État, doivent être soumises à la même juridiction administrative ; — attendu que c'est sans fondement que devant les premiers juges l'organe du ministère public, retenait la compétence des tribunaux correctionnels à invoquer l'appui de l'art. 6 de la loi du 10 juin 1854, se référant à la pénalité édictée dans les art. 456 et 457 C. p.; que la loi de 1854 s'applique à des canaux de dérivation ou d'expulsion d'eau provenant du drainage, et nullement à des canaux d'irrigation ou d'amenée d'eau aux usines réglementées, et qu'en matière pénale, il n'est pas permis de procéder par analogie ou assimilation. — Confirme.

ferait en appliquant purement et simplement les dispositions de l'arrêté du 1er juillet 1835, qui établit des pénalités autrement rigoureuses que celles résultant de la loi française (V. n° 1155).

1147. La loi de 1851, tout en déclarant, en Algérie, les eaux, portion du domaine public, maintient les droits acquis antérieurement; que signifient ces expressions?

Il nous semble difficile d'admettre, en présence des traditions du droit musulman relativement au régime des eaux, qu'avant la conquête aucun droit de propriété ait pu être valablement constitué, mais si un droit absolu d'user et d'abuser n'a pu exister, il ne nous parait pas douteux que des droits d'usage équivalent presque à un droit de propriété aient pu se former. C'est, sans doute, dans ce sens qu'il faut entendre plusieurs arrêts du Conseil d'État et de la Cour de cassation, qui semblent avoir reconnu un droit privatif, sur des cours d'eau ou des volumes d'eau dérivés de cours d'eau, en faveur de particuliers (1). Aux termes de la loi de 1851, l'appré-

---

(1) Cons. d'État. Cont. 7 avril 1860. — sur la compétence, Cons. que les sieurs Mohamed-ben-el-hadj et consort ont assigné l'État en la personne du préfet d'Alger, devant le tribunal civil de Blidah, pour faire reconnaître qu'ils sont propriétaires, en vertu des titres anciens d'un volume d'eau dérivé de l'Oued-el-Kebir, et formant le neuvième de la totalité de ce cours d'eau et pour faire condamner l'État, qui les aurait privé par son fait de la jouissance de ce volume d'eau depuis 1847, à conduire immédiatement dans la tribu des Beni-Tamon le neuvième des eaux de l'Oued-el-Kebir, sous peine de 400,000 francs de dommages-intérêts ; — que sur cette demande le tribunal a ordonné, avant de statuer au fond diverses vérifications qui ont pour objet, notamment de déterminer le rapport de volume d'eau ancien de l'Oued-el-Kebir avec le volume actuel, et d'établir le préjudice qu'a pu causer aux demandeurs la privation des eaux dont ils se disent propriétaires ; — que par le déclinatoire et l'arrêté de conflit ci-dessus visés, le préfet d'Alger a revendiqué pour l'autorité administrative la connaissance de ces deux questions. — Cons. que si aux termes de l'article 2 de la loi du 16 juin 1851, les cours d'eau de toutes sortes font, en Algérie, partie du domaine public, le même article déclare reconnus et maintenus tels qu'ils existent les droits privés de propriété, d'usufruit ou d'usage légalement établis antérieurement à la promulgation de la loi, et attribue aux tribunaux civils le jugement, sans distinction, de toutes les contestations qui peuvent se produire sur ces droits ; — qu'ainsi la revendication élevée par le préfet d'Alger n'est pas fondée. — Annulation de l'arrêté de conflit.

En ce sens, Alger, 21 juillet 1857. — Alger, 30 nov. 1874, D. P. 74.1.478. — Alger 28 déc. 1874. — La Cour, att. que Fayolles revendique contre l'État les droits à la jouissance, dans des conditions déterminées, d'une

ciation de l'existence de ces droits d'usage appartient aux tribunaux civils.

1148. Si d'une façon générale les eaux de source appartiennent à l'État, en est-il de même des eaux de citerne ou de puits creusés ou de puits artésiens ? Nous croyons qu'il sera nécessaire, dans un avenir plus ou moins éloigné, de régle-

---

prise d'eau dérivée par le canal de Mebdouah ; — que l'État, avant même de discuter les titres invoqués par son adversaire, lui oppose un droit supérieur et prééminent, — qu'il soutient qu'en Algérie les eaux de quelque nature qu'elles soient, font partie du domaine public inaliénable, et que ce principe, formellement édicté pour l'avenir par la loi du 16 juin 1851, était déjà l'expression de la législation antérieure ; — qu'en effet, le droit musulman obéissant lui-même à des nécessités impérieuses fondées sur la nature des choses, avait placé les eaux dans la catégorie des biens non susceptibles de propriété privée, parce que constituant une richesse utile à tous, elles devaient être réservées à l'usage général sous le contrôle de l'autorité publique ; que tout au plus et rarement ce principe avait pu recevoir quelques dérogations par des concessions émanant de l'autorité souveraine et presque divine du sultan ou de ses représentants ; — attendu qu'il importe d'autant plus d'examiner le mérite d'un pareil moyen que le domaine annonce ouvertement qu'il fournit surtout dans ce procès l'occasion de faire consacrer une doctrine générale ; — attendu que le texte et l'esprit de la loi de 1851 fournissent tout d'abord contre la thèse du domaine une objection considérable ; — Que si, sous l'empire du droit musulman, les eaux eussent fait partie du domaine public inaliénable, le législateur de 1851, qui voulait consacrer ce principe pour l'avenir n'eût pas manqué de recueillir cette doctrine traditionnelle et qu'il se fût gardé d'insérer dans le § 4 de l'article 2 de la loi du 16 juin 1851 une réserve aussi expresse que celle-ci : *néammoins sont reconnus et maintenus, tels qu'ils existent, les droits de propriété, d'usufruit ou d'usage légalement acquis antérieurement à la présente loi* ; que ce préjugé ressort avec plus d'évidence encore des travaux préparatoires de la loi de 1851 ; — attendu, au surplus, que la réfutation directe de la proposition sur laquelle s'appuie le domaine, résulte de la saine interprétation de la loi musulmane, de l'opinion de ses docteurs les plus autorisés (1), d'une série de faits de propriété reconnues et consacrés par les siècles au profit des tribus ou de simples particuliers, de travaux d'établissements nombreux qui révèlent des appropriations, fruits d'un long usage, enfin d'une jurisprudence imposante dont la fermeté n'a pu être ébranlée par la contradiction d'un arrêt unique ; — attendu, dès lors, qu'il n'y a pas lieu de s'arrêter à l'exception principale invoquée au nom de l'État et tirée du caractère inaliénable de dépendance du domaine public ; — attendu, en fait etc.... — Que, dans cette situation, si bien connue de l'État, il ne saurait y avoir pretexte à la déchéance consacrée par l'arrêté de 1842, en admettant qu'un simple arrêté puisse édicter de pareilles sanctions ; que c'est

---

(1) Cette doctrine de l'arrêt de la Cour d'Alger nous semble absolumen inacceptable et contredite par tous les textes des docteurs orthodoxes.

menter législativement cette matière spéciale, qui présente en Algérie une importance particulière si l'on veut bien songer que, dans un intérêt de salubrité et de sécurité publique, toutes les maisons doivent être pourvues d'un puits ou d'une citerne (1).

Mais en l'état, il nous paraît que la loi musulmane qui, ainsi

---

donc à bon droit que les premiers juges ont consacré le droit de propriété de Fayolles; — Confirme.

Cass. Req. 10 déc. 1878. — Sur le moyen unique du pourvoi, tiré de la violation à l'article 2 de la loi du 16 juin 1851, art. 2. — Att. qu'il résulte du jugement attaqué que pendant l'année antérieure au trouble qui se manifesta en mars et avril 1876, le sieur Flayol, défendeur éventuel, avait eu la possession plus qu'annale du canal et des eaux dont il s'agit; que l'action possessoire intentée le 1er mai 1876 par Flayol contre le sieur Ricci, demandeur en cassation, a donc été admise, à bon droit, par le tribunal de Blidah; — Att. qu'il est vainement allégué : 1° que la possession de Flayol ne saurait être considérée comme ayant été exercée à titre de propriétaire en raison des dispositions de la loi du 16 juin 1851; et que 2° dans tous les cas, le trouble apporté à cette possession remonterait à plus d'un an, avant l'exercice de l'action; — qu'en effet, d'une part, si l'article 2 de la loi du 16 juin 1851, porte que le domaine public comprend, en Algérie, les cours d'eau de toutes sortes et les sources, il est ajouté que sont reconnus et maintenus tels qu'ils existent les droits privés de propriété, d'usufruit et d'usage légalement acquis antérieurement à la promulgation de la loi; et que les tribunaux ordinaires sont seuls juges des contestations qui peuvent s'élever sur ces droits; — que, dans l'espèce, il ressort du jugement attaqué que l'usage tout au moins, des eaux de l'Oued-el-Kebir existait en faveur des deux parties et de leur auteur pour le jeu de leur moulin bien avant la loi de 1851, d'où il suit que les dispositions de cette loi ne sauraient imprimer à la possession de Flayol aucun caractère de précarité; — Rejette.

(1) Arrêté 16 août 1836.

Art. 1er. Toutes les maisons qui seront construites, à partir de la publication du présent arrêté dans les villes des possessions françaises du nord de l'Afrique devront être pourvues d'un puits ou d'une citerne.

Art. 2. — Les fouilles du puits devront être poussées jusqu'à la rencontre de l'eau vive, et ensuite approfondies jusqu'à ce qu'on ait au moins deux mètres d'eau.

Art. 3. — On placera dans le fond du puits un châssis de bois de chêne du diamètre du puits dans œuvre de 1-15 à 0-18 centimètres d'épaisseur, sur lequel on posera deux ou trois assises de pierres de tailles maçonnées avec mortier de pouzzolane ou de ciment, reliées par des crampons en fer. Le reste de la maçonnerie, jusqu'à dix centimètres au-dessous du rez-de-chaussée, sera en maçonnerie de briques ou de moellons et le rez-de-chaussée sera surmonté de deux ou trois assises de pierres de taille, formant ensemble une hauteur de 80 centimètres à 1 mètre, maçonnées en mortier de pouzzolane ou de ciment, et cramponnées comme celles du fond.

Art. 4. — La capacité à donner à la citerne sera au *minimum* du tiers de la surface totale occupée par le bâtiment.

qu'on l'a vu, considère toutes les eaux sans exception comme *res nullius*, sinon comme biens du domaine public, ne nous paraît pas applicable, non plus que la loi de 1851. En effet, les eaux de citerne sont des eaux du ciel amassées par les soins et les mains de l'homme ; les eaux de puits sont des eaux de source souterraine, mais dont l'emploi ne peut être fait qu'au moyen d'un travail humain préalable ; et enfin quant aux eaux artésiennes, si elles jaillissent hors du sol, ce n'est que par une opération artificielle qui les va chercher jusqu'au sein de la terre, et à des profondeurs parfois excessives. La seule loi applicable est la loi française qui fait de toutes les eaux des eaux susceptibles de propriété privée. (C. civil. art. 523 et 641.)

1149. Mais il est évident que cette doctrine ne s'applique pas aux eaux artésiennes que l'administration, dans un intérêt général, fait jaillir du sol au moyen d'appareils qui lui appartiennent, et par les soins d'ateliers qu'elle entretient à cet effet. Ces eaux font essentiellement partie du domaine public. Il en serait de même des eaux que des particuliers obtiendraient l'autorisation de faire jaillir d'un terrain appartenant à l'État, et de conduire, dans leurs propriétés, pour leur exploitation.

Des concessions peuvent intervenir, mais elles sont toujours révocables à volonté et sans indemnité, comme toutes celles qui portent sur des biens du domaine public.

1150. Si le domaine public est, en Algérie, propriétaire des eaux de source et des cours d'eau non navigables ni flottables,

---

Art. 5. — Les citernes seront construites en maçonnerie de briques ou de moëlons durs avec mortier hydraulique de chaux et pouzzolane, composé de deux parties de pouzzolane et d'une de chaux. Les parois intérieures seront recouvertes d'un enduit de mortier fin et de pouzzolane ou de ciment.

Art. 6. — Chaque citerne sera munie d'un citerneau d'un mètre carré, pour que l'eau puisse filtrer avant d'entrer dans la citerne. Le fond de ce citerneau devra, en conséquence, être de deux ou trois mètres plus élevé que celui de la citerne, c'est-à dire à la hauteur de la voûte.

Art. 7. — Les contraventions seront constatées par procès-verbaux dressés, selon les cas, par les employés des ponts et chaussées et par l'architecte de la ville. Ces procès-verbaux seront transmis à M. l'intendant civil, qui provoquera administrativement, contre les contrevenants, l'application des peines prononcées par l'article suivant.

Art. 8. — Les contrevenants seront passibles d'une amende de 100 à 500 francs indépendamment des obligations qui leur sont imposées par les dispositions qui précèdent.

ce n'est pas pour les aménager dans un intérêt collectif, mais pour les distribuer à des particuliers, dans un intérêt privé.

Des concessions d'eau peuvent donc être faites par l'administration, et ces concessions sont même l'objet principal de son droit de propriété. Ces concessions peuvent avoir lieu moyennant une rémunération, ou même gratuitement. Mais que la concession ait lieu gratuitement, ou moyennant redevance, il appartient aux préfets en territoire civil, et aux généraux en territoire militaire, de les accorder; et à cet égard leurs décisions sont souveraines (1).

1151. Les préfets en autorisant la concession d'eau peuvent stipuler les conditions auxquelles l'exercice du droit des eaux est subordonné ; ils peuvent, par exemple, décider que les eaux ne serviront qu'à l'irrigation, ou, à l'inverse, qu'elles ne pourront être employées qu'aux besoins d'une usine et non à l'irrigation (2).

1152. Ils peuvent également décider que l'usage de la concession d'eau pourra être suspendu ou diminué selon telles circonstances qu'ils se réservent d'apprécier, sans que le concessionnaire puisse réclamer aucune indemnité.

Ainsi il a été décidé qu'un concessionnaire ne saurait protester contre un arrêté portant qu'il subira sans indemnité les privations d'eau qui seraient la conséquence des mesures prises dans l'intérêt du développement de l'agriculture, de la salubrité ou dans tout autre intérêt général, ou de chômages ordonnés régulièrement pour l'exécution de travaux reconnus d'utilité générale (3).

---

(1) Déc. 27 oct. 1858. Tableau, § 28. Cons. d'État 28 nov. 1873. — Cons. qu'en vertu de la loi du 16 juin 1851, les sources font, en Algérie, partie du domaine public ; qu'en prescrivant par son arrêté du 19 juillet 1871 des dispositions qui ont pour objet de régler, dans un intérêt de police et d'utilité générale, l'usage des eaux de la source des Bains-Doux, le préfet d'Oran a agi dans la limite de ses pouvoirs, et que dès lors, son arrêté n'est pas susceptible d'être attaqué devant le Conseil d'État par application de la loi du 7 octobre 1790 et de l'article 5 de la loi du 24 mai 1872.

(2) Alger, 25 avril 1866.

(3) C. d'Ét. cont. 4 février 1869. L. 69. 92. C. d'Ét. 4 juillet 1873. — Cons. qu'aux termes de l'art. 2 de la loi du 16 juin 1851 sur la constitution de la propriété en Algérie, les cours d'eau de toute sorte et les sources font partie du domaine public; que, d'autre part, les travaux exécutés par la

Un droit à une indemnité ne s'ouvrirait que si l'usage de l'eau avait été concédé à titre onéreux (1). Encore la quantité d'eau concédée devrait-elle être fixée dans l'acte de concession (2).

1153. Dans les cas où des concessions d'eaux ayant été faites une difficulté contentieuse surgit, il appartient au conseil de préfecture de la trancher, si le fonctionnaire qui a fait la concession est un préfet ou un général commandant la division (3) ; mais si la concession a été faite en vertu d'un décret, le jugement de la contestation doit être rendu par le Conseil d'État (4).

---

ville de Constantine sont des travaux que l'administration s'était expressément réservé le droit d'autoriser dans les arrêtés des concessions consenties aux requérants; que dès lors, c'est avec raison que le Conseil de préfecture a décidé que les sieurs Zamit et Grest n'avaient droit à aucune indemnité à raison du préjudice qu'a pu leur causer le chômage de leur usine et la diminution de leur force motrice par suite des travaux exécutés par la ville de Constantine. — Rejet avec dépens.

(1) Cons. d'Ét. cont. 4 février 1869, L. 69.92 ; C. d'Ét. Cont. 7 juillet 1870 L. 70.864.

(2) C. d'Ét. cont. 25 avril 1868. — Cons. que dans le courant de l'année 1864, l'administration a ordonné des travaux dans le but de s'éclairer sur les mesures à prendre pour augmenter la puissance des cours d'eau du Bou-Merzoug, et pour régler le régime de la manière la plus conforme à l'intérêt général; que pour exécuter ces travaux, le préfet a prescrit la mise en chômage du 1 juillet au 30 septembre de la même année, d'un moulin situé sur le cour d'eau, appartenant aux sieurs Lavie et Lucet, et assuré aux époux Contrès qui ont réclamé de ce chef, une indemnité;— cons. que si les sieurs Lavie et Lucet ont droit à obtenir l'eau nécessaire à leur moulin, soit par ce que le droit d'établir un moulin a été l'une des conditions moyennant lesquelles ils ont fait abandon à l'État, en 1853, d'une partie de leurs terrains, soit parce que l'administration les a obligés, par le titre même de concession, à élever ledit moulin, il résulte de l'instruction qu'il n'est intervenu aucun acte de l'autorité compétente ayant déterminé dans quelle mesure et sous quelles conditions ils jouiraient de la force motrice qui devait leur être concédée ; — que les travaux faits par l'administration, dans le courant de 1864, en vertu des pouvoirs qui lui appartient aux termes des lois sus-visées, ont eu pour objet d'assurer au profit de tous les riverains, et des réclamants eux-mêmes le débit des eaux du Bou-Merzoug ; que, dans ces circonstances il n'est pas établi que ces travaux doivent être regardés comme ayant porté atteinte aux droits que l'administration avait concédés au sieur Lavie et Lucet. — Rejet.

(3) Cons. d'Ét. cont. 18 déc. 1862. L. 62, 812.; Cons. d'Ét. cont. 1er avril 1868. L. 68-362. Cons. d'Ét. cont. 4 fév. 1869. L. 69-92.

(4) Cons. d'Ét. cont. 14 mai 1880. — Cons. qu'il n'appartient qu'au Conseil d'État d'interpréter les actes émanés du chef de l'État, que dès ors l'arrêté ci-dessus visé du conseil de préfecture d'Alger, du 9 novembre 1876, doit être annulé pour incompétence. — Annulation.

1154. L'autorité chargée d'accorder la concession d'eau était, avant le décret du 27 octobre 1858, le ministre de la guerre ; pour réglementer la procédure à laquelle devait être soumise la demande et les conditions auxquelles était subordonnée leur obtention, le ministre avait adressé, à la date du 8 août 1855, une circulaire qui a reçu une publicité spéciale. Les dispositions de cette circulaire ont dû être modifiées lorsque le droit de concéder la prise d'eau a été transféré du pouvoir central au pouvoir départemental : des instructions ont été adressées à cet effet par le gouverneur général dans une circulaire du 16 janvier 1863 (1).

1155. Un arrêté du gouverneur général du 1er juillet 1835, en créant une commission des eaux et fontaines, commission

---

(1) Circ., 16 janvier 1863. — Une lettre du ministre de la guerre au gouverneur général de l'Algérie, en date du 28 février 1855, a tracé les règles à suivre pour l'instruction des demandes en autorisation d'usines sur les cours d'eau navigables ou non navigables en Algérie.

Alors, ainsi que cela est rappelé dans cette lettre, le droit d'autoriser les établissements de cette nature appartenait exclusivement au chef de l'État, en vertu des ordonnances, sur les concessions en Algérie, des 21 juillet 1845 et 1er septembre 1847.

Depuis, le décret organique du 27 octobre 1858 vous ayant délégué ce droit pour les rivières non navigables ni flottables, il m'a paru nécessaires, en présence surtout de quelques doutes émis dans l'application de cette mesure, de vous adresser, sur ce sujet, diverses explications et recommandations, empruntées en grande partie à des circulaires émanées du département de l'agriculture, du commerce et des travaux publics.

J'insisterai d'abord sur ce point, que le décret du 27 octobre 1858 n'a apporté aucun changement aux formalités qui doivent précéder les règlements relatifs au régime des eaux, quelle que soit l'autorité de laquelle ils émanent, ces actes devant toujours conserver le même caractère réglementaire. Ainsi il importe que pour les affaires dont la solution vous est attribuée, comme pour celles qui doivent être décidées par décret, vous assuriez l'exécution des prescriptions contenues dans la lettre ministérielle du 28 février 1855, en ce qui concerne la forme des demandes, l'accomplissement de la première et de la seconde enquête, la visite des lieux par MM. les ingénieurs et la rédaction des plans, nivellements et rapports. Ce n'est qu'après cette instruction régulière, et en vous conformant, d'ailleurs, au modèle n° 5 annexé à la lettre précitée du 28 février 1855, que vous devrez statuer, dans les limites des attributions qui vous sont conférées par le décret organique de 1858 (art. XI, § 28 du tableau B).

Ces attributions, classées dans le tableau B, parmi les matières sur lesquelles vous êtes appelé à statuer en conseil de préfecture, sont définies ainsi qu'il suit :

« Autorisation sur les cours d'eau non navigables ni flottables de tous

devenue sans objet et disparue depuis la remise du service des eaux à l'administration compétente dans la métropole, a établi

« établissements, tels que moulin, usine, barrage, prise d'eau d'irrigation, « patouillet, bocard, lavoir à mines. »

Il y a évidemment ici une lacune.

La rédaction du paragraphe 28 implique bien que les pouvoirs qui vous sont délégués s'étendent aux usines anciennes dont l'existence est à régulariser.

Mais la modification des règlements d'eau existants n'est pas mentionnée à la suite de ce paragraphe, comme dans le § 4 du tableau D annexé au décret du 25 mars 1852, qui a opéré en France la décentralisation administrative.

Or, cette omission ne peut être que le résultat d'une erreur : le décret de 1858 ayant entendu appliquer à l'Algérie, ainsi que le dit son exposé de motifs, les dispositions du décret de 1852, le règlement métropolitain doit incontestablement suppléer à ce qu'il y a d'insuffisant dans l'énonciation du tableau B ci-dessus mentionné.

Conséquemment, le soin vous est laissé de statuer, en conseil de préfecture, sur toutes les affaires concernant les cours d'eau non navigables ni flottables.

Ainsi, vous aurez à prendre des décisions dans cette forme, sous toute réserve du contrôle ultérieur de l'administration centrale, non seulement sur les affaires relatives au règlement d'usines nouvelles ou à la régularisation d'établissements non encore autorisés, mais encore sur les demandes tendant à obtenir la revision de règlements existants, soit que ces règlements émanent de l'autorité préfectorale, en vertu du décret du 27 octobre 1858, soit qu'ils résultent d'actes du Pouvoir exécutif antérieurs à ce décret.

A cet égard, il a été reconnu par M. le ministre des travaux publics, conformément à l'avis du conseil général des ponts et chaussées, que les règlements d'eau, qui touchent, en général, à des intérêts nombreux et complexes, ne doivent intervenir qu'après un examen complet, et qu'une fois rendus, ils ne doivent être modifiés qu'avec une extrême réserve.

En conséquence, et pour prévenir la mobilité qui, en s'introduisant dans les arrêtés réglementaires, pourrait en affaiblir l'autorité, et inquiéter les intérêts auxquels se rattachent ces actes importants, il convient que, de même qu'en France, aucune demande en revision ne soit soumise aux enquêtes avant que l'administration supérieure, sur l'avis préalable de MM. les ingénieurs, ait été d'abord consultée.

Les observations qui précèdent s'appliquent, à plus forte raison, aux cours d'eau navigables ou flottables, sur lesquels les règlements continuent à émaner de Sa Majesté en son Conseil d'État.

Pour les scieries ou pour les usines situées dans la zone forestière soumise à l'exercice des douanes, vous devrez prendre l'avis du chef de service des forêts ou du directeur des douanes, sans qu'il soit nécessaire de recourir à mon intervention.

Mais il n'en est pas de même pour les établissements compris dans la zone des servitudes militaires autour des places de guerre. Dans ce cas, l'avis de la commission mixte des travaux publics étant indispensable, vous devrez me transmettre toutes les pièces du dossier en y joignant les procès-verbaux des conférences avec MM. les officiers du génie militaire, afin que je puisse en saisir la commission mixte.

des pénalités particulières créant des contraventions relatives au régime des eaux.

J'appelle particulièrement votre attention sur les aliénations de terrains domaniaux, ainsi que sur les expropriations de terrains pour l'établissement d'usines.

Lorsqu'un demandeur en autorisation d'usine sollicitera en même temps, pour la création de son établissement, soit la concession ou la vente de terrains appartenant au domaine de l'État, soit l'expropriation, en vertu de l'art. 19 de la loi du 16 juin 1851, de terrains particuliers dont les propriétaires refuseraient de traiter à l'amiable, vous ne perdrez pas de vue les formalités spéciales à remplir, selon les circonstances, d'après la législation sur la matière.

Relativement aux terrains domaniaux, vous suivrez les règles prescrites par le décret du 25 juillet 1860. Par conséquent, avant d'autoriser une usine à s'établir sur des terrains domaniaux dont l'aliénation nécessite, soit un décret, soit une décision ministérielle, vous vous assurerez préalablement des intentions de l'administration supérieure.

Quant aux expropriations de terrains particuliers, ces mesures qui, aux termes de l'art. 19 précité de la loi du 16 juin 1851, ne peuvent avoir lieu qu'en faveur des moulins à blé et pour cause d'utilité publique, rentrant exclusivement dans le domaine du pouvoir ministériel, vous en référerez toujours à l'administration supérieure à la décision de laquelle est nécessairement subordonnée, en pareil cas, l'autorisation de l'usine. Après examen de vos propositions, qui devront être appuyées d'éléments d'appréciations suffisants, je vous ferai connaître s'il y a lieu de poursuivre la déclaration d'utilité publique.

Enfin, dans les circonstances exceptionnelles où la difficulté de la question et la gravité des intérêts engagés dans une affaire vous inspireraient des doutes sur la décision à prendre, vous devrez, avant de formuler votre arrêté, consulter l'administration supérieure, en lui adressant toutes les pièces du dossier. Je m'empresserai, dans ce cas, de vous transmettre mon avis, qui ne fera, d'ailleurs, aucun obstacle à ce qu'il puisse y avoir ultérieurement recours de la part des parties intéressées.

Le recours contre les décisions préfectorales peut s'exercer au moyen de requêtes adressées au gouverneur général de l'Algérie, soit directement, soit par votre intermédiaire. Dans le premier cas, vous voudrez bien, sur la communication qui vous sera donnée de la réclamation dont j'aurai été saisi, me transmettre toutes les pièces de l'instruction, en y joignant les avis de MM. les ingénieurs et vos observations personnelles sur la réclamation des intéressés.

Lorsque le recours vous aura été adressé pour être transmis par vous à l'administration supérieure, il conviendra, afin d'éviter un double renvoi, de le communiquer immédiatement à MM. les ingénieurs et de m'adresser ensuite, ainsi que je l'ai dit ci-dessus, le dossier complet avec votre avis particulier.

Dans l'un et l'autre cas, dès que vous aurez été saisi d'une requête présentée au gouverneur général contre un arrêté préfectoral, vous voudrez bien surseoir à l'exécution de cet arrêté, à moins que quelque circonstance spéciale ou quelque motif d'urgence n'en exige l'exécution immédiatement.

Lorsque, par suite d'un recours formé devant lui, le gouverneur géné-

Cet arrêté, dont la légalité a été un instant contestée et a été affirmée par la Cour de cassation et la Cour d'Alger, est encore en vigueur (1) ; il punit d'un emprisonnement d'un

---

ral aura été appelé à prendre une décision sur une affaire, toute demande tendant à obtenir la revision de cette décision devra nécessairement être soumise au gouverneur général lui-même.

Il sera procedé, dans les formes indiquées par l'instruction ministérielle du 28 février 1855, au recollement des ouvrages qui auront été définitivement autorisés ou prescrits. Vous prononcerez, après avoir pris l'avis de MM. les ingénieurs, et sauf recours des parties devant le gouverneur général, sur toutes les difficultés que pourrait faire naître l'inexécution de quelques-unes des prescriptions de vos arrêtés ou des règlements intervenus avant le décret du 27 octobre 1858, sur les matières dont la décision vous est aujourd'hui déléguée.

Le décret du 27 octobre 1858, en élargissant le cercle de vos attributions, vous a imposé de nouveaux devoirs.

Je compte sur votre zèle éclairé pour assurer l'exécution ponctuelle des instructions émanées de l'administration supérieure, et pour conserver ainsi l'uniformité de règles et l'unité de jurisprudence qu'il est si important de maintenir dans l'intérêt de la force et de l'autorité du gouvernement.

Vous ne perdrez pas de vue que le décret du 27 octobre 1858 doit avoir surtout pour résultat de satisfaire au besoin et aux vœux des populations en accélérant la marche des affaires. Je vous recommande donc instamment d'abréger, autant que cela dépendra de vous, le délai qu'entraine leur instruction préliminaire, et de prendre vos décisions le plus promptement possible.

Pour me mettre à même de suivre la marche des affaires dont il est question dans la présente circulaire, je vous prie de m'adresser une copie de vos arrêtés au fur et à mesure qu'ils auront été pris.

Il me reste à vous entretenir au sujet de dispositions purement transitoires.

Le Gouvernement général s'occupe en ce moment de faire opérer le classement des divers cours d'eau de l'Algérie.

En attendant ce classement, il est indispensable, pour assurer l'exacte application du décret organique du 24 octobre 1858, de procéder ainsi qu'il est dit ci-après.

Toute demande en autorisation d'usine sur un cours d'eau quelconque, régulièrement formée, devra être l'objet d'un rapport spécial des ingénieurs faisant connaître la catégorie dans laquelle le cours d'eau semble devoir être rangé.

Lorsqu'il s'agira d'une rivière navigable, les pièces de l'affaire me seront transmises à la suite d'une instruction complète, afin que l'autorisation demandée soit accordée, s'il y a lieu, par décret impérial, conformément aux règlements.

Si, au contraire, le cours d'eau ne paraît pas navigable, vous statuerez sur la demande, en vertu de l'art. 11 du décret du 27 octobre 1858.

Dans le cas où le classement du cours d'eau donnerait lieu à des doutes, vous me soumettrez la question, afin que je la décide.

Je vous recommande de veiller à l'exécution des instructions contenues dans la présente circulaire.

(1) Cass. crim., 9 janvier 1857, v. *supra*, n° 83.

mois à deux ans et d'une amende de 100 francs à 500 francs toute dégradation de canaux, aqueducs et fontaines ; — d'un emprisonnement d'un mois à un an et d'une amende de 100 francs à 300 francs tout dépôt dans les canaux de matières susceptibles d'altérer la pureté des eaux ; — d'un emprisonnement d'un mois à six mois et d'une amende de 100 francs à 200 francs l'encombrement pratiqué dans les canaux ; — d'un emprisonnement d'un mois à deux mois et d'une amende de 500 francs à 1,000 francs la prise d'eau sans titre de concession et au delà du volume concédé, par quelque moyen que ce soit autre que ceux prévus par les paragraphes 1 et 3 ; — d'un emprisonnement de deux mois et d'une amende de 50 francs à 150 francs la conduite d'animaux aux regards des aqueducs publics pour les y abreuver ; — d'un emprisonnement de 15 jours à un mois et d'une amende de 50 francs à 100 francs l'empêchement au libre cours des eaux, des sources, fontaines, ruisseaux et rivières ; — enfin, d'un emprisonnement de dix à quinze jours et d'une amende de 100 francs à 200 francs l'anticipation sur les lits des ruisseaux ou rivières, l'établissement de barrages, d'ouvertures de rigoles et les autres actes abusifs, soit pour modifier le cours naturel des eaux, soit pour les dériver en tout ou en partie (1).

---

(1) Arr., 1er juillet 1835.

Art. 1. Il est institué en la ville d'Alger une commission composée de six membres, qui aura pour mandat spécial de veiller à la conservation des eaux, à l'exécution des travaux propres à en procurer le libre cours, et à la répression de toutes les contraventions qui en causeraient la déperdition ou qui en priveraient abusivement le public au profit d'un intérêt particulier.

Cette commission, qui se réunira sous la présidence de l'intendant civil, sera en outre chargée : 1° de tous les soins préliminaires à l'exécution des travaux d'entretien et réparations, ainsi qu'à la mise en location des propriétés composant la dotation des fontaines; 2° de la présentation de l'état des recettes et dépenses propres à l'administration qui lui est confiée, et qui doivent être comprises dans le budget municipal.

Art. 2. La commission procédera, immédiatement après avoir été installée dans ses fonctions, à l'évaluation du volume d'eau habituellement nécessaire aux usages et établissements publics.

Elle s'occupera ensuite de l'examen de tous les titres, quelle qu'en soit l'origine, établissant une concession d'eau, soit à l'intérieur, soit à l'extérieur de la ville, en faveur de tous particuliers, propriétaires de *Maisons*,

1156. Le même arrêté (art. 9), a ordonné l'établissement le long des aqueducs, de francs bords sur lesquels il interdisait, sous peine d'une amende de 100 à 200 francs, de faire aucune plantation, s'il s'agissait de propriétés closes; d'introduire aucune espèce de culture, s'il s'agissait de proprié-

---

Jardins, *Usines*, etc. Elle formera un état indicatif desdites concessions, et fera toutes propositions auxquelles donnerait lieu la nécessité de pourvoir, avant tout, aux besoins de la consommation publique.

Art. 3. Tous concessionnaires qui n'auraient point produit leurs titres, dans le délai de deux mois, à dater de la publication du présent arrêté ou qui ne seront point en mesure, passé ce délai, de représenter un certificat de cette production faite à l'intendant civil, pourront être, sur la proposition de la commission, déclarés déchus de tout droit au maintien de la concession qu'ils auraient obtenue.

Art. 4. Nonobstant la reconnaissance des titres de concession faite en conformité du 2e paragraphe de l'article 2, le volume des eaux concédées à quelque époque que ce soit, à chaque particulier, pourra être réduit ou momentanément supprimé, si l'intérêt public l'exige. Cette réduction sera prononcée par un arrêté de l'intendant civil.

Art. 5. Tous délits ou contraventions de la nature de ceux qui sont indiqués aux articles 6, 8 et 9, seront constatés concurremment par l'architecte chargé de la direction des travaux d'entretien des aqueducs, ainsi que par ses adjoints et les gardes des eaux. Les uns et les autres prêteront en conséquence serment devant le tribunal supérieur.

Les procès-verbaux rédigés par cet agent, et affirmés devant le juge du tribunal civil, feront foi jusqu'à inscription de faux.

Art. 6. Seront appliquées à tous délinquants, les peines ci-après déterminées, savoir :

1° En cas de dégradation des canaux des aqueducs et fontaines, un emprisonnement d'un mois à deux ans, et une amende de 100 francs à 500 francs;

2° En cas de dépôt dans les canaux de matières susceptibles d'altérer a pureté des eaux, un emprisonnement d'un mois à un an, et une amende de 100 à 300 francs;

3° En cas d'encombrement pratiqué dans les canaux, un emprisonnement d'un mois à six mois, et une amende de 100 francs à 200 francs;

4° En cas de prise d'eau, sans titre de concession, ou au delà du volume concédé, par quelque moyen que ce soit, autre que ceux qui constitueraient les délits prévus par les paragraphes 1 et 3, un emprisonnement d'un mois à deux mois et une amende de 500 francs à 1,000 francs;

5° En cas de conduite d'animaux aux regards des aqueducs publics pour s'y abreuver, un emprisonnement de deux mois et une amende de 50 francs à 150 francs;

6° En cas d'empêchement au libre cours des eaux des sources, fontaines, ruisseaux ou rivières, un emprisonnement de quinze jours à un mois, et une amende de 50 francs à 100 francs;

7° En cas d'anticipation sur le lit des ruisseaux ou rivières, d'établissement de barrages, d'ouvertures de rigoles ou d'autres actes abusifs, soit pour modifier le cours naturel des eaux, soit pour les dériver en

tés non closes. L'accès des francs-bords ainsi déterminé devait être toujours libre pour les agents du service des eaux, qui pouvaient requérir l'entrée des cours, jardins et autres lieux clos, sous peine d'une amende de 50 francs. Dans ces termes, l'arrêté de 1835 a été exécuté sans difficulté.

1157. Mais deux autres arrêtés sont intervenus, l'un du 8 mars 1836, l'autre — non publié — en 1847; le premier fixant à $1^{m},50$ la largeur des francs-bords à réserver de chaque côté sur toute la longueur des aqueducs, le second ordonnant la démolition de tous murs de clôture au travers des aqueducs. Leur exécution a donné lieu à de vives controverses, et l'administration a dû renoncer à en poursuivre l'application, à la suite de deux arrêts de la cour d'Alger, qui, déclarant ces arrêtés entachés d'excès de pouvoir, ont

---

totalité ou en partie, un emprisonnement de dix à quinze jours et une amende de 100 francs à 200 francs (1).

Art. 7. Les procès-verbaux constatant les délits sus-mentionnés, après avoir été affirmés et enregistrés en débet dans les quarante-huit heures, seront remis à l'intendant civil qui fera exécuter d'office et immédiatement, en cas d'urgence, tous travaux nécessaires pour remédier aux dommages. Il transmettra ensuite lesdits procès-verbaux au procureur général qui requerra, auprès du tribunal, la condamnation des délinquants aux peines encourues et au remboursement de la dépense des travaux exécutés d'office.

Art. 8. Toutes contraventions aux règlements concernant l'irrigation, arrêtés et publiés par l'intendant civil, seront punies d'une amende de 15 francs, indépendamment des dommages réclamés par les intéressés.

En cas de récidive, l'emprisonnement pendant cinq jours sera en outre prononcé.

Art. 9. La commission des fontaines détermine, selon la nature des propriétés que traverseront les aqueducs, la largeur des francs bords qui devront être réservés le long de ces conduits, et sur lesquels il demeurera interdit, sous peine de 100 à 200 francs d'amende : 1° de faire aucune plantation, s'il s'agit de propriétés closes; 2° d'introduire aucune espèce de culture, s'il s'agit de propriétés non closes.

L'accès des francs bords ainsi déterminé sera toujours libre pour les membres de la commission, pour l'architecte et ses adjoints, ainsi que pour les gardes des eaux. En conséquence, ils auront droit de requérir

---

(1) Les dispositions de cet article établissant un système de protection spécial des cours d'eau et des sources en Algérie, il semble qu'il n'est pas possible de les soumettre en même temps, au système de protection générale qui résulte de la loi du 29 floréal an x. V. plus haut n° 1146.

refusé de faire droit aux conclusions de l'administration (1).

1158. Les constructions de canaux de dessèchement, de puits ordinaires, de barrages, de canaux d'irrigation et de puits artésiens, lorsqu'ils servent à l'arrosage des terres de culture et des communaux, peuvent être mis à la charge des communes, et l'arrêté ci-dessus visé (V. n° 534 et suiv., 676 et suiv.), du 29 avril 1865, autorise les administrations communales à les faire exécuter au moyen de prestations individuelles. Ces travaux, selon leur nature, doivent être exécutés par les agents du service des ponts et chaussées et des mines. Ces derniers peuvent également prêter leurs concours aux travaux de forages artésiens entrepris par des particuliers.

Dans ces divers cas, les agents du service des ponts et chaussées et des mines ont droit à des honoraires propor-

---

l'entrée des cours, jardins et autres lieux clos; en cas de refus de la part des propriétaires, ils le constateront par procès-verbal, et ceux-ci seront, pour ce seul fait, condamnés à une amende de 50 francs, sauf l'application selon les cas, de l'art. 209 du Code pénal.

Art. 10. La commission désignera d'ailleurs les propriétés riveraines sur lesquelles devront être extraits, sauf dédommagement, les matériaux nécessaires à la réparation des aqueducs.

Il sera procédé, pour l'exécution de cette disposition, conformément aux lois et règlements concernant les travaux publics.

Art. 11. La moitié des amendes prononcées dans les cas prévus par les art. 6, 8 et 9, sera versée à la caisse municipale, pour former un fonds commun sur lequel seront imputées, tous les six mois, jusqu'à concurrence de la somme déterminée par l'intendant civil, les gratifications qu'il pourra être convenable de distribuer aux gardes des eaux.

(1) Menerville, t. I, p. 307 et 424. — Alger, 9 nov. 1850; Alger, 18 juillet 1853 ; — arrêté 8 mars 1836. — Art. 1er. Est et demeure fixée à un mètre cinquante centimètres (environ quatre pieds et demi) la largeur des *francs-bords* qui doivent être réservés de chaque côté sur toute la longueur des aqueducs et fontaines. En conséquence, la commission fera tracer d'une manière apparente, sur chaque propriété que traversent les aqueducs, la limite de cette largeur, afin que le propriétaire puisse connaître les obligations auxquelles il est soumis.

Art. 2. Il est interdit à tout propriétaire de faire aucune plantation d'arbres à moins de huit mètres (environ vingt-quatre pieds) de la limite extérieure des francs-bords ainsi déterminés, sauf certains cas exceptionnels où il pourrra être accordé une autorisation spéciale, en conséquence d'une délibération de la commission des fontaines.

Les arbres actuellement existants à une distance plus rapprochée seront abattus par les propriétaires à la requête de l'administration qui fera procéder d'office, le cas échéant, et provoquera envers les contrevenants, l'application de l'art. 9 de l'arrêté du 1er juillet dernier.

tionnels, qui sont fixés à 4 0/0 sur les premiers 40,000 francs et à 1 0/0 sur toutes les sommes dépassant ce chiffre (1).

1159. Les lois du 29 avril 1845 et du 11 juillet 1847 sur les irrigations, et celle du 10 juin 1854, ont été promulguées en Algérie sous les seules modifications suivantes : la juridiction du juge de paix a été substituée à celle du tribunal civil, lorsque les droits de propriété ou de servitude ne sont pas contestés, et, en cas d'expropriation, le règlement de l'indemnité a lieu conformément aux dispositions de la législation spéciale de l'Algérie (2).

1160. La loi du 25 juin 1865, sur les associations syndicales, a été également promulguée, sous la seule modification déjà relevée plus haut relativement au règlement des indemnités en cas d'expropriation ; et l'autorité du gouverneur général a été substituée à celle du ministre des travaux publics (3) ; cette loi régit aujourd'hui toutes les associations syndicales existant en Algérie, aussi bien celles qui existaient antérieurement à sa promulgation que celles qui ont été formées depuis (4).

Art. 3. L'administration publiera, chaque année, dans les saisons convenables, tous règlements nécessaires pour la conservation des francs-bords dans toute leur intégrité, la facilité de leur accès, et l'extirpation des racines qui endommagent les aqueducs. Ces règlements seront exécutoires pour tous les propriétaires qui seront, au besoin, contraints de s'y conformer par voie administrative.

Art. 4. L'intendant civil est chargé de l'exécution du présent arrêté.

(1) Décision ministérielle, 24 mai 1881, Déc., 15 juin 1867.— Par analogie avec ce qui a lieu pour le service des ponts et chaussées, en vertu de l'article 2 de l'arrêté ministériel du 18 décembre 1858, il sera alloué aux ingénieurs des mines et aux gardes-mines, sur les travaux de forages artésiens entrepris dans les conditions spécifiées l'article 4 du décret du 10 mai 1851, des remises qui seront calculées à raison de 4 0/0 sur les premiers 40,000 francs et de 1 0/0 sur toutes les sommes dépassant ce chiffre. — Lorsque les ingénieurs seuls prendront part à l'exécution et à la surveillance des travaux, la remise sera partagée par moitié entre l'ingénieur en chef et l'ingénieur ordinaire; et quand les gardes-mines apporteront leur concours, il sera attribué 2 cinquièmes à l'ingénieur en chef, 2 cinquièmes à l'ingénieur ordinaire et 1 cinquième aux gardes-mines.

(2) Déc., 5 sept. 1859.

(3) Déc., 31 oct., 1866.

(4) Alger, 17 oct. 1870. — Attendu que les différences signalées entre l'association syndicale des eaux de l'Oued-el-Kebir (Blidah); et les associations en vue desquelles est intervenue la loi du 21 juin 1865, n'existent

§ 2. Des eaux minérales.

1161. Les eaux minérales sont régies, en Algérie comme en France, par la même législation. Conformément à l'article 3 de la loi du 3 juin 1851, l'exploitation et la jouissance des sources minérales peuvent être aliénées temporairement. Si les baux ne dépassent pas dix-huit années, ils sont approuvés par le gouverneur général; s'ils dépassent dix-huit ans, ils sont approuvés par décret rendu en Conseil d'État (1).

1162. Les formalités à remplir par les individus qui demandent une concession d'eau minérale ont été déterminées dans une circulaire du gouverneur général, en date du 23 février 1865 (2). Elles consistent en une demande de

---

pas ou sont insuffisantes pour rendre cette loi inapplicable à la cause; qu'elle est conçue, en effet, dans les termes les plus généraux; qu'elle a en vue, non seulement les associations syndicales à venir, mais aussi les associations déjà existantes lors de sa promulgation; que rien, dans ses dispositions, n'indique qu'elle ait voulu soumettre ces dernières à l'obligation soit de se reconstituer, soit de remplir des conditions et formalités nouvelles; — Attendu qu'au moment où le législateur a ordonné qu'elle serait promulguée en Algérie, il lui était loisible ou d'en restreindre les effets et la portée, ou de déclarer qu'elle ne serait pas applicable soit à de certains cours d'eau, soit à certains syndicats; que ne l'ayant pas fait, c'est avec raison que l'action du syndic a été considérée par le jugement dans cet appel comme régulièrement intentée.

(1) Déc. 21 décembre 1864, art. 2 ; déc. 10 décembre 1866, art. 10.

(2) Circulaire, 23 février 1865.

Un décret impérial du 21 décembre 1864, inséré au *Moniteur de l'Algérie* du 25 janvier suivant, a rendu exécutoires dans ce pays la loi du 14 juillet 1856, sur la conservation et l'aménagement des sources d'eaux minérales, les décrets impériaux des 8 septembre 1856 et 28 janvier 1860, contenant les règlements d'administration publique exigés par les articles 18 et 19 de cette loi, ainsi que celles des dispositions de l'ordonnance royale du 18 juin 1823 auxquelles il n'est pas dérogé par le décret du 28 janvier 1860.

En outre, le décret du 21 décembre 1864 statue que, conformément à l'article 3 de la loi du 16 juin 1851, l'exploitation et la jouissance des sources d'eaux minérales qui font partie du domaine public pourront être aliénées temporairement, suivant les formes édictées par l'article 10 du décret du 10 décembre 1860, et aux conditions qui seront déterminées par les cahiers des charges spéciaux à chaque exploitation.

En ce qui concerne la conservation et l'aménagement des eaux minérales et la surveillance et la police des établissements thermaux, je me réfère entièrement aux lois et règlements ci-dessus mentionnés, qui seront

concession adressée en double expédition au général commandant la division ou au préfet, selon le territoire; — elle énonce les nom, prénoms et domicile du demandeur, et fait connaître l'importance du débit journalier de la source, la composition et les propriétés spéciales des eaux, la consistance de l'établissement à construire pour l'exploitation des eaux minérales et le nombre des malades que l'établissement pourra recevoir. — Il est joint à la demande : 1° un plan en triple expédition représentant l'établissement projeté et les dispositions à prendre pour l'aménagement et la distribution

---

promulgués prochainement au *Bulletin officiel des actes du gouvernement général*, ainsi qu'aux instructions ministérielles sur la matière, dont il vous sera adressé ultérieurement un certain nombre d'exemplaires.

Quant à l'aliénation temporaire des sources d'eaux minérales faisant partie du domaine public, qui, aux termes du décret du 10 décembre 1860, a lieu, selon la durée de l'amodiation, par décret impérial ou par arrêté du gouverneur général, elle doit être précédée des formalités suivantes :

La demande en concession est adressée en double expédition au général commandant la province, ou au préfet, selon le territoire.

Elle énonce les nom, prénoms et domicile du demandeur, et fait connaître l'importance du débit journalier de la source, la composition et les propriétés spéciales des eaux, la consistance de l'établissement à construire pour l'exploitation des eaux minérales, et le nombre de malades que l'établissement pourra recevoir.

Il est joint à la demande : 1° un plan en triple expédition et à l'échelle de 10 millimètres par mètre, représentant l'établissement projeté et les dispositions à prendre pour l'aménagement et la distribution des eaux; 2° un acte de notoriété constatant les moyens pécuniaires du demandeur.

La demande est portée à la connaissance du public par un avis inséré au *Moniteur de l'Algérie* et dans l'un des journaux désignés pour recevoir les annonces judiciaires, lequel avis est affiché, en outre, pendant deux mois, sur les lieux où la source est située et au chef-lieu de la province.

Un registre destiné à recevoir les observations du public reste ouvert, pendant le même délai, dans lesdits endroits.

Vous savez, qu'en rangeant les sources minérales parmi les biens dont se compose le domaine public en Algérie, la loi du 16 juin 1851 a maintenu les droits de propriété, d'usufruit et d'usage légalement acquis antérieurement à sa promulgation, et que les tribunaux ordinaires sont seuls juges des contestations qui peuvent s'élever au sujet de ces droits.

Il importe donc que les tiers qui pourraient avoir à revendiquer des droits de cette nature, soient mis à même de produire leurs prétentions et de faire valoir leurs titres, afin qu'en cas de contestation avec l'administration, ils puissent, s'ils le jugent convenable, porter le différend devant les tribunaux ordinaires On ne saurait apporter trop d'attention à ce point essentiel.

A l'expiration du délai de deux mois, fixé pour les affiches, et après avoir consulté l'ingénieur des mines et le directeur des domaines, le gé-

des eaux; 2° un acte de notoriété constatant les moyens pécuniaires du demandeur. — La demande est portée à la connaissance du public par un avis inséré dans le *Moniteur de l'Algérie* et dans l'un des journaux désignés pour recevoir les annonces judiciaires, lequel avis est, en outre, affiché pendant deux mois sur les lieux où la source est située et au chef-lieu de la province. Un registre destiné à recevoir les observations du public reste ouvert, pendant le même délai, dans lesdits endroits. — Les tiers qui ont, aux termes de la loi de 1851, des droits à faire valoir sur la source, doivent être mis à même de produire leurs titres, afin qu'en cas de contestation avec l'administration ils puissent, s'ils le jugent convenable, porter le différend devant les tribunaux ordinaires. A l'expiration du délai de deux mois fixé pour les affiches, et après avoir consulté l'ingénieur en chef des mines et le directeur des domaines, le dossier est transmis au gouverneur général avec l'avis du général commandant la division ou du préfet. — Les concessions aux enchères sont faites dans les mêmes formes que les concessions de gré à gré. L'administration prend toujours soin, dans les cahiers des charges, de stipuler des réserves en faveur de l'usage gratuit des eaux par les malades des hôpitaux civils et militaires et par les indigents.

---

néral commandant la province, ou le préfet, émet son avis et le transmet au gouverneur général, avec toutes les pièces de l'affaire, afin qu'il soit statué ce qu'il appartiendra.

Lorsque l'intention de l'administration supérieure est que l'exploitation d'une source d'eau minérale soit adjugée aux enchères publiques, il est procédé dans les mêmes formes que pour les demandes en concessions.

Pour les clauses et conditions générales à imposer aux concessionnaires de sources minérales, on peut se reporter aux cahiers des charges des oncessions déjà faites. On devra surtout se préoccuper de sauvegarder avec soin tous les droits et intérêts existants, de quelque nature qu'ils soient, notamment de stipuler les réserves nécessaires en faveur des hôpitaux civils et militaires et des indigents.

Du reste, si la législation dont il s'agit rencontre des difficultés dans l'application, il y sera pourvu, suivant les cas, par des dispositions particulières appropriées aux circonstances.

Je vous recommande d'assurer, en ce qui vous concerne, l'exécution des instructions contenues dans la présente dépêche, dont il devra être donné connaissance à M. l'ingénieur en chef des mines, ainsi qu'à M. le directeur des domaines.

1163. Les formalités spéciales, prescrites par la circulaire du 23 février 1865 ne doivent pas faire négliger l'application des formalités spéciales établies par la loi française, et notamment par les ordonnances du 20 décembre 1820 et 18 juin 1823 et le décret du 15 juillet 1856 (1).

§ 3. Des lacs salés.

1164. Il n'existe pas en France de lacs salés; en Algérie, ces lacs occupent une superficie de 645,944 hectares. Une législation spéciale a donc dû intervenir pour régler l'exploitation de ces grandes salines naturelles.

1165. Les lacs salés peuvent être affermés au moyen de baux passés par adjudication publique à l'extinction des feux. L'adjudication a lieu dans les formes administratives. Elle est annoncée un mois à l'avance, par des affiches apposées dans les principaux marchés et par des insertions faites dans les journaux de la province où les lacs sont situés. Les baux dont la durée ne dépasse pas dix-huit années sont autorisés par le gouverneur général; ceux d'une durée plus longue sont autorisés par décrets rendus en Conseil d'État. Un cahier des charges détermine les mises à prix et les conditions de l'affermage pour chaque exploitation. L'adjudication n'est définitive qu'après approbation du gouverneur général. — La prohibition de réunir diverses adjudications sans autorisation

(1) C. d'Et. Trav. 11 mai 1875. — Cons. que le décret du 21 décembre 1864 a rendu applicables à l'Algérie les dispositions de la loi du 14 juillet 1856 et des décrets des 8 septembre 1876 et 28 janvier 1860; qu'il ne résulte pas de l'instruction que les mesures prescrites par les lois et règlements, soit dans l'intérêt de la santé publique, soit en vue de la protection des sources d'eaux minérales aient été remplies à l'égard de la source d'Ain Nouissy, qu'ainsi il n'est pas établi que l'exploitation de cette source ait été autorisée par le ministre compétent ou le gouverneur général de l'Algérie, après avis des hommes de l'art et spécialement de l'Académie de médecine, conformément aux art. 1 et 2 de l'ordonnance du 18 juin 1823 et à l'art. 2 de l'ordonnance du 20 décembre 1820; ni que cette source ait été déclarée d'intérêt public après avis du conseil d'hygiène et du conseil général des mines par un décret rendu au Conseil d'État conformément à la loi du 14 juillet 1856, est d'avis qu'il y a lieu de compléter l'instruction dans le sens des observations qui précèdent.

spéciale du gouverneur, édictée à l'égard des mines et des forêts, existe également à l'égard des lacs (1).

1166. Lorsque l'administration juge convenable de mettre en adjudication publique l'exploitation d'un lac salé, le directeur des domaines et l'ingénieur en chef indiquent de concert le cahier des charges et le projet de bail. Ces pièces sont ensuite transmises au gouverneur général qui approuve ou refuse la mise en adjudication. Si l'adjudication est autorisée, il est procédé à l'affichage : les avis sont publiés en arabe et en français. Il est ensuite rendu compte de l'adjudication au gouverneur général qui la rend définitive en l'approuvant. Le directeur des domaines doit rechercher avec soin les droits d'usage qui ont pu être acquis par des indigènes afin de leur donner, autant que possible, satisfaction dans le bail ou le cahier des charges (2).

---

(1) Déc. 22 avril 1865, art. 1 à 7.

(2) Circulaire, 2 juin 1865.

Un décret impérial du 22 avril 1865, promulgué au *Bulletin officiel du Gouvernement général*, a déterminé, en exécution de l'article 3 du la loi du 16 juin 1851 sur la propriété, les formes et les conditions suivant lesquelles seront affermées à l'avenir l'exploitation et la jouissance des lacs salés qui font partie du domaine public en Algérie.

Ainsi que vous avez dû le remarquer, ce décret n'admet pas d'autre principe que celui de la mise en adjudication publique, aux enchères, qu'il pose d'une manière absolue et exclusive.

Les baux sont autorisés par décret impérial délibéré en Conseil d'État, ou par arrêté du gouverneur général, selon que leur durée dépasse dix-huit années, ou qu'elle n'excède pas ce laps de temps.

La mise à prix et les conditions de l'affermage sont réglées par un cahier des charges spécial pour chaque exploitation, et qui est approuvé par l'acte d'autorisation auquel il est annexé.

L'adjudication, qui est faite dans les formes administratives, n'est définitive qu'après avoir été approuvée par le gouverneur général.

En conséquence, lorsque le moment sera venu de mettre en adjudication publique l'exploitation d'un lac salé, vous chargerez le directeur des domaines et l'ingénieur en chef des mines de rédiger de concert un projet de bail et de cahier de charges, que vous me transmettrez avec les rapports et autres pièces à l'appui, en y joignant vos observations, afin qu'il soit statué ce qu'il appartiendra en vertu de l'article 2 du décret du 22 avril.

Si l'adjudication est autorisée, il y sera procédé conformément à ce qui est proscrit par l'article 4. Les avis qui seront publiés à ce sujet devront contenir la traduction arabe du texte français.

Dès que l'adjudication aura eu lieu, il en sera rendu compte au gouverneur général, qui examinera s'il doit y donner l'approbation exigée par l'article 7, pour qu'elle devienne définitive.

1167. Les lacs salés, comme les lacs et marais ordinaires, peuvent être, en Algérie, l'objet de travaux de dessèchement entrepris, soit par l'État, soit par des particuliers.

Comme vous le savez, la loi du 16 juin 1851 a maintenu (art. 2) les droits de propriété, d'usufruit ou d'usage légalement acquis antérieurement à sa promulgation. Il importe, par conséquent, de rechercher avec soin les droits de cette nature qui pourraient exister, afin de leur assurer autant que possible une légitime satisfaction.

Il y a un autre point essentiel sur lequel je crois devoir appeler également votre attention.

Par l'article 6 du décret du 22 avril, défense est faite à tout adjudicataire de la jouissance et de l'exploitation d'un lac salé de réunir son bail à d'autres baux de même nature, par association ou acquisition, ou de toute autre manière, sans que la réunion soit autorisée, suivant le cas, par un décret impérial, ou par un arrêté du gouverneur général.

Cette clause, empruntée à la législation des mines, a pour but, comme il est facile de le voir, de prévenir des tentatives de monopole qui pourraient être préjudiciables aux intérêts des consommateurs : il convient de veiller à ce qu'elle ne soit pas éludée.

Je me réfère, du reste, aux dispositions du décret du 22 avril, dont je vous invite à assurer l'exécution en ce qui vous concerne.

Paris. — Société d'imprimerie Paul Dupont, 41 rue J.-J.-Rousseau. 118.5.83

Paris. — Soc. d'imp. PAUL DUPONT, 41, rue J.-J.-Rousseau (Cl.). 137.6.83.

www.ingramcontent.com/pod-product-compliance
Ingram Content Group UK Ltd.
Pitfield, Milton Keynes, MK11 3LW, UK
UKHW012015240726
13965UKWH00002B/388